현장의 이야기를 담은

청소년상담 이론과 실제

박재연 이인숙 이정윤 김영이 이형애 송종순 박경례 공저

COUNSELING WITH ADOLESCENTS

신정

머/리/말

지금의 현대사회는 미래에 대한 예측이 어려울 정도로 빠르게 변화하고 있습니다. 청소년은 인간의 발달 과정 중 가장 변화가 많고 빠르게 진행되는 시기입니다. 따라서 청소년은 자신의 급격한 변화와 함께 시대에 대한 변화를 동시에 경험하고 있는 시기이기도 합니다. 이렇게 변화가 많은 환경 속에서 청소년이 스스로 미래를 준비한다는 것은 결코 만만한 일이 아닐 것입니다.

따라서 우리 미래의 주역인 청소년이 급격히 변화하는 시대 속에서 건강하게 성장, 발달하고 자신의 미래를 준비해 나갈 수 있도록 주변의 도움이 많이 필요합니다. 일차적으로 청소년은 가정과 학교의 보호, 지도로 성장하고 있지만, 현대사회의 급변하는 흐름 속에서 발생하는 청소년의 다양한 고민과 문제 등은 그 분야의 전문가가 함께 고민해 주고 조력하지 않으면 해결이 어려운 경우가 많이 발생하고 있습니다.

저자들은 오랜 기간 청소년상담 현장에서 청소년을 상담하면서 청소년상담 분야의 전문가들에게 꼭 필요한 지식과 경험을 나누고자 하는 마음으로 집필을 시작하게 되었습니다.

이 책에서는 수많은 상담 관련 이론 중에서도 특별히 청소년을 현장에서 상담했을 때 가장 효과가 있었던 이론들을 체계적으로 전달하고자 하였습니다. 더불어 이론을 적용하여 상담한 사례를 소개함으로써 청소년상담 현장에 꼭 필요한 책이 될 수 있도록 노력하였습니다. 특히 청소년상담 분야 전문가가 되기 위해 대학과 대학원에서 공부와 연구 중인 학생들이나 현장에서 활동 중인 청소년상담자 모두에게 필요한 이론과 실제를 모두 담아내고 싶었습니다.

이 책에서는 우선 청소년상담에 대한 개념을 분명히 하고, 상담 시 윤리적 측면에 대한 깊은 고민을 할 수 있도록 권장하고 있으며, 구체적인 상담의 과정과 방법, 기법 등을 제시하였습니다. 더불어 관련 사례를 제공함으로써 이론에 대한 실질적인 이해를 돕고자 하였습니다. 다음으로는 청소년에게 상담했을 때 가장 효과가 좋았던 대표적인 상담이론들을 소개하였고, 그 이론들을 적용하여 상담한 사례를 수록함으로써 상담자들이 청소년상담에 적용, 응용할 수 있는 책이 되도록 노력하였습니다. 이후 청소년상담의 실제 부분에서는 현대사회에서 청소년상담 시 가장 중요한 주제가 될 수 있는 부분들을 다루었습니다. 대표적으로 학교생활, 가족상담, 정신건강상담, 학업중단과 관련된 상담 등입니다. 여기에서는 관련 문제에 대한 깊이 있는 개념적 이해와 함께 실제 상담한 사례들이 수록됨으로써 현장의 이야기를 보다 심층적으로 담고자 노력하였습니다. 각 PART 뒷부분에는 '활동하기'를 두어 상담 관련 미디어 영상과 매체 활용, 집단 게임활동 등을 넣어 청소년상담 수업과 청소년상담 현장에서 활용할 수 있도록 하였습니다. 마지막으로는 청소년상담 현장과 청소년상담사 국가 자격 제도와 윤리강령을 수록함으로써 청소년상담자들이 일하는 공간과 프로그램, 청소년상담사가 되는 과정을 자세히 살펴보고 준비할 수 있도록 안내하였습니다.

현장의 이야기를 담아 이론과 실제가 함께 다루어지도록 노력한 이 책이 청소년상담 분야의 전문가가 되기 위해 노력하고 있는 독자들에게 도움이 되기를 기대하며, 더 나아가 미래의 주역인 청소년들의 문제해결과 건강한 성장에 기여하기를 바랍니다.

집필진을 대표하여 박재연 씀

차/례

Chapter 02 청소년상담의 윤리 박재연

PART 02 청소년상담의 과정과 방법

Chapter 03 청소년의 발달의 이해와 특징 이인숙

Chapter 06 청소년상담의 방법

김영이

PART 03 청소년상담 관련 이론

PART 04 청소년상담의 실제

PART 05 청소년상담의 현장

01 PART

청소년상담의 이해

CHAPTER 01

청소년상담의 개념 및 특징

1. 청소년상담의 개념과 목표

청소년상담이란 청소년들이 경험하고 있는 심리, 정서, 행동, 사회적 문제들을 해결하기 위한 상담이다. 청소년상담은 교육학, 심리학, 사회복지학, 정신의학 등의 관련 학문 분야에서 꾸준히 연구되어 오고 있다. 최근에는 청소년상담을 상담의 다른 분야와는 다른 특징이 있는 전문분야로서 연구하고 발전시키려는 노력이 꾸준히 진행되고 있다. 그 이유는 청소년을 대상으로 하는 상담은 일반적인 상담과는 다른 특징들을 가지고 있기 때문이다. 청소년은 발달적 특징과 과제가 분명하며, 이와 관련하여 가지게 되는 호소 문제들과 해결 방법들도 일반 성인과는 크게 차이가 있기 때문이다. 특히 현대사회에서 우리나라 청소년들이 가지게 되는 문제점은 학업 스트레스, 학교폭력, 부모 자녀 갈등 등과 관련되어 있으며, 이와 관련된 상담의 방법은 일반적인 성인상담과는 차별화하여 접근할 필요가 있다.

청소년상담이라는 개념의 정확한 이해를 위해서는 '청소년'과 '상담'의 의미를 각각 이해할 필요가 있다. 또한 '성인'을 대상으로 하는 상담과의 구별을 통해 청소년상담에 대한 개념을 분명하게 인식할 수 있을 것이다. 본서에서는 청소년상담의 개념에 대한 이해를 돕기 위해 상담의 개념, 청소년의 개념, 청소년상담의 개념, 청소년상담과 성인상담의 차이 순으로 기술하였다.

1) 상담의 개념

청소년상담의 개념을 알기 위해서는 상담의 개념과 청소년의 개념을 알 필요가 있다.

상담(Counseling)이라는 사전적 의미는 문의, 심사숙고, 조언 등의 의미를 포함하고 있다. 그러나 전문적 활동으로서의 상담은 단어의 의미 이상의 뜻이 있다. 우선 상담의 개념을 먼저 살펴보면, 한과 맥린(Hahn & MacLean, 1955)은 상담이란 "혼자서 해결하기 어려운 문제를 겪고 있는 내담자와 이에 대해 도움을 제공할 수 있는 전문적인 훈련과 경험을 갖춘 전문가(상담자)가 상호작용하는 과정"으로 정의하였으며, 로저스(Rogers, 1942)는 "상담이 필요한 내담자가 상담자와 안전한 관계 속에서 내담자가 과거에 부정했던 경험을 재통합하여 새로운 자기로 변화시키는 과정"이라고 하였다. 이건(Egan, 2005)은 "내담자가 생활하면서 겪게 되는 문제에 대해 효율적으로 대처할 수 있도록 하고 앞으로도 비슷한 문제에 잘 대처하도록 하기 위한 능력을 발달시키는 것"이라고 정의하였다. 이장호(1995)는 "상담이 필요한 내담자가 전문적 훈련을 받은 상담자와 대면하면서 생활에서 발생하는 문제의 해결을 위해 사고, 행동 및 감정 측면에서의 성장을 해 나가는 과정"이라고 하였다. 박성수(1998)는 "상담은 내담자 스스로가 효율적으로 의사결정을 하도록 도움으로써 결과적으로 내담자의 성장을 촉진하는 조력 과정"이라고 하였다. 그리고 내담자가 자기 자신과 환경에 대한 이해를 증진시키도록 도와야 한다고 하였다. 이를 위해 내담자와 상담자 간에는 수용적인 관계가 성립되는 것이 중요하다. 홍경자(2001)는 "상담자가 내담자와의 관계에서 촉진적인 의사소통을 통해 내담자가 가지고 있는 자신의 문제에 대한 자기이해와 자기지도력을 깨닫도록 도와주는 과정"이라고 하였다.

한국청소년개발원(2004)에서는 상담의 개념에서 공통된 필수요소를 6가지로 제시하였다.

첫째, 상담은 도움이 필요한 사람(내담자)과 도움을 주는 사람(상담자)이 있어야 한다. 도움을 주는 사람은 상담에 대해 전문적인 훈련을 받은 자이다. 상담은 상담자와 내담자 간에 상호작용을 통해 이루어지기 때문에 상담자와 내담자 중 어느 한쪽만으로는 이루어질 수 없다.

둘째, 상담자와 내담자의 관계는 일반적인 대인관계가 아니라, 상담자가 내담자를 긍정적인 방향으로 변화시키기 위해 활동하고 상호작용하는 전문적인 관계이다. 따라서 상담자는 전문적인 지식과 기술을 갖추기 위한 교육과 훈련을 받은 자여야 한다.

셋째, 상담자와 내담자는 상호 간 협력적인 관계이다. 상담자와 내담자는 어느 한쪽이 우위를 차지하거나 권력을 가지고 있는 것이 아니라 대등한 관계에서 상호작용하는 것이 좋다. 상담자와 내담자는 상담에 대한 목표를 상의하여 설정하고, 합의하는 과정을 거친다.

넷째, 상담에서 다루게 되는 문제는 다양하지만, 상담자는 내담자의 문제해결과 그에 대한 의사결정 과정에 관여하고 조력한다.

다섯째, 상담은 내담자가 문제를 해결하기 위해 새로운 행동을 학습하거나 새로운 태도를 형성할 수 있도록 돕는다. 이러한 내담자의 행동 변화는 목표달성 정도와 함께 추후 상담의 효과를 측정하는 척도가 된다.

여섯째, 상담은 내담자의 문제를 해결할 뿐 아니라, 문제를 예방하고 내담자의 성장과 발전을 조력하는 과정이다. 이를 통해 추후에 내담자가 유사한 문제에 부딪혔을 때 이를 스스로 해결할 수 있도록 돕는다.

그러므로 상담은 도움이 필요한 사람(내담자)에게 전문적인 지식과 기술을 갖춘 전문가가 도움을 주는 과정이며, 주로 내담자의 문제해결과 예방, 성장을 위해 활동한다. 상담자와 내담자의 관계는 협력적 관계이며, 변화가 필요한 문제를 해결하기 위해 목표를 설정할 때 상의하고 합의해 나간다. 궁극적으로는 내담자가 자신의 힘으로 문제를 해결하고 성장해 나갈 수 있도록 돕는 것으로 정의할 수 있다.

2) 청소년의 개념

청소년기는 아동에서 성인으로 가는 발달 과정의 중간에 있는 단계이며, 신체적, 정신적으로 급속히 성장하는 시기이다. 사회적으로는 부모로부터의 독립을 준비하고 스스로 책임질 수 있는 개인으로서 준비하는 시기이다. 청소년기는 아동기에서 성인기로 옮겨지는 과도기로서 사춘기의 특징을 포함하게 된다. 청소년기는 사춘기 혹은 성적 성숙으로 시작하여 성인의 책임을 맡은 때까지로 정의된다.

청소년에 대한 개념은 시대와 사회문화적 배경에 따라 다르게 형성될 수 있는데, 특히 고령화가 진행되고 있는 현대사회는 청소년기가 점점 늘어나는 경향이 있다. 성인이 되기 위한 준비를 하는 시간도 교육 등의 영향으로 길어지는 추세이다. 과거에 수명이 길지 않은 사회에서는 청소년기가 존재하지 않고, 아동기에서 바로 성인기로 발달 과정을 설명하기도 하였다.

서구 영어권에서는 청소년을 주로 'adolescent' 또는 'youth'라는 용어로 사용하고 있다. 두 용어 모두 성숙에 이름(to come to maturity) 또는 성장한다(grow up)는 의미를 포함하고 있으며, 심리적, 신체적, 사회적인 성장이 급속하게 진행된다는 전환기로서의 의미를 포함하고 있다. 이 중 'adolescent'는 성장하다, 성숙에 이른다는 의미로 주로 인간발달론적 관점에서 생리학적 발달에 초점을 두고 있으며, 과도기적 시기로서 청소년을 개념화하고 있다고 볼 수 있다. 'Youth'는 후기 산업사회가 만들어질 때 영향을 받은 용어로써 사회심리학적 관점에서 청소년의 자율성과 책임, 교육적 성취 등을 보다 강조한 의미로 볼 수 있다.

국내에서 일반적 통념 속에서 존재하는 청소년의 개념은 나이를 기준으로 형성되며, 보다 구체적으로는 법적인 기준에 따라 정의 내린다.

첫 번째, 연령을 기준으로 하는 청소년은 주로 중, 고등학생 시기인 14~19세를 지칭하는 경우가 흔하며, 최근에는 빠른 발달과 성장으로 저연령화되어 초등학교 5~6학년 시기에 있는 12세부터 고등학생 시기인 19세 정도까지를 보편적으로 청소년으로 생각한다. 우리나라는 학령기를 기준으로 생각하는 특성이 강하기 때문에 초등학교 5~6학년 시기에 있는 청소년을 '초기 청소년'으로 지칭하기도 한다. 우리나라 대다수 청소년은 초등학교, 중학교, 고등학교 과정의 학교에 다니므로 청소년의 개념도 학령기를 기준으로 나누는 경우가 대부분이지만, 학업을 중단했거나 진학하지 않는 등 학교 밖에 있는 청소년[1]의 경우도 발달상의 청소년기에서 제외될 이유가 없으므로 나이를 기준으로 함께 고려하는 것이 필요하다.

두 번째, 청소년의 개념을 법령에 기초하여 살펴보기로 한다. 국내 법률에서는 청소년기에 해당하는 나이의 기준이 다양한 편인데 이는 법률이 구현하고자 하는 목적에 따라서 다르기 때문이다. 청소년과 관련한 나이의 기준이 다른

---

1) 학교 밖 청소년이란 1) 초등학교, 중학교 또는 이와 동일한 과정을 교육하는 학교에 입학한 후 3개월 이상 결석하거나 취학의무를 유예한 청소년, 2) 고등학교 또는 이와 동일한 과정을 교육하는 학교에서 제적, 퇴학처분을 받거나 자퇴한 청소년, 3) 고등학교 또는 이와 동일한 과정을 교육하는 학교에 진학하지 않은 청소년(학교 밖 청소년 지원에 관한 법률 제2조)으로 정의된다. 학교 밖 청소년들을 정확하게 추적하는 데는 현실적 어려움이 있기 때문에, 학교 밖 청소년 현황 파악은 유사한 개념인 학업중단 청소년 현황 파악을 통해 이루어지는 것이 일반적이다(한국교육개발원, 2018).

것은 법률이 구현하고자 하는 목적에 적합한 대상으로 설정하였기 때문에 그 목적에 적합하여 청소년에게 유리할 수 있다는 장점이 있다. 반면 청소년에 대한 기준이 다양한 법률에 다르게 명시됨으로써 현장에서 관련 내용을 시행할 때 혼란을 주는 측면도 있다.

우선 가장 기본적으로 청소년의 법적 개념을 설명하고 있는 '청소년기본법'에 정해져 있는 나이는 9세~24세이다. 청소년기본법과 나이 기준이 같은 법률로는 청소년활동진흥법과 청소년복지지원법이 있다. 이 세 가지 법령은 주로 우리나라 청소년의 건강한 성장과 발달, 권리보장, 활동, 복지지원 등을 위해 기준을 비교적 넓게 설정한 측면이 있다. 즉, 일반적으로 중학생과 고등학생에 해당하는 나이를 사회에서 청소년으로 생각하는 경향이 많으나, 청소년의 건강한 발달과 성장에 초점을 둔 법령들에서는 청소년의 범위를 넓게 설정하여 더 많은 청소년에게 도움을 주고자 하는 취지를 가지고 있다. 청소년보호법과 성보호법의 경우 청소년의 범위를 19세 미만으로 설정하였고, 영화 및 비디오물의 진흥에 관한 법률 2조에서는 18세 미만으로 규정했다. 이 법들은 유해환경으로부터 청소년을 보호하는 목적이 있으므로 사회적 통념상에서 아동, 청소년기에 해당하는 청소년들을 규정한 것을 알 수 있다. 즉 일반적으로 젊은 성인기에 해당하는 18세나 19세 이상의 연령은 스스로를 유해환경으로부터 보호할 수 있고 책임질 수 있는 시기라 보며, 그 이하 연령의 청소년들을 보호하고자 하는 것으로 볼 수 있다. 여기서 성보호법의 경우 법률상 명칭을 '아동·청소년'으로 명명하고 있다. 근로기준법 등에서는 '연소자'라는 표현을 쓰며 18세 미만으로 대상을 규정하고 있다. 주로 청소년의 비행을 처벌하는 법인 소년법에서는 10~19세 사이를 대상으로 규정하고 있는데, 이때 명칭은 '소년'이라 칭하며 세부적으로는 '범죄소년', '촉법소년', '우범소년'으로 구분하고 있다. 이 법은 주로 비행행동에 대한 처벌에 초점을 두었기 때문에 10세보다 더 어린 시기는 가급적 처벌보다는 선처를 하거나 보호자에게 책임을 묻도록 하고, 19세 이상이 되는 성인의 시기는 처벌의 수위를 일반적인 기준에 따르도록 한다. 10세에서 19세에 해당하는 소년들은 다른 법들에 비해 처벌보다는 선도에 초점을 두도록 하기 위해 만들어진 법으로 이해할 수 있다. 복지와 관련된 법 중 아동복지법은 18세 미만을 '아동'으로 명칭 하였다. 일반적인 분야의 법 중 민법에서는 '미성년자'라는 명칭을 사용하며 19세 미만을 대상으로 지정하였고, 형법에서는 '형사미성년자'라고 명칭하며 그 대상을 14세 미만으로 규정하였다.

다음 〈표 1-1〉에서 국내 법률상에서 청소년 시기가 구분된 내용을 정리하였다. 청소년의 발달 과정의 특징에 대해서는 본서의 3장에서 자세히 다루었다.

┃표 1-1┃ 국내 법률 상의 청소년시기 구분

분야	법률상 명칭	연령	규정 법률
육성	청소년	9~24세	청소년기본법, 청소년복지지원법, 청소년활동진흥법
유해환경 보호	청소년	19세 미만	청소년보호법
	청소년	18세 미만	영화 및 비디오물의 진흥에 관한 법률
	연소자	18세 미만	근로기준법 등
성보호	아동·청소년	19세 미만	아동·청소년의 성보호에 관한 법률
비행	소년(범죄소년, 촉법소년, 우범소년)	10~19세 미만	소년법
복지	아동	18세 미만	아동복지법
일반	미성년자	19세 미만	민법
	형사미성년자	14세 미만	형법

출처: 이명숙(2013). 청소년문제와 보호. 교육과학사.

3) 청소년상담의 개념과 목표

청소년상담은 청소년들이 안고 있는 신체적, 심리적, 사회적 문제 등에 대해 도움을 주기 위해 청소년을 대상으로 하는 전문적인 상담 활동을 의미한다.

청소년상담의 개념에 대해 살펴보면 다음과 같다. 이성진(1996)은 "청소년상담은 성장기에 있는 청소년이 사회에 잘 적응하고 자신의 잠재력을 최대한 실현할 수 있도록 도와주는 전문적인 활동"이라고 하였다. 구본용(2002)은 "청소년상담은 청소년이 원하는 것을 청소년에게 적합한 방법으로 제공함으로써 그들이 행복하게 살아갈 수 있도록 돕는 활동"이라고 하였고, 상담은 치료적 개념과는 구분되어야 하며, 청소년의 건강한 성장에 보다 초점을 맞추어야 한다고 하였다. 박성수 외(1997)는 청소년상담의 목표로 문제예방, 문제해결과 치료, 발달의 촉진, 탁월성의 성취 등을 들었다. 신성철(2018)은 "혼자서 해결하기 어려운 문제를 가진 청소년이 전문적인 훈련과 경험을 가진 상담전문가로부터 개인상담, 집단상담 등을 통하여 도움을 받는 전문적인 과정"을 의미한다고 하였다.

청소년기는 신체, 생리적으로 급격한 성장이 이루어지며, 정서적으로는 충동적이고 불안정한 측면이 있고 자아정체감을 확립해 나가야 하는 시기이기 때문에 이러한 특징을 잘 고려하여 상담을 진행해야 한다. 청소년상담은 성장기에 있는 청소년이 자신의 잠재력을 최대한 개발하고 실현하기 위해 도와주어야 하며, 이를 통해 사회에 잘 적응할 수 있도록 조력해야 한다.

또한 청소년상담은 청소년이 가지고 있는 문제해결에 대해 다루기도 하지만, 동시에 청소년기의 발달과업을 잘 달성하기 위한 프로그램을 개발하고 실행함으로써 문제를 미리 예방하는 기능도 수행해야 한다. 청소년기는 주변의 영향을 많이 받는 시기이므로, 청소년 개인뿐만 아니라 이들과 가까운 거리에서 관련되어 있는 부모, 교사, 또래들 및 관련 기관 등을 대상으로 개인 및 집단상담, 교육활동 등을 통해 청소년의 바람직한 발달과 성장을 추구해야 한다.

청소년상담에서 유의해야 할 점 중 하나는 단회성 상담도 흔히 발생할 수 있다는 점이다. 1회의 단회성 상담은 위기상황에 대한 대처를 다루게 될 경우가 많다. 따라서 청소년상담자들은 위기 상담의 기술도 갖추는 것이 도움이 된다.

청소년상담의 목표는 청소년이 경험하게 되는 부정적인 문제를 보다 효과적으로 해결할 수 있도록 돕고, 문제 발생 전 문제를 예방할 수 있도록 하며, 긍정적인 사고와 능력을 키움으로써 건강한 발달을 할 수 있도록 돕는 것이다(김동일 외, 2018). 이를 요약하면, 문제의 해결, 문제의 예방, 성장의 촉진 세 가지의 측면에서 생각해 볼 수 있다.

즉, 청소년상담의 목표는 문제 해결적인 측면과 문제 예방적인 측면에서 생각해 볼 수 있는데, 청소년들이 전문 상담자의 도움을 받아 당면한 문제들을 해결하는 것이 상담의 첫 번째 목표라 할 수 있을 것이며, 미래에 발생할 수 있는 문제에 대해 예방할 수 있도록 하여 청소년의 삶을 보다 안정되고 행복하게 만들어 주는 것이 두 번째 목표가 될 수 있다. 이를 위해 청소년들이 다양한 문제들이 발생했을 때 자신의 힘으로 문제를 해결하고 극복해 나갈 수 있는 힘을 갖도록 하는 것도 상담의 중요한 목표가 될 수 있다.

일반적으로 청소년상담은 청소년이 당면한 문제해결을 통한 자아정체감 및 삶의 목표 확립, 의사결정기술의 함양, 인간관계 개선, 사회적응기술의 증진, 잠재력 개발, 긍정적 자아개념 및 바른 가치관의 정립, 행동 변화의 촉진 등을 목표로 이루어진다. 이를 위한 문제해결 상담, 예방 활동 등을 모두 포함하며 개인상담, 집단상담, 가족상담, 매체상담, 비대면 상담 등의 다양한 상담의 방법들이 활용된다.

2. 청소년상담의 특징

1) 청소년상담의 기본 원리

청소년상담은 다음의 7가지 원리를 가지고 진행되어야 한다.[2)]

(1) 개별화의 원리

청소년상담자는 청소년들을 기본적으로 모두 똑같은 성향이 아니며, 개성과 특별함이 있는 존재로서 접근해야 한다. 이를 위해 인간은 기본적으로 모두 개별적으로 차이가 있는 특정한 인격으로 인식하고 있어야 한다. 청소년상담에서 개별화란 청소년 내담자들 각자의 독특한 성격과 특징을 잘 알고 이해하는 것이며, 각 개인을 상담할 때 개인에게 맞는 상담의 방법으로 접근해야 함을 의미한다.

이를 위해 상담자는 청소년에 대한 편견과 선입관이 없어야 하며, 청소년의 얘기를 잘 경청하고 세밀하게 관찰하는 것이 필요하다. 그리고 청소년의 감정에 대해서도 민감성을 가지고 잘 이해하는 것이 중요하다.

(2) 의도적 감정표현의 원리

청소년내담자가 자신이 의도하고 있는 생각이나 감정을 상담 속에서 잘 표현하고 나타낼 수 있도록 보장받는 것이 필요하다. 특히 부정적인 감정을 자유롭게 표현하도록 하는 것이 중요하다. 이를 위해서는 온화하고 따뜻한 분위기

2) 비에스텍(Biestek, 1957)의 Casework relationship에 대한 원리에 기반하여 청소년상담 상황에 응용하여 내용을 적용하였다.

에서 청소년이 의도한 감정을 자유롭게 표현할 수 있게 도와야 한다. 청소년의 감정표현을 공감하고 경청, 지지해 주는 것이 필요하며, 긴장된 분위기가 조성되지 않도록 하는 것이 필요하다. 너무 빠른 내담자의 문제에 대한 해석은 주의해야 한다. 내담자의 의도적 감정표현은 내담자의 억압되었던 감정 때문에 발생할 수 있는 부정적인 영향을 감소시키며 내담자의 내면적인 욕구를 표현할 수 있는 수단이 될 수 있다. 상담자는 이를 통해 내담자의 문제를 이해하고 필요한 정보를 구하는 데에 도움을 받을 수 있다.

(3) 통제된 정서 관여의 원리

통제된 정서적 관여란 내담자의 상황에 대한 상담자의 개인적인 감정을 분리하여 관여해야 한다는 것이다. 상담자는 기존에 가지고 있던 자신의 가치관이나 선입관 등에 의해 내담자를 바라보고 관여하지 않도록 주의해야 한다. 청소년상담은 정서적인 면에 많이 관련되어 있으므로 청소년상담자는 청소년의 감정이 있는 그대로 잘 표현될 수 있도록 지지하고 격려해 주어야 한다. 이를 위해 청소년의 정서적인 측면에 민감하게 반응해 주고 진심으로 존중하고 이해하도록 한다.

(4) 수용의 원리

청소년내담자의 강점, 약점, 긍정적인 측면, 부정적인 측면 모두를 있는 그대로 이해하며 존중해 주는 것이 중요하다. 수용은 옳은 것과 옳지 않은 것을 판단해 내는 것이 아니라 상대방을 있는 그대로 받아들이는 자세가 중요하다. 이를 위해서 청소년을 있는 그대로 바라보고 이해하려고 하며, 권위적이기보다는 평등하고 부드러운 분위기 속에서 청소년의 욕구나 문제를 바라보려는 노력이 필요하다.

(5) 비심판적 태도의 원리

청소년상담자는 청소년의 문제나 행동의 결과에 대해 지나친 비판, 책임 추궁, 심판하는 태도 등을 보여서는 곤란하다. 상담을 받으러 온 청소년들은 기본적으로 상담을 받게 되기 이전에 부모, 교사 등 주변인으로부터 많은 비난과 질책을 받아왔을 가능성이 크다. 이에 죄책감이나 열등감, 반항심 등을 가지고 있을 가능성이 있다. 이때 상담자마저도 심판하는 태도로서 나무라는 방식의 상담을 진행한다면 청소년들의 마음을 열고 진정한 상담을 진행하기 어렵다. 이에 청소년상담자는 객관적으로 청소년의 문제 및 행동, 상황 등을 평가하도록 해야 하며, 심판하지 않는 자세로 청소년을 대해야 한다. 이를 위해서 상담자는 청소년에 대한 나쁜 선입관을 가지지 않도록 하고, 다른 이들과 비교하는 태도를 갖지 말아야 한다.

(6) 자기결정의 원리

청소년상담은 청소년 내담자가 스스로 자기의 문제를 인식하고 해결할 방향을 결정하고 선택하며 책임질 수 있도록 지원해야 한다. 이를 위해서는 청소년이 자기 자신의 강점과 잠재능력을 최대한 발휘하고 자신을 유능감이 있는 존재로 인식할 수 있게끔 상담을 진행하는 것이 중요하다. 청소년이 스스로 열등감에 빠져있거나 자신감이 없으면 스스로 선택하고 책임을 진다는 것이 어렵기 때문이다. 이를 위해 지지적이고 수용적이며 청소년에게 권한을 부여하는 방식의 상담이 필요하다.

(7) 비밀보장의 원리

청소년상담에서 가장 중요한 원리 중 하나가 비밀보장의 원리이다. 상담자는 대화 내용에 대해 반드시 비밀을 지켜야 한다. 비밀보장은 상담자의 직업적 측면에서 윤리적인 의무사항이기도 하다. 청소년들과 상담을 진행하다 보면 상담의 의뢰자인 부모나 교사들에 의해 상담의 내용을 밝혀주기를 요구받는 경우가 있다. 청소년상담자가 비밀보장의 원리를 어기고 상담의 내용을 노출할 경우 상담은 절대로 성공할 수 없다. 청소년내담자와의 신뢰가 깨지고 나면 상담은 진실해지지 못하며 의무적으로만 진행되게 될 것이다. 상담 초기에 상담자는 청소년 내담자에게 비밀보장의 원리를 설명하며, 이를 꼭 지키는 것이 중요하다.

한편, 청소년상담자는 비밀을 보장해 주었지만, 청소년내담자에 의해 비밀이 보장되지 않는 경우도 거꾸로 발생한다. 이는 마찬가지로 상담의 진솔성을 위협하는 상황이 발생되는 원인이 되기도 한다. 따라서 청소년상담자는 청소년 내담자에게 비밀보장의 원리가 상호 간 이루어져야 함을 설명하고 약속할 필요가 있다. 다만, 비밀보장이 지켜질 수 없는 몇 가지 위기의 상황이 있다는 것을 고지할 필요가 있는데, 첫 번째로 자살이나 타살의 위험 등 생명의 위험이 있는 경우, 두 번째로 법적인 문제가 발생하여 합법적인 절차에 의해 법원으로부터 정보공개 요청을 받은 경우, 세 번째로 더 나은 상담을 위한 슈퍼비전을 받기 위해 전문가 사이에 공개되는 경우이다. 이 경우에는 내담자로부터의 동의를 구한 후 진행하는 것이 필요하며, 그렇지 못한 경우에는 비밀보장의 원칙이 우선되어야 한다. 생명의 위험이 있는 경우에는 동의를 구하지 못하더라도 비밀보장의 원칙보다 생명보장의 원칙이 우선된다.

2) 청소년상담에서 다루어야 할 청소년상담의 영역

(1) 신체적 발달과 관련된 영역

청소년기는 급속히 발달하는 신체적, 성적 성장으로 인해 혼란을 가져오기도 한다. 아직 인지적, 정신적으로는 성장을 완전히 이루지 않았으나, 신체적으로는 거의 성인에 가까운 성장이 일어나는 시기이다. 이로 인해 정신, 신체 간 불균형이 발생하기도 하며, 성적인 문제가 발생하기도 한다.

최근에는 유명 연예인 등의 영향으로 인해 청소년들이 잘못된 미의 기준을 가지고 있는 경우도 다수 발생하고 있다. 잘못된 외모에 대한 기준으로 인하여 심한 다이어트 등 건강하지 못한 식이요법을 하는 경우가 발생하며, 거식증(음식을 먹기를 거부하는 증상)/폭식증(음식을 거부하다가 갑자기 폭식하게 되는 경우) 등의 문제를 가지고 상담하게 된다. 이에 따라 청소년들에게 정상적이고 건강한 신체이미지 형성과 발달을 지원하는 상담이 요구된다.

더불어 청소년은 성적인 성숙으로 인해 성과 관련된 관심이 높아지는 시기이다. 충동적인 청소년기의 특성과 함께 바람직하지 못한 성행동으로 인해 임신, 낙태, 미혼모, 성폭력, 성병 등의 성 문제가 생기기도 한다. 이는 아직 성인이 아닌 청소년에게 발달상 치명적인 문제로 연결될 수 있는 위험이 있다. 성에 대한 건전한 인식과 행동을 가질 수 있도록 하는 성교육이 이루어져야 하며, 예방과 치료 두 가지 측면에서의 적극적인 개입이 필요하다. 그러므로 청소년상담자는 성과 관련된 전문적인 지식과 상담기술이 요구된다.

(2) 심리적 발달과 관련된 영역

청소년기는 심리적으로 충동적이거나 정서적으로 불안정한 특징을 가지는 경우가 많다. 이는 앞서 설명한 신체적 발달과도 연결된다. 즉 신체적, 생리적으로는 급격한 성장을 이루어 성인과 유사한 발달을 이루지만, 심리적, 사회적으로는 아직 성인만큼의 성숙도를 가지지 못하며, 미성년자이기 때문에 이에 대한 심리적 갈등과 방황이 일어나기도 한다. 또한 청소년기라는 발달 과정에서 이루어야 하는 학업 및 진로, 성격, 친구 관계, 이성 관계, 외모 등으로 다양한 심리적 어려움을 겪게 되는 시기이다.

자아정체감과 자아존중감 형성도 청소년기에 중요한 심리적 발달과 관련된 영역이다. 청소년의 발달과업인 자아정체감은 상담에서 다루어야 할 주요한 심리적 영역이다. 청소년들은 '나는 누구인가'라는 질문을 시작으로 하여 올바른 자아정체감을 형성하고, 삶의 목표를 구체적으로 설정하는 것이 주요한 심리적 발달과업이며 청소년상담자들은 이를 지원해 주어야 한다. 자아존중감도 매우 중요한 심리적 영역이다. 나를 존중하는 마음을 가지고 계속 이를 키워나가는 것은 차후 발생할 수 있는 다양한 심리적 갈등에 건강하게 대처해 나갈 수 있는 힘을 키울 수 있게 된다.

최근에는 청소년들의 정신건강의 어려움도 사회문제가 되고 있다. 예를 들면 우울 및 자살, 중독 등의 문제가 청소년들의 정신건강을 해치고 있다. 청소년상담자들은 이와 관련된 지식과 상담기술을 갖추는 것이 필요하다. 이에 관련해서는 이 교재의 14장에서 자세히 다루고 있다.

(3) 사회적 발달과 관련된 영역

청소년은 사회적으로도 급속히 발달하는 시기이며, 성인으로의 준비를 위한 학습과 예비사회인으로서의 경험을 하게 되는 시기이기도 하다. 청소년상담자들은 청소년들의 건전한 발달과 성장을 도와 향후 사회에 성공적으로 진출하고 적응할 수 있도록 돕는 예방 및 교육적 측면에서의 상담과 지원을 시행하여야 한다.

청소년들은 주로 초, 중, 고교를 다니면서 사회에 진출할 준비를 하게 되는데, 최근에는 학교를 중단하는 등 학교 밖에서 사회적 발달을 이루는 청소년들이 증가하고 있다. 이때 사회적 발달이 제대로 이루어지지 못하는 경우 일탈과 비행으로 연결되기도 한다. 최근 우리 사회는 스마트폰, 인터넷 등의 대중적 보급으로 인해 대중매체의 노출이 매우 손쉬우며 여과 없이 청소년들에게도 선정적이거나 음란한 내용이 노출되고 있다는 문제가 있다. 술, 담배나 유흥업소 출입 등에 대한 접근도 점점 증가하여 청소년들이 일탈 및 비행행위에 노출될 위험이 높다. 이에 청소년상담자들은 청소년들의 건전한 사회적 발달이 이루어지도록 지원하고, 일탈 및 비행문제가 발생하지 않도록 예방적인 차원에서의 대책을 마련할 수 있도록 노력하여야 한다.

3) 청소년상담의 특성: 비자발적 내담자

청소년상담은 내담자가 되는 청소년이 가지게 되는 독특성과 특수성으로 인해 일반적인 상담과는 다른 방식으로 접근해야 한다는 의견이 제시되고 있다. 이 중 대표적인 특수성으로는 비자발적인 내담자를 만나야 한다는 점을 들 수 있다. 청소년은 급격한 발달상의 변화를 거치면서 상담이 필요한 여러 문제를 경험하지만, 기성세대에 대한 불신과 반항하는 마음 때문에 부모, 교사, 상담자 등에게 자신의 문제를 드러내고 조언을 구하기보다는 친구나 선배들에게 상의하는 경우가 많다. 그러나 청소년기는 아직은 부모나 교사의 보호와 지도를 받아야 하는 시기이기 때문에 문제가 발생했을 때 성인의 개입이 불가피하다. 대개 일차적으로는 부모나 교사가 문제를 해결하도록 지원하지만, 전문적인 도움이 필요한 경우 전문적인 청소년상담을 받게 되고 상담자를 만나게 된다.

이런 경우 청소년들은 대부분 자발적으로 상담을 받기를 원해서 찾아오기보다는 주변의 권유로 인해서 상담을 받게 되거나, 일탈 행동 등으로 인해 학교 등 사회에서 받는 봉사 명령 등을 통해 의무 이행으로 상담을 받게 되는 경우가 발생한다. 따라서 상담에 적극적으로 참여하지 않으며, 상담에 대해 반감이 있는 등의 태도를 보이는 경우가 많다. 이를 비자발적인 내담자로 표현할 수 있다. 물론 모든 청소년이 비자발적인 내담자가 되는 것은 아니다. 학업, 진로, 성격 등 다양한 분야에서 자신의 고민을 나누고 해결하는 것에 도움을 받기 위해 상담을 받는 청소년내담자도 다수 존재한다. 하지만, 성인이나 노인 등 다른 세대의 상담에 비해서 비자발적인 내담자가 많이 존재한다는 것은 청소년상담의 분명한 특징이기도 하다.

비자발적인 내담자들은 자신의 문제를 수용하지 않고, 변화에 대한 필요성을 느끼지 않으며 성인에 대한 강한 불신이 있는 경우가 많다. 부모나 교사, 학교 등에 의해 강제적으로 상담실에 보내지는 경우 비협조적인 태도로 상담에 임한다. 따라서 상담자에게 반항적일 수도 있고, 라포를 형성하는 데에 어려움을 겪는 등의 상황이 발생하는 경우가 많다. 청소년상담자는 비자발적인 내담자인 청소년을 만났을 때 라포를 형성하는 것과 상담 진행을 위해 많은 시간과 노력을 기울여야 한다. 또한 비자발적인 내담자를 상담에 이끄는 전문적인 상담기술과 방법도 갖추고 있는 것이 필요하다.

4) 청소년상담과 성인상담의 차이

성인상담에서는 호소하는 문제와 어려움을 경험하는 개인에 초점을 두고 문제 중심으로 접근하는 경우가 일반적이다. 그러나 청소년상담은 청소년뿐만 아니라 청소년의 주요 주변인들인 부모, 교사, 친구들을 함께 상담해야 하는 경우가 많다. 이는 청소년문제가 청소년 혼자만의 문제가 아니고 발달 과정에서 주변인과 연관이 있는 경우가 많기 때문이다. 청소년기는 주변인의 영향을 많이 받는 시기이며, 특히 부모와 친구, 교사들의 영향과 관계를 고려하지 않고는 상담이 제대로 이루어지기 어렵다. 청소년만 대상으로 상담을 한다면 청소년 개인은 문제가 해결되었지만, 주변 환경은 바뀌지 않았기 때문에 문제가 제대로 해결되지 않을 수 있다. 이에 따라 청소년과 함께 가까운 주변 환경을 함께 고려하여 상담할 필요가 있다. 즉 청소년은 부모, 교사, 친구로부터의 영향을 많이 받으므로 부모, 교사, 또래 친구들을 대상으로 한 상담, 교육, 자문도 필요하다.

성인상담은 주호소문제를 중심으로 상담하여 문제를 해결하도록 하고, 문제가 해결될 경우 상담이 종결되는 경우가 많지만, 청소년의 경우 발달 과정에 있으므로 발달 과정에서 발생하는 주요 문제와 과제 등을 함께 다룰 필요가 있다. 우리나라 청소년들의 발달과업으로는 학업 및 진로 문제가 있으며 이로 인해 발생하는 문제로는 학업 스트레스, 또래 관계, 학교폭력, 부모 자녀 갈등, 가정폭력 등이 대표적이다. 청소년이 호소하는 문제가 세부적으로 있다고 하더라도 상담자는 청소년이 발달 과정에서 어떠한 어려움이 발생하지는 않는지, 또 학업 및 진로 등 향후 미래를 준비하는 단계에서 발생할 수 있는 어려움이나 목표설정 등에 대해서도 통합적으로 살펴보며 도움을 제공해야 한다.

5) 청소년상담의 방법

청소년상담의 방법은 매우 다양하다. 전통적인 접근방식인 면접을 중심으로 한 개인상담과 집단상담뿐 아니라 전화나 이메일, 문자, SNS 등을 활용하는 비대면 상담으로 접근하는 것도 필요하다. 최근에는 화상상담을 활용한 비대면 상담도 많이 활성화되었다. 학교 등 청소년들이 많이 모인 장소에서는 대규모 형태의 교육적 접근도 청소년상담의 효과적인 방법이 될 수 있다.

청소년은 비대면 상담으로의 접근이 가장 효과를 많이 거둘 수 있는 대상이기도 하다. 자신을 노출하기를 꺼리는 특성 및 SNS 등에 대한 접근도가 높은 청소년들은 대면상담으로 상담을 시작하는 것보다 매체를 통한 상담을 더 편안하게 생각하기 때문이다. 실제로 전화상담이나 문자, SNS 등을 통해 초기상담을 한 후, 개인상담으로의 연결이 필요한 경우 이어서 상담을 받게 되는 사례가 다수 발생하며 효과적인 것으로 보고되고 있다. 또한 2020년 코로나 팬데믹 상황 이후 활성화된 비대면 화상상담 방식도 청소년상담의 주요 방법으로 활용되고 있다. 이에 청소년상담자는 대중매체나 온라인 접근이 편안할 수 있도록 하는 상담기술도 보유하는 것이 필요하다.

3. 청소년상담자의 자질과 역할

1) 청소년상담자의 자질 및 태도

(1) 인간적인 자질 및 태도

일반적으로 전문가라고 하면 해당 분야에 대한 전문적인 지식과 기술을 갖춘 경우를 지칭한다. 청소년상담사의 경우에는 전문적인 지식과 기술 이외에도 인간적인 자질이 요구되는 분야이다. 인간적 자질이란 전문가로서 상담자가 갖추어야 할 사람됨의 특성들을 의미한다. 아무리 좋은 기법으로 접근을 하더라도 청소년이 진정으로 마음을 열지 않으면, 진솔한 상담이 되기 어려우며 상담의 효과를 거둘 수 없다.

따라서 청소년상담자는 청소년에 대한 열린 마음과 함께 청소년을 존중하며 따뜻하고 솔직한 태도를 갖추어야 한다. 청소년을 공감하고 적극적으로 대해야 하며, 유머를 갖추고 청소년들의 흥미를 돋울 수 있도록 하는 것도 도움이 된다. 무엇보다 청소년을 아끼고 사랑하는 마음이 중요할 것이다. 타인의 욕구에 민감하며 정서적으로도 친밀감을 형성하고 느낄 수 있는 능력도 필요하다. 친밀감은 형성하되 적절한 거리를 유지하며 관계를 이루어나가는 것도 중요하다. 다양한 상황과 배경에 대해 열린 마음으로 공감하고 이해하는 것도 필요하다. 자기인식은 상담자가 자기 자신의 태도 및 감정을 인식하고 이해하는 것을 의미한다. 상담자가 자기에 대해 정확하게 인식하고 있어야 자기 자신의 장단점을 잘 활용할 수 있고, 이는 상담 시 좋은 효과를 거둘 수 있을 것이다.

(2) 전문가적 자질 및 태도

청소년상담자는 상담에 대한 이론적인 이해와 실제적인 경험을 통한 전문가로서 자질을 키워야 한다. 이는 상담을 할 때 요구되는 전문적인 지식과 기술을 의미한다. 청소년상담에 대한 이론으로는 심리학, 교육학, 사회복지학, 정신의학, 청소년학 등으로부터 청소년상담과 관련된 이론적 측면에 지식을 이해하는 것이 필요할 것이다. 청소년의 심리, 발달, 가족 및 대인관계, 사회·환경과의 관계, 심리검사 및 정신건강상의 문제에 대한 평가기술 등이 청소년상담의 바탕이 되는 이론적인 내용이 될 수 있다. 청소년상담자는 청소년의 발달과정에 대한 이해와 단계별 특징을 알고 있어야 한다. 또한 청소년 내담자의 문제를 청소년, 가정, 학교, 친구, 사회·환경 등과의 관계 속에서 총체적으로 조망할 수 있는 전문가로서의 식견과 상담 방법을 갖추고 있어야 한다. 청소년이 호소하는 문제가 발달 과정에서 발생하는 위기상황인지, 심각하게 다루어야 할 정신적 또는 행동적 문제 등인지에 대해서 제대로 평가하고 판단해야 한다. 이를 위해 청소년의 발달 과정상의 특징과 정서에 대해 잘 알고 있어야 한다. 또한 궁극적인 목표로 학업 및 진로 등 청소년의 미래와 인생의 방향에 대한 상담이 가능할 수 있도록 해야 한다. 최근에는 다문화사회에 대한 이해, 여성 및 가족학 등에 대한 이론적 배경도 상담을 하는 데 필요한 내용으로 확장되고 있다.

전문가로서 청소년상담자는 청소년상담에 대한 이론적인 이해와 더불어 이를 기반으로 경험을 쌓는 것이 중요하다. 상담에 대한 경험은 상담 실습, 수련, 상담 실무, 슈퍼비전 등을 통해 끊임없이 훈련되어야 하며, 지속적인 자기계발도 이루어져야 한다.

2) 청소년상담자의 역할

(1) 청소년상담 - 개인 중심적 접근

청소년상담에서 청소년 개인의 발달과업과 당면문제에 접근하여 상담 서비스를 제공하는 접근이다. 청소년의 심리, 사회적 문제를 해결하도록 도우며, 문제가 발생하지 않도록 예방하는 상담도 포함된다. 청소년상담을 효과적으로 수행하기 위해서는 상담 장면에서 문제 영역에 대해 상담 적인 개입을 하는 것과 더불어 심리·정신적 상태에 대한 정확한 평가를 위해 심리검사의 해석과 활용도 필요하다.

(2) 청소년상담 - 환경 중심적 접근

청소년상담에서는 상담의 대상을 청소년과 청소년을 둘러싼 집단이나 환경을 포함하여 접근한다. 개인을 둘러싼 가장 중요한 집단으로는 가족, 친구, 교사 등을 꼽을 수 있다. 청소년상담에서는 청소년과 깊게 관련 있는 주변 환경을 함께 상담하고 변화시킴으로써 궁극적으로는 청소년들의 문제해결과 예방을 돕는다.

(3) 상담 연구 및 행정

청소년상담자는 청소년상담과 관련된 연구를 설계하고 수행하는 것이 필요하다. 반복적인 연구를 통해 상담의 효과를 입증해야 하며, 더욱 효과적인 상담 방법에 대해 끊임없이 고민하고 발전시켜야 한다. 그리고 상담과 관련된 행정업무도 수행하게 되며, 청소년상담과 관련된 정책을 개발하는 역할도 상담의 발전을 위해 중요하다.

(4) 상담에 대한 교육

청소년상담자는 오랜 기간의 경험과 지식이 있는 전문가이므로 지속적으로 교육을 받으며 자기계발을 위해 노력해야 한다. 상담에 대한 경험을 쌓은 후에는 후배나 학생들을 위해서 교육을 하는 역할도 담당하게 된다. 전문가로서의 지식과 경험을 조언해 주고 방향을 제시해 주는 것을 슈퍼비전(Supervision)이라고 하며, 교육을 담당하는 전문가를 슈퍼바이저(Supervisor), 슈퍼바이저를 통해 슈퍼비전을 받는 이를 슈퍼바이지(Supervisee)라고 지칭하며, 주로 실습, 수련 또는 후배 상담자가 해당된다.

CHAPTER

02 청소년상담의 윤리

1. 청소년상담과 윤리

청소년상담자들은 전문가로서 윤리적 책임을 가지고 상담을 진행해야 한다. 상담자의 윤리는 올바른 행위에 대한 도덕적인 원칙이다. 청소년상담자의 윤리는 상담자의 책임과 의무를 분명하게 제시함으로써 내담자를 보호하고자 하며, 상담 시 발생하는 여러 가지 문제들을 처리하는 기준을 제시해 주기도 한다. 이는 내담자와 더불어 상담자의 사생활과 인격을 보호해 줄 수 있는 근거를 제공해 주며 사회가 요구하는 청소년상담자의 도덕적 기준틀을 제시해 준다.

상담은 인간 간의 만남을 통해 이루어지는 활동인 만큼 서로 간에 지켜져야 할 윤리적인 문제가 더욱 중요하다. 특히 아직 어른이 아닌 청소년을 상담하기 때문에 더욱 윤리적으로 엄격할 필요가 있으며 청소년들이 가져야 하는 의무와 권리를 지켜주면서 상담을 해야 한다. 이와 관련하여 청소년상담 전문 국가자격증인 청소년상담사 자격제도에서는 청소년상담사가 지켜야 할 윤리강령을 제정하고 이를 따르도록 한다. 이 책의 부록에 '청소년상담사 윤리강령'에 전문을 실어 안내하였다.

여기에서는 청소년상담사 윤리강령을 참조로 하여 상담자들이 지켜야 할 상담윤리에 대해 가장 중요한 영역을 '상담자의 책임', '비밀보장', '내담자와의 관계'로 나누어 설명하기로 한다.

1) 청소년상담자의 책임

청소년상담자는 내담자가 호소하는 문제를 해결하는 데 조력함으로써 내담자의 권리와 복지를 지켜주도록 한다. 하지만 청소년상담자가 내담자가 가진 모든 문제를 해결해주어야 할 의무와 책임을 지니는 것은 아니다. 청소년상담자는 내담자의 문제를 해결하도록 전문가로서의 기술과 지식을 총동원하여 조력하지만, 그 결과에 대하여 모두 책임을 질 수 있는 것은 아니다. 내담자의 '자기결정의 원리'를 통해 내담자가 자신의 선택을 결정하고 책임지도록 한다. 다만 가장 올바른 선택과 행동을 할 수 있도록 상담자는 최선을 다해 조력해야 한다.

상담자들이 상담 장면에서 자주 경험하는 문제와 갈등은 다음과 같다(Corey et al., 2014).

- 나는 내담자를 잘 다룰 수 있는 능력이 없는 것 같다.
- 내가 만나는 내담자가 꾸준히 좋아져야 한다고 생각한다. (상담은 무조건 성공해야 한다고 생각한다.)
- 상담 중 침묵을 견디기 힘들다.
- 나의 불쾌한 마음을 내담자에게 표현하는 것이 어렵다.
- 내담자에게 어느 정도까지 솔직해야 하는지 모르겠다.
- 상담 시간에 내담자가 나의 사생활을 문의할 때 얼마만큼 공개해야 하는지 모르겠다.
- 내담자의 문제가 내 문제가 되어버린 것 같다.

- 나와 가치관이 다른 내담자를 상담하기가 힘들다.
- 내담자가 다시 상담에 올지 걱정이 된다.
- 상담하면서 내담자에게 자꾸 충고하게 된다.

상담자들이 위와 같은 고민을 경험하게 되는 것은 상담에 대한 지나친 부담이나 실패에 대한 불안이 있기 때문이다. 상담자는 내담자와의 관계에서 솔직한 것이 필요하며 자기의 한계에 대해서도 정직하게 인식하고 표현하는 것이 중요하다. 전문적인 상담자라고 해도 모두 완벽한 것은 아니기 때문에 늘 주변의 동료나 슈퍼바이저에게 조언을 구하는 것이 좋다. 이때 내담자와의 비밀보장이 훼손되지 않도록 주의를 기울여야 한다. 슈퍼비전이나 조언을 구하기 위해 내담자와의 나눈 얘기를 공개하게 된다면 사전에 내담자에게 동의를 구하는 것이 꼭 필요하다.

만약, 내담자가 상담을 받고는 있지만 별다른 도움을 받지 못한다고 생각되는 경우 다른 기관으로 의뢰하는 것이 바람직하다. 상담자가 자신의 능력으로 해결하지 못하는 문제를 상담에서 다루는 것은 비윤리적인 행동이다. 상담 관련 학회들에서는 상담자가 자신의 전문적 활동에 해당하지 않거나 능력 밖의 행동을 하는 것은 금하고 있다. 예를 들면 병명의 진단, 처방 등이다. 병원에서 근무를 오래 한 상담자의 경우 내담자를 정신·병리적으로 진단하고 약물을 처방할 수 있다고 생각할 수도 있다. 그러나 자신이 알고 있다고 생각하는 것과 그와 관련된 능력이 있고 자격이 있으며 행동해도 되는 것은 확연히 다른 문제이다. 상담자가 상담자의 업무로 규정되어 있는 일에서 벗어난 행동을 하거나, 자신이 해결할 수 없다고 생각하는 문제에 대해서 억지로 상담을 진행하는 것은 대표적인 비윤리적인 행동이라고 할 수 있다. 상담자의 중요한 활동은 내담자에게 최선의 도움을 주는 것이다. 따라서 자신이 해결할 수 없는 문제이거나 다른 전문가에게 의뢰가 필요한 경우에선 다른 곳에 의뢰하는 것도 훌륭한 상담 서비스가 될 수 있다. 이때 적절한 의뢰 역시 상담자의 중요한 전문적인 활동이 될 수 있다. 내담자에게 가장 필요한 서비스가 무엇이며, 그것이 가능한 곳이 어디인지를 알아내고 연결해 주는 것도 전문적인 지식과 능력이 필요한 상담 서비스의 활동 영역 안의 내용이기 때문이다.

2) 비밀보장

'비밀보장의 원리'에 의하여 상담자는 상담에서 드러나는 내담자에 대한 정보에 대한 비밀을 보장해야 한다. 첫 상담에서 상담자는 내담자에게 이러한 내용을 설명하고, 약속하여야 하며, 이를 지켜야 한다. 때로는 비밀보장이 지켜질 수 없는 상황이 생기기도 한다. 대표적으로 자살과 타살위험이 있거나 사회에 심각한 피해가 될 수 있는 사안과 관련된 것이다. 이 경우에는 비밀이 보장될 수 없음을 내담자에게 분명히 설명한 후 상담을 시작하며, 이후 이러한 것을 준수해 나갈 윤리적 의무가 있다.

3) 내담자와의 관계

(1) 라포 형성

상담자와 내담자는 상호 간 신뢰감과 친밀감을 형성하는 단계인 라포 형성이 중요하다. 여기서 라포(rapport)는 인간관계에서 생기는 상호 간의 신뢰 관계를 말하는 심리학 용어로서 서로 마음이 통한다든지 어떤 일이라도 터놓고 말할 수 있거나, 말하는 것이 충분히 감정적으로나 이성적으로 이해하는 상호관계를 말한다(위키백과사전, 2021).

라포 형성을 성공적으로 하게 되면, 상담이 성공적으로 이루어지게 될 가능성이 높다. 반대로 라포 형성에 실패하게 되면, 내담자의 중도 탈락이나 상담 조기 종결 등의 부작용이 일어날 수 있고 진정 어린 상담이 되기 어렵다. 내담자가 상담자를 신뢰하고 친밀감을 느끼지 못한다면 자신의 마음을 솔직하게 털어놓지 않고, 상담자의 의견도 잘 따르지 않게 될 것이기 때문이다. 따라서 상담 초기에 상담자와 내담자와의 관계가 상담의 성공 여부에 매우 중요하며, 상담자는 내담자와의 라포 형성이 잘 이루어지도록 노력을 기울여야 한다.

청소년내담자의 경우 라포 형성이 어려운 대상으로 알려져 있다. 청소년들은 자신의 의지로 상담을 받게 되는 경우보다는 부모나 학교에서의 권유로 어쩔 수 없이 상담을 받게 되는 경우가 많기 때문이다. 청소년 시기는 발달 과정 특성상 기성세대나 권위에 대한 반감이 있는 경우가 많아 상담에 대해 신뢰하지 않는 경우가 발생한다. 따라서 청소년상담자는 상담 초기에 청소년 내담자와의 라포 형성에 노력을 기울여야 한다. 청소년들이 가질 수 있는 권위에 대한 부정적인 생각을 고려하고, 동등하고 편안한 입장에서 상담이 진행되도록 노력해야 한다. 청소년내담자가 걱정하는 부분 중에는 상담 중 나눈 내용이 부모나 교사 등 주변인에게 알려질 것이라는 우려가 있다. 청소년내담자는 어른들끼리 자신에 대해서 얘기를 나눈다고 생각하며, 상담 시 솔직하게 자기의 생각을 얘기했다가 다시 혼이 나거나 자신이 곤란해질 수 있다고 생각하기도 한다. 이러한 염려 때문에 청소년내담자와의 라포 형성이 더욱 쉽지 않은 과정이기도 하다. 따라서 청소년상담자들은 청소년내담자의 이러한 염려를 덜어주고 라포를 형성하기 위해 비밀보장에 대한 부분을 분명하게 설명하고, 이를 준수할 필요가 있다. 주변에 이야기하지 못했던 자신의 어려움과 속마음을 상담이라는 전문적 서비스를 통해 안전한 상황 속에서 표현하고 해결할 수 있다는 믿음이 있다면 상담이 보다 원활하고 효과적으로 이루어질 것이다.

(2) 내담자의 권리

상담을 받게 될 때 내담자가 가지는 권리에 대해 상담자는 주의를 기울여야 한다. 우선 내담자는 상담에 대해 충분한 정보를 들은 후 상담을 결정할 권리가 있다. 즉 상담을 결정하는 주체는 상담자가 아닌 내담자이며 상담자는 이 결정을 도울 의무가 있다. 이를 위해 내담자에게 상담에 대한 충분한 정보를 전달해야 하는데, 제공해야 할 정보의 대표적인 내용은 다음과 같다. 상담 목표, 상담 기법, 상담의 진행 과정, 상담자를 선택하고 거부할 수 있는 권리, 상담을 중간에 그만둘 수 있는 권리가 있음을 설명한다. 상담자의 자격과 경험, 지위, 상담자에게 연락을 취하는 방법, 상담으로 얻게 되는 성과, 상담에서 얻지 못하는 한계, 상담 과정에서의 위험부담 요소에 대하여 설명하고, 상담 요금, 비밀보장의 원칙과 비밀보장이 이루어지지 않는 한계 설명, 녹음이나 녹화가 진행된다면 이와 관련된 동의와 상황 설명, 기록에 대한 설명 등이 있다. 상담자는 이러한 내용을 내담자에게 상담 시작 전에 충분히 설명하고 내담자가 상담의 개시 여부를 결정하도록 해야 한다.

(3) 이중관계 금지

상담자와 내담자 사이에는 이중관계가 이루어지면 안 된다. 여기서 이중관계란 상담자와 내담자로서의 관계 외에 다른 관계가 함께 존재하는 것을 의미한다. 다른 관계의 대표적인 것은 이성 관계에서 애정이나 성적인 관계가 발생하는 것을 꼽을 수 있다. 대부분의 상담윤리 조항 중 상담자와 내담자 간에 애정적인 관계나 성적인 관계가 발생하면 안 되는 것을 명시한다. 상담자는 내담자보다 우월한 위치에 있는 경우가 많으며, 내담자가 상담자에게 의존성을 가지고 있으므로 둘 간의 애정 관계가 발생할 경우 동등한 관계 형성에 어려움을 겪는다. 내담자는 상담자를 자신의 파트너로서 객관적으로 인식하기 어려우며,

자신이 이용당한다는 느낌을 받을 수 있다. 또한 상담이 객관적이고 중립적인 관점에서 이루어지기 어렵다. 이에 상담자와 내담자 간에는 애정이나 성적인 관계가 발생하지 않도록 하는 것이 바람직하다.

이중관계의 다른 형태 중에는 가족이나 친인척, 직장 내 상하 관계, 친구, 금전적인 이해관계가 얽힌 이들과의 상담을 꼽을 수 있다. 이미 다른 형태의 관계가 형성된 사이일 때 상담자-내담자의 관계로 효과적인 상담을 기대할 수 없으며, 서로 간의 이익을 위해 상담 활동이 이용될 수 있다. 따라서 상담 시 이중관계는 금지되어 있다.

4) 상담 시 발생할 수 있는 비윤리적 상황

상담 시 발생할 수 있는 비윤리적 상황의 예는 다음과 같다. 상담자들은 이러한 비윤리적 상황이 발생하지 않도록 늘 주의를 기울여야 한다.

- 내담자에게 제공해야 하는 정보를 충분히 제공하지 않은 경우
- 상담료 외에 다른 금전적인 요구를 하는 경우
- 상담 기법을 새롭게 적용하거나 상담 내용으로 연구를 할 때 내담자에게 미리 동의를 구하지 않는 경우
- 내담자의 동의를 구하지 않고 녹음이나 녹화를 하는 것
- 비밀보장을 지키지 않는 경우(청소년내담자의 경우 청소년의 허락 없이 부모나 교사 등 주변인에게 상담 내용을 공개하는 경우)
- 내담자와 밖에서 사적인 관계를 맺는 경우
- 내담자가 원하지 않는 신체적 접촉을 하는 경우
- 상담자의 필요로 상담의 회수를 늘리려고 하는 경우
- 내담자를 존중하지 않고 상담자의 입장으로 상담을 하는 경우
- 가족, 친한 친구 등 이중관계에 해당하는 사람을 내담자로 받는 경우

- 내담자의 허락을 받지 않고 슈퍼비전을 받는 경우
- 부정확한 정보를 제공하며 이를 솔직히 밝히지 않고 내담자에게 주입할 경우

2. 청소년상담 시 윤리적 딜레마와 의사결정

1) 청소년상담과 윤리적 딜레마

앞서 설명한 것과 같이 상담자들은 윤리적으로 활동하기 위한 원칙들을 가지고 있다. 상담자가 윤리적으로 행동한다는 것은 공인된 전문자격증과 상담에 대한 능력을 갖추고, 내담자의 복지를 최우선으로 고려하며, 힘을 책임감 있게 사용하고, 스스로 전문직으로서의 명예를 위해 노력하는 것이다(welfel, 2002).

그러나 상담이라는 활동은 인간을 대상으로 다양한 상황과 맥락들이 연관된 활동이다 보니, 상담 도중 여러 가지 윤리적 딜레마에 빠지게 되는 상황이 종종 발생한다. 여기서 윤리적 딜레마(ethical dilemma)란 윤리적인 원칙 중 두 개 이상이 충돌하면서 상담자가 의사결정을 하기에 곤란한 상황을 의미한다. 벌어진 상황들이 복잡하여 윤리적인 판단을 어떻게 내려야 할지, 적절한 선택과 판단이 필요하게 되는데, 상담자에 따라 개인의 판단기준이 다르면 전문가로서의 위상을 지켜나가고 내담자를 위한 올바른 결정을 내리는 것이 어려워질 수 있다. 이때는 그동안 상담학 분야에서 논의되어온 구체적인 사항들과 절차들을 고려하여 의사결정을 내리도록 하는 것이 바람직하다. 상담윤리에 관한 합의된 기준을 따르며 의사결정을 하는 것은 상담자 자신의 사생활과 인격을 보장받을 수 있다. 상담 중 내담자가 상담자에게 과도한 요구를 하여 고통

스러울 때에도 윤리기준에 따름으로 인해 판단을 명확히 함으로써 도움을 받을 수 있으며 상담 과정에서 발생될 수 있는 직무수행 중의 갈등 해결에도 도움이 될 것이다. 또한 내담자 입장에서도 내담자에 대한 상담자의 의무를 분명히 함으로써 내담자를 보호할 수 있다. 예를 들면 내담자의 비밀보장은 상담자의 의무이자 내담자의 보장받을 권리이기도 하다.

그렇다면, 윤리적인 딜레마에 빠졌을 때 어떤 절차를 따르는 것이 가장 합리적이고 공정한 판단일까를 생각해 볼 필요가 있다. 윤리적 의사결정이란 윤리적 딜레마에 직면했을 때 이를 인식하고 해결해 나가는 과정이다.

2) 윤리적 의사결정 시 고려해야 할 사항

윤리적 의사결정을 할 때 고려해야 할 사항은 다음과 같다(김옥진 외, 2011; 윤대원, 2007).

첫 번째는 인간 존엄과 생명의 보호이다. 인간은 그 자체로 존중받아야 할 권리가 있다. 인간의 존엄성을 인정한다는 것은 인간 개개인이 가진 개별적인 특성이나 욕구의 차이를 인정하며, 모든 사람이 가진 잠재능력과 발전 가능성을 확신하는 것이다. 생명의 보호는 다른 여러 의무나 원칙 중 가장 우선하여 고려해야 하는 사항이며, 이 권리가 침해되는 경우 어떤 다른 권리도 누릴 수 없다.

두 번째는 내담자의 이익과 공공의 이익이다. 상담자는 내담자의 이익을 최우선으로 옹호할 의무를 지닌다. 그렇지만 내담자의 이익을 옹호하는 것이 사회의 이익에 반하게 되는 상황에서는 윤리적 딜레마에 빠지게 된다. 상담자의 활동은 사회윤리와 지역사회의 공공의 도덕적 기대와 이해를 반영하여야 하므로 내담자의 이익과 공공의 이익이 상충될 경우 내담자의 이익을 옹호하되 사회의 이익에 반하지 않도록 조정해야 한다. 때로는 내담자가 반사회적인 행동을 할 때 스스로 책임 있게 행동하도록 인식시킴으로써 사회에 공헌할 수 있는 기회를 제공해 줄 수 있다. 이는 궁극적으로 내담자의 이익과 공공의 이익을 모두 지키는 방법이 될 수 있을 것이다.

세 번째는 사회적 가치와 상담자의 개인적 가치이다. 사회적 가치란 사회구성원들이 동의하는 가치, 사회 내에서 인정받은 가치를 의미한다. 사회적 가치는 시대와 문화에 따라 변할 수 있다. 사회적 가치가 상담자 개인의 가치와 일치하지 않을 수 있다. 이때 상담자는 개인의 주관적인 가치보다는 사회적 가치와 내담자의 가치를 존중할 필요가 있으며, 최대한 객관적인 자세를 취할 필요가 있다.

네 번째는 효율성과 효과성이다. 효율성은 투입 대 산출의 비율을 의미하는데, 상담에서는 어느 정도 노력을 했는지에 따라 결과가 어땠는지를 살펴보는 것을 의미한다. 효과성은 목적의 결과에 대한 정도를 의미하는 것으로 효과성을 고려할 때 투입과는 관계없이 결과를 본다. 즉, 상담에서는 노력이나 과정보다는 목표했던 바를 어느 정도 이루었는지 그 결과를 평가하는 것에 보다 초점을 두는 것이라고 할 수 있다. 상담에서 효율성과 효과성을 고려하여야 하지만 효율성과 효과성의 가치보다는 윤리적 측면을 우선할 필요가 있다.

다섯째는 정의의 원리이다. 사회구성원에게 권리와 의무를 공평하게 배분하는 것을 정의라 하며, 상담에서 윤리란 정의를 지키는 것을 포함한다. 상담에서 윤리적으로 의사결정을 할 때 인간의 존엄성과 생명의 보호를 최우선적 가치로 삼는다. 그리고 내담자의 복지를 우선으로 고려하나 그 이익이 사회의 이익에 반하지 않도록 하며, 상담자의 주관적인 가치보다는 내담자와 사회의 가치를 존중하도록 노력한다. 상담 과정에 따른 효율성이나 결과 중심의 효과를 고려하기는 하지만 윤리적 측면을 간과해서는 안 되며, 모든 내담자에게 공평한 기회가 배분될 수 있도록 정의롭게 의사결정을 하도록 한다.

3) 윤리적 의사결정 시 참고할 수 있는 윤리적 원칙

돌고프 외(Dolgoff et al., 2009)는 윤리원칙을 서열화하여 제시하였다. 원칙 1은 원칙 2에 우선하며, 원칙 2는 원칙 3에 우선하는 등의 방식으로 의사결정을 하도록 권한다. 이들이 제시한 7가지 윤리적 원칙은 다음과 같다.

첫째, 생명 보호의 원칙이다. 인간의 생명 보호가 다른 어떤 것보다 우선하며 인간 생명의 보호에 대한 원칙은 내담자와 모든 인간에게 적용된다. 인간의 생명에 대한 권리는 가장 기본적이며, 이 권리가 침해될 경우 다른 권리들은 가질 수 없게 된다.

둘째, 평등 및 불평등의 원칙이다. 능력이나 권력이 같으면 똑같이 취급받아야 하며, 다른 경우에는 다르게 취급받아야 한다는 것을 의미한다.

셋째, 자율과 자유의 원칙이다. 상담자는 내담자의 자율성과 독립성, 자유를 존중하고 신장시키는 결정을 해야 한다. 하지만, 내담자의 자율성과 독립성, 자유 등은 타인에게나 자신에게나 해가 되지 않는 선에서 보장되어야 한다.

넷째, 최소 해악의 원칙이다. 상담자는 늘 최소한의 손실이 있는 대안을 선택하도록 해야 한다.

다섯째, 삶의 질의 원칙이다. 상담자는 내담자의 삶의 질을 증진시키도록 해야 한다. 개인과 모든 사람, 사회의 삶의 질을 좀 더 증진시킬 수 있는 것을 선택해야 한다.

여섯째, 사생활 보호와 비밀보장의 원칙이다. 상담자는 내담자의 사생활 보호의 권리를 지켜줄 수 있는 결정을 해야 하며 그 비밀을 보장해 주어야 한다. 상담자는 상담 도중 내담자에 대해서 알게 된 사실을 다른 사람에게 공개해서는 안 된다.

일곱째, 진실성과 완전 공개의 원칙(성실의 원칙)이다. 상담자는 내담자와 다른 사람들에게 진실만을 말해야 하며, 필요한 경우에는 관련 정보를 충분히 개

방해야 한다.

상담자는 기본적으로 이러한 윤리를 고려하여 의사결정을 해야 한다. 윤리적인 원칙이 상충되면 첫 번째 원칙인 생명 보호의 원칙을 가장 우선하는 것이 중요하다.

4) 윤리적 의사결정 과정 모델

상담 실제 현장에서 유용하게 적용될 수 있는 윤리적 딜레마 상황에서의 의사결정모델 중 웰펠(Welfel, 2006)의 모델과 코리 외(Corey et al., 2007)의 모델을 소개하면 다음과 같다.

첫 번째 웰펠(Welfel, 2006)의 모델은 〈표 1-2〉와 같다.

| 표 1-2 | 웰펠(Welfel, 2006)의 모델

단계	의사결정 과정
1	윤리적 감수성(민감성)을 개발한다.
2	사례와 관련하여 정확한 사실을 파악하고 사회문화적인 맥락을 명확히 한다.
3	핵심적인 쟁점 사항과 가능한 대안들이 어떤 것이 있는지 확인해 본다.
4	이슈와 관련된 윤리적 기준, 전문가 규정, 관련 법률 등을 찾아본다.
5	윤리와 관련된 문헌들을 조사한다.
6	확인된 윤리적 원칙들을 주어진 상황에 적용한다.
7	슈퍼바이저나 동료, 관련 전문가 등에게 자문한다.
8	심사숙고하여 의사결정을 한다.
9	결정한 사항을 슈퍼바이저에게 알린 후 실행한다. 행동을 문서화하여 기록해 놓는다.
10	의사결정 과정에서 경험한 것에 대해서 반성적으로 깊이 생각해 본다.

상담자는 주어진 상황과 관련하여 윤리적인 문제가 있는지 민감하게 살펴볼 필요가 있다. 상담자가 불편한 감정과 함께 깊은 고민에 빠지게 될 때 윤리적 문제가 시작되고 있음을 알 수 있다. 윤리적 문제가 발생하고 있다고 판단되는

경우 상황에 대한 정확한 사실을 파악해야 하며, 이와 관련된 사회문화적인 측면에서의 맥락을 살펴보아야 한다. 윤리적, 법적 기준을 확인하고 주어진 상황에 적용해보며, 가능한 대안을 마련해 보고 슈퍼바이저나 관련 전문가에게도 자문을 구해야 한다. 상담자는 자신의 결정에 영향을 받게 되는 사람과 상황들에 대해 분석하고 인식해야 하며, 이를 깊이 고민하여 결정에 이르러야 한다. 웰펠(Welfel, 2002)은 의사결정을 내릴 때 상담자가 딜레마를 해결하기 위해 윤리강령이나 법률, 전문가 자문 등을 통해 관련 정보를 수집하는 과정을 거치지만, 최종 의사결정을 내리는 주체는 결국 상담자이기 때문에 최종 결정을 내리기 전에 심사숙고하는 것이 매우 중요하다고 하였다. 최종 의사결정을 내리기 전에는 혹시 상담자의 감정이나 선입견, 가치관, 이해관계 등이 결정에 영향을 미치지는 않았는지 깊이 고려해야 한다. 이러한 과정을 통해 의사결정이 되었다면 슈퍼바이저에게 내용을 알리고 행동을 하며 이를 정확하게 기록해 놓는다.

코리 외(Corey et al., 2007)의 모델은 〈표 1-3〉과 같다.

▌표 1-3▐ 코리 외(Corey et al., 2007)의 모델

단계	의사결정 과정
1	문제 혹은 딜레마를 정확히 파악한다.
2	관련되어 발생할 수 있는 잠재적인 문제들을 파악해 본다.
3	관련된 윤리 규정 들을 자세히 검토해 본다.
4	적용 가능한 법률이나 법규가 있는지 확인한다.
5	슈퍼바이저나 동료, 관련 전문가 등에게 자문한다.
6	가능성이 있는 행동 방식에 대해 생각을 해 본다.
7	다양한 결정의 결과를 나열해 본다.
8	어떤 행동 방식이 최선인지를 결정한다.

첫 번째 단계로 발생한 문제와 윤리적 딜레마가 무엇인지 정확하게 파악하도록 한다. 딜레마와 관련되어 발생할 수 있는 잠재적인 문제들을 다면적으로

살펴본다. 관련된 윤리규정이 있는지 법적인 검토, 윤리강령 검토 등을 통해 정보를 구한다. 슈퍼바이저나 관련 전문가에게 이와 관련한 전문적인 조언을 구한 후, 여러 가지 대안과 관련한 행동 방식에 대해 생각을 하고, 그에 따른 결과들을 나열해 본다. 그런 후에 윤리적인 문제가 발생하지 않고 최선의 결과를 가져올 수 있는 행동을 결정한다. 코리 외(Corey et al., 1998)는 윤리적 의사결정과 관련하여 상담자는 이성적인 추론의 과정을 통해 객관적인 해결책을 마련하려고 노력하여야 하며, 최종 결정에는 상담자의 견해와 판단에 영향을 받을 수밖에 없으므로 주의를 기울여야 함을 강조하였다.

3. 상담 중 발생할 수 있는 윤리적 딜레마 사례

다음에 제시된 상담윤리 사례의 예시들은 상담 현장에서 상담자가 겪게 되는 대표적인 윤리적 딜레마 사례들이다.

상담윤리 사례 1

임신 후 낙태를 원하는 청소년 내담자
- 생명윤리 vs 내담자의 자율성, 비밀보장, 삶의 질 사이 윤리적 딜레마

고등학교 2학년 여학생이 어느 날 상담자를 찾아왔다. 사귀던 남자친구와의 사이 임신을 했다. 남자친구는 책임지기를 부담스러워하며 결별을 선언했으며, 내담자인 여학생은 아이를 낙태하기를 원한다. 아이는 이미 생명을 가진 상태로 생명윤리와 내담자의 자율성이라는 윤리적 원칙, 아이를 낳는 결정을 하면 미혼모가 될 수 있는 내담자의 삶의 질 사이에서 상담자는 윤리적 딜레마에 빠지게 된다. 또 다른 이슈로 비밀보장의 원칙이 발생한다. 즉 미성년자인 청소년의 임신을 상담자가 부모에게 알려야 하는가, 알린다면 어떠한 방식으로 해야 하는가, 최초에 상담 시 내담자와 약속했던 비밀보장의 원칙은 어떻게 해야 하는가?

상담윤리 사례 2

부정행위를 하여 장학금을 수령한 내담자
- 사생활 보호와 비밀보장 vs 평등과 불평등 사이 윤리적 딜레마

학생상담센터에서 상담 중 내담자로부터 지난 학기에 부정행위를 하여 A를 받았다는 얘기를 듣게 된다. 좋은 성적을 바탕으로 장학금을 신청하여 이미 받은 상태라고 한다. 내담자는 마음이 불편하여 상담자에게 고백했지만, 이를 학교에 얘기할 생각은 없다고 한다. 내담자와의 비밀보장을 지켜야 하는가, 다른 다수의 학생이 불이익을 받게 된 평등하지 못한 상황을 신고해야 하는가?

상담윤리 사례 3

아동학대를 경험하고 있는 내담자
- 생명윤리 vs 내담자의 자율성, 비밀보장, 삶의 질 사이 윤리적 딜레마

상담 중 아동의 몸에 난 멍과 상처를 보게 되었다. 아동은 처음에는 친구와 싸웠다, 넘어졌다 등의 대답을 하더니 반복되는 상담자의 의문에 아버지로부터 맞았다고 고백하였다. 아동은 이를 비밀로 해주기를 원하고 있다. 아동학대 상황을 인지한 상담자는 아동보호 관련 기관이나 경찰에 바로 신고해야 하는가? 비밀보장의 원칙을 지켜야 하는가?

활동하기

1. 청소년국제영화제 영상 한편을 선택해서 보고 그룹별로 영상의 내용과 배경에 대하여 토론해봅니다.

2. 그룹별로 감정카드를 가지고 수업과 관련된 감정인식 게임을 해봅니다.
   - 그룹별로 감정카드를 나눈 후 감정카드를 돌려봅니다.
   - 최근에 자신이 경험한 감정과 일치하는 카드를 들고 그때의 상황과 느낌을 말해봅니다.
   - 다양한 감정의 변화를 탐색해봅니다(예: 수업 참여 전의 감정, 수업하면서 느끼는 감정, 수업 이후의 감정 등).

3. '당신의 이웃을 사랑하십니까?': 그룹원들의 긴장을 풀고 친밀감을 형성하는 집단게임 활동을 해봅니다.
   - 처음 술래는 리더가 되며, 인원수보다 의자가 하나 적도록 한다.
   - 술래가 의자에 앉아 있는 그룹원 중 한 명에게 다가가서 "당신의 이웃을 사랑하십니까?"라고 말한다.
   - 지목당한 그룹원이 "예."라고 하면 지목당한 그룹원 양옆에 앉은 사람이 재빨리 서로 자리를 바꿔 앉아야 하며, 그 사이에 술래가 먼저 의자에 앉으면 앉지 못한 사람이 술래가 된다.
   - 지목당한 그룹원이 "아니요."라고 하면 "그럼 어떤 이웃을 사랑하십니까?"라고 다시 묻는다.
   - 이때 지목당한 사람이 "안경을 쓴 사람을 사랑합니다." 혹은 "검은색 바지를 입은 사람을 사랑합니다." 등으로 이야기하면 그에 해당되는 사람은 모두 자리를 바꿔 앉아야 하며 그 사이에 술래가 앉으면 자리에 앉지 못한 사람이 술래가 된다.

02 PART

청소년상담의 과정과 방법

CHAPTER

03 청소년 발달의 이해와 특징

1. 신체적 발달과 특징

사춘기 청소년들은 신체적, 성적, 심리적 변화가 크게 나타나는 매우 중요한 시기이다. 김예성과 안재진(2014), 이미리(2012)는 청소년들은 급격하게 신체적 성장과 성적인 성숙이 일어나고 그로 인해 심리적인 변화와 이성에 대한 관심이 증가하며 우울, 불안, 반항 등의 불안정한 정서를 경험하고 의미 있는 주변인들과의 갈등을 경험하게 된다고 하였다.

사춘기 청소년들은 체중과 신장이 급격하게 성장하고 신체의 모양도 변화한다. 성호르몬의 분비가 증가하면서 남자 청소년들은 음경과 고환이 발달하고 몽정을 경험하며, 여자 청소년들은 유방과 자궁 등의 생식기관과 체모가 발달하고 생리를 시작한다. 사춘기는 유전적, 환경적 요인에 따라 개인의 차이가 있지만 10세에서 12세부터 시작하고 17세에서 19세에 완성된다.

1) 청소년기 신체적 변화

사춘기 청소년들의 성장은 성별에 따라 차이가 있는데 여자 청소년이 남자 청소년보다 2년 일찍 시작하고 그만큼 일찍 멈춘다. 신장과 체중이 급격하게 증가하는 외적인 변화 외에 두뇌, 호르몬, 신체 내부의 여러 가지 기관의 양적·질적인 변화가 함께 일어난다.

성장급등기의 전후를 포함한 신장과 체중의 연령별 변화를 보면 〈표 3-1〉과 같다. 남자 아동은 초등학교 6학년 정도부터 사춘기가 시작되어 급성장하고 여자 아동의 신장 급성장은 초등학교 4학년부터이며 남자 아동보다 2년 정도 빠른 것으로 나타난다. 체중도 이와 비슷한 변화가 있었다.

▌표 3-1▐ 2018년 우리나라 아동·청소년(8~19세)의 성별, 연령별 신장과 체중

학년(나이)	신장		체중	
	남	여	남	여
초1(8)	122.1	120.9	25.2	24.2
초2(9)	127.8	126.8	28.9	27.4
초3(10)	133.8	132.4	33.3	30.8
초4(11)	139.7	139.1	38.0	35.3
초5(12)	145.0	145.6	42.7	40.3
초6(13)	152.2	152.2	49.1	46.0
중1(14)	160.4	156.9	54.6	50.4
중2(15)	166.3	158.9	60.7	53.1
중3(16)	170.2	160.3	64.6	55.4
고1(17)	172.6	160.9	67.8	56.7
고2(18)	173.3	160.9	69.3	57.0
고3(19)	173.8	160.9	71.3	57.5

출처: 교육부(2018). 2018년도 학생 건강검사 표본통계 발표.

2) 청소년기 성적 변화

청소년기의 성적 성숙은 1차 성징, 2차 성징으로 나뉜다. 사춘기 때의 신체 발달 변화 순서는 동일하게 나타나지만 속도에서는 차이가 있다. 태어나면서 생식기로 구분되는 남자, 여자의 구분을 1차 성징이라고 한다. 사춘기의 시작으로 성호르몬이 분비되면서 2차 성징이 일어나는데 성적 특징은 남녀의 구분에 있어 1차 성징보다 크게 나타난다. 여성은 여성호르몬인 에스트로겐, 남성은 남성호르몬인 안드로겐의 분비가 증가되고 남성의 경우 정소에서 테스토스테론이 분비되고 여성인 경우 난소에서 에스트로겐이 분비되어 2차 성징이 나타난다.

3) 신체 및 성적 변화에 따른 심리적 변화

청소년기의 급속한 신체적 성장과 성적 성장은 청소년의 심리적 발달에 큰 영향을 미친다. 또래보다 사춘기가 일찍 시작되는 것을 조숙, 늦게 시작하는 것을 만숙이라고 한다. 적당한 시기에 사춘기를 시작하는 청소년에 비해 조숙과 만숙의 특징을 가진 청소년들은 또래들과의 차이를 느끼며 자신이 비정상적인가에 대한 불안을 가지게 되면서 이로 인해 일상생활에 부적응적인 행동을 할 수 있다.

조숙한 청소년은 신체적으로 성인처럼 보이나 인지적으로는 미성숙한 상태여서 청소년들이 금지되어 있는 유해환경에 쉽게 노출될 수 있다. 만숙 청소년들도 자신감이 결여되고 자기 자신에 대해 부정적 신체상을 형성할 가능성이 높다. 긍정적으로 신체를 받아들이는 청소년들은 사회성이 발달하고 자아존중감이 높으며 잘 적응하며 대인관계에서도 문제가 없으나 부정적으로 신체를 받아들이면 우울, 불안, 섭식장애, 자기비하, 대인관계에 문제가 생길 가능성이 높다. 따라서 이에 대한 관심과 적절한 개입이 필요하다.

2. 인지 · 도덕적 발달과 특징

인간의 지적능력은 일생동안 계속해서 변화한다. 영유아기와 아동기를 지나 청소년기에 이르기까지 지적 능력은 큰 발달을 보이고 그 후에는 안정적인 발달이 이루어지는데 이때 양적 변화보다는 질적 변화가 더 중요하다고 볼 수 있다. 인지 능력에서 지능은 유전과 성숙의 변화에 따라 발달한다. 지능은 16세에서 20세 전후까지 꾸준히 증가하는 유동적 지능인 타고난 지능과 성인 중기 이후 까지도 경험과 학습 정도에 따라 유지 증가하는 결정적 지능으로 나눌 수 있다. 도덕성 발달은 정신분석학적 관점에서는 개인의 양심이나 초자아의 역할을 강조하므로 초자아의 발달이 계속 이루어지며, 청소년시기에 도덕적으로 더욱 성장한다. 사회학습주의 관점에서는 도덕적 모델링과 강화를 통해 도덕성 발달이 이루어진다. 또한 도덕적 판단에 관심을 갖고, 도덕적 판단의 결과보다는 도덕적 판단의 과정에서의 논리를 중요시하였다.

1) 청소년기의 인지발달

피아제(Piaget, 1953)의 인지발달에서 청소년기는 4단계인 형식적 조작기에 속한다. 4단계는 11세 이후의 시기로 논리적 추론과 추상적 원리 및 이상들을 이해할 수 있는 단계이다. 스타인버그(Steinberg, 2011)는 인간의 지적 능력은 타고난 것이며, 주어진 환경에 맞게 적응해 나가는 것이 인지발달이라고 하였으며 청소년기의 인지적 발달 특성을 다음의 다섯 가지로 요약하였다.

(1) 추상적 개념에 대한 사고 능력

청소년기에는 눈에 보이지 않는 개념, 현상과 사물 등에 대해 생각할 수 있는 추상적 사고가 가능해진다. 추상적 사고가 가능해진 청소년은 이상과 미래의 가능성에 대한 공상을 할 수 있으며 관심 분야도 넓고 다양해진다.

(2) 가능성에 대한 사고 능력

형식적 조작기의 긍정적 영향으로는 과학적 추론이 가능하며 추상적 영역에 대한 이해로 정체감을 획득하고 실제적, 구체적, 추상적 가능한 것을 구별하는 것이 가능해진다. 부정적 영향으로는 이상주의 추구로 사회의 모순에 대한 비판과 부정적 인식이 강해지고, 사회나 부모의 권위에 반항하며, 미래에 대한 기대와 불안감이 가중되는 것이다.

(3) 사고 과정 이해 능력

청소년들은 자신의 사고를 통제하고 자신의 인지과정을 타인에게 쉽게 설명할 수 있다. 이것은 자의식적인 사고의 발달과 관련이 있는데 자의식적 사고가 지나치면 비논리적이고 자아중심적인 사고를 나타낸다. 청소년의 자아중심적 특징에는 상상적 청중과 개인적 우화가 있다. 청소년기에는 자신의 생각 속에 갇혀 외모나 행동에 집중하게 되며, 자기중심적인 사고의 영향으로 자신이 세상의 중심이고 자신은 특별하다고 생각한다. 이것은 때로는 자신에게 위로와 자신감을 줄 수 있는 긍정적인 부분도 있지만 자신감이 지나쳐 위험하고 과격하게 행동을 하는 등의 부정적인 결과로 나타날 수 있다. 그러므로 청소년기에는 친구, 선생님, 부모님 등 여러 주변인과의 폭넓은 대화를 하여 타인의 감정이나 생각을 이해하려는 노력이 필요하다.

(4) 조합적인 능력

한 번에 한 개의 차원만을 생각하는 것이 아니라 동시에 여러 개의 차원에서 생각하는 것을 조합적인 능력이라고 할 수 있다. 즉 어떠한 문제나 상황에서 한 가지 측면에서만 생각하는 것이 아니라 여러 가지 측면으로 다양한 해결책을 체계적으로 생각할 수 있다. 청소년의 조합적인 사고능력은 타인을 이해하는데도 적용되는데 자신의 관점과 타인의 관점이 다를 수 있음을 이해하고 타인의 입장에서 생각해 볼 수 있는 능력이 있다.

(5) 상대주의적 능력

모든 진리와 가치에 대한 절대적인 타당성을 부인하고 모든 것은 상대적이라는 입장이 상대주의이다. 흑과 백의 논리로 판단하지 않으며 상황을 절대적인 진리로 보지 않는다. 부모나 권위가 있는 사람의 말이나 행동에 대해 절대적으로 옳다고 생각하고 순종하는 것이 아니라 타인이 요구하는 지시에 의문을 갖고 저항하면서 갈등적 관계가 나타나기도 한다. 이런 과정을 거치게 되면 청소년들은 다양하고 복잡한 추상적인 지식을 받아들이고 종합적 사고를 하게 된다.

2) 청소년기의 도덕 발달 특징

청소년기의 지적 능력 발달은 도덕성을 높은 수준으로 발달시킨다. 청소년기의 지적발달은 스스로의 양심에 의해 판단하고 행동하게 하며, 행동의 결과보다는 그 행동을 하게 된 과정과 의도를 중요하게 여기며, 법이나 규칙이 상황에 따라 달라질 수 있다는 것을 알게 한다. 이 시기에는 친구들 사이의 압력이나 심리적 충동, 경쟁심이 강화되는 청소년 문화 등으로 행동과 가치관이 동일하지 않아 혼란을 겪기도 한다. 이때 이러한 모순과 혼란을 긍정적으로 극복해내어 건강한 도덕성을 가진 청소년이 되도록 도와야 한다. 도덕성 발달에 영향을 주는 요인으로는 부모의 영향과 또래 및 학교의 영향, 대중매체의 영향이 있다.

3. 자아정체감 및 정서적 발달과 특징

1) 자아정체감의 의미

자아는 출생에서부터 시작된다. 청소년기에 가장 많이 하는 사고가 '나는 누구인가'라는 질문이며, 다른 사람들과 어떤 점이 같은지, 다른지에 대해 생각하게 된다. 자아정체감은 인지적 측면에서 묘사하는 방식과 관련이 있으며 어떤 활동을 수행하고 자신의 행동을 평가하는 것과 관계가 있다(Sprinthal & Collins, 1995).

2) 자아정체감의 이론

자아정체감의 이론에는 에릭슨(Erikson, 1963)의 발달이론이 있으며 1단계에서 8단계로 이루어지는데 자아정체감이 형성되기 위해서는 단계별로 중요한 과업을 달성해야만 한다. 청소년기는 8단계 중 5단계인 12세에서 18세까지가 해당되며 이때의 발달과업이 자아정체감의 확립이다. 자아정체감을 형성하는데 있어서 청소년기는 결정적 시기이며 과도기적 정체감의 위기를 경험한다.

마샤(Marcia, 1980)는 정체성이란 발달 과정에서 경험하는 개인적인 능력과 신념들이 역동적이고 내적으로 구성된 조직체라고 하였다. 그는 자아정체감을 정체감 성취단계, 정체감 유예단계, 정체감 유실단계, 정체감 혼미단계로 나누었다.

3) 정서적 발달 특징

(1) 청소년기의 정서적 변화의 특징

정서란 어떤 자극에 반응하여 개인의 내부에서 일어나는 감정, 개인이 직면한 외부자극에 강하게 동요하여 생리적 변화가 생기고 이것에 대한 반응이 수반되는 감정이다.

청소년기 정서의 변화 단계는 다음과 같다. 첫째, 청소년 초기에는 신체적, 성적으로 급격한 변화를 경험한다. 이때 수치심을 느끼고 이성에게 반발하는 이중적 정서를 표출한다. 청소년기의 정서는 정서의 기복이 넓고 격렬하며, 일관성이 없고, 불안정하다.

둘째, 청소년 중기에는 초기보다 강한 정서를 느끼지만 직접적으로 표출하는 것을 억제하는 경향이 높으며 타인에게 느끼는 정서나 성적인 것에 대한 정서를 의식적으로 억압하는 것이 강하다. 이 과정에서 열등감과 자기혐오를 갖게 되어 내적으로 침울하고 정서적 불안정성이 높아지기도 한다. 자아가 강해지면서 우월을 과시하고 현실을 부정하거나 혐오하며 독선적인 경향을 보이며 독특한 구조와 논리를 갖고 비판하기도 한다.

셋째, 청소년 후기에는 대학교에 진학하거나 사회에 진출하는 시기에 접어들면서 사회적으로 안정적인 방향으로 정서 경험을 하게 된다. 이상을 추구하면서도 현실에 적응하려는 노력을 하고 조화와 타협의 필요성을 알고 갈등하게 된다. 주관과 객관과의 결합을 이루며, 자기와 사회와의 타협, 현실과 이상과의 조화를 구체적으로 하게 된다.

4. 성격발달과 특징

1) 성격의 개념

성격(Personality)이란 사람들이 나타내는 외현적인 행동 양상으로 타인에게 드러내 보이는 전체적인 개인의 인상을 의미한다. 올포트(Allport, 1961)는 성격이란 '정말로 그 사람인 것'으로 보았으며 프롬(Fromm, 1956)은 성격을 '선천적 또는 획득적인 정신적 특질의 총체로 개인의 특징이 되며 독자성을 만든다'라고 하였다. 타인과 구별되는 독특하고 일관성이 있고 개인이 환경에 반응하는 특성을 성격이라고 정의할 수 있다.

2) 성격의 특징

성격의 특징은 다음과 같다. 첫째, 행동의 독특성이 있다. 이는 한 개인이 타인과 구별되는 점을 말한다. 둘째, 안정성과 일관성이다. 성격은 시간과 공간의 변화에 따라 매순간 변화되는 것이 아니라 어느 정도 일관되게 안정적으로 나타나는 것이다.

3) 성격의 구성요소

성격의 구성요소는 내적 요소와 외적 요소로 설명할 수 있다. 내적 요소로는 선천적으로 변하지 않는 성격으로 태어나면서 타고난 비교적 안정된 심리적 요소이며 특성과 기질로 구분된다.

성격의 외적 요소로는 후천적인 영향으로 인하여 사회문화적 환경 안에서 사람들이 외적으로 나타내는 행동 패턴으로 변화 가능성이 있는 성격을 말한다. 사회에서 주어지는 자신의 역할에 대한 행동이 성격의 측면으로 나타나며 사회생활에서 타인에 의해서 인지 또는 표현되는 부분의 성격을 사회적 성격이라고 한다.

4) 성격 형성에 영향을 미치는 요인

성격 형성에 영향을 미치는 것에는 유전적 요인과 환경적 요인이 있다. 유전적 요인은 개인이 출생할 때부터 지니는 기질, 체격, 신체적 특징, 생리적 구조, 운동능력, 지능 등이고, 환경적 요인은 개인이 속해 있는 가정, 사회에서 후천적으로 체험하고 경험하는 모든 조건과 대상을 의미한다. 이를 통해 보면 성격은 선천적으로 타고난 것과 성장 과정의 경험들이 복합적으로 이루어져 형성되는 것이라고 할 수 있다.

5. 대인관계 발달과 특징

1) 청소년기의 대인관계 특징

(1) 대인관계 발달적 변화

① 대인관계 욕구의 변화

설리반(Sullivan, 1953)은 대인관계 욕구의 변화에 따라 청소년의 대인관계 특징을 3단계로 구분하였다. 1단계인 전청소년기(~12, 14세까지)는 친밀감과 동성단짝 관계에서 교감확인욕구를 가진다. 2단계인 청소년초기(~17, 18세까지)는 성적접촉욕구와 이성친구와의 친밀감에 대한 욕구가 있다. 3단계 청소년 후기(~성인기까지)는 성인 사회로의 통합욕구를 가지고 있다(강영신 외, 2006).

② 사회성의 변화

라이스(Rice, 2003)의 사회성 발달단계에서 청소년기에 해당되는 15~16세 시기에 일부 소년들이 소녀들과 친밀한 관계를 가지게 되나 17~18세 시기에는 대다수의 청소년들이 이성 친구를 갖는다.

③ 우정관계의 변화

셀만(Selman, 1980)의 우정발달 단계로 보면 청소년기는 4단계에 해당되는데 이때에 청소년들은 안정적이고 지속적이며 신뢰에 기초한 관계를 우정으로 인식하며 우정관계를 제3자의 관점에서 바라볼 수 있다.

(2) 청소년기 또래 관계

청소년기는 부모 의존에서 벗어나 독립과 자립의 욕구를 경험하고 또래 집단의 심리적 영향을 강하게 받는다. 콜만(Coleman, 1988)의 초점이론에서 청소년들의 행동에 부모와 또래의 영향은 해결과제와 연령에 따라 상이하다. 연령에 따른 차이에서 또래의 영향력은 청소년기가 다른 어떤 시기보다 최고로 높으며, 해결해야 할 과제에 따라서 청소년들이 주변 인물에 의존하는 정도의 차이가 있다.

① 또래에 대한 호감과 또래 관계 맺기

청소년 또래 관계에서 상대방에 대해 갖는 호의적인 태도를 호감이라고 한다. 또래에서 인기 있는 청소년은 사교적이고 높은 에너지 수준과 운동을 잘하며 긍정적인 자기지각과 타인수용, 보호, 감정이입을 잘하며 명랑, 친절, 유머 감각이 있다. 이들은 평균이상의 지능을 소유하고 성적이 우수하며, 정직하고 도덕성이 강하며, 교사들에게도 인기가 있고 사회 인지 능력과 의사소통기술이 뛰어나다. 반면 또래에 인기 없는 청소년은 자기중심적이고 위축되고 소심하며, 불안, 겁이 많고 우울, 내성적이며 충동적, 정서통제능력이 낮다. 또한 타인과 사회적 상황에 대한 민감성이 부족하고 적대적, 공격적, 부적절한 행동을 하며, 부정적인 자기개념을 갖고 낮은 지능을 가지며 비만, 학습장애, 특이한 외모, 장애를 가지고 있는 청소년들이 많다.

또래 관계를 맺는 방법으로 적절한 전략은 친밀한 상호작용과 친절, 정직함과 신뢰감을 주는 친사회적인 행동을 하며 자신과 타인을 존중하고 사회적 지지를 제공하는 것이다. 반면 부적절한 전략에는 타인에 대한 심리적 공격성, 부정적 자기표현과 반사회적 행동을 하는 것 등이 있다.

② 청소년기 또래 관계의 긍정적·부정적 영향

청소년 또래 관계의 친밀감과 동조성은 정체성을 형성하고 자아존중감을 높이는데 절대적으로 필요하다. 또래 집단과의 친밀한 관계는 청소년들에게 자기의 가치를 높이며 일상적인 스트레스를 줄이고 사회적인 지지망을 형성하게 한다.

또래 관계의 긍정적 영향은 친근한 동료를 갖게 해주어 시간을 같이 보내고 공동의 활동을 할 수 있게 해주며, 물리적 지원 및 즐거움과 정보를 제공한다. 또한 자신을 노출할 줄 알며 타인을 신뢰하고 따뜻하고 가까운 관계를 맺을 수 있게 한다.

부정적 영향은 또래 관계에서 친밀감 욕구가 충족되지 못하거나 좌절이나 고립을 경험할 때 심리적인 고통은 다른 연령대보다 더 큰 충격을 주게 되는데 집단따돌림 현상이 이에 속한다. 또한 반사회적 행동에 대한 동조성도 나타난다.

CHAPTER

04 청소년상담의 과정

1. 상담준비

1) 상담실

상담을 효율적으로 진행하기 위해서는 물리적인 환경이 매우 중요하다. 상담을 하기 위해 내방하는 내담자는 심리적으로 매우 불안하고 예민하기 때문에 상담공간을 어떻게 준비하느냐에 따라 내담자에게 큰 영향을 주게 된다. 또한 상담실의 환경은 내담자뿐만 아니라 상담자에게도 중요한 영향을 미치기 때문에 상담의 효과를 극대화하기 위해서는 상담공간으로서 적합한지 고려하여 세심하게 준비되어야 한다.

상담 장소는 반드시 상담소에서 해야 하는 것은 아니다. 내담자의 특성과 요구에 따라 상담소 이외의 장소, 즉 길거리, 공원, 가정, 산책길, 놀이터 등의 장소에서도 이루어질 수 있다. 예를 들면 운동을 하거나 도자기를 만드는 등 내담자의 특성이나 요구 상황에 따라 다양하게 실시될 수 있다. 이때 주의해야 할 점은 다른 사람의 방해가 없도록 하는 것이다. 상담소 이외의 장소에서 처음 상담을 진행할 때는 내담자의 생활환경에서 벗어난 장소가 내담자의 변화에 도움이 된다. 왜냐하면 집과 같은 내담자의 생활공간은 자아강도를 약하게 하고, 새로운 변화의 시도나 자기 노출 및 탐색 등에 어려움을 주기 때문이다. 그러나 종결시점에는 내담자의 일상생활 공간이나 그와 유사한 곳에서 상담을 하는 것이 상담 결과의 일반화에 도움이 된다.

2) 대기실

대기실은 내담자와 보호자가 상담을 기다리거나 끝날 때까지 머무는 공간으로 편안하고 안락한 환경을 조성하는 것이 좋다. 또한 내담자가 기다리는 동안 지루하지 않도록 도움이 될 수 있는 물품들을 준비해 둔다.

3) 접수실

접수실은 내담자가 처음 맞닥뜨리게 되는 상담소의 얼굴이다. 내담자는 처음 경험하는 일에 대해 당황하고 긴장하여 접수안내자에게 많은 질문을 하는 경우가 있다. 이때 접수안내자는 친절하고 수용적이며 안전하다는 느낌을 주면서 내담자를 맞이한다. 그리고 내담자가 찾아온 계기를 파악하고 상담 일정 및 과정에 대한 안내를 해야 한다.

4) 검사실

심리검사는 여러 가지 요인에 의해서 영향을 받는다. 검사 시행 시간, 피검자의 정서적 안정도나 신체적 피로감, 검사실의 환경도 심리검사의 결과에 영향을 미칠 수 있기 때문에 깨끗하고 정리정돈이 잘 되어 안정감을 주는 것이 중요하다.

5) 상담 파일 보관실, 각종 서류 및 도구의 준비

상담 접수, 상담 과정, 심리평가 등을 위하여 면접기록양식과 내담자별 파일, 심리검사도구 등을 준비해 두어야 한다. 또한 컴퓨터, 음성 또는 영상을 저장할 수 있는 도구 등의 기자재들도 준비해 두는 것이 좋다.

이러한 내담자의 상담 관련 파일은 보관실에 보관하여야 한다. 보관실은 내담자의 정보를 보호하기 위해 사람들이 쉽게 접근할 수 없는 장소에 설치하고 접근을 통제한다.

2. 상담 과정

상담은 내담자가 내방하면서부터 시작된다. 한두 번의 짧은 만남으로 목표를 달성할 수도 있지만 대부분 지속적인 만남으로 이루어진다. 이러한 만남을 효율적으로 진행하여 상담의 효과를 극대화하기 위해서는 상담 과정을 단계별로 나눈다. 상담 과정은 상담 전에 이루어지는 접수 면접과 상담자와 내담자가 처음 만났을 때부터 만남이 종료될 때까지의 모든 과정을 말하며 진행 과정은 초기, 중기, 종결로 나누어진다. 이러한 진행 과정마다 이루어야 할 목표를 수립하고 이를 제대로 수행했을 때 상담은 순조롭게 진행되고 상담 목표를 달성할 수 있다.

1) 접수 면접

접수 면접은 상담을 정식으로 시작하기 전에 내담자나 내담자의 부모를 만나 내담자에 대한 구체적인 정보를 얻기 위해 이루어진다. 대체로 접수 면접은 1회기가 대부분이지만 때에 따라 몇 회기에 걸쳐서 진행되기도 하고 단회상담으로 조치되거나 위기개입으로 이어질 수 있다.

(1) 안내 및 상담 신청 접수

상담 안내 단계는 내담자에게 상담에 대하여 안내하고 내담자가 궁금해 하는 것을 설명해 주는 활동을 주로 한다. 내담자가 전화로 상담 신청을 할 때 안내할 내용은 상담자, 상담 기관, 상담 서비스의 내용, 상담료, 상담실 위치 등이며 상담실을 직접 방문했을 경우에는 필요한 상담 서비스를 받을 수 있도록 안내하는 과정도 포함한다.

(2) 상담신청서 작성

상담신청서 작성 및 접수 단계에서 신청접수자는 상담신청서를 작성하는 방법을 설명해 주고 필요한 경우 신청서 작성을 도와준다. 내담자가 상담신청서 작성을 마치면 빠진 부분을 확인하고 접수자는 최종적으로 접수 일자, 접수자 이름, 내담자의 행동반응이나 조치사항을 작성하여 기록하고 상담신청서를 접수한다. 상담신청서 작성 시 내담자가 신청서 작성을 거부할 경우에는 먼저 그 이유를 확인하여 적절한 조치를 취해야 한다. 충분한 설명을 했음에도 불구하고 여전히 작성을 거부하면 강요는 하지 않는다. 그리고 가끔 신청접수자에게 상담을 받으려고 하는 경우가 있는데 접수자 자신의 역할을 분명하게 설명해 주어야 한다. 위기문제를 지닌 내담자가 내방할 경우 접수자는 먼저 내담자를 위기에서 보호한 후에 곧바로 위기개입 전문가에게 의뢰하거나 관련 기관에 연락해서 내담자가 도움을 받도록 요청해야 한다.

(3) 접수 면접의 준비

내담자가 내방했음을 알리면 접수 면접자는 하던 일을 중단하고 내담자를 맞이할 준비를 한다. 내담자가 상담신청서 작성을 끝내면 상담자는 접수실로 가서 내담자를 상담실로 안내하도록 한다. 그리고 상담실은 두 사람만의 대화가 오고 갈 수 있는 물리적 환경을 마련하고 상담 과정 중에는 외부로부터 방해를 받을 수 있는 전화나 방문 등을 제한하고 모든 상황에 최선의 주의를 기울여야 한다.

(4) 접수 면접자의 역할

접수 면접은 내담자가 상담의 효과를 판단하는 변인이 되므로 접수 면접자는 전문가라는 인상을 줄 수 있어야 한다. 따라서 호소문제, 호소문제와 관련된 현재의 기능 상태, 문제 발생원인, 문제 지속 기간, 문제를 해결하기 위한 노력의 여부, 인지적 기능, 가족관계와 역동, 행동변화에 대한 동기여부, 사회적 지원, 인상착의, 행동관찰, 상담 경험, 약물을 복용하고 있는지 등의 내담자의 기본 정보를 수집하고 필요한 경우 심리검사를 의뢰한다. 이후 내담자가 원하는 상담자가 있는지 탐색하고 최적의 상담자에게 연결한다.

(5) 접수 면접 시의 유의 사항

접수 면접에서 접수자는 내담자의 정보를 최대한 많이 수집하여 문제를 정확하게 이해하고 잘 다룰 수 있게 내담자의 협조가 선행될 수 있도록 안내한다. 또한 접수 면접자는 내담자와 처음으로 상호작용을 하는 것이므로 전체 상담 과정에 미칠 영향을 고려하여 신중하게 대처해야 한다. 접수 면접의 유의사항으로는 첫째, 상담 규칙과 관련한 안내를 한다. 둘째, 희망을 불러일으켜야 한다. 상담에 대한 희망이 없다고 생각하면 상담을 거부하는 경우가 생기게 된다. 셋째, 비밀이 보장됨을 확실히 알려야 한다. 상담자의 윤리규정에 대해 설명하고 내담자의 사적인 비밀이 보장됨을 알려줘야 한다. 넷째, 내담자의 상담에 대한 기대에 대해서 평가해야 한다. 상담에 대한 잘못된 개념이나 왜곡된 기대 등은 설명을 통해 바로 잡는 과정이 필요하다. 다섯째, 상담회기에 대한 녹음과 비디오 촬영의 경우 사전에 동의를 구한다.

2) 상담의 초기 단계

상담이 시작되는 단계로 구체적인 개입이 들어가기 전까지를 초기 단계라고 한다. 상담의 초기 단계에는 상담의 구조화, 관계 형성, 문제 이해와 진단 및 평가, 목표 설정하기, 사례개념화, 상담 계획하기 등이 있으며 다음 단계로 진행하는 데 있어 중요한 역할을 한다.

(1) 상담의 구조화

첫 상담에서 해야 할 중요한 일 중의 하나는 내담자가 상담에 대해서 어떻게 생각하고 있는지를 확인하고 상담이 무엇인지를 분명하게 설명해 주는 것이다. 상담은 상담자와 내담자가 만나 서로 상호작용하면서 상담 목표와 서로의 역할에 대해 일치된 견해를 가지게 되면 원활하게 진행되지만, 서로 다른 견해를 가진다면 상담이 원활하게 진행되기가 어렵다. 성공적인 상담을 위해 서로의 역할과 목표, 과정 등에 일치된 의견을 갖도록 하는 작업을 상담의 구조화라고 한다(김계현, 1995; 이장호, 1989). 상담의 구조화는 상담자와 내담자가 서로의 기대를 맞추어 나가는 과정이며 이 과정으로 상담에 대한 내담자의 모호함과 불안감이 줄어들 수 있다(강신덕, 1998). 상담 구조화는 내담자에게 상담에 대한 더 많은 정보를 제공하고 현실적인 기대감을 갖게 한다(Davidshofer & Richardson, 1981). 또한 상담 출석률을 높이고 상담에 대한 긍정적인 태도와 올바른 지식을 갖게 하여 상담자 특성, 과정 특성, 상담 효과에 대한 기대를 높인다(기소예, 2001).

상담의 구조화 과정을 살펴보면 첫째, 상담 진행 시간, 총 상담 횟수나 빈도, 상담 시간을 변경해야 할 때 연락하는 방법, 상담 장소 등에 대한 정보를 알려준다. 둘째, 내담자와 상담자의 역할, 상담 관계에 대해 설명하고 바람직한 내담자의 역할에 대해 안내한다. 즉 내담자 행동 및 역할에 있어 자발적으로 참여해야 하며 자신에 관해서 노출하지 않으면 상담자는 어떠한 도움을 줄 수 없다는 것을 말해준다. 단지 상담을 시작하는 것으로 모든 문제는 해결되지 않으며 적극적으로 참여해야 하고 상담의 효과는 상담자와 내담자가 함께 공동으로 노력해야만 가능하다는 것을 말한다. 셋째, 비밀보장과 비밀보장의 한계에 대해 설명한다.

(2) 관계 형성(Rapport 형성)

라포 형성이란 내담자와 상담자가 상호이해와 공감을 통해서 구축되는 협동적이고 우호적이며 신뢰로운 관계를 말한다. 이러한 관계를 형성해야 하는 이유는 경직되고 강요적인 분위기에서는 자신을 드러내기가 어려우나 온화하고 수용적이고 감정을 자유롭게 표현하도록 허용하는 편안한 분위기에서는 부담을 느끼지 않고 자신을 노출할 수 있기 때문이다.

(3) 문제 이해와 진단 및 평가

모든 내담자들은 혼자서는 해결할 수 없다고 생각되는 힘든 문제를 가지고 상담자에게 도움을 받기 위해 찾아온다.

내담자의 문제를 이해하고 도와주기 위해서는 우선 상담 동기를 파악하고 상담의 필요성을 인식하도록 하여야 한다. 내담자가 왜 도움을 필요로 하는지, 무엇 때문에 지금 이때 그런 도움이 필요한지 등 내담자 문제를 대상별, 장면 또는 상황별로 확인하여 문제의 심각성 정도를 평가하고, 이에 따라 상담의 필요성을 인식하게 한다. 내담자의 문제를 진단하고 평가하기 위해 심리검사를 실시하는 경우가 있다. 심리검사는 내담자의 호소문제뿐 아니라 그들의 다양한 능력과 장점 및 약점, 인지, 정서, 사회적 발달 상태, 대인관계, 의사소통, 성격특성 등을 평가할 수 있다.

(4) 사례개념화

사례개념화는 상담자가 내담자와 함께 작업을 해 나가기 위한 일종의 안내지도와 같다. 내담자의 아동기 경험, 발달적 요인, 처해진 상황과 대인관계 문제 그리고 생물학적 요인, 유전학적 요인, 의학적인 요인, 내담자가 가지고 있는 강점, 정서, 행동패턴 등의 주요한 영역으로부터 정보를 수집하고 통합하는 과정을 거친다. 내담자가 현재 호소하고 있는 문제를 탐색하고 그 문제와 관련되어 있는 부조화적인 것과 내담자의 자원을 탐색하여 내담자에 대한 정보를 수집하고 필요사항에 대한 것을 결정한다. 따라서 사례개념화는 수집된 객관적 정보와 상담자가 초기상담 과정에서 파악한 내담자의 대인관계, 심리, 행동 및 정서문제 원인과 문제 촉발요인, 유지요인들을 기반으로 한 기술적, 처방적 가설이다. 상담 초기에는 사례개념화를 단순하게 초안으로 작성하지만, 상담 과정에서 관찰하게 되는 내용과 세부사항들을 계속해서 추가해 나간다. 상담자는 사례개념화를 정확하게 세우고 있는지 판단하기 위해서 계속 점검하고 자신의 가설들과 그에 따른 개입방법을 변경할 수도 있다 .

(5) 목표 설정하기

사람들은 문제가 있을 때 다른 사람들과 그 문제에 대하여 대화를 나누기도 한다. 이러한 대화와 상담의 가장 큰 차이는 상담은 목표를 설정한다는 것이다. 상담 목표를 설정해야하는 이유는 첫째, 내담자가 자신의 욕구를 파악하고 이를 성취하기 위해 적극적으로 상담에 참여할 수 있게 한다. 둘째 상담 목표는 상담에 대한 방향과 추진력을 제공하고 상담 전략과 기법을 선택하여 실행하는데 중요하다. 셋째 상담이 진행되고 있는 과정에 대해 알 수 있으며 내담자가 원하는 바에 도달했는지 결과를 판단하고 상담 종결을 결정하는데 필요하다. 그렇기 때문에 효과적으로 상담을 이끌기 위해서는 상담 목표를 설정하는 것은 매우 중요하다. 상담 초기 목표를 설정할 때 내담자가 목표를 분명하게 말하는 것이 어려울 수 있다. 이때 상담자는 "상담이 끝나면 어떻게 달라져 있기를 바랍니까?", "문제가 해결되었다는 것을 어떻게 알 수 있나요?" 등의 질문으로 내담자와 협의 하에 언어적으로 명확하게 표현하여야 하며, 행동적으로 서술되는 것이 좋다.

상담 목표는 내담자의 관점에서 바라본 일차적 목표와 이차적 목표로 구분할 수 있다. 일차적인 목표는 내담자가 호소하는 문제에 초점을 두고 일상생활의 적응력을 향상시키는 것이다. 예를 들면, 낮은 자존감으로 인한 불안감, 피해의식과 자신을 믿지 못하고 불안을 보인다면 내담자의 목표는 자존감을 향상하는 것이 상담 목표가 된다. 따라서 상담 목표에 있어 일차적 목표는 내담자가 가지고 있는 문제의 증상을 감소시키거나 제거한 이후 문제를 해결하는 것이다. 이차적 목표는 내담자가 지니고 있는 무한한 가능성과 잠재력을 발휘할 수 있도록 성격을 재구조화하여 인간적으로 발달하고 성숙해지는 데 도움을 주는 것이며, 때로는 성장 촉진적 목표라고도 이야기한다.

상담을 하는 각 과정에도 목표를 설정하여야 하며 이를 과정 목표라 한다. 과정 목표를 설정할 때 주의해야 할 사항은 구체적이고 현실적으로 달성 가능한 것이어야 한다(정순례 외, 2015). 즉 문제를 축약하여 목표를 세워야 하며 구체적이어야 상담 후 달성 여부를 분명히 판가름할 수 있다. 이러한 과정에서의 목표는 과정 목표와 결과 목표가 있다. 설정초기 단계에서 설정되었던 상담의 목표를 달성하기 위해서는 그 목표에 도달하기까지 어떤 중간 통과지점을 지나야 하는데, 그러한 중간지점을 상담의 과정적 목표라 하며 각 회기나 단계에서 수행하는 회기별 목표를 말한다. 결과 목표는 상담이 종결되었을 때 성취한 구체적인 결과물을 말한다.

(6) 상담 계획

내담자의 호소문제의 특성, 내담자의 강점, 내담자의 지지체계, 상담자의 이론적 배경 등을 고려하여 상담 목표를 설정하였으면, 이를 수행하기 위한 행동 전략, 수단, 시간, 공간, 절차 및 지침, 상담 기법과 같은 상담 전략을 수립하는 과정이 이루어지는데, 이를 상담 계획이라고 한다. 상담 계획은 상담의 방향과 지침을 제공하여 상담의 전 과정을 조직화할 수 있고 상담 목표를 수행해 나가도록 한다. 또한 상담 평가 및 조정의 기본 골격이며, 상담자의 전문성을 향상시키고 경험적 자료를 축적하는 데 도움이 되는 중요한 과업이라 할 수 있다. 상담 계획은 상담 서비스의 질을 유지시키고 사례를 관리해 나가는 데에 매우 중요한 절차다.

상담 계획을 효율적으로 구성하기 위해서는 전문성, 개별성, 역동성 및 융통성, 실용성 등을 고려해야 한다. 첫째, 전문성은 인간에 대한 광범위한 지식, 문제, 원인, 해결 방법에 대한 전문적 지식을 바탕으로 구성해야 한다. 여기서 전문적 지식이란 객관적으로 검증되고 조직화되어 있는 경험적 지식을 말한다. 둘째, 개별성은 내담자의 호소문제의 특성, 강점, 환경적 요인 등을 고려하여 각각의 내담자에게 적합하게 구성해야 한다. 셋째, 역동성 및 융통성은 상담을 진행하는 과정에서 상황의 역동적 변화에 따라 상담 계획을 점검하여 융통성 있게 조절해야 한다. 넷째, 실용성은 상담 계획을 구성하는 과정이나 실행이 쉽고 간단하여 실제적으로 적용 가능한 것이어야 한다.

3) 상담의 중기 단계

초기 단계의 끝 무렵부터 상담의 목표가 어느 정도 달성되기까지의 전체 과정이 중기 단계이며 초기 단계에서 설정되었던 목표를 해결하기 위한 구체적인 상담 작업이 진행된다. 이 단계는 문제를 해결하는 상담의 핵심 단계로서 내담자는 심리적으로 안전하다고 생각하고 자신을 이해하고 수용하는 사람으로 상담자를 더욱더 신뢰하게 된다. 내담자의 신뢰는 자신의 호소문제에 대해 심층적으로 탐색할 수 있게 하고 이때부터 변화가 촉진된다. 상담자는 내담자가 호소하고 있는 문제의 성질을 파악하고 내담자의 문제에 적합한 상담이론들을 적용하여 상담 목표를 달성하기 위해 노력한다.

(1) 내담자의 자기탐색 촉진

자기탐색이란 지금까지 상담을 통해서 자신을 힘들게 했던 심리적인 문제나 발생 요인, 배경 등을 깨닫고 자각하게 되며 자신에 대한 개념을 정교화하게 된다. 이때 자기탐색을 통해 변화를 이루기 위한 정보를 얻게 되고 이 과정을 통해 치료가 되기도 한다. 자기탐색을 촉진하기 위해 필요한 것은 다음과 같다. 첫째, 충고하는 것을 피하도록 한다. 이미 내담자들은 주위의 사람들에게 많은 충고를 들었지만 실패했기 때문에 충고를 받아들이기 어려운 경우가 많다. 둘째, 섣불리 문제를 해결하려고 하지 않도록 한다. 대부분 상담자들은 내담자의 문제를 빨리 해결하려고 하다가 실패한다. 상담자는 문제를 조기에 해결하려고 하기보다는 내담자의 문제가 무엇인지 충분히 정의할 수 있도록 도와야 한다.

(2) 저항 다루기

자기탐색 단계인 중기 단계에는 내담자가 습관적으로 행하게 되는 행동 패턴, 감정, 사고 등에서 모순이나 불일치가 나타나기 시작하고 이들을 그대로 지속하려고 하는 경향을 보이게 된다. 내담자는 이러한 패턴들을 지각하게 되면서 자기탐색과 변화 요구로 인해 불안할 수 있다. 이때 상담자는 내담자가 이러한 불안을 탐색하도록 하여 안심할 수 있도록 도와야 한다. 변화과정에서 상담사가 저항을 유발하는 방법을 지속하면 상담이 실패할 가능성이 있지만 저항을 잘 활용하면 상담을 성공으로 이끌 수 있다.

내담자의 강한 저항을 일으키는 요인을 보면, 내담자 입장은 고려하지 않고 일방적으로 상담자가 지시를 하거나 통제를 한다든지, 비우호적인 분위기나 내담자가 준비되지 않았는데 변화에 대한 급격한 압력을 가하는 행위 등이 될 수 있다, 이를 조심한다면 내담자의 변화 동기를 고취시킬 수 있다.

(3) 합리적 사고의 촉진 및 실천 행동의 계획 단계

이 단계에서는 내담자가 자기 자신과 삶의 과정에서 주요한 경험 및 사건들을 이전보다 뚜렷하고 통합된 시각으로 재인식하게 된다. 내담자는 변화를 요구하고 자신을 탐색하는 과정에서 심리적으로 저항이 생길 수 있지만 저항을 극복하게 되면 자각과 합리적 사고의 촉진이 일어난다. 그리고 이 시기에는 자기를 탐색하고 합리적 사고를 촉진하는 것에 그치는 것이 아니라 실생활에 실천할 수 있도록 행동계획이 필요하다. 행동계획은 머리로 해결된 문제를 삶에서 행동으로 나타낼 수 있도록 내담자의 행동을 구체적으로 협의하고 세부적으로 계획하여야 한다.

4) 상담의 종결과 추수지도 단계

상담의 종결은 내담자가 원했던 변화가 일어난 경우에 하게 되지만 반드시 원했던 변화가 일어나야 종결하는 것은 아니다. 상담자가 모든 노력을 기울였지만 목표를 달성하지 못했거나 내담자가 상담이 도움이 되지 않는다고 생각하고 상담을 거부하는 경우에도 상담을 종결하게 된다. 내담자의 문제가 현저히 완화되고 해결되어 상담의 목표를 성공적으로 이루어졌다고 해서 곧바로 종결하는 것은 바람직하지 못하다. 종결은 급격하게 이루어지기보다는 일정한 과정을 거쳐서 점차적으로 이루어지는 것이 바람직하다. 이러한 점진적인 종결과정을 진행하게 된다면 그동안 상담을 통해서 얻은 성과들을 실제 생활에서 적용해 볼 수 있다. 적용을 해봄으로써 이 과정에서 발생하는 문제점들을 평가하고 수정할 수 있는 기회를 갖게 된다. 이러한 의미에서 본다면 점진적으로 종결과정을 준비하는 것은 실생활에서의 적응과정 훈련이라고 할 수 있을 것이다.

(1) 상담에 대한 종결 시기 결정

상담자는 상담을 종결하게 될 때 내담자에게 미칠 수 있는 영향을 고려해야 하며 종결 시기를 미리 알려주어서 내담자가 종결에 대비할 수 있도록 해야 한다. 또한 모든 상담이 성공적으로 끝나는 것이 아니기 때문에 상담의 진전이 없는 상태가 지속된다면 내담자와 종결을 논의해야할 필요가 있다.

상담 종결은 상황에 따라 다음과 같은 부분을 고려하여 종결 시기를 결정할 수 있다. 첫째, 상담의 목표가 대부분 이루어진 경우이다. 둘째, 내담자가 호소한 문제들의 완화로 인해 현실 생활이 더 이상 힘들지 않거나 극복한 경우로 내담자가 스스로 자신이 좋아졌으며 상담에 대한 만족감을 표현할 때이다. 셋째, 상담의 조기 종결은 내담자가 종결에 동의할 때인데 이는 내담자 스스로 자신의 문제가 해결되었다고 생각하여 상담자와 종결 시기에 대한 판단이 일치하는 경우이다. 넷째, 상담자가 판단할 때는 내담자의 문제가 완화되고 일상생활에 잘 적응하고 있는 것으로 보인다면 내담자가 좋아졌다고 말하지 않더라도 종결을 논의할 수 있다. 하지만 내담자가 상담자에게 지나치게 의존하고 강하게 애착을 느낄 경우 상담자가 종결을 얘기한다면 불안과 거절당하는 기분이 들 수 있다. 상담자와 분리로 인한 불안은 상담 기간이 길어질수록 더 심해질 수 있으므로 상담자가 보기에 문제가 해결되고 좋아졌다고 판단이 된다면 상담을 지속하지 않고 종결을 준비할 수 있도록 도와야 할 것이다.

(2) 상담 마무리

상담 마무리 과정에서는 내담자가 상담을 통해 변화하고 성장한 것은 무엇인지, 해결하지 못한 문제는 무엇인지 탐색해야 한다. 특히 상담의 성과를 이루기 위해 내담자가 노력한 과정에 대해 검토하고 상담실 밖의 생활 장면에서 상담 성과를 유지하기 위해 필요한 노력이 무엇인지 구체화해야 한다. 또한 현실 속에서 문제가 생겼을 때 상담을 통하여 습득하게 된 문제를 해결할 수 있는 방법을 효과적으로 적용할 수 있도록 한다.

(3) 추수상담의 수행과 그 이후

추수상담은 상담을 종결한 이후 필요한 경우에 진행할 수 있다. 대개 1개월~6개월 사이에 추수상담을 진행한다. 상담으로 인해 변화된 내담자의 행동을 점검할 수 있으며 내담자가 잘하고 있는 점은 강화시키고 부족하다고 느끼는 점은 보완할 수 있다. 그뿐 아니라 상담자 스스로 내담자의 문제해결 과정에 있어 상담 개입이 적합하였는지에 대한 평가를 할 수 있다는 점에서 매우 의미가 있다.

CHAPTER

05 청소년상담의 기법

1. 관심 기울이기와 경청

상담자와 내담자의 관계 형성(rapport)을 위해 사용되는 비언어적인 기법 중의 하나가 관심 기울이기이다. 내담자는 표현을 저항적이거나 적극적으로 하여 상담자에게 관심받기를 원한다. 상담자의 언어적인 표현도 중요하지만 먼저 얼굴 표정이나 목소리, 눈빛, 자세 등의 비언어적인 방법으로 내담자에게 관심을 가지고 있음을 표현해야 한다. 내담자를 수용하는 마음으로 바라보고, 내담자와 부드럽게 시선을 맞춘다.

상담에서의 관심은 내담자의 문제를 캐기 위한 호기심이 아니라 인간에 대한 관심이어야 한다. 상담을 하다 보면 내담자에 대한 궁금증이 일어난다. 그것이 순수하게 내담자에 대한 관심인지 상담자의 호기심인지 잘 분별할 필요가 있다. 상담자의 호기심을 채우기 위한 관심은 내담자와의 라포를 방해한다. 내담자는 자신의 이야기를 상담자가 관심을 기울여 들을 때 자신이 가치가 있고 자신의 이야기를 좀 더 해도 된다고 느끼게 된다.

경청은 내담자의 말을 관심을 기울여 잘 듣는 것이다. 모든 이야기를 잘 경청하는 것도 중요하지만 내담자가 이야기할 때 중요한 주제에 대해 선택적으로 주목함으로 그 문제에 좀 더 탐색하도록 도울 수 있다. 잘 듣기 위해서 상담자가 자연스러운 시선으로 눈을 맞추고 내담자 쪽으로 약간 몸을 기울이는 것도 좋다. 내담자의 말을 잘 경청하기 위해서는 상담자가 내담자의 언어적인 표현뿐만 아니라 표정, 몸짓, 목소리 등에도 집중해야 한다. 언어적인 표현 이면에 나타나는 생각이나 미처 깨닫지 못하는 내면의 목소리도 들을 수 있어야 한다.

보통의 청소년 내담자는 자신의 이야기를 하는 것에 어색해하고 서툴 수 있다. 그래서 상담을 처음 시작할 때, 어떤 이야기를 해야 할지 몰라 두서없이 이야기를 나열하곤 한다. 상담자는 내담자가 두서없이 나열하는 언어적 메시지를 구조화하여 경청하는 것이 필요하다. 내담자의 현재 경험은 어떤 것인지, 지금 가지고 있는 정서는 어떤 것인지를 살펴보고 어떤 행동으로 인해 문제 상황이 일어나고, 대처를 하고 있는 행동은 무엇인지, 정서, 경험, 행동적 측면에서 내용을 구조화하여 듣는 것이 필요하다.

경청할 때 상담자가 주의할 점은 내담자가 이야기하는 내용과 태도에 대해서 편견을 갖지 않는 것이다. 내담자의 비도덕적 태도나 상담자의 가치관과 맞지 않은 내용에 대해서 상담자는 어떠한 판단도 하지 않고 있는 그대로 자료를 정리하여야 한다. 상담자의 특정 가치관에 따라 자료를 해석한다면 내담자의 문제를 왜곡시켜 다루게 된다. 따라서 상담자는 자신이 가지고 있는 사회적 편견이나 선입견에 대해서 잘 관찰하고 시각이 왜곡되어 있지 않은지를 잘 점검하여야 한다.

> 내담자: 요즘 친구와 잘 지내요. 그런데 가끔 불편하기도 해요. 그래도 잘 지내요.
> 상담자: (내담자를 바라보고 자연스럽게 눈을 맞추며) 친구와 잘 지내지만 불편한 마음이 들기도 하는군요.
> 내담자: 그 아이가 나를 도와준 적이 있어서 잘 지내고는 있는데.

상담자: 도움을 받았던 친구라서 잘 지내고 싶은 마음이 있군요. (따뜻한 목소리로)
내담자: 네. 도움을 받기는 했는데 그래서 잘 지내야 하는데, 그 친구가 나에게 함부로 하는 것처럼 느껴질 때가 있어요.
상담자: 도움을 받았던 친구이기는 하지만 그 친구가 함부로 하는 모습이 있어서 불편한 마음이 들고 관계가 힘들기도 하군요.

2. 공감적 반응

공감(empathy)은 내담자가 경험하고 있는 세계 속으로 들어가 내담자의 감정을 느끼고, 내담자의 삶의 틀을 통해서 세계를 바라보는 것이며, 내담자의 감정과 연결된 경험이나 행동 등을 충분히 이해하고 전달해 주는 것이다.

상담실에 찾아오는 청소년들의 대부분은 주변 사람들 혹은 가족들에게 이해받지 못한 경우가 많다. 그래서 상담자로부터 충분한 공감을 경험할 수 있어야만 마음이 열린다. 다른 사람들은 이해하지 못한다 할지라도 상담자만큼은 자신을 온전히 이해하고 있다는 생각이 들어야 신뢰 관계가 형성된다. 내담자는 자신이 충분한 이해를 받고 있음을 느낄 때, 상담에 대한 저항감이 줄어들고 상담자에게 자신의 경험을 드러낼 수 있는 용기를 갖게 된다. 정확히 이해한다는 것은 내담자가 세상을 지각하는 방식으로 바라보며 경험하는 것을 의미하고, 상담자의 공감 반응을 통해 내담자는 자신의 경험에 대해 관찰하고 객관적인 판단을 할 수 있다.

상담자는 내담자에 대해 어떠한 판단도 포함하지 않고 내담자가 어떤 감정을 느끼고 있는지 함께 느끼고 있다는 것을 공감적 반응을 통해 알려주어야 한다. 제라드(Gerard, 1991)는 정확한 공감을 위해 전달하기(know-how), 이해(awareness), 적극적인 대응력(assertiveness)으로 3가지 요소의 기술을 강조하였다. 전달하기는 상담자가 내담자의 이야기 속에 포함된 감정, 경험, 행동을 깨닫고 자기가 이해한 것을 내담자에게 전달하는 것이며, 이해는 내담자의 세계에 들어가거나, 상담자가 내담자의 입장이 될 수 있어야 한다는 것이다. 적극적 대응력은 내담자를 상담의 대화에 참여시키며 그 대화를 통해 문제 상황을 명료화시키고 또한 적극적인 관계를 발전시켜 나가는 것이다.

3. 라포 형성을 위한 질문

상담에서 질문을 많이 하지 않는 것이 좋지만 내담자의 심리를 탐색하기 위해서는 적절한 질문을 해야만 한다. 청소년들은 자신에 대해 깊은 탐색을 하기 어렵거나 생각해 보지 않은 경우가 대부분이며, 자신이 경험하고 있는 상황이 잘 정리되지 않아 고통을 겪는 경우가 많다. 일단 상황을 정리함으로써 자신의 문제를 객관적으로 바라볼 수 있는 기회를 갖고 문제를 해결할 수 있는 새로운 경험을 얻게 된다. 따라서 상담자는 내담자가 문제를 잘 진술할 수 있도록 도와주는 차원에서 질문을 하여야 한다.

질문의 유형은 개방형 질문과 폐쇄형 질문이 있다. 개방형 질문은 상담자가 내담자의 이야기에 귀 기울이고 관심을 두고 있음을 보여주는 것이다. 하지만 너무 많은 질문을 한다거나 '왜'라는 질문을 많이 하게 되면 취조당하는 느낌을 갖게 되며 이로 인해 마음의 문을 닫게 된다. 질문은 특정한 답을 요구하기보다는 내담자가 반응할 수 있는 여러 가지 가능성을 제시하는 질문이어야 한다. 자신의 생각을 자유롭게 표현하면서 명확하고 깊은 탐색을 할 수 있도록 개방형 질문을 사용할 때 내담자는 더 많은 정보를 상담자에게 제공할 수 있다. 따라서 개방형 질문을 적절히 사용함으로써 내담자의 문제 상황과 경험에 대한 구체적인 정보를 얻고 문제에 대한 객관적인 사실과 내담자의 반응 등을 구체화하고 명료화할 수 있다.

폐쇄형 질문은 '예' 또는 '아니오'로 대답할 수 있거나 간단한 정보를 묻는 질문에 해당한다. 이런 폐쇄형 질문은 상담 초기에 간단한 정보를 얻기 위해 필요하지만 너무 많이 사용하게 되면 매끄럽게 상담이 진행되기가 어렵다. 청소년의 경우 단답형으로 답을 하는 경우가 많고, '그냥 그렇다'는 식으로의 대답은 내담자가 대답을 회피하는 경우일 때가 많다.

폐쇄형 질문과 개방형 질문의 예

· 폐쇄형 질문: 친구가 심한 말을 해서 기분이 나빴지?
· 개방형 질문: 친구가 심한 말을 할 때 어떤 기분이 들었어?

· 폐쇄형 질문: 집에 들어가기 싫어서 친구들과 게임했어?
· 개방형 질문: 집에 들어가기 싫어서 어떻게 시간을 보냈어?

4. 재진술

재진술(restatement)은 내담자의 이야기를 다시 요약, 정리해서 들려주는 것으로 자신이 한 이야기를 다시 듣는 효과를 가진다. 그러므로 내담자는 자신의 생각을 정리할 수 있고 객관적으로 듣게 된다. 내담자의 이야기를 상담자가 이해하고 있다는 것을 알려주고 내담자가 말한 것을 간략히 반복함으로써 내담자가 이야기하는 내용을 조금 더 정확하게 알 수 있도록 돕는 것이다. 때로는 내담자의 이야기가 장황하고 반복적으로 표현이 될 때 정리를 하고 요약을 하여 중요한 부분에 대해 생각할 수 있도록 하는 효과가 있다. 이때 상담자는 내담자가 했던 말을 다시 말해주기보다는 좀 더 간단명료하게 이야기해 주어야 한다.

전형적인 재진술은 내담자의 말보다 짧고 요약적이다. 내담자가 가장 중요하게 생각하는 것 혹은 모순되어 보이는 것, 미처 알아차리지 못하는 부분에 집중함으로써 내담자의 이야기에서 가장 중요한 부분을 탐색하는 방법이다. 재진술을 사용할 때에는 내담자가 말한 것 이상의 내용을 다루지 않고, 감정 또는 행동의 원인에 깊숙이 파고들지 않는다. 재진술은 내담자의 입장과 관점을 정리하여 말해주는 것이다. 재진술의 기능으로 다음을 들 수 있다.

첫째, 내담자의 말을 잘 듣고 있음을 전달해 준다.

둘째, 내담자의 입장에 대해 이해하고자 노력하고 있음을 전달해 준다.

셋째, 내담자의 생각과 의견, 경험을 구체화시켜 준다.

넷째, 내담자의 말을 정확하게 이해하고 있는지 확인해 준다.

> 내담자: 엄마가 이제 와서 자꾸 친한 척하고 말 걸고 관심 갖는 것이 짜증이 나요. 나를 그냥 내버려 두었으면 좋겠어요. 나를 도와주지도 못할 거면서.
>
> 상담자: 엄마가 요즘 관심을 가져주는 것에 짜증이 많이 나는군요.
>
> 내담자: 내가 도움이 필요할 때는 내 곁에 없었어요. 지금은 정말 나 혼자서 해나갈 수 있는데 이제 와서 자꾸 간섭을 해요. 나를 돕는다는 명목하에 지금은 그게 다 간섭처럼 느껴져요.
>
> 상담자: 당신이 도움을 필요할 때는 엄마가 곁에 없었군요. 지금은 혼자서 살아나갈 힘이 생겼는데 자꾸 도와준다고 하니 그게 간섭처럼 느껴지는군요.

5. 직면

직면(confrontation)은 내담자의 문제에 대해 맞닥뜨리게 하는 것이다. 내담자는 객관적으로 자신을 볼 수 없기에 자기모순에 빠져있는 경우가 많다. 변화를 원한다고 하지만 변화하기 싫어하는 모습을 보이고, 친구를 사귀고 싶다고 하지만 회피하는 등 내담자가 말하는 것과 생각하는 것, 행동하는 것 사이에서 불일치를 보일 때가 있다. 하지만 그런 사실을 스스로 알아차리지 못한다. 내담자가 보이는 불일치 유형은 세 가지로 분류할 수 있다.

첫째, 말과 비언어적인 표현 간의 불일치이다. 내담자가 하는 언어적인 메시지와 목소리, 얼굴 표정, 눈빛, 자세 등 비언어적인 표현 등이 일치하지 않을 수 있다. 둘째, 말과 행동의 불일치이다. 내담자가 하는 말과 실제 행동이 서로 다른 것이다, 스마트폰 사용 시간을 통제할 수 있다고 말하는 내담자가 실제로는 과다하게 스마트폰 사용에 매달리는 경우이다. 셋째, 상담자가 말을 듣고 있는 동안 나타내는 비언어적 표현들이 서로 일치하지 않거나 비언어적 표현 간의 불일치이다. 내담자가 말하는 동안 상담자가 그 불일치되는 모습을 알도록 지적해 주는 기법이 직면이다. 직면은 변화를 위해 꼭 필요하지만 신중해야 하고 내담자가 준비가 되었을 때와 라포 형성이 충분히 되었을 때 사용해야 효과적이다. 만약 내담자가 준비가 제대로 되지 않았을 때 직면을 하게 되면 내담자가 상처를 입고 상담에 나오지 않을 수도 있기 때문이다. 변화가 더디고 답답하게 진행된다 할지라도 내담자가 받아들일 준비가 되었을 때 직면을 해야 상담이 지속될 수 있으며, 내담자의 문제를 충분히 공감을 형성한 뒤 사용해야 한다.

상담자: 요즘 친구들과 어떻게 지내지?
내담자: (얼굴 찌푸리며) 그냥 그래요.
에이 씨~ 여자아이들은 왜 저를 싫어하는지 모르겠어요. 말을 하려고 하면 도망을 가거나 째려봐요.
상담자: 그렇게 거칠게 이야기하면 나 같아도 싫어하겠는데.

6. 해석

해석(interpretation)은 내담자가 명확하게 의식하지 못한 것에 대하여 여러 가지 형태의 교육적 설명이다. 즉 내담자에게 어떤 의미를 전달하고자 하는 상담자의 시도라고 볼 수 있다. 해석은 겉으로 보기에 따로 분리되어 있는 말이나 사건의 관계들을 연결 짓거나 방어, 감정, 저항 또는 전이를 설명해 주는 형태로 이루어질 수도 있고 주제, 흐름, 사고방식 또는 내담자의 행동이나 성격 속의 인과관계를 지적해 주는 형태로 이루어질 수도 있다(천성문 외, 2015). 해석은 내담자가 받아들일 준비가 되어 있다고 판단될 때 조심스럽게 하는 것이 중요하다. 내담자가 깨닫고 있지만 확실하게 개념화하지 못하고 있을 때 해석을 해주어야 효과적이다. 효과적인 해석을 위한 지침을 살펴보면 다음과 같다.

첫째, 내담자의 준비 정도를 정확하게 파악해야 한다. 해석은 내담자의 이전 경험과 현재의 문제가 어떻게 연관되는지, 어떠한 경로를 통해 문제가 발생되고 지속되고 있는지 내담자에게 설명하여야 한다. 하지만 상담자가 해석을 제시할 때 내담자가 연관성과 경로를 이해하지 못하거나 해석에 대해서 이해할 수 없다는 표정을 짓거나 '절대 그런 일 없다'고 완강히 저항하면 해석을 멈추는 것이 바람직하다.

둘째, 내담자가 자신의 문제를 이해하고 있는 수준을 파악해야 하며, 상담자는 내담자에게 문제의 원인은 무엇인지, 왜 지속되고 있는지 스스로 해석할 것을 요구할 수도 있다. 내담자의 해석을 통해 상담자는 해석에 필요한 자료를 얻을 수 있다.

셋째, 내담자가 수용할 수 있을 정도의 해석을 한다.

넷째, 해석할 때에는 비판적이거나 평가적인 언어는 피하는 것이 좋다.

다섯째, 해석을 뒷받침해 줄 수 있는 다양한 근거들과 함께 반복해서 제시한다면 내담자는 해석에 대한 수용 수준이 높아진다.

여섯째, 내담자에게 해석을 제공할 때는 '현재 당신이 곤란을 겪고 있는 것은 ~로 인한 것이 아닌가 싶습니다.'라고 가능성을 열어두고 전달하며, 몇 가지 근거에 기초해서 해석하지 말고 여러 가지 가능성을 고려하며 주의 깊게 해석해야 한다.

내담자: 형이 집에 있으면 꼴 보기 싫어서 집에 들어가기가 싫어요. 항상 잘난 체 하고. (입을 삐죽거리며)

상담자: 네가 그런 행동을 한 것을 보면, 형이 집에 없어야 네가 마음 편히 지낼 수 있을 것 같다는 느낌을 가지고 있는 모양이구나.

내담자: 꼭 그런 것만은 아니에요. 형과 대화가 잘 될 때도 있어요.

상담자: 형이 너의 자존심을 건드리지 않는 경우에는 대화가 그런대로 잘 이루어지겠지. 하지만 형이 집에 없어야 네가 형에 대한 열등감을 잊고 마음 편히 있을 수 있을 테니 말이지.

7. 즉시성

내담자의 반응에 대해 즉시적으로 반응해야 한다. 나중에 반응을 보이면 효과성이 떨어진다. 특히 대인관계 상황에서 반복적으로 나타나는 개인적인 특성에 대한 통찰을 이끄는데 효과적이다. 내담자가 경험했던 내용들이 현재 상황에 어떻게 반영이 되고 있는지, 현재 내담자의 문제와 어떻게 관련이 있는지에 초점을 맞추어 진행한다. 주의사항으로는 내담자로 하여금 비난받고 평가받는 느낌을 갖게 할 수도 있기 때문에 라포가 충분하게 형성된 후에 사용하여야 한다.

상담자: 요즘 철수가 상담 시간을 어기는구나. 전에는 이런 적이 없었는데.
내담자: 상담받기 싫어졌어요.
상담자: 선생님과 이야기하는 게 싫어진 모양이구나.
내담자: 선생님과 이야기하는 게 싫어진 건 아니고 몇 번 선생님과 이야기를 했는데 별 도움이 되지 않아서 그만 둘래요.
상담자: 그래, 선생님도 철수가 오늘 상담이 재미없어하는 것 같다고 느끼고 있었어. 상담이 왜 그렇게 재미없는지 함께 이야기해 볼까?
내담자: 공부 시간에 선생님 말씀도 잘 듣고 숙제도 열심히 하면 성적이 오른다고 했는데 오히려 더 떨어졌어요.
상담자: 선생님과 약속한 대로 열심히 하는데도 성적이 떨어져서 속상했겠구나. 그리고 이때까지 상담 받은 보람도 없고 말이야.
내담자: 네.
상담자: 상담을 받고도 성적이 금방 오르지 않은 경우도 있지.
내담자: 그러면 어떻게 해야 성적이 오르는데요?

8. 자기개방

자기개방(self disclosure)은 내담자에게 자신의 행동에 대하여 새롭게 조망하고 대안 행동을 가질 수 있도록 하는 기술이다. 자기개방은 상담자가 자신에 대한 것을 내담자와 나누는 것으로 때때로 내담자의 공감과 촉진을 위해 상담자의 자기개방이 필요하다. 하지만 상담자의 이야기가 주가 되어서는 안 된다. 상담자는 자신의 학력, 자격증 유무, 경력 등과 같은 개인정보에 관하여 자기개방을 할 수 있다. 이러한 개인정보에 관한 것은 주로 상담초기에 이루어지며, 내담자와 신뢰관계가 형성된 상담 중기 이후부터는 상담자의 감정을 개방할 수 있다. 이는 내담자의 감정을 반영해 주는 공감과는 다르게 상담자의 솔직한 감정이나 의견일 수 있다.

상담자의 자기개방은 첫째, 상담자가 자신의 경험을 개방함으로써 내담자에게 모델링(modeling)을 제공할 수 있다. 자기 자신에 관해 말하기를 꺼려하거나 무엇을 해야 할지 모르는 내담자에게 편안하게 접근할 수 있는 방법이며, 상담초기 관계 형성에 유용하게 사용될 수 있다.

둘째, 상담자의 자기개방은 행동 실천에 필요한 새로운 시각 개발과 목표설정에 도움을 준다. 상담자는 자신의 경험들을 생각해 보고, 그것이 내담자의 대안 행동 등에 영향을 줄 수 있다고 생각되면 자신의 경험을 개방하여 내담자가 새로운 시각으로 자신의 경험을 바라볼 수 있도록 도와줄 수 있다.

셋째, 상담자의 자기개방은 상담자를 좀 더 인간적으로 보이게 하여 내담자에게 친밀감을 제공할 수 있다.

넷째, 현재 겪고 있는 문제가 내담자 혼자만의 경험이 아니라는 것을 알게 하며 혼란스러운 감정을 줄이고 안정감을 갖도록 도와줄 수 있다. 상담자도 한때 겪었던 경험들이라는 것을 알게 되고 사람들이 살아가면서 흔히 겪는 일이라는 것을 깨닫게 되며, 보다 객관적으로 자기 자신의 문제를 볼 수 있는 힘이 생기게 된다.

> 상담자: 성호야 수업 시간에 엎드려 있던데 몸이 아프니?
> 내담자: 아뇨, 졸려서요.
> 상담자: 어젯밤에 잠을 자지 못했나 보구나?
> 내담자: 네. 게임을 하다가 새벽에 잠들었어요.
> 상담자: 새벽까지 게임을 했단 말이지? 이런 경우가 자주 있니?
> 내담자: 게임을 하다 보면 시간 가는 것을 모르고 있을 때가 있어요.
> 상담자: 아. 그렇구나! 선생님도 게임을 좋아해서 예전에는 종종 밤을 새는 경우가 있었단다. 그러면 다음 날 너무 피곤해서 힘들었지.
> 내담자: 선생님도 게임을 하며 밤을 새신 적이 있었단 말이에요?

9. 정보제공

청소년기의 내담자는 충분한 정보를 제공받지 못하여 어려움을 겪는 경우가 많다. 학업중단 청소년 내담자의 경우 학업 중단 시 제공받을 수 있는 서비스 등에 대해 정보를 제공해 줌으로써 선택을 도울 수 있다. 하지만 상담자에게 어떻게 선택하는 것이 좋겠냐는 식의 선택을 떠넘기는 것보다는 스스로 결정을 할 수 있도록 도와주어야 한다. 또한 내담자는 잘못된 정보들로 인해 문제를 악화시키는 경우가 종종 있다. 잘못된 정보로 고민하고 있는 내담자에게 정확한 정보를 제공하는 것이 꼭 필요하며 이것은 정보제공 기술의 중요한 기능이다.

▶ 효과적인 정보제공 방법으로

상담자는 너무 많은 정보를 제공하여 내담자를 압도하지 말아야 하며 내담자에게 필요 이상의 많은 정보를 제공하는 것은 효과적이지 못하다. 내담자의 문제 상황에 적절한 정보를 선택하여 제공해야 도움이 될 수 있다.

상담자의 주관적인 경험에서 얻어진 정보를 제공하는 것은 내담자와 일치하지 않을 수 있으며 상담자의 가치관이나 판단이 개입된 정보제공은 피해야 한다. 그리고 정보제공에 앞서 중립적이고 객관적인 자료인지 확인하고 제공해야 한다. 정보제공 도중 충고나 비난을 피해야 한다. 아무리 유익한 정보일지라도 충고식으로 정보를 제공할 경우 내담자의 기분을 상하게 할 수 있고 정보의 수용을 어렵게 만들 수 있기 때문이다.

> 내담자: 선생님 저는 무엇에 관심이 있는지 제가 무엇을 잘하는지 잘 모르겠어요.
> 상담자: 그래, 이 시기에 학생들이 진로 때문에 많이 걱정하고 있지. 혹시 진로적성검사 받아 본 적 있니?
> 내담자: 아뇨, 아직 해보지 않았어요.
> 상담자: 진로적성검사는 내가 가진 관심과 적성을 객관적으로 알아볼 수 있는 검사란다. 검사 시간이 오래 걸리지 않고 어렵지 않은데, 가영이도 한번 검사를 받아보고 가영이의 적성과 관심 분야를 같이 알아보자.

10. 비자발적 내담자 다루기

청소년의 경우 비자발적 내담자가 많다. 사설기관의 상담이든 공공기관의 상담이든 간에 그 양상은 비슷하다. 비자발적인 내담자의 경우 라포 형성의 시간이 좀 더 필요하다. 상담자를 신뢰할 수 있어야 마음이 열리기 때문에 내담자를 공감하면서 라포 형성의 시간을 충분히 가져야 한다. 내담자 스스로 입을 열도록 기다려주는 너그러운 마음가짐이 중요하며, 상담자의 무조건적 존중과 수용의 마음이 잘 전달되었을 때 상담 참여의 동기유발이 촉진된다.

11. 청소년상담의 사례개념화 기법

1) 호소문제

호소문제는 내담자가 힘들어하는 문제와 증상을 내담자가 자신의 입장에서 토로하는 것으로 대부분 상담 과정에서 도움을 받고 싶은 내용이 포함되어 있다. 여러 상담자에게 동일한 내담자의 호소문제를 들려주면, 상담자의 이론적 배경과 상관없이 대부분 비슷하게 호소문제를 정리한다. 단, 내담자의 여러 호소문제 중 주된 호소문제를 정해야 할 경우, 상담자들이 갖고 있는 이론적 관점의 차이에 따라 주호소문제는 다를 수 있다.

상담자는 내담자의 주된 호소문제 또는 증상을 구체적으로 파악할 수 있도록 노력해야 한다.

2) 촉발요인

촉발요인은 내담자가 호소문제를 직접적으로 일으킨 요인이나 이 시점에 문제가 심각해져서 상담실을 찾도록 하는 요인을 의미한다. 대부분의 상담이론에서 촉발요인은 내담자의 호소문제를 직접적으로 일으킨 스트레스원에 해당하는 것으로 본다.

3) 부적응적 패턴

부적응적 패턴은 내담자가 촉발요인을 접하는 상황이 되면 반복적으로 보이는 유사한 부적응적 반응양식을 의미한다. 자극적인 촉발요인(Stimulus: S)과 반응인 호소문제(Response: R)의 관계를 면밀히 분석해 보면 내담자가 반복적으로 취하는 행동을 알 수 있다.

4) 내담자의 강점과 자원

(1) 내담자의 장점 파악하기

대부분의 사람은 문제에 부딪히면 스스로 그것을 해결해 나간다. 그러나 때로는 혼자 해결하기 어려운 문제도 있다. 내담자는 자신의 문제로 인해 고통을 받고 그 문제에 빠져 있는 상태에서 스스로 자신의 문제를 해결해 나갈 수 없다고 생각한다. 하지만 지금까지 어려움 속에서도 삶을 유지할 수 있었던 것은 스스로 어려움을 헤쳐 나갈 수 있는 힘이 있기 때문이며, 내담자가 심리적인 문제가 있어 상담실을 방문했어도 문제만 있는 것이 아니라 장점 또한 있다는 것을 발견하여 내담자에게 알려 주는 것이 필요하다.

(2) 내담자의 자원 탐색하기

상담자는 내담자가 어떤 일을 처리하는 과정에 사용한 지식과 기술, 훈련 등을 다른 일에서도 적용할 수 있는지를 유심히 살펴보아야 한다. 그리고 상담과정에서 보이는 내담자의 사소한 장점이라도 귀중하게 여기고 그것을 내담자의 자원으로 활용할 수 있도록 지원해야 한다. 내담자들의 어려운 상황을 효과적으로 다룰 수 있고 지원할 수 있는 외부자원을 연결시켜 주는 것은 내담자에게 큰 도움이 된다. 그러므로 상담자가 내담자를 지원할 수 있는 인적·물적 자원을 찾아 연계하는 일은 매우 중요하다.

5) 상담자의 관점

상담자는 내담자의 문제를 설명할 수 있는 주된 관점이 있어야 한다. 다시 말해서, 상담자는 자신이 선택한 상담이론을 통해 내담자의 문제를 설명할 수 있어야 한다. 상담자는 상담이론을 통해 객관적인 사실이나 사건에서 드러나는 내담자의 활성화된 마음을 가늠할 수 있으며, 내담자를 더 많이 이해하고 내담자가 그 마음에서 벗어날 수 있도록 도와줄 수 있다.

그러나 상담자의 관점을 갖고 있어야 한다는 것을 알고 있는 상담자들도 자신의 상담사례에서 상담자의 관점을 제시해 보라고 하면 내담자가 지금까지 부적응적 패턴을 형성하는 데에 영향을 미쳤을 객관적인 정보와 단서를 탐색하고 이를 단순 나열하는 식으로 그치곤 한다. 상담자는 '내담자는 왜 지금 이런 문제를 경험하고 있는가? 동일한 사건에 대해 전혀 문제를 보이지 않거나 다르게 반응하는 사람도 있는데 왜 내담자는 이렇게 반응하는가?'라는 질문을 자신의 상담이론으로 설명할 수 있어야 한다.

6) 상담 목표

상담 목표는 상담의 방향을 결정짓는 것으로 크게 임상 목표와 합의 목표로 나눌 수 있다. 임상 목표는 상담자가 선택한 상담이론의 관점에서 지향하는 상담의 방향을 뜻한다. 합의 목표가 상담자의 능력과 내담자의 준비도를 고려하여 함께 도출하는 것이라면, 임상 목표는 상담자의 이론에서 본 상담자의 지향점이다.

합의 목표는 상담자와 내담자가 서로 합의한, 상담을 통해 기대하는 긍정적인 성과로 구체적이고 측정 가능해야 하며, 내담자의 문제해결에 기여하는 것이어야 한다. 합의 목표는 내담자와 상담자가 공유하며 각 회기마다 내담자의 변화를 함께 모니터링하는 데 유용하다. 각 상담 활동을 통해서 일어난 변화는 임상 목표와 관련이 있는 상담이론으로 설명할 수 있다.

7) 상담 전략

상담 전략은 크게 두 가지로 나눌 수 있는데, 내담자의 부적응적 패턴을 이해하는 전략과 이해한 부적응적 패턴을 변화시키는 전략이다. 부적응적 패턴을 이해하는 전략에는 상담이론과 상관없이 일반적으로 지지나 공감적 이해가 많이 사용되며, 부적응적 패턴을 변화시키는 전략에는 상담이론에 따라 각 이론에서 언급하는 제반 변화의 기술들이 포함된다.

상담 전략에는 내담자의 문제와 특성 그리고 상담 목표를 고려해서 내담자 개개인에 맞는 개별화된 내용으로 구성해야 한다. 또한 실효성 있는 상담 전략을 짜기 위해서는 상담자 자신과 내담자의 능력을 동시에 고려해야 한다. 내담자를 돕기 위해 세운 상담 전략이 아무리 좋더라도 그것이 상담자의 능력을 벗어난 것, 내담자가 준비되어 있지 않거나 현시점에서 실천할 수 없는 것이라면, 전략의 실효성이 떨어지며 내담자의 마음에 상처를 줄 수도 있다.

8) 예상되는 장애

예상되는 장애란 내담자가 일상생활에서 보이던 부적응적 패턴을 상담 장면에서 나타내거나 혹은 종결 시점에서 퇴행하는 것을 의미한다.

사례개념화는 상담 초기에 내담자의 문제에 대한 배경을 이해하고 이를 해결하기 위한 상담 목표와 상담 전략을 수립하여 상담의 효과를 높이기 위해 하는 것이다. 상담자는 상담 실제와 연결될 수 있도록 사례개념화를 구체적으로 구상하는 것이 무엇보다 중요하다. 구체적인 사례개념화는 상담자가 상담 과정에서 만날 수 있는 장애를 예상하여 대처할 수 있도록 안내해 준다.

CHAPTER

06 청소년상담의 방법

1. 개인상담

1) 개인상담의 특징

상담에서 개인상담이란, 도움이 필요한 내담자가 전문적으로 교육과 훈련을 받은 상담자와 상담을 목적으로 만나 일대일의 신뢰 관계를 형성함으로써 내담자의 자기통찰을 통해 문제를 해결하도록 조력하는 과정이다. 이는 상담자와 내담자 두 사람 간의 상호작용을 통해 이루어진다.

개인상담은 처음부터 상담기법을 적용하기보다는 내담자에게 수용적이고 온화한 태도로서 관심을 나타내는 것이 중요하다.

2) 개인상담의 형태: 단기상담, 장기상담의 특징

(1) 단기상담의 특징

단기상담은 여러 가지 특징을 갖고 있다. 단기상담이라는 용어에서 알 수 있듯이, 가장 중요한 특징은 상담의 시작과 끝을 가능한 한 분명하게 설정하고 상담을 시작한다는 점이다. 주로 10회 내외의 회기를 단기상담의 기간으로 설정하는 경우가 많다. 이러한 시간의 제한성과 더불어 단기상담이 갖고 있는 여러 가지 특징을 간단하게 검토하면 다음과 같다.

- **상담 시간의 제한성:** 상담의 첫 회부터 내담자와 합의하여 다룰 수 있는 문제 영역과 상담 시간을 정하고 상담을 시작한다. 이 합의 과정을 통해서 내담자와 상담자는 상담의 종결을 염두에 두면서 상담을 진행하게 되며, 제한된 시간 안에 최대한의 효과를 거두기 위해 최선의 노력을 다하여야 한다.
- **상담 목표의 구체화:** 시간제한은 상담 목표의 구체화와 연결된다. 무한정 상담 시간이 주어지지 않기 때문에 정해진 상담 시간 안에 다룰 수 있도록 목표는 가능한 한 구체적인 형태로 진술되어야 한다.
- **문제 영역의 명료화:** 단기에 다룰 수 있는 상담 문제와 장기적으로 다루어야 할 상담 문제는 다를 수밖에 없다. 만성적인 성격문제나 대인관계 문제를 갖고 있는 내담자는 단기상담의 대상이 될 수 없다. 달성 가능한 작은 목표를 설정한다.
- **현재 중심의 상담 개입:** 제한된 시간 내에 문제를 다루어야 하므로 단기상담에서는 내담자의 과거사 및 과거 사건을 다루는 데 많은 시간을 배분하지 않는다. 오히려 내담자가 지금 현재 느끼고 있는 여러 가지 감정과 현재 하고 있는 행동들을 통해 이후의 행동 방향을 설정하는 데 상담의 초점을 맞추고자 노력한다.
- **상담자의 적극적이고 능동적인 역할 강조:** 단기상담에서는 상담자가 적극적으로 해석하고, 내담자를 지지하며, 내담자와 실천 계획을 수립하고, 과제를 수행해 갈 수 있도록 격려하는 능동적인 역할을 상당히 강조한다.
- **상담자와 내담자의 협력적 관계 구축:** 모든 상담에 있어서 상담 성과에 가장 큰 영향을 미치는 요인은 내담자와의 협력관계다. 특히나 단기상담은 내담자

의 적극적인 협조 또는 상담자와 내담자의 긍정적이고 협력적인 관계 형성이 중요하다.

- **해결중심 전략의 구상**: 단기상담은 문제의 원인이나 문제가 진행된 역사를 파악하고 분석하는 데 많은 노력을 기울이지 않는다. 오히려 더 중요한 것은 어떻게 해결할 것인가, 어떻게 대처할 것인가의 문제이다. 문제는 해결중심 대화를 통해서 그리고 실제 행동화를 통해서 다루어질 수 있으며, 이로써 해결의 단초들이 마련된다는 것이 단기상담의 특징이라 할 수 있다.

(2) 장기상담의 특징

장기적으로 시간을 여유 있게 두고 상담하는 방법으로 시간의 제한을 크게 두지 않기 때문에 내담자의 과거사 및 과거사건, 현재와 미래를 다루는데 많은 시간을 배분한다. 주로 만성적인 어려움을 갖고 있거나 장기적으로 상담이 필요한 내담자가 대상이 된다. 예를 들면, 성격과 관련된 문제는 단기간에 변화가 어렵기 때문에 장기상담으로 접근한다. 또한 청소년 학교상담의 경우 학교를 다니고 있는 기간 동안 발달 과정과 진로 등을 장기상담으로 접근할 수 있고, 아동을 대상으로 한 상담도 변화의 시간을 충분히 두고 한 학기, 1년과 같은 단위로 장기상담을 실시하는 것이 효과적이다. 장기상담의 특징은 다음과 같다.

- 가치 있고 의미 있는 관계를 지향한다. 오랜 기간 상담을 하기 때문에 서로의 관계가 가치 있고 의미 있는 관계를 지향하게 되며 보다 좋은 상담의 효과를 거둘 수 있다. 상담이란 내담자와 상담자의 관계를 중심으로 교육적인 도움을 주는 전문적 과정이기 때문이다.
- 정서와 감정이 명백하게 나타난다. 상담자는 상담 과정에 자신을 개방하고 내담자의 정서 또는 심리적 동기에 예민하게 반응한다. 상담에서는 개인의 주관적인 감정이 어떠한 것일지라도 개방하도록 하며 수용한다. 장기상담

에서는 충분한 시간을 가지고 내담자의 정서와 감정을 다루는 편이다.

- 인간의 통합성과 전체성을 강조한다. 정서적, 지적, 행동적 요인 중 특정 요인만을 강조하지 않으며 전체 속에서 균형 있게 다루도록 한다. 장기상담에서는 순차적으로 이러한 요인들을 다루어 나간다.
- 서로 동의에 의해 형성되고 유지되어야 한다. 장기간의 상담이 억지로 이루어진다면 내담자에겐 고통이 될 것이다. 모든 상담에서 자발성이 중요하지만 특히 장기상담은 자발성이 더욱 중요하며 외부의 강요나 강제에 의해 이루어지는 상담은 곤란하다.
- 의사소통과 상호작용을 통해서 이루어진다. 장기상담에서는 언어로 표현되는 내용도 중요하지만 표정과 제스처 같은 비언어적인 표현을 더욱 중시하며, 그에 함축된 무의식적 동기나 정서에 관심을 기울인다.
- 상담의 목표는 내담자의 장기적인 목표 설정과 변화이다. 사고나 신념의 변화, 불안의 감소, 증오심을 감소시키고, 행동을 긍정적으로 변화할 수 있도록 촉진한다.

3) 개인 상담의 과정

개인상담의 과정은 상담 준비부터 접수 면접, 초기 단계, 중기 단계, 상담의 종결과 추수지도 단계로 이루어진다. 이와 관련하여 본 책의 4장 상담의 과정에서 자세히 다루고 있다.

2. 집단상담

1) 집단상담의 특징

집단상담이란 비교적 정상적인 개인들이 모여서, 훈련받은 전문 상담자와 함께, 신뢰적이고 수용적인 분위기 속에서 역동적인 대인관계의 과정을 거치면서 한층 더 높은 자기이해와 자기탐색을 통해 개인성장을 이루는 방법을 말한다. 집당상담은 '한 사람의 상담자가 여러 명의 참여자를 대상으로 집단을 구성하고 그 참여자들의 역동적 상호작용을 활용하여 참여자 개개인의 문제를 해결하거나 성장·발달을 촉진시켜 나가는 과정을 다루는 것'(강기호·차호원, 1987; 이형득, 1992; Corey, 1981; George & Cristiane, 1981)으로 정의한다.

(1) 집단상담의 장점

① 경제적 측면

집단상담은 한 번의 집단상담을 통해 여러 명의 집단원(내담자)을 만날 수 있어 경제적이다. 집단상담자가 부족한 현실적인 상황을 고려하고, 일상생활에 큰 불편함을 주지 않는 문제해결을 목적으로 한다면 집단상담이 가지는 경제성은 매우 중요한 장점 중 하나다. 여러 사람이 상담 장면에 함께하기 때문에 반드시 상담자만 긍정적인 영향을 주는 것이 아니다. 집단상담에 참여하는 집단원들과 일대 다수의 주고받는 언어적 또는 비언어적 메시지를 통해서 다양한 정보수집, 사회적 경험, 사회적 기술 훈련과 연습을 할 수 있다.

② 경험적 측면

집단상담에 참여하는 집단원들은 다른 집단원들을 통해 다양한 현실적인 문제들을 경험한다. 예를 들어, 집단상담을 경험하는 동안 의사소통 문제, 의사결정 문제, 대인관계 문제 등을 집단상담 밖에서와 유사하게 경험할 수 있다. 그리고 그 문제 상황을 경험하면서 자신뿐만 아니라 다른 집단원도 유사한 어려움을 경험하고 있다는 점에서 위로를 받게 된다. 이런 점에서 집단원은 자신만 문제가 있는 사람이 아니라는 위로, 자신에 대한 보편적인 시각, 타인과의 동질감, 자신의 문제에 대해서 안도감 등을 경험하고 자신의 문제를 좀 더 객관적으로 볼 수 있는 계기와 문제해결의 의지를 가질 수 있다.

③ 심리적 측면

집단상담은 집단원이 스스로 대화 참여를 조절할 수 있으므로 심리적인 부담이 적다. 개인상담이 내담자를 중심으로 하여 상담자와 내담자 두 사람이 한 시간 동안 온전히 그 시간을 채워 나가는 것에 비해 집단상담에서는 아직 마음이 개방되지 않았거나 자신이 바라보기 힘든 문제나 이야기를 다룰 때 집단원 스스로 자신의 심리적인 개방 정도에 따라서 집단의 대화에 참여할 수도 있고, 반대로 자신을 스스로 보호하면서 물러나 있을 수도 있다. 또 집단원이 이야기에 참여하지 않고 물러나 있다고 해서 전혀 참여하지 않고 있는 것은 아니다. 비록 언어적인 표현은 하지 않지만 다른 사람의 이야기를 들으면 자신의 생각과 감정을 점검하고 정리할 수 있다. 그렇게 자신의 내면을 바라보고 정리하는 것만으로도 효과적으로 집단원을 변화시킨다.

④ 실천적 측면

집단상담은 참여하는 과정 동안 다양한 문제해결을 위한 시도 등을 할 수 있어 실천적이다. 집단상담은 여러 명의 다양한 개성을 가진 집단원으로 구성되어 있기 때문에 개인상담에서 경험하기 어려운 여러 가지 경험을 제공한다. 집단원을 구성하는 다수의 집단원은 나이, 성별, 성장배경, 흥미, 사회적·경제적 지위까지 차이가 많다. 즉 다양한 문화적 차이를 가진 집단원들이 모여 있으므로 외부에서 연습하기 어려운 대인관계의 기술이나 대화의 기법을 연습할 수 있다. 더군다나 신뢰하는 분위기가 형성된 집단이라면 집단원은 연습의 과정을 반복하면서 변화의 가능성을 경험할 수 있으며, 집단상담이 끝난 후의 실생활에 대해서도 자신감을 획득할 수 있어 효과적이다.

⑤ 기능적인 측면

집단상담은 상담 장면과 현실 문제를 이어주는 징검다리 역할을 한다.

집단상담은 모든 집단원에게 두렵고 떨리는 경험이다. 아마 자신의 문제를 타인에게 노출해야 한다는 부담감과 불안감 때문일 것이다. 하지만 집단상담에 참여한 경험과 집단상담 과정 중에 문제해결을 위한 다양한 시도는 자신의 문제나 현실 상황 등에 대해 이미지나 인식을 바꾸어 놓을 수 있다. 집단상담에 참여한 집단원은 상담에 대한 새로운 인식과 자신의 문제를 심층적으로 바라보고 좀 더 적극적으로 해결해 보고자 하는 실천적인 의지를 가질 수 있다. 따라서 집단상담은 현실 문제를 해결하기 위한 징검다리 역할을 한다.

(2) 집단의 단점

집단상담은 집단상담자나 집단원 모두에게 긍정적인 영향을 미치지만, 집단상담 역시 동전의 양면처럼 상담적인 접근으로서 한계점을 가질 수밖에 없다.

① 경제적 측면

집단상담은 경제적인 반면 개인의 문제가 충분히 다루어지지 않을 가능성이 있다. 일반적으로 집단상담은 개인의 문제를 깊이 다루기보다는 집단상담 전체의 목표를 두고 공통적인 문제해결을 위해 진행되는 경우가 많고, 한 집단원 개인의 문제에 대해 깊이 있게 탐색하거나 분석할 시간적인 여유가 없다. 그렇다 보니 한 사람에 대한 깊이 있는 탐색보다는 여러 사람이 가지고 있는 공통된 문제를 다루게 되어 개인에 대한 심층적 접근에 한계가 있다.

② 경험적 측면

집단원들이 집단상담에 적극적으로 참여하지 않고 집단상담 그 자체를 즐기는 경우가 생길 수 있다. 집단상담 과정 자체를 즐기는 집단원들은 자신의 내면을 탐색하고 자신의 문제를 해결하고자 하는 개인적인 목적을 가지지 못한 채 집단상담을 사람에 대해 관찰하는 공간으로 생각하거나 집단상담 자체를 경험하는 것이 목적이 되어 여러 집단을 경험하면서 집단상담의 경험을 남용한다. 그러한 과정에서 개인의 탐색과 성장보다는 집단상담자나 집단상담 프로그램에 대한 평가자가 되어버리는 경우가 발생하기도 한다.

③ 심리적 측면

집단상담은 집단원이 다른 집단원들로 하여금 대화에 참여하라는 압력을 받아 심리적 부담을 느끼게 할 수 있다. 아무도 압력을 주지 않더라도 본인 스스로 말하지 않고 집단을 경험하는 것에 대한 부담과 압박감을 경험할 수 있다.

④ 실천적 측면

집단상담은 다양한 개성을 가진 여러 명의 집단원이 모여 있기 때문에 개인상담에서 경험하기 어려운 여러 경험을 할 수 있는 대신 그것이 어려움이 될 수도 있다. 집단원은 대체로 편안하고 신뢰하는 분위기를 형성하기 위해 노력하지만 언제나 원하는 대로 이루어지는 것이 아니다. 너무나 개성이 다른 집단원이 모여 있거나 이들이 서로에게 부정적인 영향을 미치거나 또는 집단상담의 공동 목표달성을 위해 협조적이지 않을 경우 집단원은 집단원 간의 응집력을 경험하기 어려울 뿐 아니라 부정적인 상호교류로 인해 집단 상담의 진행 자체가 어려울 수 있다.

⑤ 기능적 측면

집단상담은 개인상담으로 이끄는 징검다리 역할을 하지만 모든 집단원에게 적용되는 것이 아니다. 집단원 중에서 지나치게 타인에 대한 적대감이나 의심이 많은 사람은 여러 사람과 함께 하는 집단상담이 어려울 수 있다. 그리고 심한 정서적 장애나 낮은 지능, 낮은 참여 동기를 가진 사람은 집단상담에 적합하지 않다. 이처럼 집단상담에 접합하지 않은 집단원이 포함된 집단상담의 경우 집단 전체가 원활하게 진행되지 않을 수 있다.

2) 집단상담의 형태

집단상담은 구조화의 정도에 따라서 구조화 집단과 비구조화 집단, 진행 중 개방 여부에 따라 개방집단과 폐쇄집단, 시간의 연속성에 따라 집중집단과 분산집단, 인구통계학적 배경에 따라 동질집단과 이질집단, 참여 동기에 따라 자발적 집단과 비자발적 집단으로 구분해 볼 수 있다.

(1) 구조화 정도에 따른 분류: 구조화 집단과 비구조화 집단

집단상담은 그 과정을 촉진하기 위해서 구조화되고 정형화된 프로그램이 사용되었는지 여부에 따라 구조화 집단과 비구조화 집단으로 나누어 볼 수 있다.

구조화 집단(structured groups)은 어떤 특정한 목표나 주제를 정해서 진행되는 집단상담으로 집단상담자가 상담의 과정, 내용, 절차, 활동 방법, 목표 등에 대해서 체계적인 구성과 주도성으로 집단을 이끌어 가는 형태다.

비구조화 집단(unstructured groups)은 집단상담의 목표는 설정되어 있지만 집단 과정과 내용, 활동 방법 등에 대해서 순차적으로 구성하지 않은 상태에서 집단원 간에 일어나는 상호작용에 초점을 두는 집단의 형태이다. 구조화 집단은 매 회기마다 무엇을 어떻게 할 것인지에 대한 회기별 활동이 체계적으로 조직되어 있는 데 반해 비구조화 집단에서는 회기별 활동은 구체적으로 고정되어 있지 않다. 비구조화 집단은 집단원에게 부담감과 애매모호함을 줄 수 있기 때문에 집단상담을 처음 경험하는 내담자는 구조화 집단상담을 먼저 경험한 후 비구조화 집단상담을 경험하는 것이 좋다. 그리고 비구조화 집단상담을 경험하기 전에 집단원에게 비구조화 집단의 특성, 목표, 집단규범 등에 대해 교육한 후에 비구조화 집단을 진행하도록 한다.

(2) 진행 중 개방 여부에 따른 분류: 개방집단과 폐쇄집단

집단의 진행 중 개방 여부에 따라 집단상담은 개방집단, 폐쇄집단으로 분류할 수 있다. 이때 개방은 집단상담 진행 중의 다른 집단원의 수용에 대한 개방 여부이다.

개방집단(open groups)은 이미 집단상담이 진행되었다 하더라도 집단이 허용하는 범위 내에서 새로운 집단원을 받아들이는 집단 형태를 말한다. 개방집단은 생소한 집단원의 참여로 좀 더 다양한 사람과 상호작용할 수 있는 기회가 증가하지만, 한꺼번에 너무 많은 집단원이 합류하거나 떠날 경우 집단상담 첫 회부터 형성해 두었던 집단의 응집력, 의사소통, 각 집단원들이 나눈 이야기 등에서 문제가 발생할 수 있다. 집단상담은 의사교류를 통한 문제해결이 큰 장점이므로 개방집단이 가지는 이러한 문제에 대해서는 반드시 사전에 고려되어야 하며, 집단상담자는 타인에 대한 개방 여부에 대하여 집단원들과 사전에 논의해야 한다. 집단상담자는 물론이고, 집단원들까지 개방집단의 불안정성을 극복할 수 있는 전략을 지니고 있어야 개방집단의 단점을 극복하고 긍정적으로 활용할 수 있다.

폐쇄집단(closed groups)은 집단상담이 시작될 때 참여했던 사람들로만 끝까지 운영되는 집단으로, 중도에 참여하지 못하는 집단원이 생기더라도 새로운 집단원을 받아들이지 않고 집단상담을 그대로 유지하는 집단의 형태다. 폐쇄집단은 집단상담의 회기 도중에 새로운 집단원이 참여할 수 없으므로 집단의 응집력과 진행 과정에 안정성이 높고, 상담 진행에서도 일관성을 유지할 수 있다.

(3) 시간적 연속성에 따른 분류: 집중집단과 분산집단

집단상담은 진행 시간을 연속적으로 하느냐의 여부에 따라 집중집단과 분산집단으로 나누어 볼 수 있다.

집중집단(focus groups)은 일정한 기간 동안 집중적으로 집단상담을 실시하는 형태다. 집중집단은 일상에서 벗어나 하루 중 많은 시간을 집단 상담에 할애하기 때문에 집단상담을 경험하는 데 몰입할 수 있고, 자신에 대한 탐색과 통찰에 집중할 수 있다.

분산집단(distributed groups)은 보통 1회 정도 일정한 시간을 정해 놓고, 미리 계획된 전체 회기가 마무리될 때까지 집단을 실시하는 형태를 말한다. 집중집단만큼 집단상담 경험 자체에 깊이 몰입하기는 어려울 수 있지만, 집단상담에 참여하고 난 후 나머지 일주일 동안은 일상생활 장면에서 집단상담에서 배운 것을 숙고해 보고 적용 또는 실천해 볼 수 있다는 장점이 있다.

(4) 인구통계학적 배경에 따른 분류: 동질집단과 이질집단

집단상담은 집단을 구성하는 집단원들의 인구통계학적 배경에 따라 동질집단과 이질집단으로 분류할 수 있다. 여기서 인구통계학적 배경이라는 것은 집단구성원들이 서로 공유할 수 있는 속성, 즉 나이, 성별, 전공, 사전경험 등이다. 이러한 공통된 경험의 유무는 집단원의 개방정도, 공감 수준, 집단에서 다루어지는 문제에 대한 관심 수준, 학습 내용의 다양성 등에 중요한 영향을 미칠 수 있기 때문에 집단상담에서 중요하게 취급된다.

서로 공통된 특질을 가지고 있는 집단을 동질집단(homogeneous groups)이라고 한다. 동질집단은 '고등학생들의 학습관련 집단', '학교폭력 피해자의 자존감향상 집단' 등을 예로 들 수 있으며, 이처럼 유사하거나 동일한 경험을 가진 집단원들은 집단상담을 통해 자신의 아픔과 상처를 쉽게 공개하고 공감할 수 있다.

이질집단(heterogeneous groups)은 참여 동기, 학력, 연령, 사전집단 경험유무, 개인적·경험적 배경 등이 서로 다른 집단원들과 구성된 집단을 말한다. 이질집단이라고 해서 동질집단에 비해 도움 되지 않거나 어려움이 있을 것이라고 생각해서는 안 된다. 일반적인 대인관계 향상을 위한 집단상담이라면, 성별, 연령, 경험이 서로 다른 집단원이 참여함으로써 다양한 인간관계에 대해 학습할 수 있을 것이다. 따라서 집단상담자는 집단상담을 계획할 때 집단상담의 목적을 분명히 설정하고, 그 목적을 달성하는 데 동질집단과 이질집단 중 어느 것이 더 적합할지 충분히 숙고해야 한다.

(5) 참여 동기에 따른 분류: 자발적 집단과 비자발적 집단

집단상담을 분류하는 또 하나의 기준은 집단구성원이 집단에 참여하는 동기가 자발적인가 그렇지 않은가에 따른 분류이다.

자발적 집단(voluntary groups)은 집단상담에 대한 안내나 홍보 등을 통해 본인이 참여하기를 스스로 희망하고 결정한 사람들로 구성된 집단이다. 자발적 집단은 집단원이 집단에 대한 동기와 필요를 가지고 있기 때문에 집단활동에 적극적으로 참여하고 자신의 성장과 발전을 위해 의미 있는 상호작용을 기대할 수 있다.

비자발적 집단(involuntary groups)은 자신의 생각이나 동기 없이 의무적으로 또는 타인의 요구나 필요에 의해 집단에 참여한 사람들로 구성된 집단이다.

(보호관찰 명령으로 참여한 사람) 비록 비자발적 집단이라 하더라도 집단상담자의 전문성과 다른 집단원과의 의미 있는 상호작용이 뒷받침된다면 집단상담 과정 중에 집단원들은 성장과 치유의 경험을 할 수 있으며, 참여 동기가 향상될 수 있다.

3) 집단상담 시 상담자의 태도와 자질

많은 집단상담 전문가들이 지적한 유능한 상담자가 집단상담 시 갖추어야 할 특징으로는 관심, 개방성, 융통성, 따뜻함, 정직성, 인내심, 객관성, 신뢰성, 능력, 민감성 등이 있다. 부가적으로 자신과 다른 사람을 위로하는 능력과 지도하는 노력에 대한 확신, 사람의 호감, 권위자의 입장에서 위로, 반응, 분위기, 다른 사람의 기분, 그리고 말의 조화를 맞출 수 있는 능력 등이 함께 거론된다. 효과적인 상담자의 특성에서 가장 중요한 것은 건전한 정신건강이다.

코리(Corey, 1995)와 얄롬(Yalom, 1996)은 상담자들은 개인적인 성장을 위해 노력할 것을 강하게 제안했다. 집단지도자가 지녀야 할 자질로는 다음과 같은 것이 있다.

(1) 많은 사람들과의 경험

유능한 상담자는 다양한 사람들과 많은 시간을 보내야 한다. 많은 사람들과의 경험을 통해 상담자는 집단원의 다양성을 이해하고 삶의 경험 범위를 넓힐 수 있는 기회를 가지게 된다.

효과적인 집단상담 시 상담자는 사람들과 함께하는 일반적인 경험뿐만 아니라 개인상담의 경험 또한 중요하다. 왜냐하면 집단을 이끄는 동안 어떤 종류의 상황이든 일어날 수 있고, 개인들과의 작업에서 다양한 경험들을 할 수 있으며, 개인과 집단이 연속성을 갖고 함께 작업하는 것이 더욱 용이하기 때문에 일대일 상담의 경험이 필요하다. 개인상담의 경험이 없이 집단상담을 이끄는 것은 매우 어렵다.

(2) 집단 경험

집단상담 기술을 발달시키는 데 있어서 연습과 경험은 매우 중요하다. 초보 상담자들은 각 집단에서 실수의 경험을 통해 배우면서 지나치게 자기 비판적이지 않아야 한다. 초보 상담자는 교육, 토론, 지지, 과제 집단을 이끄는 것으로, 그리고 4~5명의 적은 수의 집단원으로 구성된 집단으로 연습을 시작하는 것이 좋다. 잘 진행될 경우 집단원의 수를 증가시킬 수 있고, 친숙한 주제를 중심으로 한 성장집단을 지도해 볼 수 있다. 초보 상담자가 직접 성장집단을 지도하기 전에 숙련된 상담자가 인도하는 집단에 참여해 보고 나서 상담 또는 치료 집단을 시도하는 것도 좋은 방법이다.

(3) 계획과 조직 기술

효과적인 상담자는 훌륭한 계획자다. 그들은 집단을 흥미롭고 효과적으로 진행하고, 개인적으로 가치 있는 것을 한 회기에, 또는 일련의 회기에 포함시켜 계획할 수 있다. 토론, 교육, 과제 또는 성장집단을 이끌 때, 유능한 상담자는 핵심문제와 관련된 주제, 활동 그리고 이러한 주제에 관한 연습을 제공한다. 유능한 상담자는 주제가 발견되고, 주제에서 주제로 흐르듯 회기를 구성한다. 왜냐하면 계획은 효과적인 지도에 필수적이기 때문이다.

(4) 주제에 대한 지식

대부분의 경우 견문이 넓은 지도자가 정보가 부족한 지도자보다 상담자의 과제를 더 잘 수행할 수 있다. 상담자는 토론을 촉진하고, 문제를 명료화하며,

생각을 공유하도록 하는 데 정보가 필요하다. 상담자가 이해하지 못하는 주제에 관해 집단을 지도하는 것은 매우 불행한 일이다. 그러나 실제 그런 불행한 일이 종종 발생한다.

(5) 기본적인 인간관계의 갈등과 딜레마에 대한 충분한 이해

집단상담 시 상담자는 인간의 많은 문제와 다문화적인 문제를 다루는 것에 준비되어 있어야 한다(Corey, 1995; Newlon & Arciniego, 1992). 이것은 죄책감, 실패의 두려움, 자기가치, 부모, 분노, 사랑의 관계, 죽음의 발생과 같은 주제를 다루는 능력 등이다. 유능한 상담자는 이러한 문제를 이해하고, 이런 문제로 힘들어하는 사람을 도울 수 있는 방법을 알고 있다.

(6) 상담이론에 대한 충분한 이해

상담이론(정신분석치료, 인지치료, 실존치료, 합리적 정서적 행동치료, 교류분석, 현실치료, 아들러상담, 행동치료 등)은 상담자가 사람들이 살아가면서 집단에서 왜 그렇게 행동하는지, 사람이 무엇을 말하고 행하는지 이해할 수 있는 다양한 방법들을 제공한다.

4) 청소년 집단상담자의 태도와 자질

집단상담 시 상담자들의 공통적인 자질과 더불어 청소년 집단상담 시 상담자로서 요구되는 자질을 지니고 있어야 한다. 여기에는 청소년발달 및 심리에 대한 이해, 권위에 민감한 청소년에 대한 힘의 활용, 집단상담자의 효율적 운영을 위한 역할극 및 매체의 활용 능력, 상담에서의 개방 능력과 자기의 활용, 청소년들의 역설적 요구에 대한 부응 등이 요구된다.

(1) 청소년 발달 및 심리에 대한 이해

청소년 집단상담 시 상담자는 청소년의 발달적 특성을 잘 이해하고, 이를 집단 상담에 접목할 필요가 있다. 또한 청소년의 신체 발달, 인지 발달, 정체감 발달, 도덕성 발달, 관계적 특성 등에 대해서도 잘 알고 집단상담에 활용할 수 있어야 한다. 청소년 이해의 역량은 집단상담 시 상담자로서의 역량을 높이는데 매우 중요한 기여를 한다.

(2) 권위적이지 않는 힘

청소년들은 권위적이거나 일방적인 지시, 규범에 대해 상당한 반감을 가지고 있다. 많은 경우 청소년 집단원은 집단상담 시 상담자를 권위적인 대상에 대한 전이 감정을 가지고 대한다. 작업적 효과를 가져 올 수 있도록 청소년 집단상담 시 상담자들은 힘이 있으나 권위적이지 않은 힘을 사용하는 모델이 되어야 한다. 이는 집단원들로 하여금 집단상담 시 상담자를 존중할 기회를 제공하는 것이다.

(3) 역할극 및 다양한 매체 활용 능력

청소년을 대상으로 하는 집단상담은 언어적 상호작용에만 의존하여 운영하기보다는 역할극 및 다양한 매체를 활용하여 진행할 필요가 있다. 청소년들은 언어중심의 집단상담보다 구조적 활동 중에서도 몸을 활용하거나 다양한 매체 미술, 음악, 드라마 등을 활용한 집단상담에 더 몰입하는 경향이 있다. 역할극은 높은 관심을 지속시키고 집단원 다수를 참가시키며, '지금-여기'에 몰입하도록 하는 방식이다. 역할극을 통해 집단 원들은 문제해결력이 촉진되고, 감정의 정화와 어떻게 자신을 효과적으로 표현하는가를 배울 수 있다. 특히 청소년 집단상담 초기에는 집단상담 시 상담자의 활발한 개입과 구성이 필요하다. 따라서 청소년 집단상담 시 상담자들은 역할극이나 다양한 매체를 활용할 수 있는 능력을 적극적으로 개발할 필요가 있다.

(4) 상담에서의 개방 능력과 자기의 활용

집단상담 시 상담자가 자신의 경험과 생각을 적절히 개방하는 것은 청소년들과 좋은 관계를 맺는 데 도움이 될 수 있다. 청소년상담자가 자신은 상담자라는 이유로 청소년들과 다른 위치에 있는 경우 그 집단상담의 효과는 떨어질 가능성이 높다. 정직함과 직접적인 반응으로 집단원에게 개별적 신뢰를 얻고, 필요하다면 동등한 위치에서 자신을 개방할 수 있어야 한다.

(5) 역설적 요구에 대한 이해 및 부응

청소년기는 역설(paradox)의 시기다. 그들은 친밀감을 원하면서도 다른 한편으로는 두려워하기도 한다. 통제를 거부하면서도 지시나 조직적인 것을 원하기도 한다. 제한을 거부하고 시험해 보면서도 제한을 돌봄의 표시로 여긴다. 그들에게 완전한 독립이 주어지지 않음에도 불구하고 종종 성숙한 어른으로 행동하고자 한다. 그들은 무척 자기중심적이며 자기의식적이고 자신의 세계에 몰두해 있으나 자신의 지평을 넓힘으로써 자기 밖으로 나와 사회의 요구에 직면하기를 요구받는다. 미래를 생각하고 준비하느라 바쁜 한편, 현재에 충실하고 인생을 즐기고 싶은 강한 충동도 가지고 있다. 청소년기는 질풍노도의 시기이며 빠르게 변모하는 시기다. 또한 외로움과 고립감이 두드러지는 시기이기도 하다. 청소년 집단상담 시 상담자는 역설적인 청소년들의 요구에 대한 이해를 가지고 있어야 하며, 이에 대해 적절하게 부응할 수 있어야 한다.

5) 집단상담 과정

집단상담의 방법에는 초기-추이-작업 – 종결의 과정이 있다. 이에 대해 자세히 살펴보면 다음과 같다.

첫째, 초기 단계는 서로의 얼굴을 익히고 집단구조를 결정하며, 집단 참여자의 기대를 알아보는 탐색과 사회화의 시기라 할 수 있다. 이 단계의 중요한 과제로는 참여자들 간에 신뢰하고 수용하는 관계로 발전시키는 것이다. 이 단계에서 상담자가 결정해야 할 두 가지 문제가 있는데, 하나는 집단상담의 결과에 대하여 책임을 누가 질 것인가 하는 것이다. 이상적인 것은 상담자와 참여자 양쪽 입장의 균형을 찾는 것이다. 또 하나는 집단을 어느 정도로 구조화할 것인가 하는 것이다. 구조화는 참여자가 집단에서 어떻게 행동해야 될지를 몰라 당황스럽고 불안해하는 시작 단계에서 특히 중요하다.

둘째, 추이 단계(과도기적 단계)로 이 단계의 주요 과제로는 참여자가 집단에 참여하는 과정에서 일어나는 갈등, 저항, 방어, 망설임 등을 자각하고 정리하도록 도와주는 것이다.

셋째, 작업 단계는 집단상담의 가장 핵심이 되는 부분이다. 이 단계의 중요한 특징은 집단 참여자 개개인이 자신에게 의미 있는 문제들을 깊이 탐색하며, 높은 사기와 분명한 소속감을 갖게 되어 참여자들 간의 상호작용이 증가하게 된다.

넷째, 종결 단계로 참여자들은 집단경험을 통하여 그들의 성장을 평가해보고 미래의 목표를 형성하도록 격려한다. 여기서는 집단상담이 끝나가는 것에 대하여 참여자들의 느낌과 미해결 과제를 다루며, 참여자들에게 집단경험을 재검토해 볼 기회를 준다.

3. 비대면 상담

1) 비대면 상담의 특징

비대면 상담이란 면대면 상담이 아닌 이메일, SNS(Social network service), 홈페이지 게시판, 화상대화 등을 통해 가상공간에서 이루어지는 상담을 말한다. 최근에는 이동형 스마트폰과 노트북으로 사이버공간이 확장되면서 기기에 탑재되어 있는 카메라를 이용한 화상대화와 사진이나 문서 등 필요한 정보를 주고받으며, 속마음을 숨기거나 거르지 않고 있는 그대로 표현하며 상담을 할 수 있다는 장점이 있다.

직접 만나서 실시하는 면대면 상담과는 달리 시간과 공간의 제약을 극복할 수 있고 내담자에 대한 주도성을 향상시킬 수 있다. 또한 익명이 보장된 경우에는 내담자로서 부담을 갖지 않고 온라인상이라는 익숙하고 편리한 상황에서 쉽게 접촉하여 심적 교감이나 동질감, 친숙함을 빠르게 전달하고 느낄 수 있다. 하지만 컴퓨터 화면이나 모바일로 보이는 문자와 그림을 통해서만 내담자의 감정, 사고, 행동을 파악해야 한다는 점에서 제한적인 의사소통이 이루어질 수도 있다.

정보통신기술의 발전과 2020년 코로나 팬더믹 상황 이후 인터넷공간을 활용한 비대면상담은 지역과 거리의 한계를 넘어 각 영역별 전문가와 서비스를 받고자 하는 사람 간의 면밀한 상호작용이 이루어지고 있어 비대면 상담의 필요성은 앞으로 더욱 확대될 것으로 보인다.

따라서 비대면 상담이 가지는 특징을 살펴보고자 한다.

(1) 내담자의 익명성 보장

익명성은 자신의 신분을 노출하지 않으면서 상담자와 의사소통이 가능하게 해준다. 사람들은 대면 상황에서보다 컴퓨터를 이용할 때 더 개인적인 정보들을 많이 털어놓으며 불안할수록 자기 노출은 줄어든다. 즉 비대면 상담에서 내담자는 자신의 신분이 노출될 것이라는 부담감에서 벗어나 면접상담에서 밝히기 어려운 사적인 경험과 자신의 약점에 대해서 허심탄회하게 드러내 보일 수 있다, 또한 내담자가 쉽게 도움을 요청할 수 있는 이점이 있다. 대화명으로 구분되는 내담자와 상담자와의 관계는 지위, 연령, 외모 등 대인관계 커뮤니케이션에 영향을 미치는 요소들이 배제되어 평등하고 수평적인 관계가 형성된다.

(2) 비대면상담의 신속성

비대면 상담에서 내담자는 자신에게 도움이 절실하게 필요할 때 접속할 수 있고, 즉시 상담이 가능하다. 간접적이긴 하지만 게시판의 다른 사람들의 글이나 여러 정보들로 자기의 고민 해결의 실마리를 찾을 수 있으며 E-mail 상담의 경우 답장을 빠르게 받아볼 수 있는 장점이 있다. 게시판 상담은 상담자의 응답을 직접 들을 수 없지만 내담자가 필요한 순간에 자신의 문제들을 스스로 정리할 수 있는 시간이 될 수 있다.

비대면 상담에서는 상담을 원할 경우 특별한 절차 없이도 상담에 응할 수 있으며, 공간적으로 떨어져 있는 사람과 사람 사이의 거리를 신속하게 연결시켜 준다. 면대면 상담의 경우 내담자가 상담자에게 직접 찾아가 서류상의 절차와 상담을 위해 몇 시간을 기다려야 한다. 하지만 비대면 상담은 이동형인 스마트폰에 인터넷이 탑재되어 채팅상담, 실시간 문자상담 등 언제, 어디서나 신속하고 간편하게 자신의 문제해결을 위한 도움 등을 받을 수 있다.

(3) 비대면 상담의 경제성

비대면 상담은 약속을 하고 정해진 시간에 만날 필요가 없어서 방문에 따른 시간과 비용 등을 절감할 수 있다. 무료로 이용할 수 있는 코너가 많으며, 유료일 경우 면접상담보다는 비용이 저렴하다.

(4) 시·공간의 초월성

상담자와 내담자와의 면대면 상담에서 이루어지는 의사소통과 정보교환은 한정된 사람들과 한정된 시간에 한정된 장소에서만 이루어진다. 이와는 대조적으로 비대면 상담에서의 정보교환은 공간과 시간의 제약을 받지 않고 이루어지며 시간과 공간을 초월하여 내담자가 원하는 시간에 언제든지 상담에 참여할 수 있다. 비대면 상담에서는 거주공간에서 멀리 떨어진 치료실을 찾아가는 노력도 필요치 않으며, 치료실이 열릴 시간을 기다릴 필요도 없다. 서비스를 제공하는 상담 기관의 서버에 이상이 없다면 하루 24시간 어느 때에나 접속하여 자신에게 필요한 상담을 받을 수 있다. 현재 비대면상담은 스마트기기의 발달로 스마트폰에서 자유자재로 활용되는 수준에 이르렀으며 미래에는 다양한 매체의 발달로 지금보다 더 자연스러운 상담이 가능하게 될 것으로 예측된다.

(5) 편이성

상담자와 내담자가 통신이 가능하도록 하드웨어를 갖추고 있는 상태라면 오고 가는데 들이는 수고를 하지 않아도 상담이 가능하다. 특히 신체적으로 몸이 불편한 사람들의 경우 직접 방문하지 않아도 되며, 시간적 제약으로 상담실에 찾아오기 힘든 직장인이나 학생들 또한 상담이 용이하다.

(6) 내담자의 주도성 증진

비대면 상담에서는 청소년이 자발적으로 상담사이트에 접속하며 주도적으로 상담 과정에 참여하는 경향이 있다. 내담자가 문자를 통해서 익명으로 상담에 응하기 때문에 면대면 상담보다 더 많은 주도력과 통제력을 가지게 된다. 자신에 대한 정보를 선택적으로 공개할 수 있고, 언제든지 상담 진행을 중단해 버릴 수도 있다. 어떤 상담자가 하느냐보다 상담자가 제공하는 정보나 해결책에 관심을 갖기 때문에 특정 상담자에게 덜 의존적이다. 또한 상담자나 내담자가 가지는 사회적 지위와 기타 가치 판단적 요인들이 제거되고 오직 ID와 ID로 대화에 임하기 때문에 면대면 상담에 비하면 보다 동등한 상태에 처하게 된다. 이처럼 비대면상담에서 내담자는 주도적이고 능동적인 자세로 상담에 참여하는 것이 가능하다.

(7) 단회적 경향성

비대면상담은 면대면 상담처럼 정기적으로 상담이 진행될 수도 있지만 대부분 단회기로 끝나는 경우가 많다. 면대면 상담에서는 단기상담이라 해도 10회 정도를 이어가지만 비대면상담의 경우 이렇게 이어가는 것이 쉽지 않다. 보통 단회(1~2회)상담으로 끝나는 경우가 많다. 상담자는 짧은 시간 동안 내담자의 문제가 무엇인지 파악하고 내담자의 문제가 이 시간 안에서 다룰 수 있는 내용인지 아닌지를 판단해야 한다. 목표설정에 있어 적절한 한계를 정하고 그 시간 안에 다룰 수 있도록 문제를 구체화시켜 초점을 맞추지 않으면 내담자가 나열하는 여러 가시 문제들만 듣다가 끝나버릴 수도 있다. 비대면상담자는 한정된 시간 안에서 효과적인 상담이 되기 위해 상담 과정과 기법들을 모색해야 한다. 그리고 상담자가 기존에 가지고 있는 능력과 지식들을 가지고 즉각적으로 대처해야 한다.

(8) 사이버공간과 청소년

청소년기는 아동기에서 성인기로 옮겨가는 발달단계의 시기로, 부모의 전적인 돌봄을 받는 아동에게서 자립적인 성인으로 성장하기 위한 준비를 하는 시기이다(한상철 외 2004). 이 시기는 신체의 뚜렷한 변화와 함께 사고나 행동 그리고 사회적 관계까지도 커다란 변화를 경험하게 된다(강차연 외, 2010). 청소년기는 이러한 변화들을 통해 자신의 정체성을 형성해 나가며 책임 있는 역할을 감당할 수 있는 성인이 되기 위해 준비하는 단계이다. 그러나 사이버공간의 영향으로 청소년들은 새로운 방식으로 자신의 정체성을 탐색하고 형성하기 시작하였다(황상민, 2001). 청소년들은 사이버공간에서 다양한 활동들을 하며 많은 시간을 보내게 되면서 사이버공간이 청소년들에게는 현실공간과 다름없는 공간이 되어 가고 있다.

술러(Suler, 1996)는 청소년들이 사이버공간을 찾는 이유를 4가지로 설명하고 있다. 첫째는 자아정체성을 탐색하고 실험하기 위해 많은 경험을 할 수 있기 때문이며, 둘째는 사이버공간에서 많은 사람들을 만나고 관계하며 친밀감과 소속감을 형성할 수 있으며, 셋째는 부모로부터 독립하려는 청소년들의 욕구를 사이버공간을 통해서 집안에서도 해결할 수 있다. 넷째는 청소년들이 경험하는 다양한 좌절감을 익명성을 통해 분출할 수 있는 장소이기 때문이라고 설명했다. 즉, 사이버공간에서 청소년들은 익명성으로 좌절감의 분출이라는 부정적인 측면과 자아정체성을 탐색하고 친밀감과 소속감을 형성하는 긍정적인 측면을 함께 경험한다고 볼 수 있다.

2) 비대면 상담의 형태

비대면 상담 서비스의 종류에는 실시간 상담서비스인 채팅상담과 화상상담, 비실시간 서비스상담인 이메일 상담, 게시판상담, 데이터베이스, 심리검사, 상담카페, 온라인 지지그룹 등이 있다.

(1) 채팅상담(Chat-Room Counseling)

면대면 상담에서 상담자와 내담자가 나누는 일대일의 대화방식을 사이버매체에 그대로 옮기려는 시도에서 나온 방법이다. 상담이 실시간으로 진행되면 상담자와 내담자가 동시에 접속하고 있다는 점에서 면대면 상담의 시간 개념과 같다. 하지만 상담자와 내담자가 서로에 대하여 시각적인 단서를 확보하지 못한 상태에서 상담이 이루어지기 때문에 문자중심의 상담이 이루어져야 하는 특성이 있다.

내담자의 표정, 음성, 제스처 등 비언어적인 단서 확보가 어렵기 때문에 비대면 상담이 갖는 제한적 의사소통 채널이라는 단점을 채팅상담에서도 갖게 된다. 따라서 내담자에 대한 전체적인 진단과 심층적인 이해, 내담자 진술 등에 있어서의 현실성 여부를 판단하는 데는 어려움이 따른다.

(2) 화상상담(Video Counseling)

화상상담은 컴퓨터 화면을 통해 상대방의 모습을 보며 음성메시지를 나눌 수 있도록 기능을 첨가한 상담방법이다. 비대면 상담이 문자나 SNS상에서 텍스트로 이루어졌을 때 내담자의 얼굴이나 표정을 읽지 못한다는 단점이 있었으나 화상상담은 화상카메라를 통해 내담자의 얼굴표정과 움직임, 비언어적 요소까지 상담할 수 있는 일이 가능해졌다. 공간적 제약을 벗어나서 실시간으로 상담이 이루어질 수 있으며 내담자의 자발적인 상담의지를 높일 수 있고, 화상을 통한 감정교류도 기대할 수 있어 시시각각 변화하는 상담환경에 화상상담의 활용도는 더욱 커질 것으로 보인다.

하지만 상담사들은 화상상담에 대한 경험 부족에서 오는 자기 의심과 불안,

기술적 부분에서의 걱정, 치료적 관계에 대한 어려움 등이 있으며, 온라인 플랫폼과 관련된 기술적 어려움, 화상상담 중 주의가 산만해지는 어려움, 상담사가 내담자와 정서적 연결감이 덜 하다는 느낌, 내담자의 감정을 읽는 것에 대한 어려움, 내담자에 대해 공감을 느끼거나 표현하는 데에 어려움 등을 경험하고 있어 이에 대한 훈련과 보완·개선이 필요할 것이다.

(3) 이메일 상담(E-mail Counseling)

이메일 상담은 기존의 편지상담 방식을 사이버매체에 옮겨 놓은 것이다. 이메일 상담은 주로 내담자가 자신의 어려움에 대하여 호소하는 내용의 메일을 사이버상담실로 보내는 것으로 이루어진다. 회원제로 이루어지는 사이트에서는 내담자가 자신의 신분을 회원가입 시 남겨놓으면 상담자가 내담자의 실명과 기본적인 인적사항을 확보한 상태에서 이메일 상담을 시작할 수 있다. 다른 사람에게 상담 내용이 공개되는 것이 불편한 내담자가 비밀이 보장되는 상황에서 이용할 수 있는 상담으로 상담자와 내담자는 일대일 관계에서 개인적인 내용의 상담이 이루어질 수 있어 한 회기로 끝나는 것이 아니라 몇 회기에 걸쳐서 상담이 이루어지기도 한다.

(4) 게시판 상담(Bulletin Counseling)

게시판 상담은 자신의 고민을 사이트 게시판에 올려놓으면 상담자와 여러 이용자들이 보고 답변할 수 있는 상담 메뉴다. 게시판 상담은 내담자가 답변 요청의 글을 올리면, 상담자가 대답을 해주는 형식으로 이메일 상담과 유사하다. 그러나 공개 게시판의 내용을 남들이 볼 수 있다는 점에서 차이가 있으며, 여러 사람이 함께 보는 것을 전제로 하는 메뉴이기 때문에 여러 사람들의 피드백을 받을 수 있다는 장점이 있다. 게시판에 글을 올리는 내담자는 상담자의 답 글

이외에도 이곳을 이용하는 다른 방문자로부터 자신의 문제에 대한 답 글을 듣게 됨으로써 자신의 문제가 다른 사람과 공유되고 관심 받고 있다는 느낌을 가질 수 있다. 게시판 상담은 이메일을 작성하듯이 간단한 절차만 거치면 되고 상담실 운영시간에 구애받지 않기 때문에 많이 이용되고 있다. 내담자는 자신의 신분을 밝히지 않은 채 많은 여러 사람들의 조언이나 정보를 얻어갈 수 있다.

(5) 데이터베이스(Data Base Counseling)

데이터베이스 프로그램은 IP(Information Provider)나 CP(Contents Provider)가 가지고 있는 문서나 프로그램 등과 같은 유용한 자료들을 많은 다른 이용자들과 공유할 수 있게 해주는 서비스다. 일종의 게시판 형식이며, 자료를 작성하는 사람이 상담 운영진이고 내담자의 글에 대한 대응이 아니라 특정 내담자의 직접적인 요청을 받지 않은 상태에서 상담 운영진의 판단에 의해 필요하다고 생각되는 자료를 제공하므로 게시판 상담과 다르다.

상담에 관련된 자료를 문자, 음성, 그래픽 또는 동영상을 사용하여 제작하고 상담사이트에 올려놓으면 여러 사람들이 동시에 시간적 공간적 제약을 받지 않고 사용할 수 있다. 데이터베이스 프로그램으로 인해 상담자가 근무하지 않는 시간이라 하더라도 내담자는 상담사이트를 방문하여 자신에게 도움이 되는 정보나 상담자료를 접할 수 있다.

(6) 심리검사

사이버공간에서 체계적인 심리검사가 이루어지면 상담자와 내담자 모두에게 많은 도움이 될 것이다. 사이버공간에서의 심리검사는 경제적이고 편리하고 객관적이라는 장점을 가질 수 있다. 검사받는 사람이 원하는 시간과 장소에서 편리하게 검사를 받을 수 있으며, 심리검사의 분석과 판독도 전산화하면 결과를 바로 알 수 있기 때문에 신속하고 효율적일 수 있다. 예를 들어 한국 고용정보원에서 운영하는 워크넷(www.work.go.kr)에서는 진로 관련 심리검사를 무료로 제공하면서 심리검사의 기술적 특성에 대한 전문적인 보고를 함께하고 있다. 워크넷의 심리검사의 대상은 청소년과 성인이다. 심리검사 결과보고를 개인별 프로파일과 함께 제공하고 있으며, 검사 해석에 필요한 주의사항들도 함께 제시해 주고 있다. 검사결과를 출력할 수도 있고 개인별로 워크넷 서버에 장기적으로 저장할 수도 있다.

(7) 상담카페와 온라인 지지그룹

최근 사이버카페 중심의 동호회 운영이 활발히 진행 중이다. 상담주제별로 카페를 운영하는 것은 내담자들의 소속감을 증진시키며, 유사한 경험을 가진 사람들과의 해결 방식의 노하우 교환 또는 집단원 간의 응집력 확보에 유리할 것으로 예상된다. 카페 운영은 참가자들의 자발적인 모임을 전제로 한다. 공통의 관심사를 지속적으로 찾아가며 운영하도록 전문가나 성인이 관여를 하지 않는 것을 원칙으로 한다. 그러나 청소년이 모이는 상담카페의 경우 모임의 성격이 변질되지 않도록 게시판 상담에서처럼 정기적인 점검이 필요하다.

3) 비대면 상담의 과정

(1) 환영하기

비대면 상담에서 가장 처음으로 진행해야 할 단계는 서로 간의 관계를 형성하는 단계이다. 내담자 자신이 '환영 받는다'라는 느낌과 상담자가 자신을 도와줄 전문적·인간적 자질이 있음을 느끼게 되면 기본적인 신뢰가 형성된다고 보아도 좋다. 또한 비대면 상담을 요청하는 내담자는 자발적 내담자이기 때문에 자신의 변화를 찾으려는 적극적이고 용기 있는 마음을 충분히 격려해 주며 지지해 줄 필요가 있다. 그리고 비대면 상담 사이트의 디자인은 아기자기하고 포근하게 구성하는 것이 좋고, 상담 사이트에서 업무하는 전문상담인력에 대한 소개를 충분히 하는 것이 필요하다. 내담자는 상담을 요청하기에 앞서 사이트를 자세히 살펴보기 때문에 상담 시작 전에 사이트에 대한 느낌도 관계 형성에 중요한 역할을 하게 된다.

(2) 문제의 명료화

내담자들은 어려움을 느껴 상담을 요청할 때에는 대부분 혼란스러운 상태로 온다. 자신이 도움이 필요하다는 것을 막연히 인식할 뿐 어떠한 도움을 받아야 할지를 모르는 경우가 많다. 그리고 자신의 문제를 구체적으로 파악하지 못하고 호소하는 내용이 분명하지 못하며, 내용도 명확하지 않고 산만하게 말하는 경우가 많다. 그러므로 내담자의 호소 내용을 들으면서 초점을 명확히 하는 작업이 필요하다. 이때 상담자는 내담자의 문제를 구체적이며 해결 가능한 형태로 제시하는 것이 상담을 풀어가는 데 유익하다.

(3) 공감

비대면 상담에서 상담자는 내담자의 편지나 이야기를 잘 보고 들으며 내담자의 핵심감정을 알아차린 후 정확하고 적절한 공감 반응을 할 수 있어야 한다. 또한 상담자가 글로써 자신의 이야기를 올리다 보면 공감해 주어야 할 적절한 시점을 놓치기 쉽다. 상담자는 내담자의 글이 올라오는 틈틈이 반응을 해주는 것이 필요하며 '음', '네' 등의 간단한 반응을 통해 내담자의 호소 내용을 이해하고 있음을 표현해야 한다. 내담자가 이메일을 보내기까지 얼마나 많은 고민과 심리적 고통을 경험했는지를 공감하고 문제를 잘 해결하기 위해 상담이라는 방법을 선택하고 실천에 옮긴 성장 동기까지 격려해 준다.

(4) 상담 목표 설정

비대면 상담은 단회기로 진행되는 경우가 대부분이다. 상담자는 상담 내용을 꼼꼼하게 분석하여 내담자의 기대가 무엇인지 파악해 내야 적절한 상담 목표를 설정할 수 있다. 상담 목표를 설정하지 않으면 내담자는 상담자의 조언으로 받아들이는 수동적인 입장이 될 수 있다. 그렇기 때문에 메일에서 단회기로 상담이 끝날 수 있음을 항상 염두에 두고 상담 목표를 구체적이고 명확하고 세분화하는 것이 좋으며, 한 번의 메일로 다룰 수 있을 정도의 상담 목표를 찾아내어 다루는 것이 적절해 보인다. 그래야 상담 과정이 목표를 달성하는 쪽으로 더욱 집중될 가능성이 높아진다. 내담자는 채팅상담을 통해 문제를 해결하기보다는 친숙한 채팅이라는 소통매체를 통해 자신의 혼란스러운 마음을 이야기하기 위해 방문하는 경우도 있다. 따라서 문제해결보다 자신의 이야기를 털어놓기 위해 사이트를 방문하는 내담자와의 상담 방법에 익숙해질 필요도 있다.

(5) 정보제공

정보제공은 내담자가 궁금해 하는 상황에 대하여 정확하고 객관적인 정보를 제공하는 것을 말한다. 비대면 상담에서 내담자들의 정보요청이 가장 많은 상담의 영역은 성상담과 진로상담이다. 성상담의 경우 피임방법, 가임기간, 성병 등에 대한 정보들이 많이 요청되며, 진로상담의 경우 진학정보, 검정고시정보, 자격정보, 직업훈련정보, 취업정보 등을 요청하는 경우가 많이 있다. 경우에 따라서 정보제공을 통해 내담자와 관계 형성이 강화되기도 한다. 얼굴을 마주하며 묻는 것 자체가 어려웠던 질문을 비대면 상담에서는 익명성으로 인하여 편안하게 물어볼 수 있고, 친절한 정보제공 서비스를 받게 되면 내담자는 상담자에 대한 신뢰와 호감도가 높아질 수 있다. 내담자가 원하는 정보를 충분히 제공하고 그 정보를 선택할 수 있는 결정권도 내담자에게 있다는 것을 분명히 전달하는 것이 효과적이다.

(6) 추가정보 탐색 방법 안내

모든 사례에 대하여 한 회기의 상담으로 내담자가 원하는 정보를 완벽하게 제공하는 것은 무리가 따른다. 상담자에게 받은 응답 내용에 대하여 추가적인 질문이 유발되는 경우도 종종 있다. 상담이 한 회기로 끝날 수 없다고 판단되거나 내담자 스스로 추가정보 탐색이 필요가 있다고 여겨질 때에는 추가정보를 탐색하는 방법에 대하여 알려주는 것이 좋다. 내담자에게 필요한 정보들을 어디에서 어떻게 찾을 수 있는지를 구체적으로 알려주어야 한다.

(7) 결론

내담자는 문제에 정서적으로 휘말려 있는 상태에서 자신의 문제에 대하여 이해와 판단이 흐려질 수 있다. 자신의 사고나 행동방식을 바꾸지 않으려 하며, 문제를 다양한 각도에서 분석하는 유연성이 줄어든 상태일 수 있다. 결론 부분에서 전문가로서 느낀 점과 생각하는 점 등을 상담자가 정리해 준다면 내담자는 대안적인 행동과 인지양식을 첨가시켜 주는 효과를 얻게 될 것으로 기대된다. 이때는 결론을 너무 지시적인 언어로 전달하기보다는 내담자의 주위를 환기시키는 정도의 부드러운 언어로 전달하는 것이 중요하다.

(8) 끝인사

끝인사에서는 내담자가 다음에 또 도움을 요청하고 싶은 마음이 들도록, 진심으로 환영과 배려를 받았다는 느낌을 갖도록 친절하게 하는 것이 중요하다.

활동하기

1. 청소년 영화 '완득이'를 보고 청소년상담의 접근방법과 상담자의 자세 등에 대해 토의해 봅니다.

2. 칭찬 세례 활동(준비물: A4 용지, 필기구)
   - 2인 1조가 되어 상대방의 얼굴을 자세히 보도록 한다.
   - 상대방의 얼굴을 종이를 보지 않고 그린다.
   - 얼굴 그림 밑에 자신이 상대방에게 느낀 긍정적인 이미지를 적고 돌려준다.

3. 공통점 찾기
   - 2인 1조가 되어 서로의 공통점을 찾은 후 표현해 본다.
   - 4명이 1조가 되어 공통점을 찾고 돌아가면서 표현해 본다.
   - 8명, 16명 등으로 그룹원들을 확장하여 공통점을 찾고 표현해 본다.

03 PART

청소년상담 관련 이론

CHAPTER

07 정신분석상담

20세기 초반에 인간 정신을 탐구하는 일에 가장 큰 공헌자는 프로이트(Freud)이다. 그의 사고는 정신분석이론의 기초가 되었으며 과거에 이해할 수 없었던 인간에 대한 많은 문제들을 자신의 정신분석이론에서 밝혀냄으로써 인간 이해에 대한 새로운 장을 열었다. 프로이트(Freud)이전의 심리학은 의식적인 차원에서 환경 접촉에 대한 인간의 경험들에 관심을 두었기 때문에 증명될 수 없는 무의식은 과학적인 분석을 할 수 있는 대상이 아니라고 생각했다.

따라서 인간의 행동이나 감정들은 의식적인 차원에서 연구되어 왔으며 자아는 합리적이고 자율성을 가진다고 가정하였다. 하지만 프로이트(Freud)는 히스테리 환자를 대상으로 치료하는 과정에서 인간의 본성이 항상 합리적인 수준에서 행동하는 것이 아니라 의식의 세계에서는 인식할 수 없는 어떤 존재가 인간의 행동이나 감정들에 영향을 미친다는 것을 알게 되었다(Gerrig, 2015).

즉 인간의 외적인 행동이나 감정, 생각은 의식적인 차원에서 이루어지는 것이 아니라 정신 내적인 원인에 의해 결정된다고 보았고 이를 무의식이라고 하였다. 또한 무의식은 현재의 사고나 행동이 현 상황에 의해 일어난 것이 아니라 과거에 여러 가지 사건으로 경험했던 것에 의해 결정된다고 보았다. 이러한 과거 경험들 중에서 프로이트(Freud)는 출생 이후 6세까지의 경험들이 무의식을 형성하고, 행동은 무의식에 잠재되어 있는 생물학적 충동과 본능을 만족시키려고 하는 욕망에 의해 동기화된다고 하였다. 즉 보이지 않는 무의식이라는 힘과 본능적인 욕망을 충족시키려는 욕구에 의해 동기화되고 운명이 결정된다는 결정론을 주장하였다.

이러한 이론은 심리학에 있어 새로운 장을 열었고 20세기의 경제 및 각 방면의 의식적인 측면에서도 지대한 영향을 미쳤다. 하지만 심리학자들은 인간 행동이 성적 추동과 공격적 충동에 의해 일어난다는 데에 대한 반발로 정신분석을 발전시키거나 다른 이론들을 형성하였다.

1. 인간관

프로이트(Freud)는 인간은 생물학적 존재로서 비합리적이고 무의식에 의해 동기화된다고 하였다. 무의식은 욕망의 차원으로서 합리적으로 이해를 하거나 통제를 할 수 있는 영역이 아니며 우리의 삶을 지배한다고 하였다. 이러한 무의식은 정신적 에너지의 산물인 본능적 충동의 표현들로 형성되었으며 본능적 충동을 저지하면 억압이 된다. 이렇게 억압된 본능적인 충동들은 콤플렉스가 되어 신경증으로 발전된다고 보았다. 따라서 인간의 심리적 문제를 무의식적인 욕구들의 충돌로 보았으며 행동이나 감정, 인식들이 개인 내적인 욕구와 사회적인 욕구를 표출하며 조화와 부조화의 갈등을 일으키는 것으로 판단하였다. 프로이트(Freud)는 성인 이후에도 초기발달단계에서 억압된 무의식이 갈등의 뿌리가 된다고 하여 인간을 갈등의 존재로 보았다.

2. 주요 개념

1) 정신구조

프로이트(Freud)는 지형학적 모델을 정신구조에 적용하여 가장 밑바닥의 전혀 인식할 수 없는 넓은 부분을 무의식, 생각하면 인식할 수 있는 부분을 전의식, 눈으로 볼 수 있는 부분을 의식이라고 하였다.

(1) 의식

의식은 현재 지각하는 감각, 느낌, 생각 등 인식하는 모든 것을 말한다. 의식은 인간의 정신세계의 작은 부분에 지나지 않으며 한 개인이 각성하고 있는 감정이나 행동을 말한다. 따라서 생리적인 욕구나 심리적인 욕구가 생기거나 바깥세상에서 자극이 주어지면 순간적으로만 집중되었다가 새로운 욕구가 생겨 다른 곳으로 의식을 바꾸면 전의식이나 무의식으로 사라지는 특성이 있다.

(2) 전의식

전의식은 평상시에는 의식되는 부분이 아니지만 의식하려고 조금만 노력하게 되면 의식으로 떠오르는 이용 가능한 영역이다. 의식과 무의식을 포함하고 있으며 기억을 떠올릴 수 있는 실마리만 주어지면 기억되어 정보를 가져온다. 예를 들면 전화번호나 생년월일, 친구 이름, 옛날에 살던 집, 어릴 때 살던 동네 이름 등이다. 따라서 전의식은 정신세계에서 무의식과 의식을 연결하는 다리 역할을 한다.

(3) 무의식

무의식은 가장 크고 깊은 심층에 잠재하여 이해하기 어렵고 강력한 부분으로 인간의 생각이나 행동 등 모든 것을 통제하는 힘을 가지고 있다. 따라서 인간행동의 동기로 가장 중요한 역할을 한다. 무의식은 성장하면서 경험한 감정과 억압된 경험들의 저장고로서 개인이 자신에 대해 스스로 지각할 수 없는 부분이며 성격의 본능적인 부분을 포함한다. 프로이트(Freud)는 심리치료의 가장 중요한 부분이 이러한 무의식 세계를 이해하고 인간행동의 무의식적 동기를 의식화하는 것이며 정신분석 상담의 치료목표라고 했다. 무의식은 꿈이나 환상, 실수 등으로 그 내용이 위장되고 상징화되어 나타나기 때문에 꿈 분석이나 자유연상 등으로 파악이 가능하다.

2) 성격 구조

프로이트(Freud)는 인간의 성격이 고유의 기능과 요소를 가진 원초아(id), 자아(ego) 및 초자아(superego)로 구성되어 이 세 요소 간의 상호작용에 의해 행동이 결정된다고 하였다. 자아는 의식의 모든 구조 속에 있지만 초자아와 원초아는 무의식에 포함되어 있다. 원초아는 생물학적인 요소, 자아는 심리적인 요소, 초자아는 사회적인 요소의 성격을 띠고 있다. 프로이트(Freud)는 인간은 일정한 양의 정신 에너지를 가지고 있으며 원초아, 자아, 초자아에 분배되고 정신 에너지가 분배되는 양에 의해 행동을 결정하는 에너지체계로 성격 구조를 이해했다. 즉 원초아에 에너지가 집중되면 본능적인 욕구를 해소하려는 행동을 하며, 자아에 에너지가 집중되면 현실적인 행동을 하고, 초자아에 에너지가 집중되면 도덕적인 행동을 보인다. 에너지는 고정되어 분배되는 것이 아니라 개인의 심적 상태나 상황, 환경 등에 따라 유동성을 가진다. 따라서 성격의 세 구성요소는 서로 간의 균형을 이루기 위해 끊임없는 노력을 하게 되는데,

이는 성격 발달에 중요한 요인이 된다.

(1) 원초아

출생 시 신생아가 지닌 최초의 상태로 심리적 에너지의 근원을 원초아(id)라고 한다. 원초아는 쾌락의 원리에 의해 지배받으며 모든 에너지의 근원이며 삶의 본능(성적본능, libido)과 죽음의 본능을 가지고 있다. 삶의 본능은 생물학적인 욕구를 충족시키고 인간이 생존할 수 있도록 성장하고 발달하게 한다. 죽음의 본능은 맹목적이고 원시적이며 고집스럽고 공격적인 욕구에 따라 행동한다. 일차과정에서 지배되는 원초아는 본능적인 욕구나 충동을 직접적으로 표현한다. 쾌락을 얻고자하는 욕망은 상황이나 결과를 고려하지 않고 욕구나 충동을 즉각적으로 충족하여 고통에서 벗어나 즐거움과 만족을 얻으려고 한다.

(2) 자아

원초아가 주관적 현실을 다루는 일차과정이었다면 자아는 현실적으로 외부환경과 접촉하며 발달하는 2차 과정의 성격 체계이다. 개인은 참된 만족을 얻기 위해서는 현실적인 접촉이 있어야 하고 이런 접촉으로 2차 과정인 자아가 형성된다. 자아는 현실원리를 따르며 원초아와 초자아를 조종하는 조종자 역할을 하고 욕구충족을 위해 논리적이고 합리적인 계획을 수립하는 역할을 한다. 이러한 자아가 힘을 가지면 주관적인 욕구와 외부의 현실을 구별할 줄 아는 현실검증의 능력을 가질 수 있지만 힘을 가지지 못하면 조정자 역할을 하지 못하고 갈등을 일으킨다. 그러므로 자아가 잘 발달하면 외부세계와 원활하게 상호작용하며 초자아와 원초아의 요구를 균형 있게 조정하여 욕구를 충족시킨다. 이렇게 성숙한 자아는 스스로 힘을 가지고 있으며, 원초아로부터는 에너지를 얻고 초자아에게 도덕적인 양심을 느끼지 않으면서 합리적이고 현실적인 목표를 수립할 수 있다.

(3) 초자아

초자아(superego)는 성격의 마지막 요소로 부모의 도덕적인 가치를 구체화하는 것이다. 초자아는 옳고 그름을 결정하고 쾌락보다는 도덕성을, 현실보다는 이상을 따른다. 도덕 원리를 따르는 초자아는 비도덕적인 원초아의 욕구를 지연하는 것이 아니고 완전히 금지하고 도덕적으로 행동하도록 강요한다. 또한 자아의 현실원리를 넘어 개인의 행동 및 사고 등의 행위에서 완벽을 추구하는 기능을 한다. 초자아의 도덕적 가치는 부모로부터 학습한 사회적 기준에 의해 심리적 보상과 처벌을 받으면서 내면화하게 된다. 내면화된 초자아는 두 개의 하위체계로 나뉘는데 하나는 보상이고 다른 하나는 처벌이다. 아동은 부모가 옳다고 생각하는 것을 행동함으로써 사랑을 얻으려고 하고 부모가 잘못이라고 하는 것을 하지 않음으로 처벌을 피하려고 한다. 부모가 승인하지 않은 행동을 하게 되면 처벌을 받게 되고 이는 양심으로 통합되어 나쁜 행위나 생각이 죄책감을 느끼게 만들어 스스로 벌을 가하게 한다. 초자아가 너무 강하면 엄격한 도덕적 양식에 갇히게 되어 개인을 위축시켜 행동에 많은 어려움을 겪게 된다.

정신분석적 관점에서 건강한 성격은 정신 에너지가 균형 있게 분배되어 세 가지 성격 요소가 균형을 이루어 활용되는 상태라고 할 수 있다. 이러한 상태에서 인간은 건강하게 성장할 수 있으며 정신건강이 바람직하게 유지될 수 있다. 그러나 대부분의 경우 성격 요소들은 서로 갈등하며 충돌하게 된다. 자아가 건강하지 못할 경우 성격의 세 가지 요소는 서로 충돌하고 갈등하면서 균형을 이루지 못해 불안이나 죄의식이 발생하게 된다고 본다.

3) 불안

프로이트(Freud)는 초자아, 자아, 원초아가 균형을 이루지 못하고 충돌과 갈등을 일으키면 불안이 발생된다고 하였다. 자아의 능력은 정서적 균형을 이루면서 삶을 영위하게 하고 욕구를 충족해 나가는 과정에서 발생하는 많은 압력을 대처할 수 있게 한다. 이러한 자아의 힘이 약하면 원초아, 자아, 초자아 사이의 갈등을 통제할 수 없게 되고 이때 불안이 발생하게 된다. 불안은 초자아나 원초아가 자아에게 위험을 알리는 신호로 위험한 상황이니 적절하게 대처하라는 경고라고 할 수 있다. 이러한 신호가 감지되면 자아는 위험 상황에 대처하기 위해 수단을 강구하게 된다. 따라서 불안은 인간의 내, 외적으로 발생하는 위험을 알려주기 위해 고통을 줌으로써 적절한 방법으로 제거할 수 있도록 한다. 이렇게 위험에서 벗어날 수 있게 해주고 편안한 기분으로 돌아가게 해주기 때문에 불안은 생존에 중요한 기능을 한다고 할 수 있다. 하지만 이러한 위험을 제거하지 않으면 불안은 위험한 요소가 된다. 프로이트(Freud)는 불안이 발생하는 원천에 따라 세 가지 종류, 즉 현실적 불안, 도덕적 불안, 신경증적 불안으로 분류했다(노안영 · 강영신, 2006). 이 세 가지 불안은 모두 불쾌한 감정을 지니고 있는데 신경증적 불안과 도덕적 불안은 인간 내부에 원인이 있고 현실적 불안은 외부에 원인이 있다고 하였다.

(1) 현실 불안

현실 불안은 자아가 위험한 상황을 알아차리고 처리하려고 할 때 발생하며 실제 존재하는 외부의 위협에 따른 지각 반응이다. 객관적 불안이라고 하며, 불안의 원인이 외부에 있고 공포와 비슷한 특징을 가진다. 어두운 골목에 덩치가 큰 사람이 따라오거나 무서운 동물, 시험, 성적표 등에 느끼는 두려움이 그 예이다. 현실 불안은 위험에서 개인을 보호하고 생존할 수 있도록 역할을 하는

데 이러한 경고를 주의하지 않으면 즉각적인 위험을 경험할 수도 있다.

(2) 신경증적 불안

신경증적인 불안은 자아가 약하여 원초아에 압도되는 상태이다. 즉 삶의 본능과 죽음의 본능이 지배하여 본능적 충동이 의식에 떠오르게 되면 자아가 이를 통제할 수 없을 것이라는 긴장과 두려움을 가지게 된다. 긴장과 두려움으로 심리적 압박감이 증폭되면 이성을 잃게 되어 충동적인 일을 저지르게 된다. 이러한 충동적인 행위가 불안보다 덜 고통스럽기 때문이다. 신경증적 불안이 심할 경우에는 노이로제라고 불리는 신경증이나 정신증으로 발전되기도 한다. 외출 시 가스 불을 껐는지 반복적으로 확인하는 행위, 비행기가 추락할 것 같아 비행기를 타지 않는 사람들이 그 예이다.

(3) 도덕적 불안

도덕적 불안은 자아가 약해서 초자아에 압도당하는 상태로 자아가 초자아에게 처벌당하는 것을 두려워하여 발생되는 불안이다. 원초아가 도덕적이지 않은 행동을 하려고 하거나 작은 잘못에도 혹독한 처벌이 가해지면 자신의 잘못으로 생각하게 되면서 죄책감을 느낀다. 참기 힘든 이런 죄책감은 심하면 정신병리의 원인이 되기도 한다. 이유 없이 범죄를 저지르고 증거를 남겨 쉽게 검거되도록 하는 사람의 경우 죄책감을 견디기가 힘들어 자신의 죄를 속죄하고 구원받기 위해 처벌받으려고 하는 불안의 결과로 볼 수 있다.

그 외의 불안으로 혼재성 불안이 있는데 혼재성 불안은 두 가지 이상의 불안이 혼재되어 나타나는 두려움으로 현실적 불안과 도덕적 불안, 도덕적 불안과 신경증적 불안, 현실적 불안과 신경증적 불안 또는 세 가지 불안이 뒤섞여서 나타나는 현상이다. 불안이 위험을 경고했음에도 아무것도 할 수 없다면 불안은 더 고조되고 이로 인해 절망에 빠지게 된다.

4) 성격 발달

프로이트(Freud)는 초기 아동기인 6세까지의 경험이 성격 발달에 매우 큰 영향을 미친다고 주장하였다. 이는 초기 아동기에 성적 에너지인 리비도가 입, 항문, 성기에 집중이 되는 구강기, 항문기, 남근기에 성격 발달이 주로 이루어진다는 것을 의미한다. 이렇게 신체 부위에 따라 리비도가 이동하여 성격 발달이 이루어지는 것을 심리성적 발달이라고 하고 리비도가 집중되는 단계에 따라 유아기부터 청소년기까지를 5단계로 구분한다. 아동은 이러한 심리성적 단계마다 갈등에 직면하게 되고 갈등 해결을 위해 리비도를 사용하게 된다. 갈등 해결이 잘되지 않으면 리비도의 양을 더 많이 투입하게 되어 이후 단계에서 사용할 리비도의 양이 부족하여 갈등 해결이 어려워 다음 단계로의 발달에 방해를 받게 된다. 이렇게 방해를 받아 다음 단계로 진행하지 못하면 그 단계에 머물게 되는데 이를 고착이라고 한다. 고착된 리비도는 다음 단계로 진행하는 데 에너지를 사용할 수 없기 때문에 성장 발달에 방해를 받게 된다. 그러므로 각 단계의 성공적인 갈등 해결은 이후 단계에서의 갈등 해결에 많은 영향을 미치고 이는 각 단계들이 이전의 단계를 기반으로 하고 있다는 것을 알 수 있다 (Hall & Lindzey, 1980; Hjelle & Ziegler, 1981; Phares, 1987).

(1) 구강기

구강기는 출생에서부터 대략 1년 반까지의 기간이 해당된다. 이 시기의 영아는 구강 주위에 리비도가 집중이 되고 입, 입술, 혀 등을 통해 빨기, 핥기, 깨물기 등을 함으로써 성적인 쾌감을 얻는다. 입으로 생존을 위해 영양분을 섭취하고 만족을 얻는데 이 시기에 적절한 만족감을 얻게 되면 자신이나 타인, 환경에 대해 신뢰감을 획득하게 되지만 그렇지 못하면 불신감을 형성하게 된다. 이 단계는 자신의 안전과 생존을 위하여 타인에게 전적으로 의존하는 시기로 적절한 보살핌을 받지 못하거나 만족하지 못하면 성장 과정 중에 문제가 생겨 고착이 된다. 이렇게 구강기에 고착된 성격은 어른이 되어서도 수동적, 의존적, 자기중심적이며 요구가 많고 빈정거리거나 냉소적이며 논쟁적인 모습을 보이는데 이것을 구강기적 성격라고 한다. 또한 섭식이나 흡연, 음주 등의 중독과 관련된 문제를 보일 수도 있다.

(2) 항문기

항문기는 생후 1년 6개월에 시작해서 3세까지의 기간이 해당된다. 이 시기에는 구강기가 끝나면서 리비도가 항문에 집중하게 된다. 유아는 배변 볼 때의 항문 자극으로 성적쾌감을 경험한다. 이 시기에 유아는 배변 훈련이라는 중요한 사건이 시작되어 통제를 경험하게 되며 부모의 배변 훈련 형식에 따라 성격이 형성된다. 즉 부모의 배변 훈련 형태와 태도에 따라 자기조절, 독립심, 자율성, 자존심, 수치심, 혐오감 등을 경험하게 된다. 배변 훈련에 있어서 유아가 적절한 시간과 장소에서 배설을 하게 되고 이때 칭찬과 보상이 주어지면 자신에 대한 가치를 확신하고 생산성과 창의성에 관련된 특성의 기초를 가지게 된다.

반면 배설을 한 이후 칭찬이나 보상보다 억압적이고 처벌이 주어졌을 때는 좌절하게 된다. 이러한 좌절 경험은 유아가 배설에 대해 어떤 반응을 보이느냐에 따라 두 가지 성격 패턴을 낳게 된다. 유아가 대소변을 참고 보유하면서 만족을 느끼는 경우, 항문 보유적인 성격 특성이 발달되어 고집이 세고 인색한 경향을 보이게 된다. 반면 유아가 적절하지 않은 시간과 장소에서 배설하는 등의 반응으로 좌절에 대한 보상과 만족을 얻기 위해 반항적인 배설을 자주하게 되면 항문 폭발적 성격 특성(anal explosive traits)이 발달하게 된다. 이때 발달되는 성격은 호전적인 경향을 보이면서 파괴적이고 잔인한 경향을 보이며 지나치다고 생각할 만큼 무질서, 무책임, 무절제한 행동을 보인다. 따라서 항문기에 고착된 사람은 정돈, 절약, 질서, 규칙 등에 강박적인 행동을 보이거나 불결하고 사치스러우며 도전적이고 반항적인 행동을 보일 수 있다.

(3) 남근기

남근기는 3세에서 5세까지의 기간이 해당된다. 이 시기는 리비도가 항문에서 이동하여 성기로 집중하게 되는 성격 발달단계 중 가장 중요한 시기이다. 아이는 성기를 만지면서 쾌감을 알아가고 부모의 성 역할이나 출생, 남녀의 신체에 대해 관심을 갖게 된다. 이때 오이디푸스 콤플렉스 특성이 나타나는데 남자아이는 이성의 부모인 어머니를 사랑의 대상으로 생각하고 환상과 행동으로 어머니에 대해 성적 소망을 나타내게 된다. 남자아이는 아버지를 경쟁상대로 생각하고 위협적인 존재로 인식한다. 하지만 어머니와 아버지가 특별한 관계임을 지각하게 되면서 아버지에 대한 적대감과 질투심을 가지게 된다. 이러한 자신의 욕망을 아버지가 알게 되면 자신보다 크고 힘이 센 아버지로부터 자신의 성기가 잘려질 수 있을 거라는 불안을 가지게 된다. 이를 거세 불안이라고 한다. 이때 아이는 아버지와의 동일시를 통해 거세 불안을 극복하고 아버지의 사회적 도덕이나 규범을 따름으로 초자아를 형성하게 된다. 이 시기에 여자아이는 남근이 없음을 절망하고 이를 어머니 탓으로 생각하고 어머니를 비난한다. 그리고 성기를 가진 아버지를 독차지하기 위해 어머니를 경쟁상대로 생각하게 되는 일렉트라 콤플렉스를 경험하게 된다. 이러한 감정을 프로이트(Freud)는 남근선망이라고 하였다. 여자아이는 어머니와의 동일시를 통해 일렉트라 콤플렉스를 극복하고 초자아를 형성하게 된다.

프로이트(Freud)는 오이디푸스 콤플렉스의 발견을 의미 있는 이론적 기여라고 생각했다. 다양한 감정으로 인한 정서적 혼란을 수반하는 남근기 시기의 갈등과 어려움을 어떻게 극복하느냐에 따라 성적 정체성, 대인관계, 자아정체성 등에 대한 기본적 태도들이 결정된다. 또한 이 시기를 잘 극복하지 못하면 고착이 되어 자신의 성 역할을 과잉으로 하게 되거나 또는 그 반대의 모습을 보일 수 있다.

(4) 잠복기

이 시기는 6세에서 사춘기까지로 성적본능이 휴면하기 때문에 실제로는 심리성적단계라고 할 수 없다. 이때는 리비도가 억압되거나 승화되어 심리적으로 평온한 시기라고 할 수 있다. 심리성적 부분에서 다음 단계를 준비하고 새로운 갈등이나 특성이 만들어지는 시기라기보다 아이의 경험이 확장되는 시기이다. 아이들은 이 시기에 전 단계에서 경험한 정신적 갈등과 혼란들을 억압하고 학교생활, 친구관계, 사회규칙들을 배우며 운동이나 다양한 활동을 통해 강력한 에너지를 발산하게 된다. 잠복기는 사춘기의 성적인 변화가 나타나면서 끝나게 된다.

(5) 성기기

잠복기가 끝나가는 무렵 사춘기가 시작되면서 리비도가 활성화되어 성기에 대한 성적 욕구가 다시 강화된다. 이 시기에는 생식기관이 성숙하고 내분비기관의 호르몬 분비로 인해 2차 성징이 나타나 신체적인 변화와 심리적인 변화를 경험한다. 성호르몬의 분비로 인해 여자아이는 가슴이 부풀고 월경이 시작되며, 남자아이는 수염이 나고 근육이 발달하고 몽정이 시작된다. 이전과 달리 단순한 쾌감을 넘어 사랑의 대상에 의한 성적 만족을 얻으려 한다. 이 시기에는 이성 부모에 대한 지나친 애정과 밀착은 불가능하며 성적 관계가 금기시되는 것을 분명히 알게 되기 때문에 부모와 분리되어 사랑을 찾아 독립을 하려고 한다. 따라서 이성에 대한 관심과 인식이 증가되고 이성 간의 관계를 추구하며 입맞춤, 성행위 등을 통한 상호 간의 만족을 추구하여 태어나면서부터 잠재되어 있는 성적 충동을 만족시킨다.

5) 방어기제

방어기제는 자아가 합리적인 수준에서 불안을 처리하지 못할 때 자아를 보호하기 위해 무의식적으로 사용하게 되는 수단을 말하며 방어기제 자체는 적응적인 기능으로 병리적이거나 비정상적인 것이 아니다. 자아는 원초아의 충동적인 욕구와 초자아의 완벽을 추구하는 도덕적인 욕구가 충돌하게 되면 이를 중재하여 갈등을 감소시키는 역할을 한다. 자아가 건강하면 이러한 갈등 처리에 있어서 초자아와 원초아 사이를 중재하여 서로 양보하게 함으로써 욕구를 충족시키고 마음을 평정하게 된다. 반대로 자아의 힘이 원초아와 초자아보다 약하게 되면 원초아와 초자아를 중재하기 어렵다. 이로 인해 갈등이 고조되고 불안이 발생하면 자아는 스스로를 보호하기 위해 방어기제를 사용한다. 따라서 자아 방어기제는 심리적 갈등이 있을 때 사용되며 병리적인 상태는 물론 정상적인 상태에서도 방어기제가 작용된다. 이렇게 정상적인 상태에도 작동되므로 방어기제의 사용 유무에 의해 인간행동을 구분하는 것은 불가능하며 그 사용 수준에 따라 성격특성이 나타난다고 볼 수 있다.

방어기제는 개인의 발달 정도와 불안 수준에 따라 두 가지 특성을 갖는데 하나는 여러 가지 이유로 현실을 거부하거나 왜곡하고 다른 하나는 무의식적인 수준에서 작용한다. 많은 이론가들이 다양한 방어기제를 제안하고 있으며 이 분야의 가장 영향력 있는 연구자 중 한 사람인 안나 프로이트(Anna Freud)와 정신 역동적 심리학자들은 여러 가지 방어기제를 제시하였다(이장호, 1995; Nye, 1991; Sharf, 2013). 주요 방어기제는 기만형, 대체형, 도피형 세 부분으로 나눌 수 있다.

(1) 기만형

억압 기본적인 방어기제로 위협적이고 수치스러워 수용하기 힘든 생각, 욕구, 충동 등의 감정들을 의식화되지 않게 봉쇄하여 무의식에 눌러 넣는 것이다. 이는 잠재적으로 스트레스를 유발하는 사회적, 도덕적으로 수용되지 못하는 죄의식, 불안, 욕망 등을 생각나지 못하게 하거나 기억하지 못하도록 하는 것이다. 억압된 내용은 자신도 모르게 무의식적으로 표현되며 이는 편견이나 선입견으로 작용되기도 한다. 이렇게 억압은 무의식적이고 비자발적으로 작용하며, 자발적이고 의식적으로 스트레스를 유발하는 생각이나 감정들을 억누르는 억제와는 다르다. 억압으로 방어하지 못하면 투사나 다른 방어기제들을 동원하게 됨으로써 정신증 또는 신경증의 원인이 된다.

투사 충동, 동기, 감정 등을 스스로 수용할 수 없어 자신의 것으로 인정하지 않고 타인이나 환경의 탓으로 돌려 힘든 상황에 대처하고 자아를 보호하는 방어기제이다. 가장 미성숙한 기제로 자신의 열등감을 은폐하고 비현실적인 기준을 가지는 완고한 성향을 지닌 사람에게 많이 나타난다. 친구에게 관심이 있으면서 자신은 관심이 없지만 그 친구가 자신에게 관심이 있는 것처럼 여기거나, 자신이 술을 마시고 싶은데 옆에 있는 친구가 술을 마시고 싶어 한다고 돌리는 것이 투사의 예이다. 과도한 비판이나 편견, 부정적인 태도 등은 투사의 유형으로 볼 수 있다.

합리화 사회적으로 용납되기 힘든 충동과 행동을 도덕적, 논리적으로 설명함으로써 자신의 행동을 정당화하여 자존감과 죄책감으로부터 벗어나고 타인의 비판에서 스스로 보호한다. 또한 실패를 인정하지 않고 변명이나 구실을 붙여서 자존심과 불안으로부터 벗어나려고 한다. 합리화는 무의식적으로 일어나기 때문에 변명이나 거짓말과는 다르며 심할 경우 망상으로 나타날 수 있다.

(2) 대체형

치환 자신의 욕구를 충족시키는 것이 어려운 경우 만족되지 않는 충동 에너지를 비교적 쉬운 다른 대상으로 바꾸어 대리 만족을 얻는 것이다. 예를 들면 종로에서 뺨 맞고 한강에서 분풀이한다.

반동형성 수용할 수 없는 원초아의 충동에 대한 갈등을 반대되는 욕구로 전환하여 갈등 상황을 벗어나는 행동을 하는 것이다. 즉 무의식에서 야기되는 갈등이나 불안 등의 감정을 의식차원에서 반대로 표현하는 것으로 '미운 놈 떡 하나 더 준다'와 같이 마음속으로 미워하는 사람에게 겉으로 친절하게 대하는 행동 등이 반동형성이다.

승화 위험한 원초아의 충동 때문에 일어난 갈등으로 인해 스트레스를 받으면 일, 공부, 운동 등 사회적으로 용인되는 행동으로 전환시키는 것이다.

지성화 이성적 논리적 설명에 집중하여 불편한 감정과 충동을 무의식적으로 통제하는 것이다. 이러한 지성화는 스트레스 상황에서 문제가 합리적으로 보이게 되고 감정적인 부분은 무시하게 된다.

(3) 도피형

퇴행 현재 상황에서 극심한 스트레스를 받거나 극단적인 곤경에 처하게 되면 요구가 적은 초기아동기 시기로 되돌아가서 부적절하고 미성숙한 행동을 하게 된다. 예를 들면 첫째 아이는 둘째가 태어나면 이유 없이 울거나 손가락을 빨고 대소변 못 가리는 행동을 함으로써 현재의 스트레스에서 벗어나려고 하는 것이다.

부인 고통스러운 환경이나 위협적인 현실에 의해 압도될 때 의식적으로 거부하는 것이다. 감당하기 힘든 고통스런 상황이 발생하면 외면하거나 인정하지 않고 잘못된 것이라고 간주하여 고통스러운 현실에서 자신을 보호하는 행동이다. 아내의 외도로 인해 심리적으로 고통을 받고 있으면서도 결혼 생활이 매우 행복하고 아무 문제가 없다고 생각하고 인정하지 않는 경우, 사고로 갑자기 아들이 죽었다는 것을 믿지 않고 여전히 아들이 살아있다고 죽음을 인정하지 않는 어머니, 자신의 시험성적을 믿지 않는 학생의 행동이 그 예이다. 이때 부인은 현실 상황을 대처할 수 없다고 느끼고 의식하지 않도록 막아준다는 점에서 억압과 비슷하다. 하지만 부정은 외부환경에서 발생한 것을 의식하지 않도록 하는 것이고 억압은 내부에서 발생한 것을 의식하지 않도록 한다는 점에서 위협의 원천이 다르다.

동일시 아동의 발달 과정상의 기제로 성역할 행동을 학습하면서 자신의 가치감을 높이고 실패감에서의 자기를 보호하는 역할을 한다. 자신의 열등감을 보완해줄 수 있는 주위의 중요 인물의 태도와 행동의 특성을 찾아서 자신도 그런 특성을 가지려고 노력하는 것이다. 영화를 보고 배우가 하는 멋있는 행동을 따라 하면서 자신도 그 배우처럼 되려고 하는 것이나 부모가 책을 읽으면 자녀도 책을 읽는 것이 좋아지는 것, 자녀가 동성의 부모의 행동을 모방하여 아버지나 어머니가 된 것처럼 역할을 수행하는 것, 폭력배를 흉내 내는 것, 학교폭력을 당한 학생이 자신도 학교폭력의 가해자가 되는 것이 그 예이다.

3. 상담 과정

1) 목표

정신분석의 상담 목표는 내담자의 내적인 힘을 재조직하여 의식수준에서 적응을 할 수 있도록 하는 것이다. 정신분석의 첫째 목표는 무의식의 의식화를 통해 자아를 강화시켜 본능에 치우치지 않고 현실에 적합한 행동을 할 수 있도록 돕는 것이다. 외부에 드러난 심리적 증상보다 인간 내면의 무의식적 갈등이나 충동을 해결하여 근본적인 원인을 제거하려고 하기 때문에 뿌리치료라고도 한다. 둘째, 훈습을 통해 내담자의 통찰을 촉진하고 보다 나은 삶을 영위하도록 새로운 행동을 학습시킨다. 이를 통해 자기 이해의 수준을 높이고 자기 이해와 관련 있는 과거의 감정과 기억이 경험되도록 한다. 셋째, 내담자가 사회 요구에 대처하고 적응하며 살 수 있도록 돕는다. 정신분석에서는 사회에 적응하기 어려운 사람들의 환경에 대한 적응, 일, 사랑에 대한 적응을 매우 강조한다. 정신분석상담자는 내담자의 자아를 강화시켜 현실적이고 합리적으로 적응할 수 있도록 돕는다. 넷째, 원초아의 무의식적 충동에 의한 갈등을 현실원리인 자아가 이해하고 비이성적이고 맹목적인 충동인 본능에 의해 지배되지 않게 한다. 원초아의 힘을 약화시키고 이성적이고 합리적인 현실원리에 의해 적응할 수 있도록 자아의 힘을 강화하여 원초아의 자리에 자아가 있도록 성격 구조의 재구성을 한다.

2) 상담자의 역할

전통적인 상담자는 중립적 위치에서 자신을 공개하지 않고 상담자의 역할을 수행하였다. 하지만 요즘 상담자는 자기 개방도 적절하게 하면서 내담자가 자유롭게 과거의 경험과 감정을 편안하게 이야기할 수 있도록 격려한다. 이는 내담자와의 관계 형성을 도와 내담자가 자신의 힘든 경험과 상담 중에 느끼는 감정들을 편안하게 털어놓을 수 있게 한다. 상담자는 이야기 중에 불일치되는 점에 관심을 가지고 내담자가 나타내는 심리적 저항에도 주목한다. 내담자가 보고하는 꿈과 자유연상에 대한 의미를 추론하고 상담자에 대한 내담자의 전이감정이 나타내는 단서에도 민감하게 반응한다. 이런 과정을 통해 상담자는 무의식 자료에 초점을 두고 내담자의 과거 경험과 감정들에 맞추어 훈습을 하게 하여 통찰을 돕는다.

3) 상담자와 내담자와의 관계

상담자와 내담자와의 관계는 전이로 설명할 수 있다. 내담자가 상담자에게 감정을 투사하는 현상을 전이라고 하고 전이 현상을 해소하는 것이 정신분석상담의 핵심이다. 상담 과정에서 내담자는 초기아동기에 형성된 중요한 타인과의 감정을 상담자에게 투사하여 감정을 표출하면서 초기경험을 재경험하게 된다. 예를 들면 상담 중에 내담자가 "과제를 하지 않았다. 힘들어서 하기 싫었다."라고 하여 상담자는 "힘들고 어려우면 회피하고 싶은가 봅니다."라고 하였고 내담자는 거기에 동조를 했다. 그러다 갑자기 상담자에게 "마치 제가 노력을 아예 안하는 것처럼 말씀을 하시는데 저는 안 그렇다고 생각합니다. 저는 나름대로 노력한다고 생각하는데 저의 순수한 노력이나 인권까지 빼앗아가려고 하는 건 절대로 용납할 수 없습니다. 내 자존심을 조금 버리는 한이 있더라도 절대로 전부를 내어줄 수 없습니다."라고 하여 "조금 전에 동의하지 않았습니까?"라고 답하였더니 "그랬지만 생각해보니 기분이 나빠졌어요."라고 하였다. "비난하는 걸로 느끼신 모양이지요?" "네, 선생님이 나에게 비난하고 나에게 하지 않았다고 게으르다고 화를 냈어요. 아버지도 내가 게으르다고 세상에 쓸모없는 놈이라고 하셨죠."라는 식으로 대화가 전개되었다. 이는 내담자가 상담자에게 아버지의 모습을 전이한 것으로 상담자는 이 전이를 자유연상으로 해석할 수 있으며 전이 관계를 극복하기 위해서는 훈습이라는 과정이 필요하다.

전이를 해소하는 과정에서 상담자에게 무의식적인 갈등이나 미해결된 문제가 있는 경우 내담자가 전이 감정을 투사하게 되면 상담자는 역전이가 일어날 수 있다. 역전이가 일어나면 상담자는 내담자를 싫어한다거나 강하게 끌린다거나 하는 부적절하고 비합리적인 감정반응이 나타난다. 이때 상담자는 객관적인 입장을 취하기 어려워지고 갈등을 느끼게 되어 상담에 방해가 된다. 때문에 상담자는 자신의 감정에 대해 항상 주의를 기울이고 역전이에 대해 사전에 대비하면서 주의를 기울여야 한다.

4. 정신분석상담의 치료 과정

정신분석상담은 오랜 시간을 거쳐 진행이 되며 치료 과정은 초기 단계, 전이 발달단계, 전이 해결단계, 훈습 단계로 이어진다.

1) 초기 단계

상담을 시작하는 단계로 상담자와 내담자는 치료동맹을 맺고 내담자가 자신의 갈등이나 고통스런 감정과 같은 심리적인 상태나 문제들을 말하면 상담자는 문제 원인을 파악한다. 상담의 여부를 결정하게 되고 상담이 시작되면, 일대일 면접 상황에서 자유연상으로 내담자가 마음에 떠오르는 것을 무엇이든 말하게 하고 그 내용을 상담자는 분석하기 시작한다.

2) 전이 발달단계

상담자와 내담자 사이에 친밀감이 형성되면 내담자는 무의식에 내재된 중요한 타인과의 감정을 상담자에게 전이를 하게 된다. 이때 상담자는 전이를 유도하여 발달시키고 내담자의 갈등을 표면화하게 한다. 상담자는 전이를 해석하고 내담자의 반응을 격려하면서 아동기의 경험을 재구성한다.

3) 전이 해결단계

내담자는 상담자와 친밀하고 신뢰로운 관계 속에서 과거의 좌절로 인해 생긴 적개심이나 고통 등의 감정을 상담자에게 쏟아내게 된다. 이렇게 감정들을 쏟아내고 나면 시원한 느낌을 갖게 되지만 한편으로는 이런 감정들 속에 사랑, 관심, 의존하고 싶은 내면의 욕구들을 깨닫게 되면서 자신의 부정적인 감정에 대한 통찰을 하게 된다. 이렇게 전이감정들을 다루어 주면 상담자에 대한 내담자의 무의식적이고 신경증적 애착이 해결되면서 신경증 해소에 박차를 가하게 된다. 이 과정을 통해 내담자의 부정적인 감정이 해소되어 내담자는 보다 적절한 언어반응과 자아 통찰력을 얻게 된다.

4) 훈습(working-through) 단계

전이감정이 해결되어 통찰이 된다고 해서 내담자의 문제가 완전히 해결될 수 있는 것은 아니다. 전이분석은 내담자의 핵심 문제가 해결될 때까지 진행하게 된다. 상담이 진행되면서 전이를 일으키고 분석하는 과정을 반복하고 내담자의 문제에 깊숙이 침투하게 되면서 통찰이 이루어진다. 이때 이루어진 통찰을 실생활에 적용하는 과정을 훈습이라고 한다. 전이와 훈습은 반복되고 확대되는 지속적인 과정이다. 훈습 단계에서 내담자가 얻은 통찰을 현실 생활에 적용할 수 있도록 지지해줌으로써 치료는 강화된다.

5) 상담 기법과 적용

(1) 해석(interpretation)

자유연상, 꿈, 저항, 전이 등을 치료관계에서 분석하고 내재된 의미를 내담자에게 직면하고 설명하는 절차이다. 해석은 무의식적인 자료를 밝히기 위하여 자아를 새로운 자료에 동화시키는 과정을 촉진하는 중요한 기능을 한다. 해석의 원칙은 내담자가 의식적인 자각을 할 수 있는 수준에 따라서 해야 하며 내담자가 수용할 수 있는 정서적 깊이의 상황까지 해석해야 한다. 내담자가 방어적일 때는 이러한 감정이나 갈등을 해석하기 전에 저항이나 방어적인 행동을 지적하고 설명해 주는 것이 효과적이다. 해석은 상담자와 내담자의 사이에 충분한 신뢰가 형성된 이후에 실시하여야 한다. 그렇지 않고 적절하지 않은 시기에 해석을 하게 되면 내담자가 해석에 대해 거부할 수 있다.

(2) 자유연상(free association)

상담자가 내담자에게 최대한 편안한 상황을 연출하고 마음속에 있는 이야기를 포장하거나 거르지 말고 아무리 사소한 것이라도 떠오르는 대로 모두 말하게 하는 것이다. 내담자가 어린 시절에 억압되었던 감정이나 경험을 노출하면 상담자는 이러한 자유연상을 방해하지 않게 뒤에서 무의식을 해석한다. 자유연상을 하는 동안 내담자는 과거의 여러 가지 경험들을 기억해내거나 억압된 감정들을 표현하기도 한다. 상담자는 과거 경험이나 억압된 감정 속에 있는 내면의 흐름을 살펴서 숨어 있는 자료들을 찾아 해석하여 통찰할 수 있도록 도와주어야 한다. 이를 통해 내담자는 자신의 과거 경험에서 오는 감정들로부터 벗어나는 효과를 얻을 수 있다.

(3) 꿈의 분석(dream analysis)

프로이트는 꿈을 '무의식에 이르는 왕도'라고 하여 무의식으로 가는 지름길이라고 하였다. 꿈은 헛된 현상이 아니라, 꿈을 꾸는 사람의 무의식적인 욕망이나 억압하고 있는 고통이 내재되어 있다고 보았기 때문이다. 이에 따라 프로이트는 꿈을 분석하는 것이 내담자의 무의식적인 욕망을 찾고 해결하지 못한 문제들에 대한 해답을 얻는 중요한 절차라고 믿었다. 꿈은 현재몽과 잠재몽의 형태로 나타난다. 현재몽은 현재 꿈에 나타나는 명시적인 내용이며, 잠재몽은 명시적인 내용 뒤에 숨어 있는 무의식적인 욕구나 고통을 말한다. 잠을 자는 동안은 방어기제가 작동되지 않기 때문에 무의식에 억압되어 있는 감정들이 표면화되어 나타난다. 이러한 감정들은 자신이 용납할 수 없거나, 감당할 수 없는 것들이므로 상징적인 형태로 나타나는 것이다. 따라서 현재몽이 상징하고 있는 잠재몽의 의미를 분석함으로써 무의식적 욕망과 갈등을 찾을 수 있다. 상담자의 역할은 현재몽 속에 상징적으로 감추어진 잠재몽의 정체를 밝혀내는 것이다.

(4) 저항(resistance)의 분석 및 해석

무의식 속에 억압된 자료들 즉 자신이 인정하고 싶지 않았던 과오, 과거의 불쾌하거나 떠올리고 싶지 않은 끔찍한 기억 등의 감정을 자각하게 되면서 불안이 발생한다. 이러한 참기 힘든 불안이 발생하면 자아를 방어하려는 무의식적인 역동을 가진다. 무의식에 저장된 끔찍한 기억들을 인식하는 것은 고통스러운 일이며 이러한 고통을 회피하기 위해 내담자는 비협조적이 되고 이는 저항의 형태로 나타난다. 저항은 침묵을 하거나, 약속을 어기고, 피상적인 말을 늘어놓거나, 상담을 거부하는 등 다양한 형태로 나타난다. 따라서 저항은 무의식이 표출하지 못하도록 하여 치료를 방해하고, 무의식적인 역동을 통찰하게 하여 치료를 하려고 하는 상담자와 내담자의 노력을 무산시킨다(Corey, 2012). 하지만 이러한 저항을 적절하게 다루어 주고 상담자가 내담자의 갈등을 적절하게 해석해 준다면 내담자의 협조를 얻을 수 있게 되어 치료 효과에 많은 도움을 줄 수 있다. 또한 저항에 대해 바로 다루어주면서 내담자를 배려하고 지지한다면 상담 과정을 원활하게 할 수 있다.

(5) 전이(transference)의 분석 및 해석

전이는 무의식에 잠재되어 있는 과거에 중요한 타인에게서 경험했던 생각이나 감정을 현재 경험하는 것처럼 상담자에게 반응하는 것이다. 프로이트(Freud)는 전이의 발생과 해결을 잘 다루지 못하면 치료가 실패할 수도 있다고 하였다. 이처럼 전이의 해결은 치료에 가장 핵심적인 요소로, 지금까지 경험할 수 없었던 무의식에 잠재되어 있는 감정들을 재경험하게 되므로 치료적으로 가치가 있다고 한다. 그러므로 전이는 치료의 핵심적인 요소로써 정신분석상담자들은 내담자의 전이를 유도한다. 전이로 인해 나타나는 내담자의 감정, 욕망, 신념 등을 내담자가 이해할 수 있도록 해석을 해준다.

이러한 상담자의 해석으로 인해 내담자는 자신의 미해결감정을 통찰하고 변화하여 전이감정을 해소한다. 내담자는 과거의 관점에서 지각하고 해석하는 잘못에서 벗어나 현실 수준에서 적절하게 반응하고 결정하게 됨으로써 정서적으로 성숙한 인간이 될 수 있다. 따라서 전이 기법은 자신의 현재 행동이 과거의 억압된 무의식에 의해 영향을 받고 있다는 것을 통찰하고 문제를 해결하기 때문에 정신분석상담에서 매우 중요한 기법이다.

6) 상담 과정과 기법에 대한 사례학습

정신분석상담에서 꿈을 해석할 때는 꿈을 꾼 사람의 삶과 관련이 있다고 보고 일상적인 사건이나 가족, 친구, 과거 등 다양한 측면에서 해석할 필요가 있다.

제시된 상담은 꿈 분석을 통해 내담자가 자신의 무의식에 접근할 수 있도록 돕는 내용이다. 자유연상을 실시하여 잠재몽의 상징적 의미를 분석하여 현재몽 속에 감추어진 내담자의 욕망을 밝히고 있는 상담 과정 중 한 부분만 기록하였다.

예시 내담자는 22살의 남자 대학생이다. 졸업을 앞두고 갑자기 자신이 부모님을 죽일 것 같은 두려움을 느끼게 되었다고 한다. 이후 차를 운전하게 되면 사람을 차에 치여 죽일 것 같은 환상이 떠오르고 그러면 불안과 공포가 엄습하여 아무것도 할 수 없다고 한다.

내담자: 꿈에 아버지의 무덤이라고 하는데 비석에 아버지 이름이 아니었어요. 그런데도 아버지라고 생각하고 울고 싶지 않는데 울어야 한다고 해서 울었는데, 그런데 옆에 아버지가 계셔서 안고 울었어요.

상담자: 무엇 때문에 아버지 무덤이라고 생각했을까요?

내담자: 모르겠어요. 혹시 아버지를 죽이려고 생각하고 나도 모르게 죽일 것 같은 두려움이 있기 때문인 것 같아요.

상담자: 이러한 생각을 하게 된 이유가 있나요?

내담자: 작년 연말에 친구들과 술을 마시고 집에 들어와서 씻고 있는데 갑자기 얼굴이 거꾸로 보이면서 이상한 환상을 겪었고 내가 미쳤나 사이코패스인가 하고 불안해요.

상담자: 그때 미쳤다고 생각되고 사이코패스여서 이상한 행동을 할 수 있다고 생각했네요.

내담자: 네, 그때 내가 살인을 할 수도 있고 부모님을 죽이는 게 아닌가 불안했어요.
상담자: 살인을 할 것 같고 부모님을 죽일 것 같은 불안감을 가지고 있었네요. 작년 연말에 어떤 일이 있었나요?
내담자: 대학을 졸업할 때가 되어서 취업도 해야 하고 부모님에게 잘해야 한다는 생각을 하게 됐어요. 부모님께 잘못한 게 너무 많아요. 이제 부모님께 걱정 안 끼치고 효도해야 한다고 생각했어요. 근데 아버지가 아직은 부담스럽고 하고 싶은 게 너무 많아요.
상담자: 매우 혼란스러워하는 것 같아요. 아버지를 매우 부담스러워하는 것 같네요.
내담자: 나는 아버지를 만족시키지 못했어요. 공부도 아버지가 원하는 만큼 하지 못하고 늘 부족한 아들이라는 생각이 들어 아버지 앞에서는 주눅이 들었어요.
상담자: 아버지에 대해 좀 더 얘기해 주시겠어요?

CHAPTER

08 게슈탈트상담

게슈탈트상담은 독일 출생의 유태계 정신과 의사 펄스(Fritz Salomon Perls 1893~1970)에 의해 창안된 심리치료이다. 게슈탈트(Gestalt)는 전체, 형상, 형태, 모습 등의 뜻을 지닌 독일어로, 여러 부분으로 나누어져 있는 것을 통합하여 하나의 전체로서 지각하는 개념이다. 이는 개체가 자신의 유기체적 욕구나 감정들을 조직화하여 하나의 의미 있는 형태로 지각하려고 하는 것을 의미한다. 인간이 착시를 경험하게 되면 우리의 의식이 연속성, 통일성, 유사성을 요구하고 이를 통해 전체를 완성하려고 하는 것이 게슈탈트이다. 이러한 이론을 기초로 펄스(Perls)는 게슈탈트 치료를 창안하고 발달시키면서 많은 이론들에 영향을 받았다.

펄스(Perls)는 초기에 정신분석에 흥미를 느껴 남아프리카에서 아내와 정신분석 연구소를 설립하고 활동했다. 1936년 마리엔바드에서 개최된 세계 정신분석학회에서 자신이 발표한 '구강적 저항'이라는 논문을 발표했을 때 프로이트(Freud)가 이 이론을 받아들이지 않아 실망하였고, 이후 1942년 프로이트(Freud)의 공격이론을 비판한 '자아, 배고픔, 공격'이라는 책을 내면서 프로이트(Freud)와 결별하였다. 펄스(Perls)는 정신분석의 지나친 주지주의적 경향을 비판하고 나아가 개체와 환경 간의 유기적 통합성을 강조하면서 새롭게 게슈탈트 치료를 창안하였다. 그는 골드슈타인(Goldstein)의 유기체 이론과 얀 스뮈츠(Jan Smuts)의 전체론(holism)을 기초로 하여 개체와 환경을 하나의 전체적인 통합체로 보는 새로운 시각을 확립하기 시작하여 1950년에 게슈탈트 치료라는 용어를 만들었다. 게슈탈트 치료이론은 게슈탈트 심리학 이외에 카렌 호나이(Karen Honey)의 정신분석 치료이론을 위시하여 골드슈타인(Goldstein)의 유기체 심리학, 빌헬름 라이히(Wilhelm Reich)의 신체이론, 레빈(Lewin)의 장이론, 모레노(Moreno)의 심리극 기법, 라인하르트(Reinhard)의 연극과 예술철학, 하이데거(Heidegger), 부버(Buber), 폴 틸리히(Paul Tillich) 등의 실존철학, 그리고 동양사상, 특히 도가와 선사상 등의 광범위한 영향을 받으면서 탄생한 치료기법이기 때문에 매우 개방적이고 통합적인 치료기법이다. 1960년대에 접어들면서 정신분석이 점차 퇴조하기 시작하면서 유럽으로부터 실존주의 사조가 심리치료 분야에 들어오기 시작하였다. 이때 들어온 심리치료분야를 인본주의 심리학이라 불렀고 심리학에서의 제3세력 운동이라고 하여 세간의 이목을 끌었다. 이런 분위기 속에서 게슈탈트 치료는 많은 관심을 끌게 되었고 인본주의 심리학의 한 흐름으로 인정받게 되었다.

게슈탈트상담은 현상학적 입장(phenomenology), 장이론(field theory), 대화관계(I-thou relation) 등을 이론적 배경으로 하고, 특히 치료자와 내담자의 진솔한 대화적인 관계를 중요시하였다. 방법론적 특징으로는 지금-여기의 현상학적 경험과 실험, 알아차림과 접촉, 신체 현상과 비언어적 표현에 대한 주목, 과정적 접근(process approach), 빈 의자 기법, 실험 등이 있다.

게슈탈트상담은 아동, 청소년, 성인을 대상으로 개인상담, 부부상담, 가족상담, 집단상담, 예술치료, 놀이치료 등의 다양한 형태로 행해지고 있으며, 심리학자, 정신과의사, 교육학자, 정신간호사, 정신사회복지사 그리고 목회자, 교사 등에 의해 실시되고 있다.

1. 인간관

게슈탈트상담은 인간을 유기체로 보고 신체, 감각, 욕구, 사고, 행동 등을 하나의 의미 있는 전체로서 총체적으로 활동하고 반응할 때 건강한 삶을 유지할 수 있다고 하였다. 또한 환경에 영향을 받으면서 상호작용하여 지금-여기에서 매 순간 자신이 필요한 게슈탈트를 형성하고 자신의 삶에 책임을 지는 긍정적 존재라고 하였다. 따라서 인간은 생물학적, 사회적, 심리적, 영적으로 자기를 실현하는 존재로, 생물학적 유기체일 뿐만 아니라 실존적 존재로서 자신의 고유한 삶을 살아가는 존재로 규정한다(김정규, 1996).

생물학적인 유기체로써 인간은 생태학적으로 상호의존성을 지니고 실존적인 관계를 경험하고 다양한 차원과의 연결성을 이루며 살아간다. 이러한 인간은 기본적으로 선한 존재로 낙천적이며 자신의 삶을 성공적으로 이끌 수 있는 능력 있는 존재라고 보았으며 인간을 자아실현가능성을 가진 존재로 본다.

게슈탈트상담에서는 인간 존재를 다음과 같이 주장하였다.

① 하나의 전체로서 존재

인간은 통합된 부분들로 이루어진 하나의 전체로서의 존재이다. 인간 행동을 신체, 정서, 사고, 감각, 지각, 환경적인 요소들로 각각 분석하여 단편적인 요소들의 합으로 보는 것이 아닌 환경 내에서 모든 요소들이 서로 역동적으로 관련되어 있다고 본다. 즉 신체적인 것과 정신적인 것, 환경적인 것들을 단편적인 요소로 보지 않고 또한 이러한 단편적인 것의 합으로도 보지 않는, 이들 모두가 같은 하나의 전체로서 본다. 그러므로 인간을 전체적이고 현재 중심적이며 선택에 의하여 잠재력을 각성할 수 있는 존재로서 이해한다.

② 구성하는 요소의 합보다 큰 전체

전체는 부분보다 크다는 게슈탈트 치료의 기본명제를 반영하여 인간은 대상을 개별적 부분의 조합이 아닌 전체로 인식한다. 신체, 정서, 지각, 사고 등은 전체적인 인간을 떠나서 이해될 수 없다. 즉 개인의 여러 가지 다양한 면을 전체로 통일하기 위해 노력한다는 것이다.

③ 완성을 추구하려는 경향이 있는 존재

끊임없이 게슈탈트를 완성하면서 살아가는 삶이기에 인간은 게슈탈트가 미완성되면 집중력을 방해받는다. 미완성된 일이 중요할수록 게슈탈트를 완성시키기 위해 반복적으로 나타나 집중을 방해하게 된다. 하지만 인간은 감각, 사고, 정서, 지각 등을 인식할 수 있는 잠재력이 있기 때문에 게슈탈트를 완성시키면서 자신의 삶을 효과적으로 영위할 수 있는 능력이 있다.

④ 현재의 자기 욕구에 따라 게슈탈트를 완성

인간은 과거와 미래를 경험할 수 없으므로 현재의 자기 욕구에 따라 게슈탈트를 완성한다. 인간은 스스로 선천적인 자아실현을 향한 경향성을 갖고 있으며 모든 살아있는 존재는 자기잠재력을 실현하려는 방향으로 나아간다. 따라서 인간은 환경의 영향을 받지 않고 자신의 욕구가 무엇인지 정확히 알고 충족할 수 있는 방법을 연구한다.

⑤ 전경, 배경 원리로 세상을 경험

인간행동은 환경과 상황을 의미 있게 이해하며 전경과 배경의 원리에 따라 세상을 경험한다. 건강한 개체가 지금-여기에서 자신에게 중요한 게슈탈트를 형성하여 떠올리는 것이 전경, 다른 것은 관심 밖으로 물리게 되는데 이를 배경이라고 한다. 따라서 자신이 무엇을 필요로 하는지를 결정할 수 있어야 하고, 자신과 자신의 환경을 다루는 법을 알아야 한다. 심지어는 순전히 생리적인 욕구조차도 오로지 환경과의 상호작용을 통해서만 충족될 수 있다(Perls, 1975; Thompson & Henderson, 2008).

2. 주요 개념

1) 게슈탈트

게슈탈트(Gestalt)라는 말은 '전체', '형태', '모습' 등의 뜻을 지닌 독일어이다. 개체는 어떤 자극에 노출되면 그것들을 지각할 때 산만한 부분의 집합으로서가 아니라 완결, 근접성, 유사성의 원리에 의해서 하나의 의미 있는 형태, 즉 '게슈탈트'로 만들어 지각하는 경향이 있다. 이렇게 지각된 게슈탈트는 유기체의 욕구에 대한 지각을 시각적으로 표현한 개념으로 개체가 자신의 상황과 환경을 고려해 실현할 수 있는 행동 동기로서 지각한다. 예컨대, 아이가 컴퓨터 게임을 하면서 마우스를 움직이고 게임에 몰두하는 것을 보고 엄마가 "너 지금 뭐해?"라고 물으면 아이는 컴퓨터를 한다고 대답할 것이다. 여기서 아이는 엄마에게 자신의 행위를 하나씩 따로 분리하지 않고 하나의 의미 있는 전체로 설명해 주었는데 여기서 '컴퓨터'가 바로 게슈탈트라고 할 수 있다.

이와 같이 우리의 삶 속에서 일어나는 크고 작은 행동들 모두가 게슈탈트라고 할 수 있는데, 게임을 하고 싶은 것, 커피 마시면서 음악을 듣고 싶은 것, 혹은 친구들과 놀고 싶은 것 등이다. 이렇게 개체가 게슈탈트를 형성하는 이유는 자신의 감정이나 욕구를 유의미한 행동 동기로 만들어 실행함으로써 감정과 욕구를 해소하기 위해서이다.

환경과의 상호작용에서 욕구를 잘 충족시켜 원활하게 기능하게 된다면 이는 심리적으로 건강하다고 할 것이다. 그렇지 못한 개체는 자신의 욕구를 알아차리지 못해서 자신이 무엇을 하고 싶어 하는지 잘 모르기 때문에 목표가 분명하지 않고 모든 일에 의사결정을 하는 것이 어렵고 혼란스러워한다(천성문 외, 2015). 이는 유기체의 욕구에 대한 지각을 시각적으로 표현한 개념으로 개체가 자신의 상황과 환경을 고려해 실현할 수 있는 행동 동기로서 지각한다. 게슈탈트는 상황과 환경이 상호작용하는 과정에서 형성이 되며 상황과 환경을 분리해서는 존재하지 못한다.

2) 전경과 배경

개체가 자신의 욕구를 지각하여 게슈탈트를 형성하여 해소하게 되면 물러나고 새로운 게슈탈트를 형성하여 떠올리게 된다. 펄스(Perls)는 이를 전경과 배경으로 설명하고 있다. 즉 개체가 대상을 인식할 때 관심 있는 부분은 중심으로 떠올라 전경(figure)이 되고 관심 밖에 밀려 있는 나머지 부분은 배경(background)이 된다. 건강한 개체는 매 순간 자신에게 가장 중요한 한 가지 욕구에 초점을 맞추어 게슈탈트를 뚜렷하게 형성하여 전경으로 떠올리고 나머지는 배경으로 처리하게 된다. 배가 고프면 먹고 싶다는 욕구가 생기고 이때 음식을 떠올리게 된다. 떠올린 음식을 먹고 나면 배고프다는 생각이 없어지게 된다. 이렇게 전경으로 떠오른 게슈탈트를 해소하면 배경으로 물러나 새로운 게슈탈트를 형성하지만 해소하지 못하면 늘 다시 전경으로 떠오르려고 한다. 해소되지 못한 게슈탈트는 배경으로 사라지지 못하고 중간에 남아 새로운 게슈탈트가 형성되는 것을 방해한다. 이 때문에 개체는 자신의 욕구가 무엇인지 알아차리지 못해 전경과 배경을 명확히 구분하지 못하고 혼란스러워한다.

3) 미해결 과제

개체가 자신의 욕구나 감정들을 조직화하여 전경으로 떠올렸던 게슈탈트를 완전하게 해소하면 전경에서 배경으로 교체가 되어 배경으로 사라지게 된다. 그리고 개체는 자신이 관심을 가지는 다른 대상을 자연스럽게 전경에 떠올리게 된다. 이렇게 개체가 자신의 욕구를 해결하게 되면 개체의 감정과 욕구, 환경적 여건에 따라 전경과 배경의 교체는 자연스럽게 이루어진다. 그런데 개체가 게슈탈트를 형성하는 데 실패했거나 게슈탈트는 형성했으나 해소하는 데 방해를 받아 해소하지 못하고 배경으로 사라지게 되는 것을 미해결 과제라고 한다. 해소되지 못한 게슈탈트는 완결되지 못하고 미해결 과제로 남아 배경으로 사라졌기 때문에 전경으로 떠오르지 못하고 좌절, 공포, 불안, 죄책감 등의 감정으로 중간층에 남아있게 된다. 미해결 과제에 의해 형성된 이런 부정적인 감정들은 지금-여기에서 자신과 타인의 삶에서 일어나는 여러 가지 문제들을 효과적으로 다루고 살아가는 것에 어려움을 줄 수 있다.

예를 들면 어린 시절 어머니에게 사랑과 관심을 얻고 싶었지만 늘 비난과 질책을 받은 내담자가 있었다. 그는 어머니에게 얻지 못한 사랑과 관심에 대한 욕구를 외부로 향해 친구나 타인에게 인정을 받아 자신이 가치 있는 사람이라는 것을 확인받고자 하였다. 그들에게 인정받기 위해 다양한 방법을 개발하고 실행하지만 여전히 자신이 부족하고 무가치한 사람으로 인식되어 실패하였다는 생각을 하게 된다. 그의 이런 감정들은 현재 일어나고 있는 타인과의 관계에서가 아니라 과거 어머니와의 해결되지 못한 욕구들로 인해 쌓여 있는 미해결 감정들이다. 이들 미해결 감정의 이면에는 어머니에게 받지 못한 사랑과 관심의 욕구를 해소하고자 하는 강한 동기를 가지게 되며, 이러한 동기로 인해 미해결 과제는 끊임없이 전경으로 떠오르려고 하여 전경과 배경의 혼란을 일으킨다. 전경과 배경의 혼란은 현재의 감정에 영향을 미쳐 효과적으로 게슈탈트를 형성하지 못하게 하고 형성된다 하더라도 상황을 왜곡되게 인식시켜 완성되는 것을 방해한다. 개체는 미해결 과제를 완성하고자 하는 강한 동기를 가지기 때문에 병리적인 방식이라도 사용하여 해소하려고 한다. 이렇게 해소하려는 과정에서 분노, 무력감, 공포, 외로움 등의 부정적인 정서를 경험하게 한다. 게슈탈트 상담은 이러한 미해결 과제들을 '지금-여기'를 자각하게 하여 완결할 수 있도록 돕는다.

4) 자각-접촉

자각은 자신이 순간순간 무엇을 느끼고, 생각하는지, 어떻게 행동하고 있는지, 신체에 무슨 일이 일어나고 있는지에 대한 지금-여기에서 자신의 존재를 인식하는 것이라고 할 수 있다(Joyce & Sills, 2001). 자각, 즉 알아차림(awareness)은 개체가 자신의 욕구나 감정을 지각하고 체험하는 것으로 자신을 환경에 적응시키고 성장해 나가는 유기체의 고유한 능력이라고 할 수 있다. 이러한 자각에 대해 펄스(Perls, 1969)는 "존재에 대한 자각은 자신의 자기조절에 대해 알아차리게 되어 방해나 간섭을 받지 않고 역할을 할 수 있도록 하기 때문에 그 자체로 치료적일 수 있다."라고 하였다. 따라서 게슈탈트상담에서 자각은 건강한 사람의 특징이며 상담 목표가 될 수 있다.

예를 들면 외출을 하려고 나가다가 갑자기 현관문이 잠겼는지 걱정이 되어 다시 집으로 돌아와 현관문을 확인하고 다시 나간 경우를 생각해보자. 이때 현관문이 잠겼는지 걱정이 되는 것(게슈탈트)은 자각이고 이를 해소하기 위해 집으로 다시 돌아가 확인하는 것은 접촉이 된다. 문이 잠겼는지 확인한 후에는 배경으로 사라져 다시 외출을 하여 자신이 계획했던 일을 할 수 있게 된다. 자각은 개체가 자신의 욕구나 감정을 지각한 후에 게슈탈트로 형성하여 전경으로 떠올려 게슈탈트를 환경과 상호작용하는 행위, 즉 접촉을 통해 해소하게 한다. 이렇게 환경과 상호작용을 하는 것을 접촉이라고 한다. 접촉은 만지는 것, 보는 것, 움직이는 것, 먹는 것 등과 같은 행위로 에너지를 동원하여 실제로 환경과 만나는 것이다,

자각-접촉 주기 개체가 자신의 욕구와 감정을 자각하여 게슈탈트가 형성되고 해소되는 반복적인 과정을 자각-접촉 주기라고 하고 6단계로 구성된다. 첫째, 배경이 나타나고, 둘째, 욕구나 감정이 생기면, 셋째, 욕구나 감정을 알아차려 게슈탈트로 형성하여 전경으로 떠올리고, 넷째, 이들을 해소하기 위해 에너지를 동원하여, 다섯째, 행동하고, 여섯째, 환경과 접촉함으로써 게슈탈트를 해소한다. 이렇게 게슈탈트가 해소되면 이는 배경으로 물러나고 개체는 휴식을 하게 된다. 건강한 유기체는 환경과의 접촉을 통해 자각-접촉의 과정을 반복하면서 자신과 타인과의 경계, 자신과 환경과의 경계가 분명해져 환경과의 접촉을 통해 성장한다.

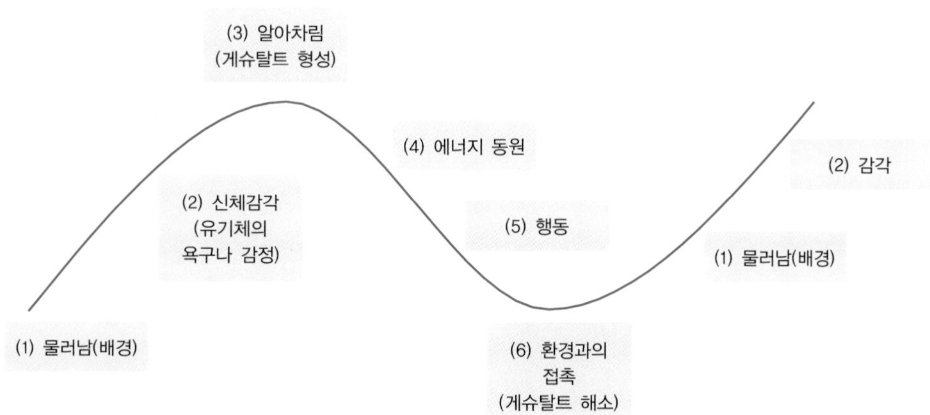

5) 성격층

게슈탈트상담에서는 인간의 성격을 양파껍질에 비유하면서 다섯 가지 층으로 설명하였다. 개체가 접촉 경계 혼란을 극복하고 심리적으로 성숙하기 위해서는 양파껍질과 같은 이 다섯 가지 층을 통과해야 한다. 이 다섯 층을 지나 핵에 이르도록 하면 순수한 자아, 즉 성격적으로 더 건강한 층들이 드러나게 되면서 자신의 진정한 모습을 자각하게 되고, 환경과 타인은 물론 자신과 완전히 접촉할 수 있게 되어 심리적인 성숙을 이룰 수 있다. 다섯 가지 층에 대해 가장 바깥에 있는 층부터 살펴보면 다음과 같다(Corey, 2001).

(1) 허위층(phony layer)

처음 만나게 되는 층은 허위층으로 진실성이 없고 형식적이고 피상적인 방식으로 사람들에게 반응하는 상태를 의미한다. 이 수준에서는 자신과 외부환경을 인식하지 못하고 타인과의 관계에서 게임을 하게 되며, 자신의 마음을 솔직하게 표현하지 못하고 거짓된 역할에 몰두한다. 여기서 역할은 자신이나 타인이 만들어 낸 환상에 따라 자신이 아닌 다른 사람처럼 행동하면서 생활하는 것을 말한다. 여기에서는 거짓된 역할을 하면서 자신의 욕구와 감정을 알지 못하기 때문에 게슈탈트가 형성되기가 어렵다.

(2) 공포층(phobic layer)

두 번째로 만나게 되는 층은 공포층이다. 개인은 타인의 도움과 함께 하는 것이 매우 중요하기 때문에 타인에게 좋은 모습을 보이기 위한 행동을 한다. 자신이 원하는 대로 행동을 할 경우 두려운 결과가 오는 것에 대한 공포로 인해 욕구를 억압하고 주위의 기대에 따라 행동하게 된다. 자신의 욕구와 감정은 억압하고 주위에서 원하는 역할을 연기하며 살아가면서 자신이 역할 연기를 한다는 것을 망각하고 이것이 자신의 참모습으로 알고 살아간다. 따라서 자신의 본연의 모습을 나타내는 것을 두려워하고 그것을 인정하는 것에 저항이 나타난다. 공포층에서는 자신의 본모습을 나타내는 것을 두려워하고 억압하기 때문에 허위층과 마찬가지로 게슈탈트 형성이 어렵다.

(3) 곤경층(impasse layer)

이 층에서는 공포층에서 하던 역할 연기를 그만 두고 자립을 시도하지만 몸을 움직일 수 없는 상태의 극도의 불안, 공포, 혼란감, 당혹감, 무력감 등을 경험하게 된다. 이러한 경험들로 인한 혼란과 무력감은 사람들로 하여금 가끔씩 이 층에서 벗어나지 못하도록 하기 때문에 다음 층으로 이동하는 것이 어려워진다. 또한 도움을 받기 위해 연기를 해도 소용없다는 것을 깨닫고 역할에 대한 연기를 그만두게 된다. 하지만 자신의 진정한 모습을 보는 것이 어렵고 스스로 해결할 수 있는 능력이 부족해 딜레마에 빠지게 된다. 이때 혼란과 공허감 등을 피하지 않고 견디게 되면 이 층을 극복하게 되고, 이것을 극복해야 자신이 생생하게 살아 있다는 느낌을 가질 수 있다. 곤경층에서는 역할 연기를 그만두고 게슈탈트는 형성하지만 에너지 부족으로 해소하는 것은 어렵다.

(4) 내파층(impolsive layer)

곤경층에서 느끼는 극도의 혼란, 공허함, 무력감을 직면하면서 견뎌내면 다음으로 넘어가서 내파층에 이르게 된다. 개인은 자신이 그동안 억압하고 차단했던 욕구들을 인식하게 되지만 겉으로 표현하지 못하고 여전히 억압하는 상태에 있다. 이때 사람들은 지금까지 스스로를 얼마나 쓸데없이 규제해 왔는가를 의식하고 후회, 자책하게 된다. 이러한 감정들을 오랫동안 억압해 발산하지 못하게 했기 때문에 폭발적인 에너지를 갖게 되지만 외부로 발산하면 상대에게 상처를 주고 관계가 악화되는 것이 두려워서 내부로 향하게 된다. 내부로 향한 에너지로 인해 내부에서는 공격적이고 파괴적으로 폭발하게 되고 자신을 공격하여 공포를 경험하게 된다. 이러한 경험을 극복하면 순수한 자기(anthentic self)로 돌아가게 되는데, 이때 비로소 사람들은 방어를 벗어버리고 순수한 자기와의 접촉을 시작하여 변화를 시도하게 되고 미해결 과제를 다루면서 통합을 향해 움직이기 시작한다. 펄스(Perls, 1969)는 내파층을 극복하고 방어를 노출시키게 된다면 진정한 자기를 접촉할 수 있다고 하였다. 이 층에서는 게슈탈트가 형성되고 에너지 동원도 가능하지만 해소되는 단계에서는 차단이 된다.

(5) 외파층(explosive layer)

마지막 층인 외파층에 이르게 되면 더 이상 타인의 요구를 맞추기 위해 했던 거짓된 역할과 위장을 하지 않게 된다. 거짓된 역할과 위장을 위해 자신의 감정이나 욕구를 억압하거나 차단했던 것을 그만두고 직접 외부에 표현하게 된다. 이렇게 함으로써 자신의 욕구와 감정을 알아차리게 되고 선명한 게슈탈트를 형성하여 환경과의 접촉을 통해 해결하게 된다. 또한 이전에 해결하지 못하고 배경으로 보냈던 미해결 과제들도 다시 전경으로 떠오르게 하여 해결한다. 이 층에 도달하면 상담은 종결하게 된다. 개인은 지금까지 어리석고 유아적 욕구가 자신을 지배하였던 과거의 삶에 대해 슬퍼하고 울기도 하면서 고통과 기쁨 등의 억압된 감정들을 발산하기도 한다. 이런 과정들은 게슈탈트가 형성되고 해소가 순조롭게 진행되어 미해결된 과제들까지 다시 떠올려서 해소시키는 것으로, 개인을 생동적이고 진솔하게 변화하는 데 필요하다.

6) 접촉경계 장애

자각-접촉 주기에서의 접촉경계혼란은 각각의 단계에서 차단이 일어나면 다음 단계로 넘어가지 못하고 단절을 하게 하여 욕구를 해결하지 못하게 한다. 이때 해결되지 못한 욕구인 미해결 과제가 누적되어 분할되고 소외되면 심리적인 문제를 경험할 수 있다. 이러한 심리적 문제는 접촉경계혼란을 일으키게 된다. 접촉경계혼란은 개체가 환경과의 접촉에서 감각을 떨어뜨려 알아차리지 못하게 하거나 알아차렸다 하더라도 에너지를 동원하지 못하게 하고, 이는 접촉경계 장애로 이어진다. 접촉경계 장애에는 내사, 투사, 융합, 반전, 편향이 있다.

(1) 내사

사람은 자신에게 필요한 것을 환경과 접촉을 하여 받아들여서 소화하고 동화하여 성장하여야 한다. 하지만 자신의 진정한 욕구를 알아차리지 못하고 환경이나 타인의 가치관이나 행동을 무비판적으로 받아들여 무조건 수용하면 자신의 감정이나 욕구에 의해 표현하거나 행동하는 것이 어렵게 된다. 이때 내사된 것이 자기 자신의 것인 줄 잘못 알고 살아간다.

(2) 투사

자신의 생각과 욕구를 부인하고 다른 사람 것으로 지각하는 현상이다. 이는 죄의식이나 열등감, 공격성과 같은 자신의 욕구나 감정을 자각하고 접촉하는 것을 두려워하여 차단함으로써 이런 속성이 자신의 것이 아니라 타인의 것으로 책임을 돌리는 것이다. 책임을 타인에게 전가함으로써 자신의 욕구가 좌절되는 고통을 덜 받게 되고 일시적으로 기분이 나아질 수는 있지만 자신과 타인 간의 경계가 확장되게 된다. 따라서 투사는 자신의 유기체적 욕구를 알아차리고 접촉하여 해소하는 과정을 방해하고 타인과 접촉도 방해한다.

(3) 융합

밀접한 관계에 있는 사람이 서로 사고나 감정 등이 차이점이 없다고 느끼도록 암묵적으로 합의함으로써 일어나는 접촉-경계 혼란으로 독립적이지 못하고 의존적이 된다. 서로의 독자성을 무시하고 동일한 가치, 태도를 지닌 것처럼 여기는 이러한 관계에서는 각자의 가치나 감정을 깨닫지 못하고 갈등이나 불일치를 용납하지 못한다. 융합 관계를 깨트리는 행위는 안전에 대한 심각한 위협으로 느끼며 관계를 깨트리게 되면 심하게 죄책감을 느낀다. 융합을 경험하는 사람들은 다른 사람에게 인정을 받기 위하여 자신의 감정과 욕구를 포기하고 상대에 맞춰간다. 이들은 자신의 감정이나 욕구가 무엇인지 알아차리지 못하기 때문에 진정으로 원하는 것을 인식하기가 매우 어렵다. 따라서 융합으로 인하여 자신과 타인의 경계를 갖지 못하여 자신의 욕구와 감정을 인식하지 못한다. 특히 융합은 부모나 자녀, 부부사이의 불일치를 용납하지 못하고 불일치를 느끼면 분노나 죄책감을 가진다.

(4) 반전

반전은 억압적이거나 핍박받는 환경에서 성장하여 타인과의 자연스런 접촉행동을 경험하지 못했을 때 나타난다. 개인은 환경과 상호작용을 하면서 살아가기 때문에 대인관계에 있어 자신을 적절하게 표현한다는 것은 매우 중요한 일이다. 반전을 방어기제로 사용하는 개인은 타인에게 표현해야 하는 행동과 감정을 자신에게 향하게 한다.

예를 들면 왕따를 당하는 학생은 자신이 왕따 당할 만한 외모이거나 그럴만한 행동을 하기 때문이라고 생각하고 자신을 처벌하게 된다. 또한 타인이 자신에게 해주기를 원하는 행동을 자신에게 하거나 다른 사람이나 환경에 대하여 하고 싶은 감정이나 행동을 자기 자신에게 한다. 예를 들면 타인에게 도움을 받고 싶지만 "나 혼자 할 수 있어"라고 하면서 혼자 하는 것을 말한다. 이러한 행동은 결과적으로 혼자라고 느끼고 다른 사람과 단절되었다고 느낄 수 있으며, 다른 사람에게 하고 싶은 행동을 하지 못하고 자신에게 하는 극단적인 행동으로 자해나 자살을 할 수도 있다.

(5) 편향

환경과의 상호작용에서 감당하기 힘든 자극이나 내적갈등이 발생할 때 좌절과 고통을 피하기 위해 자신의 감각을 둔화시켜 현재 일어나고 있는 환경과의 접촉을 약화시키는 것이다. 이러한 편향이 습관이 되면 고립되고 무기력해진다. 편향은 혼자 있을 때도 일어날 수 있지만 대부분은 환경과의 상호작용에서 많이 일어나는데 특히 부담스러운 사람이나 상황에서 많이 일어난다. 예를 들면 이야기의 핵심을 말하지 않고 빙빙 돌려서 얘기한다거나 자신의 감정을 약화시키거나 숨겨서 불편한 상황을 벗어나려고 하는 것이다.

7) 지금-여기

게슈탈트상담의 가장 큰 공헌 중의 하나는 '지금-여기'를 강조함으로써 과거나 미래보다 현재에 집중하게 한 것이라고 볼 수 있다. 현재에 살면서 감정과 욕구는 과거에 집착하고 생각은 미래에 대한 허황된 기대를 가지고 있을 수 있다. 왜냐하면 완결되지 못한 미해결 과제는 끊임없이 해소하고자하는 욕구를 가지기 때문에 전경과 배경의 교체를 방해하여 적응장애를 일으킨다. 아침에 아이가 아픈 것을 보고 출근한 엄마는 아이가 걱정이 되어 하루 종일 일이 손에 잡히지 않고 불안해 할 것이다. 이처럼 해결되지 못한 미해결 과제는 삶을 힘들고 고통스럽게 한다. 이런 고통에서 벗어나기 위해 게슈탈트상담은 현재 우리 몸이 경험하는 구체적이고 감각적인 현상에 의해 '지금-여기'에서 일어나는 일을 알아차리게 하여 미해결 과제를 해결한다.

게슈탈트상담자는 내담자의 미해결 과제를 해결하기위해 자신의 경험이나 지식을 내려놓고 '지금-여기'의 생생한 경험을 중심으로 접근하며(김정규, 2015) 아무 생각 없이 내담자를 고유한 한 사람으로 보고 현재에 일어나는 즉각적인 경험에 초점을 둔다. 이때 상담자는 '지금-여기'에 대해 알아차림을 도우기 위해 상담자는 내담자에게 왜라는 질문보다 '무엇을'이나 '어떻게'라는 질문을 통해 현재와 접촉하게 한다. 즉 "지금 일어나고 있는 일은 무엇입니까?", "지금 이 순간 어떤 생각을 하고 있습니까?", "지금 어떤 감정을 느끼고 있습니까?" 등과 같은 질문을 함으로써 현재 시제로 대화에 참여하도록 한다(Corey, 2001). 이런 질문들은 내담자가 우리 자신이 '지금-여기'에 집중하게 하여 현재 자신의 감정과 욕구를 알아차리게 하는 것이다.

'지금-여기'를 강조한다고 하여 내담자가 경험한 과거에 대해 무시한다거나 관심을 두지 않는다는 것은 아니다. 자신의 감정이나 욕구를 알아차리지 못하면 혼란을 경험하고 통합된 느낌을 갖지 못하며 타인과 자신, 환경과의 접촉에 어려움을 겪게 된다. 그래서 게슈탈트상담자는 내담자가 자신의 이야기를 할 때 과거의 경험을 '지금-여기'에서 일어나는 것처럼 현재화하도록 요청한다. 이는 내담자에게 과거에 일어났던 사건을 현재로 가져오게 하여 과거에 경험했던 감정들을 재경험하게 하는 것이다. 이러한 재경험은 과거의 사건들에 대한 추상적인 생각이 아닌 실제로 '지금-여기'에서 무엇이 어떻게 일어나고 있는지 내담자가 탐구하고 스스로 깨닫고 해결책을 직접 찾아갈 수 있도록 돕는다(김정규, 2015).

8) 장이론

게슈탈트상담은 장이론에 근거한다. 장은 전체를 말하며 시공간의 연속적인 과정이고 관계들의 체계적인 망으로써 모든 것을 포함하고 있으며 통일된 전체로서 서로에게 영향을 주는 관계이며 현상학적이다. 전체로서의 장은 개인의 감정, 가치관, 세계관, 사고 등 모든 것이 포함되어 있고 이는 서로 상관되어 있어 각 부분들은 서로 관계를 맺고 서로에게 반응하고, 장의 다른 곳에서 일어나는 일에 영향을 받는다. 따라서 장은 배경으로써 과거이며 현재이고 미래이면서, 항상 변화하고 움직이며 모든 전경에 영향을 미친다. 따라서 게슈탈트상담에서는 장에서의 전경과 배경의 통합을 강조하고 이러한 장은 끊임없이 만들어진다.

3. 게슈탈트의 상담 과정

1) 상담 목표

게슈탈트상담 목표는 내담자가 현재 무엇을 하고 있으며, 어떻게 하는지를 자각하도록 촉진하는 동시에 접촉을 통해 게슈탈트를 완성하도록 조력하여 자신의 삶을 책임질 수 있도록 하는 것이다. 즉 내담자가 알아차림을 통하여 성장과 통합을 이루어 다른 사람에게 의지하지 않고 스스로 자신을 책임지면서 실존적인 삶을 살 수 있도록 도와주는 것이다.

게슈탈트상담의 구체적인 목표는 체험확장, 통합, 자립, 성장, 실존적 삶으로 정리할 수 있다. 첫째, 억압했던 자신의 부분들을 다시 접촉하게 함으로써 내담자가 체험하는 영역을 확장하게 한다. 영역이 확장되면 자신의 감정, 욕구, 신체감각과 환경에 대해 다양하게 체험하게 되고 환경과의 상호작용이 위협이 아니라 자신의 체험을 확장하는 데 중요한 요소라는 것을 깨닫게 된다. 둘째, 자신을 전체적으로 통합하여 지각하지 못하고 일부분만 인정하여 다른 부분을 자신으로부터 소외시켜 접촉하지 못하게 하면 개체는 장애 상태에 있게 된다. 상담자는 내담자의 소외된 부분을 다시 접촉하게 하여 그동안 억압되고 소외되었던 인격의 부분들을 다시 지각하고 체험하게 함으로써 이들을 인격의 일부로 통합하도록 돕는다. 셋째, 내담자가 자립 능력을 증진하게 되면 스스로 자신을 보살필 수 있다고 믿기 때문에 내담자의 자립 능력을 일깨워 회복하도록 돕는다. 그리고 현실에서 자신의 감정과 행동을 스스로 선택하고 책임지게 한다. 넷째, 내담자의 증상을 교정하거나 제거하기보다 성장에 관심을 기울인다. 성장을 도움으로써 스스로 현실 상황에서의 혼란을 이겨내고 변화하고 성장할 수 있도록 한다. 다섯째, 내담자의 실존적 삶을 촉진시켜 자기 자신의 내적인 감정과 욕구를 회피하지 않고 직면하여 수용하고 극복하게 한다. 이렇게 함으로써 내적으로 내담자의 잠재적 가능성을 실현하고 외적으로는 외부환경과 타인의 모습을 왜곡하지 않고 있는 그대로 인식하고 진실한 접촉을 하도록 돕는다.

2) 상담자의 기능과 역할

게슈탈트상담에 있어 상담자는 내담자 내면의 욕구와 감정을 자각하고 알아차리는데 방해하는 장애물을 극복하도록 돕는 역할을 한다. 상담자는 실험적 태도로 내담자가 자신의 존재를 실현해 가도록 허용해 주면서 스스로 문제를 발견할 수 있도록 안내하여 적극적인 파트너가 될 수 있도록 한다. 이런 의미에서 본다면 게슈탈트 상담자는 내담자에게 거울이 되어 내담자를 비추어 줌으로써 자신을 볼 수 있게 하는 역할을 한다.

게슈탈트상담자의 기능은 나와 너의 인격적 관계 속에서 내담자와 상호작용을 통해 내담자가 새로운 방식으로 실험적 경험을 시도할 수 있도록 한다. 이러한 시도는 상담자의 삶이 활력적이고 긍정적이며 흥미와 충만함을 가져야 가능하다고 할 수 있다. 이를 바탕으로 상담자는 내담자가 억압한 미해결감정을 현재로 이끌어와 재 경험하게 하고 스스로 해석하게 함으로써 통찰하도록 도와준다. 이러한 과정은 내담자의 현재 감정과 인식 그리고 신체 언어 등에 초점을 두어 자신의 감정을 충분히 표현하고 경험할 수 있도록 도와준다. 이때 상담자는 상담 과정에서 나타내는 내담자의 신체적 움직임이나 행동 변화를 관찰하여 내담자에게 전달함으로써 자신의 내적 상태를 알아차리게 해준다. 그리고 내담자의 자립적인 태도나 행동을 격려하고 지지해주면서 내담자의 회피행동을 좌절시킨다.

게슈탈트상담에서 상담자는 내담자의 존재와 그의 삶에 대해 진지한 태도로 흥미와 관심을 보여야 한다. 또한 공감과 감동을 통하여 그들의 삶에 대해 존중하고 긍정적으로 받아들여야 한다.

3) 상담자와 내담자의 관계

게슈탈트상담에서 상담자는 내담자의 존재와 그의 삶에 대해 진지한 태도로 흥미와 관심을 보여야 하며 공감과 감동을 하며 그들의 삶에 대해 존중하고 긍정적으로 받아들여야 한다.

게슈탈트상담에서 내담자와의 관계는 첫째, 상담자와 내담자가 실존적으로 만나는 것을 중요하게 생각하며 내담자의 존재가치와 삶에 대해 진지하고 존중하는 자세로 그의 삶을 이해하고 받아들여 주어야 한다. 이때 상담자는 관심과 감동을 보여주는 능력을 가지고 있어야 한다. 둘째, 존재 허용적 태도로 내담자가 스스로 자신의 삶을 살아갈 수 있도록 한다. 이는 상담자가 자신의 가치관에 따른 치료계획이 아니라 내담자가 스스로 본연의 모습으로 자신의 존재를 실현해 나가도록 허용해 주는 것을 말한다. 셋째, 현상학적 입장에서 실험적이고 창조적인 태도로 현상을 따라가는 상담을 진행한다. 즉 상담자는 내담자를 이끌기보다는 항상 따라가야 하고, 게슈탈트 상담에서는 내담자와 상담자간의 관계가 수직적이 아니라 수평적이다. 이러한 동등한 관계에서 내담자는 자신의 감정을 솔직하게 표현하고 상담자와의 관계에서 새로운 관계를 체험할 수 있다.

펄스(Perls)는 게슈탈트상담에서 중요한 치료도구로 상담자의 인격적인 자질을 얘기하고 있다. 내담자와 상담자의 관계는 상담 과정에서 일어나는 일과 관계의 질을 결정하고 이러한 과정에서 상담자의 인격은 매우 중요하다. 상담자가 인격적인 자질을 무시한다면 그는 상담사라기보다는 단순한 기술자라고 말할 수 있을 것이다.

4. 게슈탈트의 주요 상담 기법

게슈탈트상담에서는 다른 상담이론에 비해 많은 상담 기법들이 개발되고 사용해 오고 있다. 상담 기법들은 모두 알아차림과 접촉을 촉진시켜 주는 방법들로서 상담을 위한 부수적인 도구이다. 기법을 적용하면서도 기법만으로 상담이 이루어질 수 있다고 생각해서는 안 되며 목적이나 사용 방법, 기법의 배경 등을 충분히 이해하여 적절하게 사용해야 한다. 가장 좋은 상담은 기법을 사용하기보다 참 만남에서 이루어지므로 기법은 보조적인 치료의 수단 정도로 생각하여야 한다.

1) 빈 의자 기법

게슈탈트상담에서 가장 많이 사용되는 기법으로 과거의 사건이나 현재 상담 장면에 없는 사람과의 사건을 다룰 때 사용한다. 이정숙(2011)의 연구에서 빈 의자 기법을 적절한 시기에 실시를 한 결과 내담자에게 문제가 되고 있는 특수한 주제에 대한 그들의 해결 욕구가 맞닿는 것을 볼 수 있었다고 하였다. 예를 들어 엄마와의 관계에서 힘든 경험이 있는 내담자에게 빈 의자에 엄마가 앉아 계신다고 상상하고 엄마에게 하고 싶은 말을 하도록 하는 것이다.

빈 의자 기법에 대해 거부감을 느끼는 내담자도 있기 때문에 내담자가 부담을 느끼면 사용하지 않는 것이 좋다. 실제 사례에서 내담자는 빈 의자 기법을 다음과 같이 느껴진다고 했다. "감정이 올라와서 어떻게든 해야겠다 싶을 때 빈 의자 작업을 하게 됐어요. 내 상태와 문제에 꼭 들어맞는 경험이었고 상담자는 나를 전혀 막지 않았어요. 작업을 진행하면서 내가 하고 싶은 말을 하였고 나는 전혀 몰랐던 것을 보고 느끼고 있는 것 같았어요. 그런 경험은 상담자가 나에게 공감해 주는 이상의 경험이었어요."

이렇게 빈 의자 기법은 내담자의 문제 상황과 관련된 일들을 설명하지 않아도 직접 탐색할 수 있고 환경과의 상호작용 등을 알 수 있다. 그리고 내담자 스스로 상황과 행동을 직접 관찰함으로써 객관적으로 상황을 볼 수 있으며 문제해결을 할 수 있다. 또한 역할을 교환하여 서로 대화함으로써 상대방의 시각에서 바라볼 수 있어 감정을 이해하고 공감할 수 있다. 빈 의자 기법은 타인뿐만 아니라 자신과의 부분과도 접촉을 도와주고 과거사건이나 미래사건을 현재로 가져와서 체험하게 해주는 장점이 있다.

2) 꿈작업

정신분석에서는 자유연상으로 꿈의 무의식을 탐색하여 해석하고 통찰을 강조하지만 게슈탈트상담에서의 꿈 작업은 치료자가 해석하거나 분석하지 않는다. 게슈탈트상담에서는 자신의 감정이나 에너지를 꿈에서 가장 잘 투사한다고 본다. 꿈속에서는 자신이 투사된 많은 자아를 많이 만날 수 있으며 이들을 다시 접촉하고 통합할 수 있어 펄스(Perls)는 꿈이 통합을 위한 왕도라고 했다. 또한 꿈은 깨어 있는 삶에서 표현되지 못하고 억제된 감정과 욕구의 반전으로도 이해한다. 즉 깨어 있는 삶에서 표현되지 못한 것이 꿈으로 나타난다는 것이다. 그래서 꿈을 우리 자신의 일부가 외부로 투사한 것으로 보고 현실로 가져와서 지금 일어나고 있는 것처럼 직면해 본다.

예시 내담자는 학교부적응으로 자퇴를 한 여학생이며 자살사고를 가지고 있다.

내담자: 꿈에 귀신이 인간으로 변장하여 나를 자꾸 찾아다녔어요. 귀신이 나에게 몸을 달라고 했어요. 내가 생각해보겠다고 했는데 계속 나를 찾아다녔어요.

상담자: 귀신이 나에게 몸을 달라고 자꾸 따라 다녀도 내가 주고 싶지가 않았네요. 자신의 몸이 뭐라고 하는지 말해보시겠어요? "나"라고 말하면서 해 보세요.

내담자: 나는 귀신에게 가기 싫어. 귀신이 가까이 오는 것이 싫어. 나는 아직 어리고 젊어. 나는 하고 싶은 것이 많아.

상담자: 내가 무엇을 말하고 있는 거라고 생각하세요?

내담자: 몸을 주기 싫은 것은 죽고 싶지 않다는 거죠. 꿈을 꾸고 난 후에 살기 싫은 것이 아니고 내가 사는 방법이 마음에 안 들어 답답해했던 것 같아요. 내가 처한 상황이 마음에 안 든다는 것을 알게 되었어요.

3) 과장하기

내담자가 어떤 상황에서 자신이 느끼는 감정을 명확하게 인식하지 못하면 상담자는 감정 자각을 돕기 위해 움직임이나 자세, 행동 등을 내담자에게 반복적으로 과장되게 표현하도록 시킨다. 예를 들면 상담 진행 중에 내담자가 작은 목소리로 말을 한다면 상담자가 더 작은 목소리로 말을 함으로써 내담자의 감정이나 욕구를 알아차리게 할 수도 있다. 또한 내담자가 가지고 있는 감정이 어떤 신체 동작과 관련이 있다고 상담자가 판단을 하게 되면 내담자에게 그 신체 동작을 반복적으로 과장하게 함으로써 그 감정을 강렬하게 경험하게 한다. 이때 상담자가 어떤 감정이 체험되었는지 질문하여 내담자가 자신이 경험한 감정을 명확하게 자각할 수 있도록 도와준다.

4) 상전과 하인

펄스(Perls, 1969)는 우리의 무의식적 행동을 지배하는 두 개의 자아가 있는데 하나는 상전(top dog), 다른 하나는 하인(under dog)이라고 하였다. 상전은 권위적이고 도덕적이며 명령적이고 지시적인 프로이트의 초자아개념에 해당된다고 한다. 상전은 완벽주의를 추구하여 하인이 도달할 수 없는 이상적인 것을 요구한다. 하인이 자신이 요구하는 이상을 달성하지 못하면 질책하고 화를 내지만 정말은 자신이 추구하는 이상이 무엇인지 모른다.

여기서 상전은 하인에게 질타하고 몰아붙이는 역할을, 하인은 억압되고 희생하는 측면의 인격으로 괴롭힘을 당하는 역할을 한다. 하지만 하인은 아무 힘이 없지만 변명을 하고 회피하며 억지 부리기 등으로 상전을 괴롭히고 궁지로 몰아 상전과의 싸움에서 만만치 않은 전략을 구사한다. 하인은 상전의 비난과 질책에 분노와 짜증으로서 그 현상을 유지하는 방법으로 사용한다. 이때 외부로 투사하게 되는 분노와 짜증으로 인해 내담자는 죄책감을 느끼게 되는데, 이러한 죄책감을 외부에서 오는 것으로 왜곡하여 반응하게 된다. 이렇게 상전과 하인으로 양분된 우리 성격은 환경을 통제하기위해 서로 싸우게 되어 에너지를 낭비한다. 따라서 게슈탈트 상담은 내담자에게 이러한 상전과 하인의 내면적 대화를 의식화시켜 자신의 행동에 대한 이해를 돕는다.

5) 책임지기

내담자가 책임을 자각하도록 돕기 위해 자신이 하는 모든 행동에 대해 "~에 내가 책임진다"라는 말을 하게 하여 자신이 느끼거나 행동하는 모든 감정, 사고, 신체적 동작 등을 받아들이게 돕는 것이다. 예를 들면 "나는 내가 게임을 하고 있다는 것을 지각한다. 그리고 그것은 내 책임이다."라는 말을 하도록 시킨다.

6) 머물러 있기

내담자들은 가끔 감당하기 힘든 감정들을 회피하려고 하는 경향을 보인다. 이런 상황에서 상담자는 내담자에게 자신의 현재 감정을 피하지 말고 계속 거기에 머물러 있게 한다. 이러한 시도는 내담자가 해결하지 못하고 회피하는 자신의 미해결된 감정을 직면하게 하여 해소할 수 있도록 돕는 것이다.

예를 들면 내담자에게 내면에서 올라오는 감정들 즉 분노, 불안감, 죄책감, 혼란스러움 등 "지금 느끼고 있는 감정들에 그대로 계속 머물러 보세요!"라고 한다.

7) 과제

과제는 상담 장면에서 자신의 욕구나 감정을 새롭게 체험하고 발견하는 경험을 한 이후에 실제 생활에서 이러한 경험들을 적용해 보도록 하는 것이다. 내담자의 삶을 변화될 수 있도록 도우는 것이 게슈탈트상담의 목표라고 할 수 있는데, 과제는 목표를 달성하기 위한 매우 적절한 도구이다. 즉 상담 장면에서 알게 된 것을 실생활에 접목시켜 볼 수 있도록 여러 가지 과제를 내어줌으로써 상담 목표를 달성할 수 있도록 한다.

8) 거꾸로 하기

내담자가 평소에 하는 일상적인 행동과 반대되는 행동을 하게 함으로써 자신의 개발되지 못한 성격적인 측면들을 접촉할 수 있게 한다. 예를 들면 많은 사람들이 있는 곳에 가는 것이 두려운 사람에게 사람들이 많은 공공장소에 가게 해본다든가 어떤 상황에서든 무조건 부정적으로 반응하는 사람에게 긍정적으로 반응하게 하는 것 등이다.

5. 상담 과정과 기법에 대한 사례학습

게슈탈트상담은 사람들이 스스로 성장하고 성숙하며, 자신의 생활을 책임지고, 자신에 대한 책임감을 갖도록 도와주는 것이다. 인간은 긍정적이고 자아실현을 하려는 과정적인 존재이다.

제시된 상담은 자해와 자살충동으로 인해 고통을 받고 있는 내담자의 상담

과정으로 상담자는 신체 자각 상담 기법을 사용하여 상담 과정 중 한 부분만 기록하였다.

예시 내담자는 여자 고등학생으로 부모님은 관계가 좋지 않고 어머니는 내담자에게 기대를 많이 하고 있다. 이로 인해 성적이 좋지 않으면 어머니가 알게 될까 봐 두렵고 무섭다고 한다. 이렇게 두렵고 불안해지면 자살충동이 일어나고 실제로 자해도 하고 있다고 한다.

상: 혹시 몸에 어떤 감각이 느껴지나요?
내: 숨쉬기가 힘들고 심장이 빨리 뛰어요.
상: 거기에 집중해 보세요. 무엇을 얘기하고 있나요?
내: 불안하다고, 안정이 안 된다고 하는 것 같아요.
상: 몸의 어느 부분에서 그것을 느끼나요?
내: 가슴 밑 부분에서 무엇인가 꽉 막힌 것 같아요.
상: 언제부터 거기에 있었을까요?
내: 아주 오랫동안.
상: 꽉 막힌 게 어떻게 생겼어요?
내: 아주 검고 거칠어 보여요.
상: 아주 검고 거친 것을 무엇이라고 부를 수 있을까요?
내: 바위 같아요.
상: 바위가 뭐라고 하는 것 같나요?
내: 하지 말라고 위험하다고. 안전하지 않다고.
상: 바위가 안전하지 않다고 하네요. 이유가 뭘까요?
내: 내가 잘못하면 사람들이 비웃고 놀리니까 하지 말라고.
상: 사람들이 비웃고 놀리니까 하지 말라고 하네요. 잘 할 수 없으니까 안전하지 않다고 이렇게 신호를 보내고 있네요.
내: 네, 그런 것 같아요. 내가 그렇게 못했던 것은 아닌 것 같은데….
상: 그렇게 못했다고 생각하지 않는데 바위는 당신이 못한다고 하네요. 바위에게 뭐라고 하고 싶어요? 얘기해 볼 수 있어요?
내: “바위야 나는 네가 생각하는 것처럼 그렇게 못하지 않아. 하지만 사람들 앞에서

내가 주눅이 들고 두려워하는 것 때문에 네가 그렇게 생각하는 것 같아. 앞으로는 내가 더 용기를 내어 다른 사람들에 대해 신경 안 쓰고 잘해볼게."

상: 바위가 어떻게 반응하고 있나요?

내: 아, 바윗돌이 말랑해지면서 작아지고 있어요. 마음이 편안해지는 것 같아요.

상: 지금은 몸의 감각이 어때요?

내: 잔잔하게 편안함이 가슴에서 퍼져나가는 것 같아요.

CHAPTER

09 인간중심상담

내담자의 문제행동을 무의식적 동기에 근거를 두는 정신분석과는 다르게 인간 중심 이론은 의식이 있는 정신 과정에 중심을 둔다. 인본주의 이론에서는 인간은 무의식에 지배되는 암울한 존재가 아니라 창의적이고 건전하게 성장할 수 있는 가능성을 무한하게 지니고 있는 존재로 보고 있다. 이러한 인본주의 이론을 대표하는 이론은 칼 로저스(Carl Rogers, 1902~1987)의 인간중심이론과 아브라함 매슬로우(Abraham Maslow, 1908~1970)의 욕구위계이론이 있다. 특히 로저스는 인본주의의 이론 중 가장 중요한 내용으로 인간은 무한한 발전 가능성이 있는 잠재력을 가진다는 인간관에 기초하여 1940년대에 지시적이고 상담자 중심적인 정신분석치료와 행동 치료에 대해 반대하여 비지시적이며 내담자 중심인 심리치료법을 개발하였다.

로저스(Rogers, 1957)는 실현 경향성의 힘을 가지고 있는 청소년들은 스스로 부정적 영향을 주는 경험은 회피하고, 긍정적인 경험을 추구할 수 있다고 보았다. 청소년은 스스로 발전하고 성장할 수 있는 것에 가치를 부여할 수 있는 실현 경향성을 선천적으로 가지고 있다는 것이다. 이러한 실현 경향성이 발휘되기 위해서는 내담자에게 비 간섭적이고 허용적인 상담 분위기가 되어야 한다고 강조하였다.

1. 인간관

인간중심상담은 인간은 바람직한 성장을 할 수 있는 잠재력을 가지고 있는 존재라는 것에 기초하여 개인의 긍정적인 성장에 중점을 두고 있다. 인간중심상담에서는 내담자의 긍정적 성장을 할 수 있는 잠재력이 발휘되지 못하는 것은 내담자가 왜곡된 상황에서 부정적 행동을 선택하여 자신의 성장을 방해하기 때문이라고 설명한다.

인간중심상담에서는 내담자의 성장을 돕기 위해 신뢰와 존중의 상담 분위기만 갖추어진다면 내담자는 건설적인 방향으로 갈 수 있는 능력을 가지고 있다는 믿음이 있다. 따라서 인간은 자원을 만들 수 있으며 신뢰할 수 있고 건설적인 변화를 만들 수 있으며, 자기 이해와 자기를 지시할 수 있는 능력을 가지고 있고 생산적이고 효율적인 삶을 영위할 수 있는 존재라고 본다.

따라서 인간중심상담에서 상담자의 역할은 문제를 해결하는 방법을 지원하거나 잘못된 행동을 지적하는 것이 아니라 내담자가 스스로 성장할 수 있는 잠재력을 찾아 스스로 객관적인 현실에 대해 긍정적으로 인식하고 경험하도록 지지해주는 것이다. 상담자는 전문지식을 가지고 있다고 해서 권위적인 존재가 아니며, 내담자를 돕고 치료하는 것은 내담자 바로 자신이다. 인간중심 상담에서 상담자는 내담자 스스로가 자신의 삶을 위해 계속적으로 노력해야 한다는 것을 깨닫고 진솔하고 충실한 삶으로 변화할 수 있도록 돕는다. 또한 현실을 직면하고 성장할 수 있는 능력을 찾아낼 수 있는 내담자의 능력을 중요하게 여긴다.

2. 주요 개념

1) 실현경향성

로저스(Rogers, 1977)는 인간은 태어날 때부터 자기 증진과 성장을 위하여 끊임없이 노력하는 존재로 보았다. 또한 삶 속에서 성장을 방해하거나 고통스럽게 하는 요인을 극복할 수 있는 존재로서 성장을 지향하는 유기체로 보았다. 즉, 사람은 자기 자신을 성장시키려는 잠재된 능력이 있으며 자신의 목표를 성취하려는 기본적인 성향을 가지고 있어 건설적인 방향으로 행동을 선택하려고 한다. 성장하고자 하는 인간적 욕구는 성장의 동기로 작용하여 창조적인 도전을 하고 고통을 참아내며 새로운 것을 스스로 배우고 성취하고자 하는데 이를 실현경향성이라고 하였다.

2) 유기체

유기체란 한 개인이 가지고 있는 사상, 신체적 존재 및 행동 모두를 포함하는 전체로서의 한 개인을 말한다. 인간은 하나의 통합된 유기체로 이해되어야 한다. 인간 유기체는 신체적 기능과 감각, 감정, 동기, 사고 등의 심리적 기능이 통합적으로 조직된 체계로서 환경과 상호작용 한다. 개인은 선천적으로 자신만의 무한한 잠재능력과 독특한 개성, 지혜를 가지고 있으며 이를 유기체의 내재적 지혜라고 한다. 로저스는 인간을 총체적(holistic)으로 이해하고자 하였으며 인간의 유기체적 경험을 중시하였고, 개인의 경험의 전체가 '현상학적 장'을 만든다고 보았다.

3) 현상학적 장

현상학적 입장에서는 외부 대상 혹은 사건 그 자체가 아니라, 개인이 대상 혹은 사건을 어떻게 지각하고 있는지를 중요하게 생각한다. '현상학적 장'이란 개인이 '경험하고 있는 전체'를 의미한다. 즉, 매 순간 개인의 의식에 지각되고 경험되는 모든 것을 의미한다. 개인이 행동하는 방식은 외적 현실인 자극 조건이 아니라 자신의 현상적 장에 의존한다.

4) 자기(self)와 자기개념

자기(self) 또는 자기개념(self-conception)은 개인이 자신에 대하여 지니고 있는 지속적인 체계적 인식을 의미한다. 즉, 자기인식, 자신에 대한 생각과 평가, 자기에 대한 태도 등이다.

자기개념은 진정한 자기와 이상적인 자기로 구분되며 진정한 자기(the real self)는 현재 자신의 모습에 대한 인식이며, 이상적인 자기(the ideal self)는 스스로 어떤 존재가 되기를 원하는지 또는 어떤 존재가 되어야 하는지에 대한 인식이다. 이상적 자기는 스스로의 진정한 모습을 바탕으로 하여 현실적으로 규정될 때도 있지만 대부분 주변의 중요한 다른 사람들이 자신에게 가지고 있는 기대나 사회적 기대에 의해 만들어지기도 한다. 이상적인 자기와 진정한 자기의 차이가 크면 청소년은 혼란에 빠질 수 있다. 따라서 청소년상담자는 청소년의 이상적인 자기와 진정한 자기가 일치될 수 있도록 노력하는 데에 조력해야 한다.

5) 가치의 조건화

자아발달에 결정적 역할을 하는 것이 바로 긍정적 관심에의 욕구이다. 자아에 대한 의식이 생기면 타인으로부터 사랑과 수용을 받고 싶은 욕구가 생기는데, 대부분의 성인들은 아동들에게 조건적인 긍정적 관심을 보인다. 즉, "내가 바라는 사람이 되면, 나는 너를 사랑하고 인정할 것이다."는 표현을 들 수 있다. 이것을 '가치 조건화'라 하며, 이는 어른들에 의해 주입된 '가치체계를 내면화'하는 것을 말한다. 즉, 자기가 되고 싶은 것을 성취하기보다 타인의 기준에 자신을 맞추게 된다.

6) 자기와 경험의 불일치

가치의 조건화 과정을 거치면서 경험을 통한 진정한 자기(real self)와 이상화된 자기(ideal self) 간의 불일치가 생길 수 있다. 진정한 자기와 이상화된 자기가 일치할수록 자신의 경험에 개방적인 적응상태에 있는 것이며, 이 둘의 간격이 멀어질수록 자기 경험을 부정, 왜곡하게 된다. 이런 마찰은 위협으로 느껴지며 갈등과 불안을 야기하여 부적응 상태가 된다. 상담자는 내담자가 진정한 자기와 이상화된 자기를 일치시켜 나갈 수 있도록 도와야 한다.

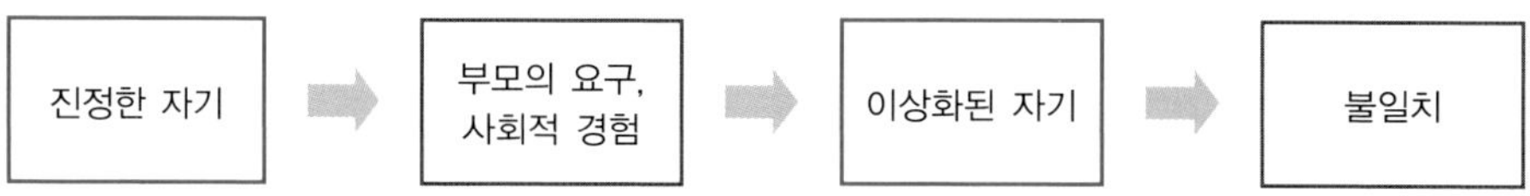

7) 충분히 기능하는 사람

로저스(Rogers, 1959)는 모든 경험에 충분히 개방적이며 자신의 잠재된 능력을 충분히 발휘하여 긍정적인 자기존중을 경험함으로써 충분히 기능을 하는 사람이 되도록 돕는 것이 인간중심 상담의 목표라고 하였다. 충분히 기능하는 사람이란 최적의 심리적 성숙, 최적의 심리적 적응, 경험에 대한 완전한 개방과 완전한 일치를 하는 사람이다. 천성문 외(2015)는 충분히 기능하는 사람은 진정한 자기를 발견하여 성장하려고 끊임없이 노력하는 사람이라고 하였다. 자기실현은 완전한 인간적 성장을 완성하는 것을 의미하는 것이 아니고 진정한 자신이 되기 위해 성장에 대한 집념을 가지고 끊임없이 노력하는 것을 의미한다.

8) 변화를 위한 필요충분조건

인간이 변화하는 데는 조건이 있다고 보는 것이 인간중심 이론이다. 로저스(Rogers, 1957)는 인간이 변화하는 데에 필요한 필요충분조건을 다음과 같이 제시하였다. 제시된 조건들이 충분히 일정 기간 이루어진다면 긍정적인 성격 변화를 경험할 수 있다고 하였다. 첫째, 상담자는 무조건적으로 내담자를 긍정적으로 존중해 주어야 한다. 둘째, 내담자를 온전하게 공감하는 것이다. 내담자의 입장에서 공감적인 이해를 하고 그 경험을 다시 내담자에게 전하려고 노력해야한다. 셋째, 내담자가 이해받고 존중되는 것에 대한 확인이다. 내담자는 자신이 공감적으로 이해 받고 무조건적으로 수용 받고 있음을 경험해야 한다. 이러한 조건이 충분하게 이루어질 때 상담에서 내담자가 건설적으로 변화할 수 있다고 하였다.

3. 상담 과정

1) 상담 목표

인간중심상담의 목표는 내담자 스스로 현재 직면하고 있는 문제들과 추후 일어날 수 있는 문제들에 대해 있는 그대로를 받아들이고 잘 대처해 나갈 수 있도록 돕는다. 자기를 존중하는 것을 회복하고 부정적인 자기개념을 긍정적인 자기개념으로 변화시켜 자기를 실현할 수 있도록 한다. 또한 이상화된 자기와 진정한 자기를 구분하고 진정한 자기를 찾아가도록 독려한다. 이를 위해 거짓된 자기나 이상화된 자기가 아닌 진실한 자기를 알아내야 하며, 자신의 가치에 따라 행동함으로써 경험과 자기의 불일치를 줄여나가도록 해야 한다. 이를 통해 진정한 자기를 받아들이고 긍정적으로 자신을 평가하는 자기개념을 만들도록 한다.

인간중심상담에서 상담자들은 내담자의 드러나는 문제에 대해 초점을 맞추기보다 내담자와의 관계 형성에 중점을 둔다. 상담자는 내담자와 긍정적인 관계를 만드는 것이 중요하며 내담자들의 경험 세계를 탐색하고 그들이 감정을 표현하도록 용기를 주어야 한다.

2) 상담의 특징

인간중심상담의 특징은 첫째, 상담자 주도로 이루어지는 것이 아니라 내담자 중심으로 이루어지는 상담이다. 둘째, 내담자의 문제에 초점을 맞추기보다는 개인 그 자체에 초점을 맞춘다. 셋째, 공감하는 것이 기본이며, 상담자는 관계 형성을 통해 내담자의 마음 상태를 이해한다. 넷째, 문제와 문제의 해결 방법에 대하여 상담자보다 내담자가 더 잘 알고 해결할 수 있다고 본다. 다섯째, 내담자 개인의 과거 경험을 중시하기보다 현재 상태를 중요시한다.

3) 상담 과정

인간중심상담의 가장 중요한 것은 상담자의 내담자에 대한 무조건적 존중과 수용, 공감과 진실성이다. 인간중심상담에서 내담자의 경험은 중심적인 역할을 한다. 내담자는 외부의 가치조건에 크게 의존하기 때문에 진정한 자기를 비하하고 혐오하여 왜곡된 자기개념을 만든 경우가 많다. 인간중심상담은 내담자가 내면의 불안한 감정들을 부정하지 않고 받아들이고 표현하며 타인의 가치 조건에 맞추기 위해 자신의 경험들이 어떻게 왜곡이 되었는지를 통찰하게 한다. 상담자는 내담자에 대한 무조건적인 신뢰와 존중을 통해 내담자가 자신에 대해 긍정적인 자기개념을 갖게 하고 스스로를 완전히 신뢰하고 존중함으로써 자기실현과 자기성장을 하도록 하는 것이 인간중심상담의 과정이다.

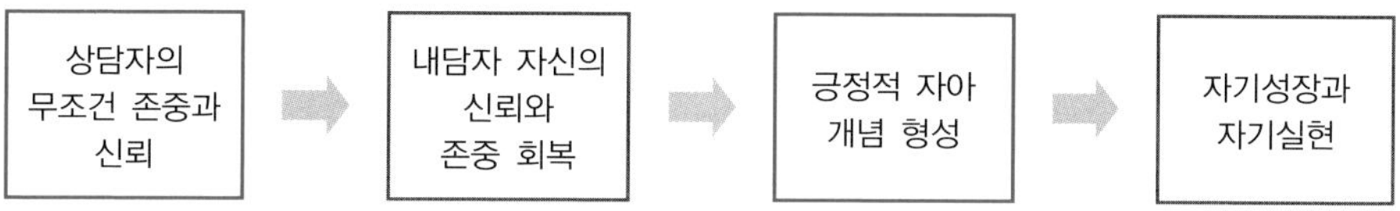

4. 주요 기법

1) 진실성(일치성) 있게 대하기

진실성 또는 일치성은 치료적 성장을 높이는 조건으로 인간중심상담에서 가장 기본이 되는 상담자의 태도이다. 진실성은 상담 전문가로서 자신의 모습을 꾸밈없이 보여주는 것이다. 여기서 일치성이란 내담자에게 상담자의 속마음과 일치하는 말과 행동을 하는 것이 중요하다. 상담자의 진실한 태도는 내담자가 자기 자신에게 집중하여 탐색할 수 있도록 촉진한다.

2) 무조건적인 존중과 수용

인간의 왜곡된 자기개념과 미약한 자기존중은 다른 사람으로부터 긍정적인 존중을 받지 못했다는 것을 의미한다. 인간중심상담에서 상담자는 내담자가 인간관계에서 긍정적으로 존중받기를 원하는 욕구를 충족시킴으로써 긍정적인 자기개념을 형성하고 자기를 존중하도록 돕는다. 내담자에 대한 무조건적 수용은 무조건적 존중을 의미하며 이것은 내담자의 느낌, 생각, 행동에 대해 평가나 판단을 하지 않는 상담자의 순수한 관심과 돌봄이다.

3) 공감

공감은 상담자가 내담자의 생각, 경험, 감정을 최대한 이해하는 태도를 말한다. 내담자가 그들의 세상을 바라보는 방식대로 상담자가 생각하고 바라볼 때 내담자의 긍정적인 변화가 일어난다. 공감은 상담자가 내담자의 내적인 세계로 들어가 마치 내담자인 것같이 느끼고 생각하여 내담자를 온전하게 이해하는 것이다. 즉, 공감은 내담자와의 대화를 깊이 있게 분석함으로써 내담자의 심리 세계로 더 깊게 들어가는 것이다. 인간중심상담에서 상담자가 내담자에 대해 공감적으로 이해하는 것은 그것 자체만으로도 내담자에게 변화를 일으킬 수 있는 큰 힘을 갖는다고 하였다.

5. 사례연구

다음의 사례는 중학교에 들어와서 성적이 떨어지고 어머니와의 갈등이 많아 어머니가 중 1 딸을 상담 의뢰한 사례로서 인간중심 상담을 바탕으로 한 부분을 기록하였다.

상담자: 만나서 반갑다 OOO아. 엄마에게 억지로 끌려와서 속상했겠다.
내담자: 네……. 조금.
상담자: 그럼에도 불구하고 엄마에게 화를 내지 않고 여기에 찾아와줬구나……. 대단하다.
내담자: 뭐 저도 좀 답답한 것이 있어서요.
상담자: 그렇구나. 상담이 무엇인지 알고 있니?
내담자: 제가 알기로는 저같이 문제 있는 친구들이 와서 이야기하는 것이라고 알고 있어요.
상담자: 그래. 상담은 문제가 있는 친구들이라기보다 심리적으로 힘들거나 문제를 가지고 있는 사람들에게 자신의 문제를 스스로 해결하고 성장할 수 있도록 도와주는 것이라고 할 수 있어. 혹시 답답하거나 힘든 일을 나에게 말해줄 수 있을까?
내담자: 네. 엄마는 제가 공부를 잘하기를 원하세요. 그런데 제가 저번 시험을 잘 치지 못했어요.
상담자: 평소에는 어느 정도의 성적이었는데?
내담자: 평소에는 평균이 90점은 넘었어요. 그런데 지난번에는 80점을 맞아서 엄마가 화를 내시면서 제 휴대폰을 뺏으셨어요.
상담자: 어머니께서 OOO이의 성적이 떨어진 게 많이 화가 나셨나보구나. OOO이가 그렇게 성적을 받고 싶어서 받은 게 아닌데 어머니께서 휴대폰을 뺏어서 OOO이도 어머니께 섭섭하고 화가 났겠는데…….
내담자: (울먹이면서) 네. 저도 성적이 떨어져서 속상했는데 엄마가 제 마음을 알아주시기보다 화를 내시니까……. 그리고 엄마가 속상해하니까 제가 더 속상하더

라고요.
상담자: 엄마가 속상해하는 모습이 더 OO에게는 더 마음이 아팠구나.
내담자: 네. 엄마는 제가 성적이 떨어진 것에 대해 자기 탓을 하시면서 속상해하셔요.
상담자: OO의 성적이 떨어진 것에 어머니께서도 책임을 느끼신다고 생각하는구나.
내담자: 아마 그럴 거예요. 아빠와 예전부터 사이가 좋지는 않았지만 지금은 아빠가 집에 들어오지를 않으셔요. 헤어지실지도 모른다고…….
상담자: 부모님의 사이가 걱정돼서 공부를 제대로 할 수 없었겠네?
내담자: 네……. 부모님께서 이혼하시면 어떻게 하지라는 생각이 들고 걱정이 되어서 공부가 머릿속에 들어오지 않아요…….
상담자: 그래 누구나 그런 상황이면 그럴 것 같아. 나도 그랬을 것 같아.

CHAPTER

10 인지행동상담

인지행동상담은 행동주의이론으로부터 발전되어 인간의 정신적, 심리적 문제가 인지적인 왜곡에서 일어난다는 인식이 대두되면서 발전하기 시작하였다. 행동주의 상담이론에서는 인간의 행동은 관찰과 모방으로 학습되었다는 행동주의 학습이론에 근거를 두고 행동을 변화시키는 것에 중점을 두었다. 그에 반해 인지주의 상담이론은 환경과 상황에 대한 사고와 지각을 어떻게 해석하느냐에 따라 정서와 행동이 달라진다고 하였으며, 내담자의 비합리적이고 부정적인 신념과 사고를 합리적 신념과 사고로 변화시켜 문제행동을 해결하는 것에 중점을 두었다. 이 두 이론이 기반이 되어 인지행동이론으로 급성장하게 되었다.

인지행동이론과 현대적 행동주의이론은 공통점이 많은데, 그중 가장 큰 공통점은 인지적 사고가 변화되어야 외적 요인을 수정하여 행동이 변화된다는 것이다. 인지행동이론에서는 인간이 무엇을 어떻게 인식하는가에 따라 정서적인 반응이 일어나고 행동을 일으킨다. 모든 생각과 감정, 행동은 상호작용하며 특히, 인간의 생각이 감정과 행동을 결정한다고 보았다. 인지행동이론의 대표적인 학자로는 앨버트 엘리스(Albert Ellis), 아론 벡(Aron Temkin Beck), 도널드 마이켄바움(Donald Meichenbaum) 등이 있다.

1. 인간관

인지행동이론에서는 인간은 합리적으로 올바른 생각을 할 수 있는 존재이면서 잘못된 생각과 비합리적인 왜곡된 사고를 할 수도 있는 존재라고 하였다. 인간은 자신만의 인지과정을 통해 주변 환경을 보며 본인이 이해하고 경험한 것에 따라 해석하고 행동한다. 인지행동이론에서는 생각이 가장 중요하다고 본다. '모든 것은 생각하기 나름이다'라는 말이 있듯이 동일한 상황에서 어떻게 생각하느냐에 따라 감정이나 행동은 달라질 수 있다.

인간은 스스로가 인지와 정서, 행동을 변화시킬 능력을 가지고 있다. 인간은 사고에 의해 행동을 하게 되는데 부적응적인 행동은 사건을 그대로 받아들이는 것이 아니고 왜곡해서 받아들이게 되면서 일어난다. 결국 왜곡된 사고와 잘못된 인지가 비합리적 신념을 만들고 그것으로 인해 부정적인 행동이 일어난다. 왜곡된 사고를 학습하고 계속 사용하면 자동적 신념이 되어 개인이 인지하지 못하는 역기능적 정서가 만들어진다. 인지행동이론에서 인간은 자기 훈련을 지속함으로써 비합리적인 신념에 영향을 받지 않고 자신과 대화할 수 있고, 자신을 정리하고 평가할 수 있으며 자신을 유지시킬 수 있는 존재라고 보았다.

2. 주요 개념

1) 엘리스(Ellis)의 합리적 정서행동이론(REBT)

엘리스(Ellis, 1994)의 합리적 정서행동이론(Rational Emotive Behavioral

Therapy: REBT)은 정서 및 행동 문제 해결에 중점을 둔 유형이며, 인간을 이해하는 데 있어서 핵심을 이루는 세 가지 영역으로 사고, 정서, 행동에 초점을 맞추고 있다. 특히 이 이론에서는 사고, 정서, 행동이 상호작용하는 과정에서 사고 부분이 중심이 되어 정서와 행동에 영향을 준다고 강조한다. 인간은 생각과 그 상황을 어떻게 받아들이느냐에 따라서 심리적 문제와 구체적 증상을 만들어 내고 올바른 합리적 사고와 올바르지 못한 비합리적 사고를 할 수 있다. 사람들은 자기를 성장하고 실현하려고 하는 경향을 가지고 있는 반면 게으름과 실수의 연속, 미신, 완벽주의와 자기비난, 자기 파괴, 성장의 잠재력의 실현 회피와 사고회피를 하려는 경향도 있다. 합리적 정서행동이론에서는 이런 인간의 신념을 중요하게 생각한다. 어떠한 선행사건이 정서적, 행동적 장애를 일으키는 것이 아니라 그 선행사건을 왜곡해서 인지하는 것이 정서적, 행동적 장애를 일으킨다고 보았다. 이렇게 부정적이고 왜곡된 인지를 비합리적 신념이라고 한다. REBT에서는 이런 비합리적 신념을 논박하여 합리적인 신념으로 바꾸는 것이 핵심적인 전략이다.

(1) 합리적 신념

임안나 외(2011)와 그 밖의 연구자에 의하면 합리적 신념이란, 개인과 관련된 만족도와 행복에 영향을 주는 생각으로 논리적이고 모순되는 것이 없으며, 일반적으로 경험하는 사건을 있는 그대로 왜곡 없이 받아들이는 것이라고 하였다. 다시 말해 합리적 신념을 가진 사람은 불행한 사건이 일어나는 상황에서 비관적이거나 독단적으로 판단하여 생각하지 않고 유용성과 융통성을 가지고 있기 때문에 현실에 맞게 어려움을 이겨내려고 한다. 그러므로 좌절하거나 실패할 때에도 합리적 신념을 가지고 있는 사람은 거기에서 또 다른 것을 배우고 깨닫게 된다.

(2) 비합리적 신념

비합리적 신념을 가지는 사람은 합리적인 신념을 가진 사람과 반대되는 사고개념을 가지게 되는데 문제 상황이 생겼을 때 현재 상황을 있는 그대로 받아들이지 않고 부정적으로 해석하고, 해석한 대로 행동하고자 한다. 비합리적 신념을 가진 사람은 경직되고 독단적이며, 같은 상황에서도 극단적으로 사고하여 두려운 상황으로 인식한다. 또한 긴장되거나 부정적인 상황을 견디지 못하며 단호하고 엄격한 기준을 내세워 자신과 타인을 판단한다. 당위적인 사고를 하여 자신과 다른 의견이 생기면 분노를 느끼게 된다. 이런 특징으로 인해 비합리적 신념을 가진 사람은 작은 어려움에도 절망감과 좌절감을 느끼고 그것을 이겨내기보다 회피하려 한다.

엘리스(Ellis, 1987)는 비합리적 신념으로 11가지를 예로 들었다.

① 내가 알고 있는 주위의 모든 사람들로부터 자신은 반드시 인정받고 사랑을 받으며 이해받아야만 가치 있는 인간이다.

② 인간이 자신의 본모습을 가치 있다고 여기기 위해서는 확실하게 유능해야만 한다.

③ 세상의 어떤 사람들은 사악하고 악랄하고 나쁘다. 그러므로 그들은 철저하게 처벌받고 비난을 받아야 한다.

④ 일이 원하는 대로 잘 안되면 이것은 정말 끔찍하고 슬픈 일이다.

⑤ 두렵거나 위험한 일은 언제나 일어날 수 있으므로 큰 걱정의 원천이 된다.

⑥ 어떤 문제든 늘 정확하며 바르고 완벽하게 해결할 수 있다. 만일 어떤 해결책을 못 찾는다면 나타나는 결과는 비극적일 것이다.

⑦ 지난날의 일이나 경험은 현재의 행동을 결정지을 수 있으며, 인간은 지난 과거의 일에서 자신의 현재 모습을 벗어날 수가 없다.

⑧ 인간은 다른 사람과 공존해야 하며, 자신이 의지할 수 있는 더 강력하고 힘이 되는 사람이 있어야 한다.

⑨ 사람의 불행은 외부환경 때문이며, 사람은 이를 극복할 능력이 없다.
⑩ 인간은 타인들이 혼란스럽거나 문제에 처해 있을 때에는 자신도 곤란할 수밖에 없다.
⑪ 현재의 삶이 힘들거나 어려운 일이 주어졌을 때는 맡은 책임을 떠안는 것보다는 피하는 것이 더 쉽다.

(3) ABCDE 모형

엘리스(Ellis, 1987)의 ABCDE모형은 인간이 비합리적인 신념으로 인해 부정적인 정서와 행동을 일으키는 것과 그것을 치유하는 과정을 설명하고 있는 모형이다. 내담자가 비합리적인 신념을 갖기 전의 상황으로 개인에게 정서적 혼란을 일으키게 할 수 있는 사건이 선행사건 A(activating event)이다. 예를 들어 '부모님께 꾸지람을 들었다든지, 시험성적이 떨어졌다든지, 사람들 앞에서 발표하는데 떨려서 못했다든지' 등의 정서가 생길 수 있는 어떤 사건을 의미한다. 그 후 선행사건에 대하여 내담자가 판단하고 해석하여 갖게 되는 생각과 신념을 B(belief)라고 한다. 예를 들어 '부모님께 꾸지람을 듣고 가지는 생각, 시험성적이 떨어졌을 때 드는 생각, 사람들 앞에서 발표하는데 떨려서 못했을 때 가지는 생각' 등 이때 가지는 생각이나 신념은 합리적일 수도 있고 비합리적일 수도 있다. 비합리적 신념을 갖게 되는 경우, 이 신념 때문에 내담자가 정서적 고통을 겪게 되는 것을 결과 C(consequence)라고 한다. 내담자가 가지고 있는 비합리적인 신념으로 인해 부적절한 정서가 생기고 그로 인해 부절적한 행동이 결과로 나오게 된다. 이런 비합리적인 신념을 논리적으로 반박하는 것을 논박 D(dispute)라고 한다. 이 논박을 통하여 거두게 된 효과 E(effect)는 내담자가 가지고 있는 비합리적인 신념을 깨고 합리적인 신념으로 변화시켜 적절한 정서와 행동의 결과를 만드는 것이다.

[그림 10-1]에서 ABCDE과정을 도식화하였다.

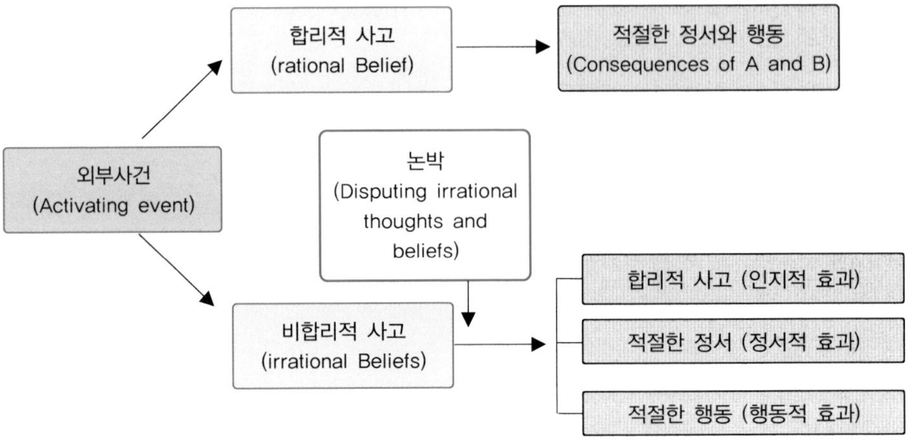

| 그림 10-1 | ABCDE 모형

출처: 문혁준 외(2019). 아동상담. p. 107 인용.

2) 벡(Beck)의 인지행동이론

벡(Beck)은 우울에 대한 연구에 많은 힘을 쏟았으며 그 결과로 인지이론(Cognitive Therapy: CT)을 개발하고 발전시켰다. 정신의학자였던 벡(Beck)은 우울증환자들을 연구하면서 환자들이 자신의 삶을 해석하는데 부정적인 사고를 가지고 있으며 그것은 인지적 왜곡이 원인이라는 것을 확인하였다. 모든 상황은 다양한 자극들로 구성되어 있지만 개인은 자신의 인지구조에 따라 특정 자극에만 선택적으로 주의를 기울여 반응하게 된다. 이러한 인지구조를 인지도식(Schemas)이라 한다. 인지 도식은 기본적인 신념과 가정을 포함하여 사건에 대한 한 개인의 지각과 반응을 형성하는 인지구조이다.

인지도식에서 자동적 사고에 영향을 미치는 것에는 핵심신념과 중간신념이 있다. 핵심신념은 깊은 수준의 근원적인 신념으로 인간이 인식하지 못할 수도 있으며 인간은 이러한 믿음을 당연한 것으로 여기고 절대적인 진리로 받아들인다. 이 신념은 가장 근원적인 수준의 신념으로 모든 영역에 영향을 미치고 경직되어 있으며 일반화되어 있다. 중간신념은 핵심신념과 자동적 사고 사이에 존재하며 핵심신념을 기반으로 규칙이나 가치, 태도 등을 만든다. 중간신념은 핵심신념에 영향을 받고 자동적 사고에 영향을 준다. 어떤 특정한 상황에서 개인에게 내재되어있는 핵심신념은 그 개인의 중간신념에 영향을 주고 이것으로 인해 자동적 사고를 생성하게 하며 감정에 영향을 주고 나아가 행동에 영향을 미친다.

자동적 사고란 어떤 사건이 생겼을 때 바로 떠오르고 스쳐가는 생각 또는 이미지로 전의식적이라고 할 수 있다. 인간은 자기 자신에 대한 핵심신념을 가지고 있는데 이때 자기 자신에 대해 부정적인 핵심신념을 가지게 되면 자기 자신에 대한 부정적인 가치나 태도 등으로 중간신념에 영향을 주어 인지적 오류가 일어나고 결국 부정적인 자동적 사고를 생성하여 부적응적인 정서와 문제행동을 일으키게 된다. 이때 인지적 오류를 유발하는 것을 역기능적 인지도식이라고 한다.

예를 들어 백일홍이라는 사람이 바람둥이라면 동일한 이름을 가진 사람도 바람둥이라고 여기는 것으로 이러한 도식이 활성화되면 인지오류가 포함된 정보처리가 일어나고 그것은 자동적 사고로 표현되게 된다. 역기능적 인지도식이 좀 더 강력해져서 현실에 대한 왜곡된 해석과 체계적인 오류가 심해질 때 개인은 자신의 부정적 해석이 잘못되었다는 것을 받아들이기 어려워진다. 이 과정을 [그림 10-2]에서 벡(Beck, 2011)의 인지모델로 도식화하였다.

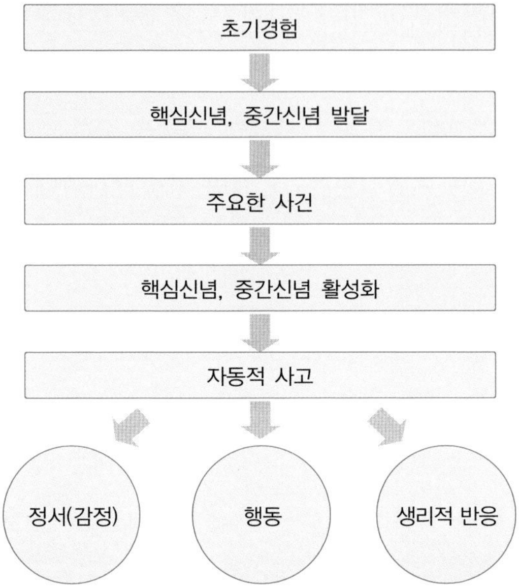

┃그림 10-2┃ 벡(Beck)의 인지모델

(1) 자동적 사고

자동적 사고란 일상에서 사건이 일어나면 자동적으로 드는 생각이다. 자동적 사고가 부정적으로 떠오를 때 개인의 심리적 문제가 발생한다. 개인의 심리적인 문제는 대부분 스트레스 상황에서 부정적인 경험을 했을 때 일어난다. 이때 자동적 사고가 인지적인 요소로 개입되고 작용하게 되는데 이 사고는 축약적이며 구체적이다.

(2) 역기능적 인지도식

역기능적 인지도식(Dysfunctional cognitive schema)이란 삶을 살아가는 과정에서 그것을 이해하는 틀을 역기능적으로 형성하게 되는 것을 의미한다. 현실에 적응하는데 전혀 도움이 되지 않는 내용과 틀을 일컫는 것이다. 개인이 살아온 과정에서 부정적으로 응집된 내용들로 구성된 역기능적 인지도식이 심리적 문제를 일으키거나 그런 문제에 대해 취약하게 만든다. 역기능적 인지도식은 핵심신념으로 인해 절대적인 용어로 표현될 때가 많다. 예를 들어 '나는 사랑스럽지 않아', '나는 실패자야' 등으로 표현되어 중간신념에서 가치와 태도 등을 정하고 부정적인 자동적 사고를 갖게 되어 '나는 사랑스럽지 않기 때문에 무엇을 해도 사랑받을 수 없는 존재야', '작은 실패에도 나는 실패자야' 등의 역기능적 인지도식이 일어난다.

(3) 인지적 오류

인지행동 이론에서 현실을 있는 그대로 지각하지 못하고 그 의미를 왜곡해서 받아들이는 것을 인지적 오류 또는 인지 왜곡이라고 말한다. 정서적 문제에 놓여 있는 사람은 오류가 있는 도식을 활용하여 정보를 처리하고, 그 결과로 현실을 왜곡해서 부정적으로 받아들인다.

인지적 오류의 유형은 임의적 추론, 과잉 일반화, 개인화, 선택적 추론, 이분법적 사고, 확대와 축소 등이 있다(김윤재 외, 2011). 첫째, 임의적 추론은 근거 없는 추론으로 밑받침되는 증거 없이 결론을 내는 것을 말한다. 예를 들어 다른 사람들은 자신을 좋아하지 않을 것이고 가치가 없는 사람이라고 생각할 것이라는 확신을 가지는 것이다. 둘째, 과잉 일반화는 단 하나의 사건을 가지고 극단적인 신념을 비슷하지도 않은 상황에 적용하는 것을 말한다. 그 예로 한 사람을 상담하는 데 힘들었다고 한다면, 자신은 상담에 소질이 없다고 생각하고 나아가 자신이 상담하는 모든 사람에게 효과가 없을 것이라고 결론을 내리는 것이다. 셋째, 개인화는 자신의 잘못과는 관련이 없는 일임에도 불구하고 자기 자신과 관련짓는 것이다. 예를 들어 길을 가다가 모르는 사람들이 웃고 있다면 자신이 모르는 사람들임에도 불구하고 자신을 비웃으며 욕하고 있다고 생각한다. 넷째, 선택적 추론은 가지고 있는 생각의 부분적 사항을 가지고 결론을 내리는 것이다. 그 외의 다른 것은 다 무시되면서 전체적인 것의 중요성을 잃게 된다. 성공적인 것에 대한 것이 아니라 실패와 약점을 더 가치 있게 평가하는 경향이 있다. 다섯째, 이분법적 사고는 흑과 백의 논리로 상황을 판단하는 것이다. 예를 들어 인간을 성공만하는 완벽한 사람과 완벽하게 실패한 사람의 두 가지로만 보는 것을 말한다. 여섯째, 확대와 축소이다. 이는 실제 가치보다 더 크게 또는 더 작게 생각하는 것으로, 작은 실수를 크게 생각하고 자신이 성취한 것은 작게 생각한다.

3) 마이켄바움(Meichenbaum)의 인지행동수정이론

인지행동수정이론(Cognitive Behavior Modification: CBM)은 엘리스(Ellis)의 REBT나 벡(Beck)의 인지행동이론과 같이 고통스런 정서가 대부분 부적응적 사고의 결과라고 가정하는 것은 같다. 그러나 비합리적 사고를 찾아내고 이를 논박하는 데 보다 지시적이고 직접적이었던 REBT에 비해 내담자가 자기 대화(혼잣말)를 하는 것에 초점을 두고 있다는 것에 차이점을 둘 수 있다. 부적응적 혼잣말은 정서적 문제의 근원이 된다고 보았다.

마이켄바움(Meichenbaum, 1985)은 언어적인 부분을 매우 중시하였으며 이는 진단과 원인, 치료적인 부분에서도 중시되었다. 그는 입원한 정신분열증 환자에게 건강한 말을 하도록 훈련시키는 조작적 치료 절차의 효과를 조사하는 연구에서 우연히 건강한 말을 스스로에게 자발적으로 하는 환자는 주의가 덜 산만하고 과제수행에도 우월함을 보이는 것을 발견했다.

예를 들어 시험 불안이 있는 내담자에게 다음과 같이 자기 진술을 하여 시험에 대한 불안에 대처하도록 한다. '시험 치는 날 아침에 수험표와 필기도구 등의 필요한 물품을 잘 확인하고 시험장에 30분 전에 도착해 자신의 자리에 앉아 주변을 살펴본다. 3분간 눈을 감고 심호흡을 하면서 불안을 조절하고, 시험이 시작되면 1번부터 차근차근 풀면서 모르는 것은 체크하고 아는 문제를 먼저 풀면서 시간 조절을 할 것이다. 시험 종료 10분 전에 답안지와 시험지 체크가 같은지 확인하고 무사히 시험을 마칠 것이다.'라고 자기 지시를 하며 상황에 대처하는 것이다.

인지행동수정이론은 다른 인지행동이론과 마찬가지로 부적절한 사고가 고통스러운 정서 결과의 원인이 되는데, 그것은 내담자가 자신을 관찰함으로써 탐색하게 된다. 관찰대상은 혼잣말, 사고, 감정, 행동, 생리적 반응, 대인관계에서의 반응이며, 자기 훈련을 통해 바람직한 행동을 이끌 수 있다고 하였다.

3. 상담 과정

1) 상담 목표

(1) 합리적 정서행동상담

내담자가 살아가면서 가지고 있는 삶의 철학 자체를 변화시키는 것으로 문제를 일으키는 내담자의 비합리적인 신념과 사고 체계를 논박하여 합리적인 신념으로 변화시키는 것에 목표를 가진다.

(2) 벡(Beck)의 인지행동상담

내담자가 가지고 있는 부정적인 자동적 사고를 변화시켜 부정적인 인지도식을 재구성하여 새롭고 긍정적인 사고로 변화하도록 하는 것이다. 내담자가 부정적인 인지도식을 갖지 않도록 내담자의 정보처리과정을 수정하도록 돕는다.

(3) 마이켄바움(Meichenbaum)의 인지행동상담

내담자가 스스로에게 하고 있는 내적 대화가 자신의 사고, 행동, 느낌에 어떤 영향을 미치고 그런 것이 타인에게는 어떻게 작용하고 있는지 알아내고 부정적인 내적 대화를 자기 진술을 통해 수정하는 연습을 하도록 하여 바람직한 행동을 하도록 한다.

2) 상담의 특징

인지행동상담은 우울증을 가지고 있는 사람들의 치료에 훌륭한 역할을 했던 것으로 알려져 있다. 우울증을 가진 내담자들은 자신에 대한 부정적인 생각을 가지고 있고, 이는 우울한 정서와 행동을 만든다. 이런 경험들은 잠재되어 있다가 비슷한 상황의 주요사건을 만나면 활성화되면서 역기능적인 사고가 촉발된다. 역기능적인 사고는 내담자의 행동과 기분을 가라앉게 만든다. 이런 역기능적인 사고들을 수정하도록 함으로써 내담자의 행동과 기분이 좋아질 수 있도록 한다.

인지행동상담자들은 역기능적이고, 불쾌하고 찜찜한 감정을 일으키거나, 목표에 다가가는 능력을 훼방하는 자동적 사고를 식별하는 것에 대체적으로 관심을 둔다. 사람들은 현재 느끼게 되는 감정만을 인식하지만 조금만 훈련을 시키면 순식간에 빠르게 지나가는 자동적 사고와 영상에 관한 식별이 가능해진다. 그러므로 이러한 자동적 사고와 역기능적인 부정적 인지도식을 판별해 내고 그 안에 숨겨져 있는 인지적 오류를 검증하는 것이 중요한 과정이다. 자동적 사고를 알아차리고 인지적 오류 없이 상황을 평가하고 그 후에 유사한 사건이나 상황에 대해 회피하지 않고 적극적으로 대처해 나가도록 하는 것이 인지행동상담의 핵심적 과정이자 특징이다. 치료적 효과에 관한 실질적이고 과학적인 검증을 중요시한다는 것 또한 특징이라 할 것이다.

3) 상담 과정

(1) 합리적정서행동이론(Rational Emotive Behavior Therapy: REBT)

REBT 상담 과정에서 상담자는 내담자의 문제점에 대해서 질문하고, 그 문제점을 규명한 후 부적절하게 나타나는 부정적 감정을 알아본다. 그 후 이와 관련된 선행사건을 찾아내서 평가하고, 그로 인해 생긴 정서 문제를 규명한 후 비합리적인 신념으로 인한 결과를 연관시켜 비합리적인 신념을 인지하게 한다. 비합리적인 신념을 논박하여 합리적인 신념체제로 변화할 수 있도록 내담자를 학습시킨다. 그 후 새로운 합리적 신념으로 학습된 것을 실행할 수 있도록 격려하고 지지하며 연습시켜 합리적인 인생관을 확립하도록 돕는다.

(2) 인지행동상담(Cognitive Behavior Therapy: CBT)

상담 과정에서 내담자 자신의 머릿속을 순간순간 스쳐 지나가는 자동적 사고에 주의를 기울이고 인지하여 그것이 자신의 행동과 정서에 어떻게 작용하는지 알게 한다. 상담자는 내담자가 합리적이고 융통성 있는 자동적 사고로 변화할 수 있도록 격려하고 지지한다. 자신이 가지고 있는 인지적 왜곡들을 확인하며 역기능적인 도식들이 어떤 것이 있는지 실제적으로 인식할 수 있게 해야 한다. 상담은 역기능적인 도식을 기능적으로 재구성하여 내담자가 가지고 있는 부정적인 사고들을 변화시킨다. 상담 과정에서 과제를 내어 내담자가 긍정적인 경험과 사고를 가질 수 있도록 하는 방법도 함께 진행한다.

이장호 외(2008)는 인지행동 이론의 상담 절차를 다음과 같이 소개하였다.

① 환경적인 자극에 대한 보다 객관적이고 타당한 대안적 해석을 탐색해 보고 이를 기존의 부정적인 자동적 사고와 대치한다.

② 역기능적 인지도식의 상황들을 연구하여 확인한다.

③ 조금 더 현실적이면서 합리적일 수 있는 대안적 인지를 탐색하고 연구하여 내면화시킬 수 있도록 이끌어낸다.
④ 환경적인 반응에 관해 내담자가 느끼는 이해의 내용, 즉 자동적 사고의 현실적인 타당성을 따져본다.
⑤ 내담자가 힘들어하는 심리적인 문제들을 구체적으로 알게 하여, 내담자와 조율하여 상담 목표를 정한다.
⑥ 역기능적 인지도식의 내용을 합리성과 현실성, 유용성인 방향에서 조사한다.
⑦ 심리적인 문제에는 인지적인 요인이 연관되어 있음을 내담자가 이해할 수 있도록 인지치료의 기초적인 원리를 설득력 있고 자세하게 설명한다.
⑧ 내담자의 현재의 삶에서 심리적 문제를 불러일으키는 환경적 자극과 자동적 사고를 내담자와 같이 탐색하고 조사한다.

(3) 인지행동수정이론

인지행동수정이론 상담 과정에서는 인지 재구조화가 중심역할을 한다. 인지 재구조화는 내담자가 자기에게 내적으로 하는 대화에 초점을 두며, 내담자가 스스로에게 하는 말에 영향을 받아 행동을 한다는 것에 근거를 둔다. 이 이론에서 행동을 변화시키는 과정은 문제행동을 유발하는 자기 언어를 파악하고 부적응적 자기언어를 적응적 자기 언어로 바꾸도록 자기에게 지시하게 한다. 이를 통해 적응적 자기 언어가 실생활에서 활용되도록 한다. 또한 과제를 처리하는 것에 대한 두려움, 공격적이고 충동적인 행동, 다른 사람 앞에서 발표하는 것에 대한 두려움 같은 상황에 대처하는 기술을 배우고 연습하는 것을 강조한다.

4. 주요 기법

1) 인지적 기법

REBT의 상담 기법으로 자신이 가지고 있는 자기 제한적이고 비합리적인 신념으로 인한 문제들을 표로 만들어 보고 그것을 논박하여 절대적이고 비합리적인 신념들을 변화시켜 나가도록 과제를 제시한다. 인지적 과제주기, 내담자가 건설적이고 장기적인 목적을 가지고 몰두할 수 있도록 격려하기, 스스로 대안을 찾을 수 있도록 지지하기, 부정적인 사고를 긍정적인 사고로 변화시키는 방법을 보여주기 등의 기법을 사용한다.

2) 정서 환기 기법

자신이 원하는 상황에 대한 상상을 통해 합리적 신념으로 대체하도록 하며, 내담자가 수치심을 제거하는 연습을 통해 타인의 비난에 지나치게 영향받는 것을 감소시키도록 한다. 내담자가 가지고 있는 비합리적인 신념 때문에 불안을 느낄 때 유머를 사용하도록 하며, 불안해서 행동을 하지 못하는 경우 역할 연습을 통해서 불안을 해소하도록 돕는다.

3) 불안 다루기

- **이완훈련(relaxation training)**: 몸이 천천히 풀어질 때까지 이완과 긴장을 반복하는 것으로써 다른 인지행동 기술과 함께 사용하거나 또는 단독으로 사용한다.

- **홍수요법(flooding)**: 노출치료 중 하나로서 내담자가 가장 불안을 많이 일으키는 자극에 노출시키는 방법이다.
- **체계적 둔감법**: 불안 위계를 작성하고 낮은 순위부터 높은 순위 순서로 체계적으로 둔감화시키는 방법이다.

4) 인지 재구성 기법

- 사고와 감정의 감시법(monitoring thought and feeling)
- 증거 탐문(questioning the evidence)
- 대안 검토(examing alternatives)
- 탈파국화(decatastrophizing)
- 재구성(reframing)
- 사고 중지(thought stopping)

5) 새로운 행동의 학습기법

- 모델링(modeling)
- 행동형성(shaping)
- 토큰경제(token economy)
- 역할극(role play)
- 사회기술훈련(social skill training)
- 혐오요법(aversion therapy)

6) 행동변화법

첫 번째 단계로 자기관찰은 내담자가 자기의 행동을 관찰하는 방법을 배우는 시작단계로 내담자의 감정, 사고, 행동, 생리적 반응, 대인관계에서의 높은 민감성이 요구되는 단계이다. 두 번째 단계로는 내담자는 스스로 부적응적인 행동을 알아차리는 것을 배우고 적합한 행동 대안에 대해 주목한다. 또한 상담자와의 심리 상담을 통해 자신에게 스스로 하는 말인 내적 대화를 변화시키는 것을 배우게 된다. 이때 내담자는 소크라테스식 질문으로 스스로 질문하고 대답하는 자기 진술을 통해 새로운 내적 대화를 변화시켜 새로운 행동을 할 수 있게 된다.

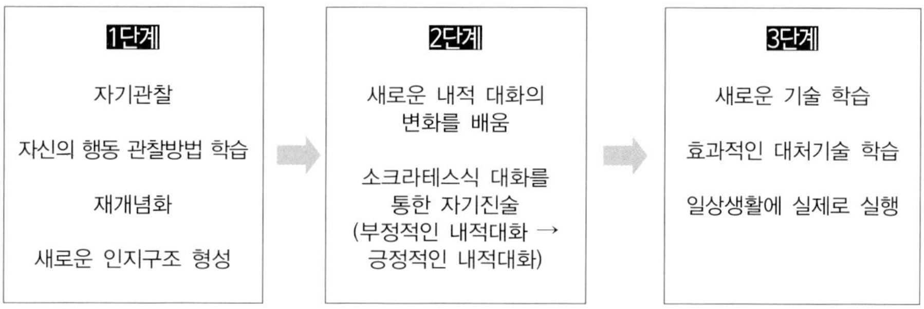

| 그림 10-3 | 행동변화법

7) 대처기술 프로그램

대처기술 프로그램은 인지 경향을 수정하는 방법을 배우면 스트레스 상황을 다루는데 효과를 얻을 수 있다는 원리이다. 마이켄바움 외(Meichenbaum et al., 1987)의 연구에서 대처기술 프로그램은 사회적 무능, 공포, 분노, 연설 불안, 알코올중독, 성기능장애, 마약중독, 사회적 위축 등의 문제에 효과적으로 나타났다. 이 프로그램은 인지적 상황이나 장면을 수정하는 방법을 배우면 스트레스 상황을 다루는 데 효과적인 전략을 획득할 수 있다고 가정한다.

5. 사례연구

인지행동치료의 대표적인 이론 중 벡(Beck)의 인지행동상담 사례를 제시하였다. 사례는 성적을 비관하여 우울하고 아무것도 하기 싫어하는 무기력한 고1 여학생을 부모님이 의뢰한 사례이다. 벡(Beck)의 인지행동상담이론을 적용하여 상담한 부분을 제시하였다.

인지행동상담 사례

내담자: 이번 시험은 망했어요. 좋은 대학에 가야 하는데 저는 쓸모없는 사람 같아요.

상담자: 좋은 대학에 가고 싶은데 성적이 잘 안 나왔나보구나. 시험을 못 치면 아무 쓸데없는 사람이라고 생각하고 있구나.

내담자: 네. 좋은 대학에 가야 부모님이 저를 인정해 주실 것 같아요.

상담자: 00이가 가지고 있는 생각은 부모님이 네가 공부를 잘해서 좋은 대학에 가야만 인정하실 거라고 생각하는 거구나?

내담자: 네……. 그런데 시험을 망쳤으니…….

상담자: 시험을 못 치게 되면 그런 생각이 저절로 그렇게 드는 거야?

내담자: 네…….

상담자: 그런 생각을 자동적 사고라고 하는데 그 생각을 하면 00은 심리적으로 불안해지겠구나?

내담자: 네……. 불안하고 아무것도 하기가 싫어져요.

상담자: 너의 생각이 결국 너를 심리적으로 힘들어지게 하는 거네. 시험을 못 쳤다고 해서 쓸모없는 사람도 아니고 좋은 대학에 가지 못한다고 해서 부

모님께 인정받지 못하는 것도 아니거든. 그런데 00이는 그런 생각을 자동적으로 갖게 되네. 이런 생각을 바로 인지적 왜곡이라고 하거든. 00이가 가지는 이런 인지적 왜곡의 목록을 한번 배워볼까? 인지적 왜곡에는 임의적 추론, 과잉 일반화, 개인화, 선택적 추론, 이분법적 사고, 확대와 축소 등이 있어. 읽어보고 이야기 나눌까? (함께 인지적 왜곡에 대해 살펴본다.)

내담자: 이 목록에 나오는 생각을 저도 많이 하는 것 같아요. 이것은 누가 알려주기보다 제가 그냥 바로 떠오르는 생각 같아요.

상담자: 그렇지. 그럼 00이가 이번 시험을 망쳐서 나는 좋은 대학도 못가고 쓸모없는 사람이라고 생각하는 것은 인지적 왜곡의 종류 중 어디에 속할까?

내담자: 제가 일을 부풀려서 생각하기 때문에 모든 게 안 좋아질 거라 생각하는 파국화인 것 같아요. 그런데 말이 어려워요.

상담자: 그래 역시 00은 멋지다 그걸 찾아내다니. 어려운 단어지. 어떠한 일에 대해 많이 부풀려서 안 좋은 방향으로 극단적으로 생각하기 때문에 모든 것이 안 좋아질 거라고 생각한다는 뜻이야. 이건 아직 오지도 않은 미래에 대해 네 자신이 자기의 운이 미리 나쁠 거라고 예측하는 거랑 똑같은 것 같아.

내담자: 네 제가 이미 일어나지 않은 일을 부정적으로 생각하는 경향이 많은 것 같아요.

상담자: 그럼 네가 매번 저런 예측을 할 때 기분은 어떤 것 같아?

내담자: 불안하고 어쩔 줄을 모르고 공부도 집중이 안 돼요.

상담자: 그럼 그 생각이 잘못되었기 때문에 마음도 불안했다는 것을 알겠니? 그렇다면 지금은 아까 네가 이야기했던 이번 시험을 못 쳐서 좋은 대학에 못 갈 것이고 부모님이 자신을 쓸모없는 사람이라고 생각할 것이라고 말한 것에 대해 어떤 생각이 들어?

내담자: 이번 시험이 다는 아니라는 것이요. 아직 나는 고 1이고 앞으로 시험이 남아 있으니 좋은 성적을 얻을 수 있는 기회가 있다는 것이요. 그리고 저는 매번 열심히 하려고 하니까 성적을 올릴 수 있다는 희망을 가져야 한다는 생각이 들어요…….

CHAPTER

11 현실치료

현실치료 이론은 윌리엄 글래서(William Glasser)의 선택이론을 바탕으로 진행되는 상담이론이다. 인간은 기본적 욕구를 가지며 그 욕구를 충족시키기 위해 행동을 하고, 스스로 선택하여 결정하고 그것에 대한 책임은 자기 자신에게 있다. 현실치료 이론은 내담자의 현재의 행동적인 부분에 초점을 두고 다른 사람에게 피해를 주지 않는 범위에서 욕구의 현실적인 방법을 찾아야 하며 책임감을 가져야 한다고 하였다. 그러므로 현실치료 이론은 현재를 중요하게 여긴다. 무의식의 지각과 해석보다는 현실지각이 중요하며 행동주의 접근도 취하고 있으나 자극에 대한 반응을 도식하고 있지 않으며 인간중심같이 현상학적 장으로 보지 않고 현재와 현실이라는 기준에 초점을 맞춘다. 인간은 스스로 성장할 수 있는 힘을 가지고 있으며 그 힘은 환경을 조절하는 자신의 욕구를 충족시키면서 성공적인 자아정체감을 형성할 수 있도록 한다.

현실치료 이론의 대표적 학자인 윌리엄 글래서(William Glasser)는 미국 오하이오주 클리블랜드에서 1925년에 태어났다. 공업전문학교를 졸업하고 화공기사로 일하다가 23세에 심리학에 관심을 가져 임상심리 전문가가 되었으며, 케이스 웨스턴 리저브 의과대학교를 졸업한 후 정신과 의사가 되었다. 글래서(Glasser)는 정신분석 훈련을 받았으나 청소년 교정기관과 정신병원에서 근무하면서 정신분석치료가 비효과적이라는 점을 깨닫고 현실치료를 발전시켜 나갔다(권석만, 2013). 그는 1961년에 출간된 첫 저서 『정신건강 또는 정신질환?』에서 현실치료의 토대를 제시하였으며 1965년에 『현실치료』를 발간함으로써 현실치료의 기본적 원리를 분명하게 제시하였다. 1960년 이후 그는 정신과 의사로 개업한 후 현실치료를 발전시키고 확장시키려는 노력을 꾸준히 기울였다. 그는 1998년에 발간한 『선택이론: 개인적 자유의 새로운 심리학』을 비롯하여 저서와 강연을 통해서 정신건강과 심리치료에 대한 입장을 제시하고 있다. 현실치료 이론은 학교에 있는 청소년들과 소년교도소의 청소년들에게 효과적인 치료방법으로 부정적인 환경에서 자랐다는 이유로 잘못된 행동들에 대해 합리화하거나 책임을 지지 않으려는 사람들에게 필요한 이론이다.

1. 인간관

인간은 무의식적 동기에 의해 행동하거나 환경적인 자극으로부터 영향을 받거나 신념이나 가치관, 사고 등 내적인 특성에 의해 행동할 수 있다. 또한 스스로 자율적인 통제능력이 있으므로 그것으로 행동을 결정하기도 한다. 인간을 행동하게 하는 것은 어느 것이라고 결론을 내리는 것은 쉽지 않다.

글래서(Glasser, 1989)는 인간을 행동하게 하는 것은 외부적 존재에 의해서라고 하는 주장을 반대한다. 그는 실존주의적 입장을 취하고 있으며, 인간은 자신이 하고자 하는 행동을 결정하며, 자신의 인생을 선택하고 결정한다고 하였다.

현실치료이론에서 인간을 보는 5가지 원리는 다음과 같다. 첫째, 인간은 욕구와 바람을 이루기 위해 동기화되어 있다. 인간의 욕구는 보편적이고 개개인에 따라 독특하게 가지고 있다. 둘째, 인간은 세상을 지각을 통해 본다. 셋째,

인간의 행동을 구성하는 목적은 행동하기, 생각하기, 느끼기 등 생물학적 행동이다. 넷째, 바람과 환경으로부터 얻고 있다고 생각하는 것과의 불일치로 인해 사람은 각자 필요한 구체적인 행동을 한다. 다섯째, 행동하기와 생각하기, 느끼기는 행동을 서로 분리시킬 수 없으며 이는 인간의 내부에서 생긴다. 긍정적인 정체감이 만들어지기 위해서는 자신과 타인에게 가치 있는 존재로 느끼는가와 사랑하고 사랑받고 싶은 욕구와 밀접한 관계가 있다.

2. 주요 개념

1) 기본욕구

인간을 움직이게 하는 힘은 기본적 욕구에 의해 움직인다. 기본적 욕구의 특징은 타고난 것이며, 일반적, 보편적, 중복적, 상호 갈등적, 대인 갈등적이다. 동기의 근원이 되는 것이 기본욕구이며, 계속 충족된 상태로 있기는 힘들다. 인간의 욕구는 개인마다 유전적 속성이 있으며 모든 인간이 가지고 태어나지만 채우는 방법에는 차이가 있다. 기본적 욕구의 특징을 살펴보면, 첫째, 생득적이고 일반적이며 보편적이다. 둘째, 자신의 욕구는 일시적으로 충족되며 다시 부족한 상태로 돌아가기 때문에 지속적인 욕구 충족은 어렵다. 셋째, 개인 내면의 욕구들 간, 개인과 개인 간의 욕구를 충족하는 것 사이에는 갈등이 일어나기 때문에 상호 갈등적이며 대인 갈등적이다. 넷째, 개인 내와 개인 간의 욕구는 균형을 유지하려고 하는 특징이 있다. 다섯째, 욕구의 충족은 영원할 수 없기 때문에 이것이 행동을 하게끔 하는 원동력이 된다. 이런 특징을 가진 기본욕구에 속해 있는 욕구는 다음과 같다.

(1) 소속감에 대한 욕구(우정, 사랑, 관심, 돌봄, 참여 등)

인간은 소속에 대한 욕구를 가지며 이는 삶의 원동력이 되는 욕구로서 사회에 소속되어 타인과 사랑을 주고받고, 관계를 유지하려는 속성을 가지고 있다. 인간은 소속에 대한 욕구로 부부의 사랑, 부모자식간의 사랑과 돌봄, 직장동료간의 동료애와 친구 간의 우정 등을 가지려고 하며 여러 환경에서 사회집단에 소속하고 싶은 욕구를 가지게 된다. 그러므로 인간은 가족, 친구, 연인 등과 함께 시간을 보내려고 하고 취미를 공유하려고 하고 서로 필요할 때 도움을 주고받으며 외로움에서 벗어나려고 하면서 소속감을 경험하게 된다. 소속감이 없는 것과 사랑하고 공감대를 형성할 수 있는 상대가 없다는 것은 소속에 대한 욕구의 좌절이며 큰 고통을 경험하는 것이다.

(2) 즐거움에 대한 욕구(기쁨, 웃음, 흥미, 기쁨 등)

즐거움에 대한 욕구도 매우 중요하며, 이는 생득적인 욕구이다. 즐거움의 욕구가 강하다는 것은 사람들이 생명의 위험함을 알면서도 스카이다이빙, 번지점프, 산악자전거, 암벽등반 등의 운동을 즐겨 하는 것을 보면 알 수 있다. 인간은 새로운 것을 배우고 즐기고자 하는 속성을 가지고 있으며 이것은 기본적이고 유전적인 지시가 있다. 때때로 생명의 위험에도 불구하고 자신의 생활양식을 바꾸어 나간다. 단순한 놀이나 학습활동도 즐거움을 제공하는 매우 중요한 욕구를 충족하는 활동이 된다. 그러나 즐거움에 대한 욕구는 다른 욕구들과 갈등을 발생시킬 수도 있다.

(3) 힘에 대한 욕구(기술, 존중, 능력, 인정, 성취감 등)

인간의 독특한 특성은 타인으로부터 복종과 존중을 얻으려는 것이다. 글래서(Glasser, 1989)는 재산이 많은 사람이 국회의원에 선출되기 위해 자신의 재산을 사용하는 것은 더 큰 힘을 가지려고 하는 욕구에 의해 생기는 것이라고 하였다. 개인은 각자가 경쟁하여 성취하고 싶어 하는 속성을 가지며, 좋은 성적을 거두고 승진이나 기술을 인정받으려고 하는 것 역시 힘에 대한 욕구가 동기화된 것이다. 인간은 자신의 환경에 영향을 끼치고 싶어 하고 환경을 통제하고 싶어 한다. 힘에 대한 욕구도 다른 욕구와 마찬가지로 갈등의 원인을 경험하게 된다.

(4) 생존에 대한 욕구

가장 기본적으로 인간이 생물학적으로 존재하고 싶은 생리적 욕구를 말한다. 생존에 대한 욕구는 인간이 생물학적인 존재로 생명을 유지하고 자신을 확장시키고 생식하려는 속성이다. 다시 말해 이 욕구는 살고자 하는 욕구와 생식을 통한 번식과 자기를 확장하려는 욕구이며 두뇌로부터 생성되고 호흡, 소화, 혈압조절, 땀 흘리기 등 건강을 유지하도록 하는 일을 한다. 이때 구뇌 단독이 아닌 신뇌의 도움이 필요하다. 글래서(Glasser, 1989)는 유전인자의 속성이 행동의 원천이라고 하였다. 생존에 있어 필수적인 구뇌의 기능은 일상생활을 살아가는 데에는 지배적인 영향을 미치지는 못한다.

(5) 자유에 대한 욕구(독립, 선택, 자율성 등)

인간은 속박이나 구속 없이 삶을 살아가려고 하는 욕구를 가지고 있다. 자신을 자유롭게 표현하고자 하는 자유, 좋아하는 것을 선택하고 소유할 수 있는 자유, 원하는 사람과 친분을 나눌 자유, 믿음대로 신앙을 지키거나 숭배하지 않아도 되는 자유, 자신의 삶을 살아가는 것을 선택할 자유 등의 욕구를 가진다. 개인의 선택을 통해 충족되며 지속적으로 남의 권리와 자신의 권리를 인정해주고 받는 것에 대한 합리적인 이해와 선택을 책임지려는 것이 필요하다.

이러한 기본욕구들이 바람직하게 충족될 때 삶의 질은 높아진다. 욕구는 자체적으로 충족되지 않으며 욕구를 충족시켜 줄 구체적인 대상을 통해 충족된다. 이렇게 기본욕구들을 충족시켜 주는 방법 또는 대상이 바람이 되어 좋은 세계가 기억된다. 그런 좋은 세계는 개인의 경험에 따라 다양하게 채워지며, 좋은 세계는 어떤 것을 넣어 두느냐에 따라 개인의 삶도 다르다. 예를 들어 어떤 학생이 좋은 세계 안에 수업내용, 학교, 교과서 등이 들어 있다면 학교생활에서 성공 정체감을 형성하는 데 도움이 되지만, 그와 다르게 좋은 세계 안에 게임, 약물 등이 들어 있다면 학교생활에서 성공하기는 힘들 것이다.

2) 통제이론

인간은 자신의 내적인 동기에 의해 행동이 통제된다는 전제이다. 모든 행동에는 목적을 가지고 타인을 통제할 수 없다. 인간의 기본욕구들은 뇌의 통제체계에 따라 움직이며 욕구 충족을 위해서는 뇌의 지시를 받고 그 지시에 따라 행동한다는 이론이다.

3) 선택이론의 원리

선택이론은 인간이 행동을 자신 스스로 통제할 수 있는 원리로 다른 사람에게서 모든 정보를 얻을 수는 있으나 그 정보를 활용하여 어떻게 사용할 것인가는 자신의 선택에 달려 있다. 그러므로 우리가 가지는 모든 심리적인 문제는 관계에 관한 것이 원인이 되고 그 관계에 대한 문제는 자신의 삶을 살아가는 일부분이 된다. 과거의 고통스러운 일들이 현재에 많은 영향을 주고 있다고 해서 과거를 떠올리게 하는 것만으로 우리에게 필요한 것을 얻어 낼 수는 없다.

인간의 행동을 동기화하는 기본욕구인 소속, 생존, 즐거움, 힘, 자유의 욕구가 필요하며 각자의 질적인 부분에서의 욕구를 만족시킴으로 할 수 있는 것은 결국 행동이다. 예를 들어 어떤 사람이 우울하다는 것은 내담자가 수동적인 존재로 그 상황에 놓여 있는 것이 아니고 능동적으로 내담자 스스로 우울을 선택한 것이다. 따라서 스스로 불행이 자신에게 일어나고 우울의 희생자라는 생각에 머물러 있는 한 더 긍정적인 변화는 기대하지 못한다. 우리의 행동이 변화하려면 자신이 선택한 결과라는 것을 현실적으로 인식할 때 변화가 일어난다는 것이다. 이처럼 선택이론은 개인이 자유롭게 선택할 수 있다는 것을 강조한다. 비판하기, 처벌하기, 변별하기, 보상하기, 불평하기, 비난하기 등 많은 사람들이 외적 통제심리학적인 방법을 사용하여 행동하지만 이런 기제들을 관계를 향상시키고 유지 및 강화시키는 행동으로 대체할 수 있는 것이 선택이론의 특징이다.

4) 전체행동

우리는 언제나 행동을 선택하면서 살아간다. 행동하는 것에는 목적이 존재하며 느끼기, 생각하기, 행동하기, 생리적 반응으로 구성된다. 4가지의 구성요소 중 행동하기(Acting)는 우리가 산책을 하거나 대화를 나누는 것 등 활발하게 활동하는 것이며, 특히 인간의 생각하기(Thinking)는 스스로 사고하고 자기를 진술하는 것 등과 같은 사고를 말한다. 느끼기(Feeling)는 우리의 감정으로 화를 내거나 웃거나, 우울, 불안, 즐거움 등과 같은 것을 말한다. 생리 반응(Physiology)은 신체적으로 나타나는 증상이며, 두통으로 식은땀을 흘리거나 복통으로 인한 구토 등과 같은 것을 말한다.

전체행동이 작용할 때는 현재에 내가 화가 나는 것은 그것을 선택했기 때문이다. 이때 전체행동을 살펴보면 '행동하기'는 소리를 지르며 물건을 던지는 것이며, '생각하기'는 '저 친구가 나에게 왜 그랬을까? 너무 화가 난다.' 등의 생각에 잠겨 있는 것이며 '느끼기'는 분노가 일어나는 감정이며 '생리적 반응'은 얼굴이 붉어지고 목소리가 떨리는 것이다. 이 4가지 구성은 서로 유기적으로 연결되어 우리의 기본욕구를 충족시키려고 하는 특징이 있다.

5) 3R: 현실(Reality), 책임(Responsibility), 옳고 그름(Right and wrong)

현실치료의 핵심개념 중 하나는 3R로 현실(Reality), 책임(Responsibility), 옳고 그름(Right and wrong)을 강조한다. 이 3R은 서로 연관되어 설명할 수 있는데 책임 있는 행동을 하기 위해 도덕, 규범, 사회제도 등과 같이 현실적인 상황들을 고려해야 한다. 또한 타인의 욕구 충족을 방해하지 않도록 하면서 자신의 욕구를 충족해야 하므로 가치판단이 필요하다.

책임(Responsibility)은 타인의 욕구를 침범하지 않아야 하고 자신의 행동에 대한 책임을 져야 하며 또한 자신의 욕구를 충족시켜야 하는 것을 말한다. 과거나 현재의 다양한 여건에서 다른 사람의 행동으로 인하여 자신의 무책임한 행동을 핑계로 사용할 수 없다고 보았다. 또한 자신이 살아가는 것에 대한 책임을 받아들이고 행동을 시작하기 전까지는 변화가 불가능하다고 하였다. 책임을 질수록 더 건강해지며 책임을 지지 않을수록 더 건강하지 않다고 주장하며 정신건강과 책임을 같은 것으로 보았다. 결국 그는 개인의 고통과 불행의 결과는 무책임의 결과라고 하였다.

현실(Reality)은 현실을 직면하는 것이 책임이며 현실을 직면한다는 것은 현실세계의 모든 상황을 인정하고 받아들여야 한다는 것과 통제를 통하여 개인의 욕구를 충족시켜야 한다는 것이다. 개인의 바람의 충족은 현실에 규정해 놓은 한계 내에서 가능하며 과거를 바꿀 수 없기 때문에 과거를 이해하려고 하는 노력은 우리의 관심을 현실로 돌리기 위한 것이다. 현실치료이론에서는 자신의 현실을 거부하는 것은 곧 정신병으로 해석할 수 있으며 현실을 거부하는 것은 자신의 삶에 무책임한 것이며 스스로가 그렇게 되려고 설득하는 것이다.

마지막으로 옳고 그름(Right and wrong)은 가치판단으로 옳고 그름을 판단하고 현실의 상황에서 책임 있게 행동하는 사람에게 매우 중요한 것이다. 다른 상담이론에서는 가치판단에 대해 중요하게 생각하지 않지만 글래서(Glasser, 1998)는 가치판단을 중요하게 여겼는데 옳고 그름을 판단하지 않고 행동하는 것은 현실성이 없는 독단적인 행동이 될 수 있다고 하였다. 개인의 욕구를 충족하기 위해 합리적인 방법을 찾으려면 가치판단이 중요하고 이 가치판단으로 행동을 변화하려는 추진력이 생긴다고 하였다.

3. 상담 과정

1) 상담 목표

현실치료의 상담 목표는 내담자의 기본적인 욕구를 충족시켜주는 좀 더 효과적인 방법을 찾도록 도와주는 것과 개인으로 하여금 현실을 직면하고 옳고, 그름을 판단하여 올바른 쪽으로 자신의 심리적 욕구, 지금보다 더 효율적으로 충족시킬 수 있는 행동을 배울 수 있도록 돕는 것이다.

2) 상담의 특징

정신질환이라는 개념을 용납하지 않으며 내담자의 과거나 미래에 대한 것보다 현재에 초점을 둔다. 상담자는 전이의 대상이 아니라, 인간적이고 따뜻하게 내담자와 친밀한 관계를 맺어 치료하는 치료자이며, 행동에 대한 무의식의 원인을 배제하고 내담자의 바람과 욕구를 비교해서 행동의 선택을 어떻게 했는지를 파악한다. 또한 행동하는 것은 책임감과 도덕성이 따라야 하며 내담자가 통찰할 수 있도록 상담자의 허용적인 태도를 통해 행동의 변화를 기대한다. 욕구 충족을 위한 효과적인 행동을 선택하는 것과 그것을 실천하는 것을 연습하도록 학습하는 데 초점을 둔다.

3) 상담 과정

현실치료의 상담 과정은 내담자의 기본욕구를 파악해서 그 욕구를 충족하는 데 바람직한 방법으로 채울 수 있도록 접근하는 방식으로 진행된다. 또한 상담 환경을 가꾸고 행동 변화를 이끄는 구체적인 과정을 나눈다.

(1) 상담 환경 가꾸기

우볼딩(Wubbolding, 1986)은 상담 환경 가꾸기에서 내담자와 좋은 관계 형성을 하기 위해서 첫째, 예의 바르고 침착하게 바른 신념을 가지고 열정적이며 진실하고 확고한 태도를 가져야 한다. 둘째, 내담자에게 수용적으로 눈 맞춤을 할 수 있는 자세를 취해야 한다. 셋째, 내담자의 욕구를 충족하려는 선택에 대해 판단하지 말아야 한다. 그와 반대로 상담자가 금지해야 할 사항은 첫째, 내담자와 논쟁하지 않으며 비판이나 처벌을 해서는 안 된다. 둘째, 내담자가 하는 변명을 받아들이지 않도록 조심해야 한다. 셋째, 내담자가 긍정적인 변화가 없더라도 쉽게 포기해서는 안 된다.

글래서(Glasser, 1984)가 제시한 현실치료 상담 과정은 다음과 같다.

① 내담자와의 관계 형성

상담 관계 형성에서 내담자가 스스로 참여할 수 있도록 친밀한 관계를 형성해야 하며, 내담자가 원하는 것과 통제하는 것을 찾고 내담자가 욕구를 충족하려고 하면서도 그렇게 할 수 없는 내부적인 내용이 무엇인지 알아내야 한다.

② 바람과 행동의 파악

내담자가 원하는 것, 지각, 욕구가 탐색 되어야 하며 원하는 것을 이루기 위해 내담자가 현재 하고 있는 행동에 대해 탐색하고 바람을 위해 지금 어떤 것을 하고 있는지 질문한다. 가장 변화가 쉽게 이루어질 것에 초점에 맞추고 변화가 어려운 우울 등의 감정 요소에는 초점을 맞추지 않는 것이 바람직하다.

③ 행동의 평가

내담자가 스스로 자신의 행동과 수행능력을 평가한다. 현재 내담자의 행동이 내담자의 욕구를 달성하는 데 도움이 되는가를 평가하는 것으로 행동이 규칙에 잘 부합하고 있는지 질문을 하여 내담자가 자신의 행동에 대한 효과에 대해 가치판단을 할 수 있도록 하고 책임질 수 있는 변화를 결정할 수 있게 한다.

④ 책임 있는 행동을 할 수 있게 계획

욕구를 충족할 수 있게 효과적인 행동을 수립할 수 있도록 계획하며 바람을 이룰 수 있는 방법을 찾고 그것을 생활에서 효율적으로 통제할 수 있는 방법과 생각을 할 수 있도록 상담자는 조언하고, 조력하고 격려하며 계획해서 내담자가 자발적으로 좋지 못한 행동에 대해 인정하고 더 나은 선택을 할 수 있도록 도와주어야 한다. 효과적인 계획을 세우는 것은 첫째, 내담자의 욕구와 밀접해야 한다. 둘째, 구체적이고 이해하기 쉬우며, 측정할 수 있어야 한다. 셋째, 현실적이고 실행 가능해야하며 무엇을 해야 할 것인지를 세워야 한다. 넷째, 상담자는 내담자 스스로 할 수 있는 계획을 세울 수 있도록 격려하고 숙련된 질문으로 내담자가 구체적인 계획을 세우도록 도와야 한다. 다섯째, 지속적, 정기적, 반복적이어야 하며, 과정 중심의 활동을 포함해야 한다. 여섯째, 내담자가 실천내용을 기록하여 계획을 실행하게 한다.

⑤ 계획이행에 대한 약속

수립한 계획을 잘 이행하도록 그 계획대로 행동할 것을 약속해야 하며 약속한 후 상담자는 내담자의 내부에서 욕구충족을 지각할 수 있는 대상이 되어야 하며 자신과의 약속이기 때문에 강력한 것이 된다는 것을 인식하게 해야 한다.

⑥ 변명에 대해 수용하지 않는다.

내담자는 계획에 따라 이행하지 않고 그것을 이행하지 못하는 이유를 붙여 변명하는 경우가 생긴다. 이런 경우 상담자는 변명을 수용하지 않아야 한다. 상담자는 내담자가 못하는 이유에 관심이 없으며 그것을 언제 어떻게 할 수 있는지에 관심이 있다는 것을 알려 준다. 행동에 있어 더 나은 것을 선택하는 일에 초점을 맞추게 되면 내담자는 더 이상 비참하고 비효과적이라는 이유를 찾지 않게 된다.

⑦ 벌을 금지해야 한다.

상담자는 내담자와 논쟁하거나, 비판, 처벌을 하지 않아야 하며 내담자가 약속을 잘 이행할 수 있도록 촉진하는 조력자 역할을 해야 한다.

⑧ 지속적인 조력자가 되어야 한다.

내담자를 쉽게 포기하지 말아야 하며 지속적으로 관심을 가지는 조력자 역할을 해야 하며 내담자 자신이 스스로 통제할 수 있는 힘을 얻을 수 있다는 것을 확신할 때까지 시간이 오래 걸린다는 것을 인식해야 한다.

(2) 우볼딩(Wubbolding)의 WDEP 과정

① 바람, 욕구, 지각 파악하기(Want)

상담자의 질문을 통하여 내담자의 바람을 파악하는 것으로 예를 들어 '당신이 바라는 것은 무엇인가?', '당신은 무엇을 원하는가?', '당신 주위에 중요한 사람들이 당신에게 무엇을 원하고 있다고 생각하는가?', '사물이나 현재 상황을 어떻게 바라보고 있는가?' 등의 질문에 대한 응답에서 내담자의 욕구뿐 아니라 내담자의 주변인들까지도 원하는 것이 무엇인지 파악할 수 있다. 욕구를 충족시킬 수 있는 방법을 스스로 찾을 수 있도록 도와야 하며 내담자가 욕구를 충족하는 필요한 방법과 그것을 방해하는 것은 무엇이 있는지 구체적으로 말하도록 하여 충족되지 못한 부분을 구분하도록 한다. 질문 중 '당신에게 사람들이 원하는 것은 무엇이라고 생각하나요?'라는 질문은 자신에게 영향을 끼치는 세상을 어떻게 보는지 알 수 있으며, 자신의 주변인과 자신이 원하는 것이 같은지 같지 않은지 알 수 있다. 내담자 내면에 사진처럼 자리 잡은 근본적 욕구를 볼 수 있도록 유도해야 하는 질문은 '사물과 환경을 어떻게 바라봅니까?'라는 질문으로 가치여과기인 이차수준으로 현실 상황을 보는지 지식체계로 세상을 보는지 알 수 있으며 이런 질문을 통하여 내담자의 삶을 어떤 방향으로 바꾸기를 원하는지 파악해야 한다.

② 현재 행동 탐색(Doing)

'당신은 현재 무엇을 하고 있는가?'라는 질문을 통해 상담자는 현재 내담자의 행동에 초점을 맞추어야 한다. 질문에서 '당신은' 자신이 하는 행동에 대한 이유를 환경이나 주변인의 탓을 하거나 변명하려고 하는 것을 멈추게 하는 효과가 있다. '무엇을'은 내담자의 내면을 탐색하는 것으로 욕구를 충족하기 위해 선택한 행동이 내담자 스스로 효과가 있는지 자신이 통제해야 할 부분이 어느 것인지에 대한 것을 확인하는 것이다. '하고(doing)'는 내담자의 전체행동에서 활동하는 요소를 파악하는 것으로 자기의 바람을 이루기 위한 행동인지를 평가할 수 있도록 하는 것이다. '있는가?'는 현재의 행동에 초점을 맞출 수 있도록 도와주는 것이다. 이것은 초기 상담 과정에 내담자가 어디로 가고 있는가를 파악하도록 도와주는 것이며 스스로 통제할 수 있는 것을 탐색하는 것임을 강조해야 한다.

③ 자신의 행동을 평가하기(Evaluating)

대표적 질문은 '지금의 행동이 당신은 도움이 된다고 생각하는가?'이다. 이는 자신의 행동에 대한 수행 능력을 평가하는 것이다. 지금 당신이 하는 것은 당신의 바람을 충족시키는 데 도움이 되는 것인가? 당신의 바람은 실현가능하며 현실적인 것인가? 세상을 지금처럼 바라보는 것이 당신에게 어떤 도움을 주는가? 등의 질문은 내담자가 행동하는 것을 구체적으로 탐색하고 내담자 자신에게 그 행동들이 원하는 것을 이루는 데 도움이 되는 것인지 아닌지를 판단할 수 있도록 도와주며 내담자가 선택한 행동은 어떤 결과로 나타났는지 직면시켜 행동의 효과성과 효율성을 가지도록 하는 것이다.

④ 계획하기(Planning)

행동의 평가를 내린 후에는 행동 변화를 위한 새로운 계획을 수립하도록 상담자는 도와주어야 한다. 이때 내담자의 원하는 것과 욕구를 충족시킬 수 있는 계획을 세워야 하며 내담자가 하고 있는 부정적이고 비효율적인 행동들을 찾아 타인의 피해를 주지 않는 범위 안에서 자신의 욕구를 충족시키기 위해 긍정적인 전체행동으로 바꾸어 주어야 한다. 이것은 일종의 교수단계로써 행동 변화를 위한 책임 있는 계획이며 상담 과정의 핵심이다. 이 단계는 긍정적 행동을 계획하고 그에 대한 언약과 과정에 대한 마무리와 제언으로 구성되어 있다.

글래서(Glasser)는 계획을 세울 때 다음을 고려해야 한다고 하였다.

- 정규적인 근거의 반복되는 계획으로 일관성이 있어야 한다(consistent).
- 가능한 빨리 수행되는 계획으로 즉각적이어야 한다(immediate).
- 정확하고 구체적인 계획으로 측정할 수 있어야 한다(measurable).
- 현실적인 계획으로 도달할 수 있는 것이어야 한다(attainable).
- 확고한 의지를 갖고 수행할 수 있도록 이행하겠다는 언약이 있어야 한다(committed).
- 계획은 단순해야 한다(simple).
- 다른 사람이 하는 것에 의존하지 않도록 계획자에 의해 통제되어야 한다(controlled).
- 모든 계획의 구성요소는 계획자의 책임에 달려있다(planner). 욕구를 충족하기 위한 모든 계획을 세우는 것과 이행하는 것에 대한 책임은 계획자인 내담자에게 있다.

4. 주요 기법

현실치료의 주요 기법은 친밀한 관계 형성을 기본으로 내담자가 자신의 욕구를 바람직한 방법으로 이룰 수 있도록 도와주며 다음과 같은 상담 기법을 사용한다.

1) 질문하기

내담자가 내담자 욕구를 충족하기 위해 하는 전체행동을 탐색하고 현재 자신이 그 욕구를 충족하기 위해 하는 행동을 파악하여 세부적으로 계획을 세우는 중요한 역할을 할 수 있는 기법이다. 질문의 방식은 내적 세계로 들어가도록 하기, 효과적인 통제를 할 수 있도록 지지하기, 정보를 주고, 정보를 얻으며 내담자 스스로 바람, 지각, 욕구를 이해하도록 도와주며 본인의 행동에 초점을 맞추고 평가하고 계획하도록 한다. 질문은 내담자가 선택하고 자신의 삶을 스스로 변화시키기 위한 방법을 통제하도록 한다.

예시

- 당신이 원하는 것은 무엇인가요?
- 어떻게 하면 당신의 삶이 더 좋아질까요?

2) 직면하기

상담자는 내담자가 하는 변명을 수용하지 않으며 결코 내담자를 포기하지 않는 태도를 보여준다. 변명을 다룰 때는 긍정적인 반응을 하나 수용하지 않아야 한다. 내담자의 태도나 말에 논쟁하거나 비판하지 않고 자신의 행동을 파악하여 효과적인 계획을 세우도록 돕는다. 내담자가 현재 하는 행동이 그 욕구를 이루는데 긍정적인지 부정적인지 확인하게 하며 스스로 선택한 행동에 책임을 지도록 해야 한다. 예를 들어 친구들과 친하게 지내고 싶어 하는 학생이 친구들이 같이 놀자고 했을 때 거절하는 행동을 하면 상담자는 내담자의 욕구와 행동이 모순이 있다는 것을 인지시키는 직면을 사용하게 된다.

예시

전공이 마음에 들지 않아 학교를 중단 하고 싶은 내담자가 책임을 어머니에게 돌리는 경우라면, 상담자는 "다른 모든 일도 어머니가 시키면 그대로 실행했습니까?"라고 묻고 그에 대해 내담자가 "그렇지 않습니다."라고 하면 상담자는 "다른 일은 어머니의 의견대로 하지 않았는데 전공 선택은 어째서 어머니의 의견대로 했습니까?"라고 대응함으로써 결국 현재 다니는 학과는 내담자 자신이 선택했다는 점, 다시 말해 모든 것이 자신의 책임임을 인식시킨다.

3) 계약하기(contract)

상담자는 내담자의 행동 변화에 대하여 내담자와의 언약을 문서로 작성하는 기법으로 구체적인 행동 변화를 위한 인식을 시키고, 내담자 스스로 인정할 수 있는 증거와 구속력을 갖도록 한다.

4) 역설적 기법(paradoxical techniques)

현실치료에서 내담자가 계획을 세우지 않거나 세운 계획을 실행하지 않으려고 저항할 때 상담자는 내담자가 예상하지 못하는 모순된 지시나 요구를 주어 혼란스럽게 하는 기법이다. 내담자가 가지고 있는 주제나 상황에 대해 사고하는 방식을 바꾸도록 도와주고 바람직하지 않았던 행동을 바람직한 행동으로 볼 수 있도록 돕는 것이다. 예를 들어 실수를 하는 것을 두려워하는 청소년에게 일부러 실수를 하라고 상담자가 말하는 것이다. 이 기법을 사용하는 것은 위험성을 가지고 있으므로 충분히 숙련되었을 때 사용해야 한다.

예시

신체적 아픔을 계속 호소하는 한 내담자가 있다면 상담자는 "정말 당신은 안 아픈 곳이 없는 대단한 병자군요"라고 할 수 있다.

5) 유머 사용하기(humor)

상담자는 상황에 맞는 유머를 사용하여 내담자의 긴장을 풀어주어야 하며, 내담자와 상담자가 농담을 같이 공유한다는 것은 흥미 욕구에 있어서 서로 동등한 입장이라는 것을 나타내는 것이다. 노안영 외(2006)는 유머는 친근한 관계를 유지하여 기본적 욕구의 소속감에 대한 욕구를 충족시킬 수 있다고 하였다. 이 기법은 내담자의 문제가 생각보다 심각하지 않다는 것을 알게 하기 위해 사용되며 자신의 문제를 새로운 시각으로 볼 수 있게 한다. 책임감 없는 부분이나 비합리적인 행동에 대하여 직면시킬 때 효과적인 기법이다.

6) 역할연기(role playing)

내담자가 친구관계나 대인관계에서 불편함을 가지고 있거나 새로운 행동을 실행하려고 할 때 사용하는 기법으로 내담자의 과거와 미래를 현재로 가지고 와서 행동을 변화시키면 내담자의 삶이 어떻게 변화되는지를 평가할 수 있다.

7) 과제(homework assignment)

상담 기간을 연속적으로 유지하고 회기 내에서 문제를 해결할 수 있도록 내담자를 지지하고 격려하는 기법이다. 상담 결과가 빠르게 나타나도록 사용되며 현재의 행동을 중단하거나 감소할 때, 또는 새로운 행동을 시도할 때, 현재 행동을 기록하여 세부적으로 문제를 해결할 방안을 찾으려 할 때 사용하는 기법이다.

5. 사례연구

다음 사례는 고3 학생이 취업을 앞두고 부모님께 불안을 호소하여 상담을 요청한 경우이다. 내담자는 특성화 고등학교에 진학하여 부모님께 경제적으로 도움을 주고자 하였으나, 취업을 불안해하고 있었다. 이에 대해 정서적 안정감을 찾고자 하는 상담 목표를 가지고 진행한 사례의 일부분이다.

상담자: 표정이 긴장되어 있는 것 같아 좀 편안해졌으면 좋겠는데 내가 뭘 도와줄 수 있을까?
내담자: 고3이 되어서 취업을 해야 하는데 취업을 못할까봐 걱정이 되고 부모님께 죄송하기도 하고 답답해요.
상담자: 취업에 대해 생각할 때마다 답답하고 힘들었겠구나. 부모님께서는 너에게 뭘 원하시는 것 같아?
내담자: 제가 좋은 곳에 취업하는 거겠죠.
상담자: 그래. 그럼 너도 부모님께 바라는 것이 있을까?
내담자: 잘 모르겠어요. 저를 좀 인정해 주고 믿어 주는 거?
상담자: 그렇구나. 그럼 오늘 선생님과 상담을 해서 얻고 싶은 게 있을까?
내담자: 불안한 마음이 편안해졌으면 좋겠어요.
상담자: 그렇구나! 마음이 편안해지면 어떤 것이 좋아질 것 같아?
내담자: 취업에 필요한 공부도 잘 될 것 같고 취업도 원하는데 갈 수 있을 것 같고 그러면 부모님도 좋아하실 것 같아요.
상담자: 원하는 것이 뚜렷하구나. 최근 집에서나 학교에서 어떻게 지내는지 궁금한데 말해 줄 수 있을까?
내담자: 잡념이 많고 잠도 많이 자는데 피곤하고 걱정이 많아서 시간을 제대로 활용하지 못하고 있는 것 같아요.
상담자: 그렇구나! 네가 원하는 것을 얻는데 지금의 생활이 어떤 도움이 되는 것 같니?
내담자: 아니요. 하나도 도움이 되지 않아요…….
상담자: 그러면 어떻게 하면 네가 원하는 것에 도움이 될지 대안을 생각해 보고 새로

운 계획을 세워서 실천해 보는 것은 어떨까?
내담자: 네 달라지고 싶어요. 그런데 어떻게 해야 할지 모르겠어요.
상담자: 새로운 계획은 네가 얻을 수 있는 간단한 것, 지금이라도 바로 해볼 수 있고 구체적인 내용이면서 아주 쉬운 것이면 좋겠는데.
내담자: 뭐가 있을까요? 잘 모르겠어요…….
상담자: 예를 들어 네가 편안해지기 위해 자기 전에 맘이 편안해지는 노래를 10분 듣는다든지…….
내담자: 그런 거면 저도 계획 할 수 있어요. 자기 전에 매일 자기 전에 스트레칭 20분씩 할 수 있어요.
상담자: 매일 20분씩 스트레칭 하는 것이 어려울 텐데……. 지킬 수 있도록 줄여도 되는데?
내담자: 아니에요. 저 할 수 있어요. 30분도 할 수 있어요. (미소 지음)
상담자: 네가 그렇게 확신 있게 말하니 당장 해볼 수 있다는 마음이 있는 것 같은데 맞니?
내담자: 네. 할 수 있어요.
상담자: 그래 네가 계획한 것을 네가 해내면 어떨 것 같니?
내담자: 마음이 뿌듯하고 기분이 좋아질 것 같아요.
상담자: 지금은 작은 것이라고 생각될 거야. 네가 지속해서 한다면 변화된 너를 만나게 될 것 같아. 나도 기대가 된다. 아마 너는 그 계획을 꾸준히 실천할 것 같아. 네가 계획한 것을 다시 한 번 말할 수 있을까?
내담자: 네, 매일 20분씩 자기 전에 스트레칭을 하는 것입니다.
상담자: 그래 넌 잘해낼 거야 응원할게. 파이팅
내담자: 네, 해 볼게요.
상담자: 그래 그럼 다음 약속한 시간에 만나자.

활동하기

1. 영화 '플랜맨'을 보고 서로 다른 성격의 남녀가 펼치는 에피소드에 대해 자신의 느낌을 나누어 봅니다.

2. 자동적 사고 기록지를 적어보고 자신의 사고, 감정, 행동을 탐색해 봅니다.
   - 지난 며칠 동안 부정적 감정이 생겼을 때를 떠올려보고 그때의 상황과 생각을 탐색해봅니다.
   - 자동적 사고와 관련된 신념체계를 살펴보고 대안적 사고에 대해 생각해 봅니다.

자동적 사고 기록

1. 상황 누가? 무엇을? 언제? 어디서?	2. 감정 어떤 기분을 느꼈는지 점수로 평가해본다 (0~10)	3. 자동적 사고 확인 (어떤 생각이 떠올랐는가?)	4. 자동적 사고를 지지하는 증거, 자동적 사고를 지지하지 않는 증거 탐색	5. 대안적 사고탐색	6. 기분을 재평가 (0~10)

3. 감정그래프 그리기(준비물: 도화지, 색 사인펜)
   - 그룹을 나누고 도화지와 색 사인펜을 나누어준다.
   - 그룹별로 일정기간 동안 달성해야 하는 주제나 과제를 정하게 한다.
   - 목표가 달성되기까지의 그룹원들의 감정 변화를 다양한 도형이나 그래프로 그려본다.

〈활동 예시〉

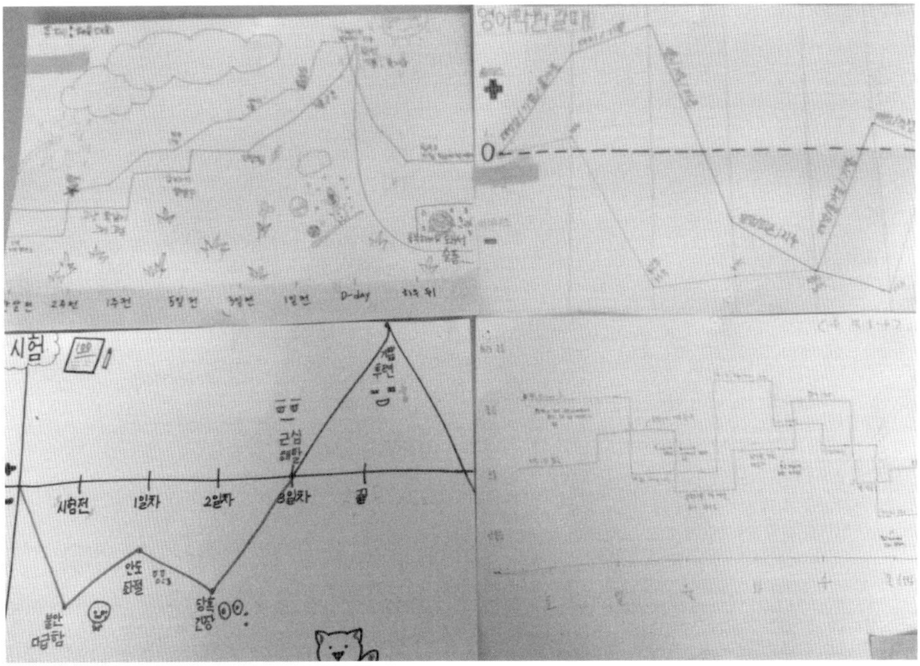

04 PART

청소년상담의 실제

CHAPTER

12 학교생활상담

1. 학업상담

1) 개념 및 특징

(1) 개념

① 학업

학업은 개인이 생존과 번영을 위해 무엇인가 배우고 익히는 모든 과정이다. 청소년의 학업은 주요 발달과업 중 인지능력 발달을 위한 것으로 학교와 같은 제도적 교육기관에서 지식을 배우고 익히는 과정이며, 성취도 평가에서 더 높은 점수와 등수를 얻기 위한 수단(이재규 외, 2013)을 의미한다. 청소년기의 건강한 학업 발달은 자신의 학업과 진로를 연결 짓고 행복한 학교생활에 영향을 미치기 때문에 중요하다(ASCA, 2012).

② 학업상담

우리나라 청소년들의 행복 지수가 다른 국가들에 비해 낮은 이유는 성적을 포함한 학업 스트레스와 관련이 높다. 입시 위주의 경쟁적 교육환경 속에서 청소년의 대부분은 학업 스트레스에 시달리고 있으며 이는 청소년의 주관적 행복감과 건강한 자아형성을 방해하여 문제가 되고 있다. 요즘의 이런 학업에 대한 스트레스는 중·고등학생뿐만 아니라 초등학생 심지어 유아기 아이들에게도 부담을 주는 문제가 되고 있다.

학업의 성취 여하가 청소년의 자아 형성이나 진로에 많은 영향을 미치므로 학업 문제는 청소년에게 매우 중요하다. 성적이 떨어지면 적지 않은 학생들이 또래 괴롭힘, 학교폭력, 학교 부적응, 비행 등 외현화 문제를 비롯해 술, 담배, 약물, 인터넷 게임 등의 중독문제로 나타나기도 한다. 심하게는 자살 생각이나 자살 시도를 하는 등 정신건강에 악영향을 미친다.

김계현(1995)은 학업상담을 '교육 및 학습문제와 상담'이라는 이름으로 상담의 주요 영역으로 학계에 제안했다. 또한 청소년 상담전문가 양성을 위한 교재에 『청소년 학업상담』(김형태 외, 1996)이 포함되어 학업상담이 청소년상담의 주요 영역이 되었다.

학업상담은 학업 문제를 다루고 해결하는 전문적인 상담 활동이다. 학업 과정이나 결과에서 어려움을 경험하고 그 문제를 해결하고자 하는 내담자가 상담자와 함께 학업 과정을 자율적으로 조절하여 성과를 올리고 차후 학업 문제에 대한 대응 역량의 성장을 위해 노력하는 과정이라고 볼 수 있다.

즉 학업상담은 개인이 무엇인가를 배우고 익히는 학습 과정에서 겪는 문제를 체계적이고 통합적인 접근을 통해 원만하게 해결하도록 조력하는 것으로 학생들의 학업 발달뿐만 아니라 심리, 정서, 인지, 환경에 직접적인 영향을 미치는 학업 문제를 해결하기 위한 상담이라고 볼 수 있다.

(2) 특징

① 학업

가. 학업 문제의 인지적, 정서적, 행동적, 환경적 특징

첫째, 학업 스트레스로 인한 지능 및 기억력 저하로 인해 학습 속도가 느려 교과과정을 따라가기 어렵고 공부를 해도 성적이 오르지 않아 학습 동기 및 지적 호기심이 낮다. 또한 공부에 대한 반감이나 회의를 보이고 성적에 대한 집착은 비합리적인 신념과 시험 불안을 초래하는 인지적 특징을 보인다.

둘째, 낮은 주의 집중력, 억압, 자기 비하, 태만, 무책임, 신뢰 상실 등의 정서적인 문제로 인해 미성숙하고 자신감 부족으로 자아개념이 낮거나 부정적이며 열등감이 높고 공부에 회의적이며 우울 증상을 보인다. 또한 부모의 지나친 기대, 시험에 대한 걱정과 스트레스, 성적에 대한 강한 집착은 시험 불안을 높여 주의집중을 더욱 어렵게 하거나 불안 증세와 함께 두통, 복통, 기침 등의 신체적인 증상을 나타내기도 한다.

셋째, 학습 태도에서도 주의 집중력이 낮고, 학습에 무관심하고 태만해 공부 습관을 형성하기 어렵다. 따라서 책 읽기, 시험 준비, 노트 정리, 예습 복습, 시간 관리 등의 학습전략이 체계적이거나 조직적이지 않고 즉흥적이면서 일관성이 없는 행동적인 특징을 보인다.

넷째, 학업 환경의 부정적인 영향도 적지 않은데 부모의 잘못된 양육 태도나 교육환경의 결손은 물론이고 아동의 학습 결과에 대한 피드백이 부족하거나 지나친 관심은 공부에 대한 스트레스와 학업 반감을 높인다. 또한, 부모보다 더 많은 시간과 생각을 공유하는 또래 관계에서 생활태도, 학업태도가 부정적인 친구들과 주로 어울린다(황매향, 2009).

나. 학업으로 인한 스트레스 유형

- 성적 저하로 인한 걱정과 스트레스

- 시험 불안
- 학업 능률의 저하
- 공부에 대한 회의와 동기 저하
- 교우관계로 파생된 문제 등

② 학업상담

가. 청소년이 학습과 관련하여 호소하는 문제

- 학습 능력이 부족하여 공부해도 성적이 오르지 않거나 비효율적인 공부 습관으로 노력 대비 성과가 없다.
- 음악을 들으면서 공부한다거나 너무 늦은 시간까지 공부하고 수업 시간에 졸거나 집중하지 못하는 잘못된 학습 습관을 갖고 있다.
- 성적이 부진하거나 부모의 기대 이하의 성적을 받았을 때 심한 좌절이나 성적에 대한 두려움으로 지나친 시험 불안 등의 정서적 문제를 가지고 있다.
- 부모의 과도한 학업 압력에 대한 반발이나 학습 자체에 관심이 없어 학습 동기가 부족하거나 없다.
- 학습에 대한 지나친 집착으로 또래에게 무시나 따돌림을 당하는 등의 대인관계의 어려움을 호소한다.

나. 학업상담의 과정

- 관계 형성 및 상담의 구조화
- **학습 문제의 진단:** 학습 수준, 행동, 환경, 가족구조, 내담자의 장점, 부모와의 관계 등을 알아본다.
- **상담 목표 설정:** 결과보다는 과정 중심적으로 구체적인 형태로 설정한다. 청소년의 경우 학습 문제와 관련된 상담에 대한 부모의 욕구와 학생의 욕구가 무엇인지 각각 구체적으로 들어보고 현실적이고 구체적으로 실현 가능한

목표를 내담자 스스로 실천 가능한 형태로 세울 수 있도록 한다.

- **개입전략 설정 및 개입**: 현재 호소하고 있는 구체적인 학습 문제와 그 문제의 발생 시기 및 원인, 그로 인해 파생된 다른 문제, 내담자의 강점 및 자원은 무엇인지를 파악한 후 그에 따른 전략적 접근을 제시해야 한다. 정서적인 문제나 학습결손 등의 문제가 있다면 다른 전략과 병행해야 한다. 또한 부모-자녀 관계를 위한 효과적인 의사소통 훈련이 필요하고, 가족 구조적 문제의 경우 가족치료적 개입을 할 수도 있다(김동일 외, 2011).
- **변화 정도 평가**: 문제의 해결 정도, 상담 목표의 달성 정도를 평가한다. 스스로를 평가하면서 성취감을 얻어 지속적인 변화를 추구하며, 변화가 필요한 부분에 대해서는 효과적인 방안을 논의하면서 동기를 강화할 수 있다.
- **마무리**: 내담자의 호소문제, 목표와 전략, 내담자의 노력 등을 중심으로 상담 과정에 대해 정리하고 변화의 지속 방안과 문제의 재발 방지를 위한 방안에 대해 논의한다.
- **추수상담**

다. 학업상담의 구체적인 방법

청소년의 학업 문제를 해결하기 위한 상담 방법을 인지 · 정서 · 행동 · 환경적인 면으로 나누면 다음과 같다(이재규 외, 2013).

첫째, 학생의 학습 동기, 공부에 대한 태도, 부모의 기대에 대한 지각, 비합리적 신념, 자아개념, 기초학습 능력, 선수학습 등의 인지적인 개입을 한다.

둘째, 학생이 겪고 있는 불안, 우울, 스트레스 등의 정서 상태, 완벽주의나 학업 지연 행동 등 효과적인 학업을 방해하는 성격적 특성, 부모의 억압적인 양육형태, 의사소통 유형 등에 대해 알아차리도록 하면서 변화전략을 수립한다. 그러나 정서 문제에 압도되어 있거나 성격 문제가 심할 경우 장기상담이 필요하므로 상담 내용을 조절하고 전문가 간 연계를 고려해야 한다.

셋째, 내담자와 함께 수립한 학습전략의 실천 여부의 확인과 학습 방법의 효율성 분석을 통한 개선방안을 논의한다. 학습유형별 변화전략, 효율적인 시간, 생활 관리, 시험 관련 전략, 인지 및 초인지 전략 등의 계획과 실천과정의 동기화 및 학업과 다른 활동과의 갈등에 대한 적절한 의사결정을 바탕으로 실천할 수 있도록 한다.

넷째, 학업과 직결된 신체적·물리적 환경과 부모·교사·또래와의 관계 등을 살펴보고 조정 개선할 수 있도록 한다. 학업 환경조성을 위해 부모나 교사의 상담 참여 및 또래들과 함께 집단상담을 할 수도 있다.

내담자가 호소하는 문제 속에는 학교 부적응, 가정불화, 또래나 이성 관계에서의 실패, 심각한 우울, 불안 등 여러 가지 문제가 함께 공존하는 경우가 대부분으로 학업 문제와 그 밖의 문제를 구분해야 한다. 상담에서 다룰 수 있는 목표 우선순위를 내담자와 함께 결정하고 이러한 목표는 구체적이고 명확하며, 내담자가 실천 가능한 변화전략의 수립이 효과적이다.

내담자가 호소하는 학업 문제의 원인이 비교적 명확하고 단순할 경우, 상담자는 학습 관련 장애에 대한 처치, 학습전략 프로그램을 통한 공부 방법의 개선, 보충학습을 통한 선수학습의 결핍 해소 등이 가능하도록 조력 체계를 구축하고 조정을 돕는다(황매향, 2007). 또한 많은 학생이 부모와의 역기능적 의사소통으로 인한 스트레스 수준이 높으므로 상담 효과를 극대화하기 위해서는 학부모의 협력이 절실히 요구된다(강진령·강은주, 2009).

상담 목표를 달성하는 데 오랜 시간이 소요되거나 여러 가지 전략이 필요해 단시일 내에 성과가 나지 않으면 보상 지연의 발생으로 상담자와 내담자 모두 소진될 수 있다. 최종목표에 대하여 중간목표들을 설정하고 중간 평가를 통해 목표 달성의 성취감을 획득하도록 하여 상담자와 내담자 모두가 상담과 변화에 대한 동기를 오랫동안 유지할 수 있도록 한다(장미경 외, 2010).

현장에서는 학교 및 기관과 학생의 여건에 따라 상담 기간이나 환경이 달라지기 때문에 깊은 정서 문제나 성격 문제를 다룰 때는 어느 정도 깊이 있게 다룰 것인가와 외부 전문기관에 연계 여부를 신중히 판단하여야 한다.

2) 목표

내담자의 성장을 위한 학업상담의 목표는 다음과 같이 나누어 볼 수 있다.

첫째, 내담자의 학업을 방해하는 문제의 원인을 탐색하고, 자신에 대한 이해를 바탕으로 현실적이며 합리적인 의사결정을 할 수 있도록 돕는다.

둘째, 정신적인 문제나 학업을 방해하는 성격적인 특성, 부모로부터 받은 상처 등의 심리 정서적 문제의 치료와 긍정적인 자아개념의 형성 및 잠재력 개발, 학습전략의 습득 등을 통해 학습에 대한 긍정적인 행동 변화를 돕는다.

셋째, 가정, 학교 등 일상의 대인관계에서 발생하는 갈등을 해결할 수 있도록 돕고, 특히 부모의 자녀에 대한 이해, 수용, 적절한 지지로 긍정적인 부모-자녀 관계 형성 및 학습 동기의 향상을 돕는다.

3) 사례

(1) 내담자 정보

고 1, 남학생, 조부모 집에서 함께 지내고 있는데 독립을 원하고 있고, 마음이 여리다. 고깃집 아르바이트를 하고 있다.

주요 문제

- 잦은 무단지각과 결석이 많고, 5교시쯤에 등교, 학교규칙 위반이 잦아 학업중단의 위기에 있다.
- 수업 시간에 대부분 엎드려 잠을 자고 있으며 공부에 관심이 없고 무기력하다.

• 충동적이고 반항적이며 오토바이 절도로 신고되었다.

(2) 행동 관찰

하얀 피부에 약간 작은 눈매, 중간 정도의 체격으로 깔끔한 차림. 이야기하는 동안 눈 마주침이 없는 경향이나 의사 표현은 확실하게 하는 편이다. 무척 피곤해 보였고 손은 고운데 손톱을 물어뜯어 ⅓은 없고 다리를 많이 떠는 경향이 있다. 질문에 단답형 대답이며 개방적 질문에는 자기의 생각이나 감정을 표현하지 못하고 "잘 모르겠어요", "생각이 안 나요"라고 하였다.

(3) 가족관계

- **부**: 49세. 고졸, 자영업, 저녁에 일을 나간다. 중학교 때까지 내담자를 많이 때렸다고 한다. 내담자의 이야기를 잘 들어주지 않고 독단적이고 권위적이며 엄하다. 내담자가 약속을 지키지 않는 것과 친구 부모를 봐도 인사도 하지 않는 중학교 때 친구들을 만나는 것에 대해 화가 나 있고 자신의 양육방법에 무엇이 문제인지 혼란스러워하며 죄책감이 든다고 한다.
- **모**: 48세. 남편과 함께 일한다. 엄하다. 2년 전 암 수술로 요양 중이다. 내담자에게 상처받아 전혀 연락도 대화도 단절. 선생님들 앞에서 욕설과 "니가 엄마냐?"라고 표현할 정도로 내담자와 적대적이다.
- **누나**: 21세. 공부를 잘했고 서울에 있는 대학 진학. 내담자와는 가끔 연락한다.
- **외조부모**: 내담자에 대한 애착이 커서 대구에서 내담자 집 근처로 이사를 했다. 외할머니께서 다리 수술로 병원에 입원하여 있으면서도 내담자를 챙겨주시고, 내담자가 부모님과 갈등이 심해지면서 내담자를 데려와 6주 전부터 함께 지내고 있다.

(4) 성장 과정

내담자는 부모님이 지방에서 가게를 하면서 7살 때까지 부모와 떨어져 외조부모집에서 지내다 부모에게 보내어졌다. 초등학교에 입학하면서 집으로 오게 되었고 어리광이 많고 버릇없는 행동 때문에 아버지에게 많이 맞았다. 부모님은 늘 저녁에 일을 나갔기에 늦은 밤까지 누나와 내담자 둘이 지냈다. 중학교 때부터 친구들과 어울리면서 일탈적인 행동으로 부모와 갈등이 시작되었고 지금은 집에서 나와 외조부모의 집에서 지내고 있다.

(5) 상담하게 된 경위

잦은 무단 지각과 무단결석 등 학교 부적응과 오토바이 절도사건으로 학업중단의 위기에 있어 담임교사가 상담을 의뢰함.

(6) 상담 목표

- 학업 동기 찾기
- 무단 지각, 결석 줄이기
- 자신의 감정, 욕구를 알아차리고 표현하기

(7) 상담 내용

- **1회기:** 접수 면접, 공감을 통한 라포 형성
- **2회기~3회기:** 문장완성검사, HTP, MMPI-A검사, 상담 구조화
- **4회기:** 심리검사 결과 해석 상담, 상담 목표 설정, 장점 찾기,
- **5회기~8회기:** 자신의 감정, 욕구를 알아차리기, 만다라 작업, 과거-현재-미래모습 콜라주 활동, 자기의 행동 결과 장단점 탐색, 소망나무를 통해 미래 설계

• **9회기:** 부모 상담, 전문기관에 가족 상담 연계, 종결

(8) 상담 결과

상담 시간을 잊지 않고 오지만 아르바이트와 밤늦게까지 친구들과 어울려 다니며 새벽녘에야 집에 들어가는 날이 많아 늘 피곤한 상태로 내방하였다. 자신의 감정이나 욕구를 찾기 힘들어하였으며 표현도 매우 단순하고 단답형이었다. 상담은 교실에서 지내기 힘들어 쉬러 오는 쉼터로 여기는 것처럼 보였다.

9회기 이후부터는 여름방학이 시작되기 때문에 학부모 상담을 통해 전문기관에 가족 상담을 권유하였으나 내담자가 거부하여 이루어지지 않았고, 다음 해는 갑상선암 진단을 받고 학업을 중단하였다.

2. 진로상담

1) 개념 및 특징

(1) 개념

① 진로

김계현(1995)은 진로란 개인이 일생 동안 일과 관련하여 경험하는 모든 체험을 의미하고 진로 선택과 결정은 인생에서 중요한 과업 중의 하나로 직업 세계와 자아에 대한 이해를 통해 자신의 일생을 체계적으로 선택하고 결정해 나가는 것으로 정의하였으며, 이재창(2005)은 개인이 살아가는 동안 갖게 되는 모든 일을 진로로 보았다.

나일스와 헤리스 볼스비(Niles & Harris-Bowlsbey, 2005)는 진로란 한 개인

이 전 생애 동안 내리는 결정들로 개인과 환경 간의 끊임없는 상호작용으로 생겨나며, 직업의 세계에 들어서기 이전과 공식적 직업 활동을 마친 후까지를 모두 포함했다.

즉 진로란 한 개인의 모든 생애 역할을 포함하는 것으로 자신이 맡은 역할들을 효과적으로 통합 관리하며 삶의 의미를 찾고자 하는 전 생애 과정으로 볼 수 있다.

② 진로상담

진로상담은 개인의 진로발달 향상이나, 진로의 선택, 계획, 결정의 실천, 직업 적응, 진로 변경 등의 과정을 돕기 위한 활동을 의미한다.

브라운(Brown, 1985)은 진로상담이란 개인이 직업을 선택하고 그것을 준비하고, 취업을 결정하고자 할 때 그 직업에서 업무를 효과적으로 수행할 수 있도록 도와주는 과정이며, 전 생애에 걸쳐 진로 선택과 관련된 모든 상담 활동으로 정의하였다.

진로상담은 한 개인이 자신의 인생을 어떻게 살 것인지에 대한 성찰을 통해 합리적으로 진로를 결정하고, 그 결정을 실천에 옮겨 적응을 잘하도록 조력하는 전문적인 활동이다. 이는 개인이 가지고 태어난 잠재능력을 최대한 발휘하는 자아실현과도 매우 밀접한 관계가 있다.

청소년기의 진로상담은 진학과 직업 세계에 대한 다양한 진로 정보를 제공하고, 합리적인 진로계획과 의사결정 능력을 돕는 체계적인 활동으로써 다음과 같은 주요 개념을 포함한다(이현림 외, 2007).

첫째, 진로상담은 개인의 과거, 현재, 미래를 모두 포함한 연속적인 과정으로 개인의 진로 문제 해결과 적응을 단계적으로 도와주는 것이다.

둘째, 진로상담은 내담자가 원만한 인격적 통합을 이룰 수 있도록 당면한 진로 문제 해결과 적응을 돕는 것이다.

셋째, 진로상담은 상담자와 내담자 사이의 관계를 강조한다. 상담자와 내담자 사이에 이루어지는 인간관계는 진로 목표와 문제 해결을 위한 필수 조건이다.

(2) 특징

① 진로 발달

진로는 직업 세계와 자아에 대한 이해를 통해 자신의 삶을 체계적으로 선택하고 결정해 나가는 일로 직업에 대한 지식, 태도와 기능은 어릴 때부터 죽을 때까지 발달한다고 볼 수 있다.

청소년기는 미래를 위한 진로 탐색과 진로 결정이 주요 발달과제로 진로 의식 성숙, 진로 관련 지식의 함양, 진로 행동 시도 등 포괄적인 진로 발달의 토대로 그 어느 시기보다도 중요하다(김봉환 외, 2013). 청소년기의 진로 선택과 진로 발달은 향후 성인기 진로 발달의 방향과 성공 여부를 결정짓는 시기로 평생의 진로 발달에 영향을 준다.

슈퍼(Super, 1955)에 따르면 대략 만 15세~16세가 되면 가치체계가 발달하여 진로 결정을 할 때 목표와 가치를 고려할 수 있게 되며, 대략 18세경 성장기에서 전환기로 나아가는데 이때 탐색기의 하위단계인 결정화기에 진입할 준비가 이루어진다. 결정화기에 있는 많은 고등학생은 자신이 하고 싶은 일을 결정하고 그 직업에서 요구하는 기술을 배운다. 그러나 진로 발달 시기는 각 개인에 따라 다르게 나타난다.

어떤 청소년들은 일과 직업 세계에 대해 전혀 모르고 있거나, 매우 피상적인 수준에서 단편적인 면만 보고 진로를 결정하기 때문에 학교 내 활동, 여가 활동 등을 통해 자아 검증과 역할 수행 및 직업탐색이 이루어질 수 있도록 해야 한다. 즉 자신의 흥미와 적성, 가치관, 보수 등과 같은 현실적인 요인을 고려하여 진로 목표를 설정하고 다양한 대안을 탐색하는 등의 진로 의사결정 능력향상이 필요하다. 또한 일과 직업에 대한 올바른 가치관과 태도, 윤리의식 고취를 위한 교육과 진로 선택에 있어서 유연성과 다양성이 요구된다.

② 진로상담

진로상담에서 호소문제는 직업과 진로 이슈에 맞추어져 있으며, 양적·질적 평가도구와 그에 따른 정보를 더 자주 사용하며 내담자가 처한 사회경제적 환경의 영향을 더 많이 고려해야 한다. 진로상담에서 내담자는 단순히 진로 문제만을 가지고 있는 경우는 드물다. 대체로 심리적인 특성과 진로 문제가 얽혀 있어 진로 문제를 호소하면서 상담을 시작하는 경우가 많으나 진로 문제가 어느 정도 해결되면 심리적인 문제를 호소하여 심리상담으로 전환되기도 한다. 반대로 심리상담으로 시작해 다시 현실적인 진로 문제로 전환되기도 한다.

내담자는 살아가는 과정에서 성공과 실패의 과정을 여러 번 경험하게 되는데 어떤 상황에서건 자기 자신의 가능성과 잠재력을 믿고 불확실한 미래를 긍정적으로 바라볼 수 있는 안목과 긍정적인 자아개념의 형성이 중요하다. 이를 위해 진로 상담자는 내담자가 가진 역량을 최대한 끌어내는 격려자, 강화자, 지원자의 역할을 담당해야 한다.

가. 진로상담의 문제 유형

진로상담에 오는 청소년은 대체로 다음과 같은 문제를 가지고 있다(Williamson, 1939).

첫째, 어떤 직업을 가질 것인지 전혀 생각하지 못했거나 흥미 있는 직업은 몇 가지 있지만 무엇을 선택할지 몰라 진로를 선택하지 못한 경우이다.

둘째, 직업 선택에 있어서 자기에 대한 이해 부족, 충동적 선택, 자격 및 능력 부족, 직업에 대한 이해 부족으로 인한 자신과 맞지 않는 불확실한 진로 선택은 실패에 대한 두려움, 친구와 가족에 대한 걱정, 불안 등으로 진로에 대한 자신감이 없고 타인으로부터 성공에 대해 위안을 얻고자 한다.

셋째, 본인이 생각하는 흥미와 적성이 일치하지 않거나 측정 결과 흥미와 적성 사이의 불일치로 흥미 있는 직업을 수행할 능력이 부족하거나 적성에 맞는 직업에 흥미를 느끼지 못하는 경우이다.

넷째, 직업정보가 없어서 동기나 능력이 낮은 사람이 고도의 능력이나 특수한 재능을 요구하는 직업을 선택하거나 특권에 대한 갈망이나 진로에 대한 오해로 흥미가 없거나 성격에 맞지 않는 직업을 선택하거나 자신의 진로 의사와는 상관없이 주변인의 고용 약속에 의한 선택이나 부모 압력에 의해 선택하는 경우가 있다.

나. 진로상담의 과정

- **접수 면접:** 용기를 내 찾아온 내담자가 존중받고 있다는 희망을 고취시키므로 상담에 대한 긍정적인 동기를 높여 상호 협력적 관계의 기본 토대를 마련한다. 내담자 호소문제의 영역과 정도에 대한 기본적인 관찰과 평가가 이루어짐으로써 본 상담에 필요한 기초적인 정보수집과 그에 따른 사례 개념화가 가능해야 한다.
- **관계 수립:** 진로 결정이나 직업 선택, 취업 준비, 직업적응 행동을 해야 하는 사람은 내담자이기에 잘하든 못하든 중요한 사람으로 인식되어야 한다. 내담자가 주목받고, 배려받고, 인정받고 있다는 믿음과 동반자가 있다는 든든함은 문제해결을 위한 계획을 행동으로 옮길 수 있는 동기를 높이는 토대가 되므로 신뢰할 수 있는 관계 형성을 위해 노력해야 한다.
- **문제 평가 및 목표 설정:** 상담자는 내담자의 호소문제를 확인하는 한편 문제의 원인과 내담자는 호소문제를 어떻게 이해하고 있는지를 파악하고 내담자와 더불어 진로상담의 목표를 설정한다. 내담자가 진로상담을 하는 이유와 방향을 인식하고 목표 달성을 위해 적극적으로 노력하도록 하려면 다소 시간이 걸리더라도 목표 수립 과정에 내담자를 동참시켜 현실적으로 실현 가능

한 구체적이고 명확한 목표를 세워야 한다.

- **행동 계획 수립 및 행동 실행을 위한 조력:** 한 번 세운 목표가 최종 목표가 아니라 내담자의 상태에 따라 변화될 수 있기에 행동 계획도 변경 가능하다는 사실을 염두에 두어야 한다.
- **종결 및 추수 지도:** 상담 초기 내담자와 종결에 대해 나눌 필요가 있는데 내담자도 종결을 염두에 두면 참여도도 높아지고, 종결에 따른 정서적인 어려움을 줄일 수 있는 상담 과정 중 가장 어려우면서도 가장 중요한 시간이다. 이 과정에서 상담의 효과가 측정될 수 있고, 미진한 사항들을 논의할 수 있으며 내담자의 장점이 확인되고 격려될 수 있다. 추수 지도는 상담 후에 내담자가 효과적인 진로 행동들을 취하고 있는지, 만족감을 유지하고 적응을 잘하고 있는지를 확인하며 필요하면 그것이 지속 가능토록 지도한다.

2) 목표

청소년 진로상담은 심리상담보다는 발달적이고 교육적인 측면이 강하다고 볼 수 있는데, 궁극적인 공통된 목표는 다음과 같다(김봉환 외, 2013).

첫째, 직업의 복잡하고 빠른 전문화와 고도화는 직업에 따라 요구되는 능력, 적성, 기능, 역할 등이 요구된다. 올바른 진로 선택을 위해서는 무엇보다도 자신의 능력, 흥미, 적성, 성격, 가치관, 신체적 특성 등에 대한 객관적인 이해가 필수적이다.

둘째, 현대사회에 존재하는 다양한 일과 직업의 종류 및 본질에 대한 객관적 이해가 절대적으로 요구된다. 직업의 종류도 3만여 개로 장차 없어지거나 새로운 직업도 많고 일의 방법도 많이 바뀔 것으로 전망되고 있다.

셋째, 올바른 진로 결정을 할 수 있는 의사결정 기술 증진은 무척 중요하다. 자신과 직업 세계에 대한 정보 등을 가지고 합리적인 진로 의사결정을 하느냐

못하느냐에 따라 적합한 진로 선택 여부가 갈리고 생활 전반에 영향을 받게 된다(Tolbert, 1980). 직업에 대한 편견, 부모의 요구, 친구의 권유, 또 다른 외적 욕구의 추구는 일상생활에서 많은 어려움과 부작용을 일으킨다.

넷째, 청소년들이 스스로 자신에게 필요한 다양한 정보를 신속하게 수집·분석·가공하여 적절히 활용할 수 있도록 방법을 알려주는 것이 중요하다. 현대사회는 '지식정보화시대'로 정보탐색 및 활용 능력의 함양은 매우 중요하고 고부가가치 창출의 역할을 하고 있다.

다섯째, 청소년들에게 일과 직업에 대한 올바른 가치관 및 태도의 형성은 중요한 목표이다. 일이란 부를 창조하는 원천이며, 생계 수단뿐만 아니라 사회봉사와 자아실현의 수단으로 그 중요성이 더욱 증대되고 있다.

여섯째, 직업 생활을 잘 영위하기 위해서는 직업 기초능력과 직무 수행능력을 갖추어야 한다. 대부분의 산업 분야에서 공통으로 요구하는 직업 기초능력은 현재 10개 분야에 34개의 하위영역으로 구성되어 있다. 최근 이슈인 'NCS 기반 채용'의 내용도 대부분 직업 기초능력을 어느 정도 갖추고 있는가를 파악하기 위함으로 보인다.

3) 사례

(1) 내담자 정보

고 1, 남학생

주요 문제

- 비현실적인 목표를 세우고 과장된 자신감을 보인다.
- 친구와 원활한 소통이 되지 않는다.
- 친구들의 놀림이나 야유로 학교폭력 및 학업중단 위기에 있다.

(2) 행동 관찰

지나치게 활동적이고 다른 사람들이 위협감을 느낄 정도로 화를 자주 내거나 강하게 요구하는 편이다. 또래보다 큰 키로 비만이다. 사용하는 단어들이 또래보다는 미숙하다. 욕과 장난이 심하다. 현실 검증력이 불안정하다.

(3) 가족관계

- **부(53세)**: 대졸, 회사원. 지지적이다.

(4) 성장 과정

부는 내담자가 3살 때 이혼 후 4살 때 재혼했으나 초등학교 3학년 때 다시 이혼했고, 지금은 만나는 이모가 있다. 그 이모가 가끔 반찬도 해다 주며 이모의 대학생 아들과도 친하게 지낸다고 한다. 내담자는 부와 헬스를 같이 다니며 자신이 하고자 하는 것은 부가 지지해 주는 친밀한 사이며, 이모와도 친하다고 하였다. 내담자가 초등학교 때까지는 집안 형편이 좋았다고 한다. 중학교 때 낮은 성적으로 인문계 학교에 가지 못하고 지금의 기술계 특성화고에 진학하게 되었다. 그러나 내담자는 학교 수업에는 관심이 없고 초등 6학년 때 처음 들은 랩이 좋아 학기 초부터 크루(모임)에서 랩 활동을 하고 있다. 유명한 랩퍼들도 처음에는 고생했지만, 열심히 하니까 그렇게 됐으니 자신도 지금은 잘하지 못하지만 노력하면 될 것 같다고 한다. 그래서 게임을 포기하고 작곡을 인터넷으로 배우고 있으며 네이블에서 작사해서 음반을 제작하려고 하는데, 집중이 되지 않아서 학교를 그만두고 사회의 불만을 노래로 표현하고 싶다고 하였다. 곡을 만들어 겨울방학 때 부와 같이 전문가에게 찾아가기로 했다고 한다.

(5) 상담하게 된 경위

자퇴하고 래퍼가 되기 위한 공부를 하고 싶다고 상담실을 방문했다.

(6) 상담 목표

- 자신의 욕구와 충동을 인식하고 현실과 조율하기
- 내담자의 진로 적성과 능력에 따른 진로 설계하기
- 교우와 갈등 상황을 조망하여 자신과 타인의 감정, 욕구를 수용하기

(7) 상담 내용

- **1회기:** 접수 면접, 라포 형성, 상담의 구조화
- **2회기:** 진로적성검사 및 결과를 토대로 현실과 조율할 수 있도록 함.
- **3회기~6회기:** 비폭력 대화 카드를 활용한 감정, 욕구 탐색, 학업중단의 장단점 탐색, 학업을 지속하는 것에 대한 어려움에 대해 나눔.
- **7회기~10회기:** 교우들과 갈등 상황일 때를 떠올려보고 서로의 감정, 욕구 탐색, 지금까지와는 다르게 어떻게 해 볼 것인가를 탐색, 역할연습, 점검
- **11회기:** 상담 이후 달라진 것을 탐색, 종결

(8) 상담 결과

부의 적극적인 관심으로 내담자가 자신이 좋아하는 것과 적성과 능력을 점검해 보고 현실적인 진로 결정을 할 수 있도록 도와 내담자가 학업을 포기하지 않고 학교에 잘 적응할 수 있었다. 담임교사의 관찰 결과 자신의 한계와 부족함을 수용하고, 왜곡된 과잉 자신감을 표현하는 것이 줄어들고, 교우들 사이에서 놀림이나 야유도 사라지면서 교우들과의 갈등 상황도 현저히 줄었다.

3. 학교폭력상담

1) 개념 및 특징

(1) 개념

① 학교폭력

학교폭력은 괴롭힘을 포함하는 보다 폭넓은 개념으로 볼 수 있다. 최근 또래간 괴롭힘으로 보기 어려운 심각한 폭력 사안이 많이 발생하고 있는데 그 배경이 괴롭힘인 경우가 많아 괴롭힘과 폭력의 구분이 쉽지 않다.

노르웨이에서는 1970년대 초부터 학교폭력 문제에 관심을 가지고 체계적으로 학교폭력 실태조사와 학교폭력 근절 대책을 마련해 왔으며 이를 기반으로 베르겐 대학의 심리학 교수인 올베우스(D. Olweus)는 '학교폭력 예방 및 근절 프로그램(Bullying Prevention Program)'으로 학교폭력 방지에 중심적인 역할을 하였다(박효정, 2012). 우리나라에서는 1990년대 중반 학교폭력이 사회문제로 부각 되었고, 1995년 김종기의 (재)청소년 폭력 예방재단 설립으로 본격적인 사회문제화가 되었다. 이에 2004년 학교폭력예방 및 대책에 관한 법률이 제정되고 2019년에 24차 개정이 이루어졌다.

학교폭력예방 및 대책에 관한 법률 제2조에서 학교폭력을 다음과 같이 정의하고 있다(교육부, 2019).

- **학교폭력**: 학교 내외에서 학생을 대상으로 발생한 상해, 폭행, 감금, 협박, 약취·유인, 명예훼손 · 모욕, 공갈, 강요 · 강제적인 심부름 및 성폭력, 따돌림, 사이버 따돌림, 정보통신망을 이용한 음란 · 폭력 정보 등에 의하여 신체·정신 또는 재산상의 피해를 수반하는 행위를 말한다.
- **따돌림**: 학교 내외에서 2명 이상의 학생들이 특정인이나 특정 집단의 학생들

을 대상으로 지속적이거나 반복적으로 신체적 또는 심리적 공격을 가하여 상대방이 고통을 느끼도록 하는 일체의 행위를 말한다.

- **사이버 따돌림**: 인터넷, 휴대전화 등 정보통신기기를 이용하여 학생들이 특정 학생들을 대상으로 지속적, 반복적으로 심리적 공격을 가하거나, 특정 학생과 관련된 개인정보 또는 허위사실을 유포하여 상대방이 고통을 느끼도록 하는 일체의 행위를 말한다.

학교폭력을 좀 더 세분하면 신체적 폭력, 언어적 폭력, 금품갈취, 강요, 따돌림, 사이버 폭력, 성폭력으로 나뉜다. 대부분 장난이나 상대의 잘못, 오해와 갈등으로 빚어지는 기분 풀이인 경우가 많다. 이로 인한 폭력은 피해자에게 고통스러운 경험으로 심하게는 자살 생각 및 시도까지 하는 심각한 문제로 나타나고 있다.

② 학교폭력상담

학교폭력상담이란 학교 내외에서 학생을 대상으로 발생한 다양한 유형의 학교폭력에 대해 전문적 교육을 받은 상담자가 피해 학생의 보호와 치유, 가해 학생의 선도와 치유를 통해 모두가 안정되고 정상적인 학교생활을 할 수 있도록 돕는 활동이다. 이외에도 예방적인 측면에서 주변인들의 학교폭력에 대한 올바른 인식 확립과 잠재적인 피·가해 위험요소를 해소하고 방어적 역할을 할 수 있도록 돕는 것을 말한다.

학교폭력상담은 폭력이라는 위기상황이 발생한 후 진행하는 위기상담으로 현재 상황의 해결을 위한 개입과 재발 방지의 측면에서 피해 학생의 신변 보호와 피·가해 학생 간 원활한 합의 및 대상 학생의 상담 등 전반적인 개입이 이루어져야 한다. 학교폭력은 각 개인에 따라 나타나는 양상이나 정도가 다양하므로 문제의 특성과 폭력 수준, 나이, 환경에 따라 다양하게 접근해야 한다.

(2) 특징

① 학교폭력

최근의 학교폭력은 가해 학생에 대해 무관용(Zero Tolerance) 원칙의 적용으로 처벌을 강화하고 있어 전체적인 학교폭력은 줄고 있으나 심각성은 증가하는 추세이고, 저연령화 및 집단화 현상을 보이고 있다. 해가 갈수록 가·피해의 중복 경험이 많아 가·피해 학생의 구분이 불분명하고 폭력에 대한 죄의식이 없으며 점차 흉악해지고 지능화되고 있다.

학교폭력에는 가해자, 피해자 외에 괴롭힘을 따라 하는 조력자, 괴롭힘을 부추기는 강화자, '아무것도 하지 않는' 방관자, 가해 행동을 저지하기 위해 능동적으로 행동하며 피해자를 위로하고 지지해 주는 방어자가 있다.

피해자는 겁이 많고 불안정하며 예민한 내성적인 경향으로 자존감이 낮고 열등감, 피해의식 등으로 관계형성에 미숙하고 대인관계 문제 겪는다. 가해자의 위협이나 조롱 및 공격에 쉽게 위축되어 적절하게 반응하기보다는 굴복하거나 그 상황을 덮어 버림으로써 가해자가 그렇게 해도 된다고 인식하도록 하거나, 부정적인 강화로 만성적인 폭력에 시달린다. 이런 수동적인 피해자는 친구들 사이에도 인기가 없으며 폭력에 대응하지 않아 이유 없이 폭행을 당하기도 한다. 이와 반대로 도발적인 피해자는 불안과 공격성이 복합된 상태로 집중력이 없고 과잉행동으로 남의 신경을 거스르며 긴장을 유발하는 행동을 자주 한다. 이들은 부적절한 공격성, 과도한 언쟁과 싸움, 주의산만, 방해 행동 등으로 친구들을 자극하는 경향이 있다. 또한 충동 조절 능력이 부족해 친구들로부터 부당하게 대우받으며 또래 집단으로부터 거절당하고 소외될 수 있다. 일부 피해자는 가해자가 자신에게 행했던 분노 표현방식과 폭력 행동을 학습함으로써 문제를 폭력으로 해결하고자 하기에 가해자가 되기 쉽다(성지희·정문자, 2007).

가해자는 경쟁과 긴장 관계에서 느끼는 높은 스트레스와 욕구좌절에 대하여 분노로 표현하고, 충동적·공격적인 성격과 타인을 지배하려는 욕구가 강하며 스트레스에도 비효율적으로 대처하는 경향이 있다. 가해자 중 불안이 높은 가해자는 가장 자신감이 없고 인기가 없는 편이다.

가해-피해자는 집단에서 자기주장이 강하고 단호하며 일반적으로 학급에서 가장 인기가 없으며, 친구들의 불편한 장난에 적절한 자기표현을 억제해 쌓인 분노로 타인의 작은 자극에도 과하게 반응하는 등 쉽게 화를 내고, 자주 다른 사람을 화나게 함으로써 가해-피해를 겪는다. 이들은 사회경제적 상황이 열악한 편으로 비행, 공격성 등이 높다.

방관자는 피해자가 괴롭힘을 당할만한 타당한 이유가 있다고 생각하는 경향으로 수동적으로 도와주는 지지적 방관자도 있고, 괴롭히는 것을 반대하거나 적극적으로 제지하지 못하면서 죄의식을 가지는 방관자도 있다.

학교폭력 가·피해는 〈표 12-1〉과 같은 징후로 알 수 있다.

▌표 12-1▐ 학교폭력 가·피해 징후

가해자 징후	피해자 징후
• 친구들이 자신에 대해 말하는 걸 두려워한다. • 교사의 권위에 도전하는 행동이 잦다. • 자신의 문제행동에 이유와 핑계가 많다. • 성미가 급하고 충동적이다. • 화를 잘 내고 공격적이다. • 친구가 줬다며 비싼 물건을 가지고 다닌다. • 과도한 자존심/작은 칼 등 흉기 소지 • 손이나 팔 등에 종종 붕대를 감고 다닌다. • 교사의 질문에 특정 학생을 지목하여 대답하게 한다. • 부모와 대화가 적고 반항적이다. • 친구 관계를 중시/ 늦은 밤까지 어울림으로 귀가 시간이 늦거나 불규칙하다. • 용돈보다 씀씀이가 크다. • 다른 학생을 종종 때리거나 동물을 괴롭히는 모습을 보인다.	• 교복이 젖거나 찢겨 있기도 하며 코피나 얼굴에 생채기가 있어 물어보면 별일 아니라고 한다. • 교과서, 노트, 가방에 낙서가 많다. • 집중력 저하 및 성적이 급격히 떨어지고, 불안이 높다. • 다른 아이의 폭력피해에 대해 자주 말한다. • 친구가 전혀 없거나, 친구의 전화를 받고 갑자기 외출하는 경우가 많다. • 학용품, 교과서, 교복 등이 자주 없어지거나 망가진다. • 등·하교 시 엉뚱한 교통 노선 이용하기도 하며, 무단결석을 한다. • 내성적이며 소심하고, 머리나 배 등이 자주 아프다고 호소하며 몸에 상처나 멍 자국이 있다.

	• 작은 일에도 놀라고 신경질적으로 반응하며, 화를 자주 내고, 눈물을 자주 보인다. • 방에 혼자 있기를 좋아하고 게임에 과도하게 몰입한다. • 부모와 눈을 잘 마주치지 않고 피한다. • 갑자기 격투기나 태권도 학원에 보내 달라고 한다. • 전보다 자주 용돈을 달라고 하며 때로는 훔친다. • 복수나 살인, 칼이나 총에 관심을 보인다.

② 학교폭력상담

가. 학교폭력의 개인적, 가정적, 학교 및 또래, 사회적 요인 발생 요인

첫째, 개인의 기질 및 성격 문제, 회복 탄력성 부족, 뇌 손상 및 기능 저하, 사회적 정보처리능력의 결함, 낮은 자기효능감을 보이다. 이들은 자극에 지나치게 예민하며 상처받기 쉽고 공격성이나 우울 등에 비효율적으로 대처한다. 전두엽의 손상 및 기능 저하로 계획성이 부족하며 인지적 결함과 정서 둔화를 보인다. 충동성·공격성이 높은 청소년들은 공격적 행동을 자기표현 수단으로 선택하고 폭력을 통해 주위 관심을 끌고 주위를 통제할 수 있다고 인식한다. 이런 습관은 폭력을 행사함으로써 쾌감을 느끼고 죄책감을 전혀 느끼지 않는 반사회적 행동과 연결된다. 공격적인 청소년들은 공격적인 단서에 더 민감하고 타인의 모호한 행동이나 특정 상황에 대해 적대적인 추론을 하는 경향이 높다.

둘째, 핵가족화와 맞벌이는 가족 간 심리적 유대감을 약화시키고 자녀 감독에 소홀할 수 있다. 어린 시절 심리적 유기로 안정 애착형성이 어렵고 적절한 사회적 기술을 습득하지 못해 긍정적 대인관계 형성의 기초가 부실하다. 부모의 정신건강과 훈육방법 문제가 맞물리면 더욱 심각해지는데 자녀를 거칠게 다루고 무시하는 거부적인 양육(모가 분노가 많으나 힘이 없는)은 자녀를 충동 조절이 어려운 공격적인 피해자로 만들 수 있다. 또한 부모가 문제행동에 대해 적절한 훈육이 없거나 이유 없는 훈육을 하며 학교생활에 대해 무관심할 경우 학교폭력과 관련될 가능성이 크다. 강압적인 부모의 태도 및 언어적·신체적 학대는 불안정 애착 관계를 형성하고 부모에 대한 분노감정으로 폭력이나 비행문제와 관련되고 사회적 정보처리 및 자기조절 능력 발달에 부정적인 영향을 미친다. 부모의 낮은 통제는 비행으로 이어지고, 부부간 신체적 폭력은 학교폭력 가해 및 피해와 관련된다. 이 외에도 가족의 낮은 사회경제적 지위, 이혼 및 별거, 잦은 이사 등도 영향을 미친다.

셋째, 청소년기는 또래의 영향을 받기 때문에 또래들로부터의 인정이 그 어느 때보다도 중요하다. 또래 관계에서의 어려움이나 배척당하는 것은 무엇보다도 큰 스트레스가 된다. 공격적이고 충동적인 학생들은 좌절감과 스트레스를 친구를 괴롭히는 것으로 해소하기도 한다. 또한 폭력적인 또래와의 접촉은 폭력을 정당화하는 배경이 될 수 있으며 모방할 가능성이 크고 폭력 행동에 둔감해질 수 있다.

넷째, 주변에 만연한 유해환경, 높은 범죄율, 무질서한 환경은 물론 사회의 폭력에 대한 허용 수준, 노출 빈도, 갈등 해결 수단 등에 영향을 받는다.

학교폭력상담은 개인상담이 바람직하며, 상담 초기에 학교폭력과 관련된 모든 객관적인 정보를 구체적으로 상세하게 수집하는 것이 좋다.

나. 학교폭력상담의 구체적인 방법

피해 학생을 먼저 만나고, 가·피해 학생을 각각 따로 만나며 관련 학생들을 함께 만나지 않는다. 인격이 아닌 사안(행동)에 초점을 맞추어 객관성을 유지하고 단 회기로 끝날 수도 있다는 생각과 태도로 임하며 상담자(교사)의 생각을 설명하거나 훈계하지 말아야 한다.

내담자의 힘든 마음을 잘 공감해 주며, 내담자가 원하는 것이 무엇인지 우선하여 파악하는 것이 중요하다. 내담자에게 필요한 정보를 제공할 때에는 가능한 구체적이고 객관적인 정보와 자료를 제공한다. 학부모 상담도 심리·정서적 개입과 함께 사안 해결에 중점을 두고 필요하다면 담당교사가 함께 배석할 수 있고, 상담 과정은 기록하여 문서화하는 것이 좋다. 또한 필요에 따라서는 외부 전문기관과의 연계도 필요하다. 이때 피해 학생의 보호가 우선되며, 가해 학생은 2차 폭력이 재발하지 않도록 선도 조치 및 상담과 교육이 포함된다.

피해 학생의 경우 급성 스트레스 장애, 외상 후 스트레스 장애, 사회 불안증, 우울증, 사이버 중독 등의 다양한 심리적 증상과 높은 공병률을 나타내고 있어 아무리 사소한 폭력도 사안에 따라서는 장기적인 상담이 필요하다.

가해 학생 역시 다양한 문제에 직면하게 되고, 성장하며 지속적인 가해자가 되거나 비행이나 범죄 등 다른 문제행동이 동반될 위험성이 매우 높다.

따라서 학교폭력상담은 가·피해 학생의 심리적·정서적 충격과 고통을 완화하고, 체계적이고 전문적인 개입이 필요하다. 가능한 구체적으로 자료화하고 객관적인 근거자료의 확보를 통해 문제의 확대 혹은 학교폭력의 재발을 방지 및 예방적 상담이 이루어져야 한다.

학교폭력상담은 대부분이 위기상담이기 때문에 그 원인, 종류, 특성, 상황적 조건 등 여러 가지 요소를 고려한 학교 차원의 초기 개입 상담과 사건 해결 및 사후 조치로써 치료·상담·사회자원 연계 등의 통합지원과 지속적인 관리가 필요하다. 이를 위해 상담자는 학교폭력 사안 처리 절차에 대한 이해가 필수적이며, 위기상담과 외상상담에 대한 전문적인 훈련을 받을 필요가 있다.

2) 목표

학교폭력상담은 심리·정서적 개입과 동시에 사안을 해결하여 학생의 일상생활 복귀와 학교폭력 재발을 방지하는 것에 있다. 즉, 사건 처리만이 아니라, 피해 학생을 보호, 치유하고 가해 학생은 상담과 적절한 처벌을 통해 선도하고 문제행동에 초점을 둔 접근뿐만 아니라 심리·정서적 개입을 통한 치료와 교육으로 인지, 정서, 행동 발달을 도와줄 수 있는 근본적인 해결방안을 구축하여야 한다. 또한 주변 학생들의 학교폭력에 대한 올바른 인식을 통해 폭력이 일어나지 않도록 함께 도우며 건강한 대인관계 및 사회적 관계를 형성할 수 있도록 도와야 한다.

3) 사례

(1) 내담자 정보

고 1, 남학생, 중 1때부터 ADHD(과잉행동, 주의력 결핍) 약물복용

주요 문제

- 주변 사람은 물론이고 모에게도 신경질적이고 욕설을 섞어가며 이야기한다.
- 반복된 거짓말로 부모, 친구들의 불신이 높다.
- 감정 기복이 심하고 장난도 거칠고 심해서 친구들과 자주 다툰다.

(2) 행동 관찰

약간 검은 피부, 보통 체격, 이야기할 때 눈을 마주치지 않고 고개를 숙이고 말하며 목소리가 쉬어 있다. 욕설을 많이 쓴다. 친구들과 자주 다툰다. 부모에 대해 분노감이 크고 적대적이다.

(3) 가족관계

- **아버지(45세)**: 고졸, 자영업(중장비). 평소에 거의 말이 없고 심지어 어떤 때는 내담자가 묻는 말에 대답하지 않을 때도 있다. 화나면 무섭고 두려운 존

재. 내담자를 많이 때렸다고 한다.

- **어머니(43세)**: 유치원 조리사. 강박적이고 불안이 높다. 내담자와 자주 다툼. 내담자를 통제하고자 잔소리가 많다. 내담자의 지속된 문제행동에 낙담하고 지쳐있다. 자녀에게 무뚝뚝한 남편에 대해 불만이 많고 내담자와도 갈등과 불신이 높다.
- **남동생(13세)**: 초등학교 6학년. 내담자와 자주 싸움.

(4) 성장 과정

100일 때부터 5살까지 아빠가 데리고 다니면서 시골 어린이집과 할머니에게서 컸다. 할머니는 너무 허용적으로 교육이 잘 안 되는 것 같아 엄마가 회사를 그만두고 데리고 왔다고 한다. 초등학교 때부터 다른 아이들과는 다르게 장난도 유난히 심하고 잠시도 가만히 있지 않았다. 모는 아이가 학원에 간다고 하고는 친구들과 놀고 튀는 행동을 많이 해도 '아이이니까' 생각하고 아이가 원하는 것은 다 들어주고 "잘한다"라고 칭찬을 많이 했다고 한다.

중 1 때부터 일탈적인 친구들과 어울리면서 음주, 흡연은 물론 밤늦게까지 밖에서 놀아 아버지에게 자주 심하게 맞았다고 한다. 그 이후 그런 행동들은 더 심해졌고 면허도 없이 오토바이를 타서 문제가 되기도 했다. 운동(달리기)이나 축구 특기생으로 중학교에 진학하려 했는데 부모님이 부상의 위험성으로 반대해 일반 중학교에 진학했다고 한다. 그 일로 부모님이 자신의 인생을 망쳤다고 생각하며 크게 원망하고 있다. 중3 때 학교폭력 피해로 병원에 입원했다가 합의금을 받았던 것을 주변 친구들이 알고 있어서 이번에도 그런 거 아니냐는 의심을 받게 되었다.

(5) 상담 경위

반 대항 축구 경기를 하면서 친구 종아리를 발로 차게 됐는데 경기 이후 그 친구로부터 다른 반 교실에 불려가서 사과를 종용받고 뺨과 가슴을 맞았고 그 일을 말하지 말라는 위협을 받았지만 자신의 억울함을 담임교사에게 호소하면서 감정이 격해져 상담에 의뢰되었다.

(6) 상담 목표

- 자신의 감정, 욕구를 인식하고 적절하게 표현할 수 있도록 한다.
- 타인의 감정, 욕구 인식과 수용을 통해 공감 능력을 향상시킨다.
- 효율적인 의사소통 기술의 향상으로 교우 간, 부모와의 관계를 형성하도록 한다.

(7) 상담 내용

- **1회기:** 접수 면접, 감정적으로 격양되어 있어 충분히 들어주고 공감해 주며 사건과 관련한 욕구를 파악함.
- **2회기:** 비폭력 대화 카드를 활용하여 감정 및 욕구를 찾고 나누고 심리적 어려움에 대해 나누고 상담을 구조화함.
- **3회기:** 비폭력 대화 카드를 활용하여 감정 및 욕구 탐색, 상담 목표 설정 및 문장완성검사
- **4회기:** 학부모상담 및 자녀와의 대화법 코칭
- **5회기:** 감정과 욕구 탐색, EFT 활용 감정수용 연습, PAI-A 성격검사
- **6회기:** 성격검사 해석 상담 및 대화 방법 연습
- **7회기~9회기:** 자신과 타인의 감정 및 욕구 탐색, EFT 연습, 스트레스 상황에서 행동조절 연습

- **10회기:** 변화된 행동을 유지하기 위해 마음 자세 카드를 활용하여 이야기를 나누고 종결. 학부모 상담으로 내담자와의 대화 방법, 문제행동에 대한 대처방법을 코칭함.

(8) 상담 결과

충동적인 성향이 높고 주의 집중력이 낮지만 약속 시간을 잊지 않고 상담에 참여했다. 자신의 감정과 욕구를 찾는 것이 처음에는 한두 가지로 매우 단조로웠다. 회기가 거듭되면서 조금씩 늘어갔으나 타인의 감정, 욕구의 조망은 어려워했다. 학교에서 교우 간의 갈등 상황은 줄어들었고 싸움으로 이어지지는 않았으나 학교 밖에서의 일탈행동은 늘고 잦은 거짓말과 집 안에서도 주변 정리가 되지 않아 부모-자녀 간의 갈등은 더 커져 스트레스가 높았다. 그 후 내담자는 갈등 상황을 줄이기 위해 아르바이트를 하고자 하였고 병원 진료와 함께 ADHD약을 복용하고 있으나 품행의 문제는 나아지지 않아 보였다.

4. 대인관계상담

1) 개념 및 특징

(1) 개념

① 대인관계

대인관계는 각각의 사람들이 사회적, 정서적 관계를 맺으므로 안전과 친밀감의 욕구를 충족하고자 하는 데서 출발한다.

대인관계 이론의 선구자인 설리반(Sullivan, 1953)에 의하면, 대인관계는 일차적 정서의 욕구인 만족 욕구, 다정함의 욕구, 모성적 욕구 등으로 이루어진다. 인간이 살아가면서 다른 사람들과 관계를 맺는 것은 긍정적인 상호작용을 바라기 때문이며(Baumeister & Leary, 1995), 타인과의 반복적인 상호작용을 통해서 자신의 정체감을 형성하는 것이라고 했다.

하이더(Heider, 1964)는 대인관계란 타인의 행동에 대한 지각에서 시작하는 것이라고 했다. 이는 타인과의 상호작용에서 상대방이 어떤 태도와 행동을 나타낼 것인지 그리고 자신이 어떻게 행동해야 상대방으로부터 원하는 반응을 끌어낼 수 있을지를 예측하기 위한 것으로 상대방의 성격을 잘 파악하는 것이 중요하다고 하였다.

이렇듯 대인관계는 일대일 관계에 중점을 두는 개개인의 보편적인 심리로 두 사람 또는 그 이상의 사람들 상호 간에 일어나는 역동적이고 지속적인 과정이며, 상호 지배적, 상호의존적 요소를 포함하고 있다(이형득, 1997).

청소년기의 대인관계로는 교우관계, 이성 관계, 부모와의 관계, 교사와의 관계 등을 들 수 있는데 여기서는 넓은 의미의 대인관계보다는 또래와의 친밀감 형성을 통해 대인관계의 기술을 익히고 성숙한 대인관계 형성과 확장이 가능한 교우관계(또래관계)에 대해 중점적으로 다루고자 한다.

청소년기 자율성과 친밀감 획득(Erikson, 1950)의 발달과업 성취 여부와 관련이 깊은 교우관계(또래관계)는 매우 중요한 의미를 지닌다.

교우란 사적인 정보를 함께 나눌 수 있는 막역한 사이로 충고가 받아들여질 수 있는 비평가인 동시에 충고자이자 자기 자신을 재는 하나의 기준이 된다.

또한 자기에 대한 상대방의 애정과 존중이 잘 알려진 믿을 수 있는 지지자, 이해해 주는 협력자, 위기 상황에서는 하나의 정신적 지원자라고 할 수 있는 사람이다(구본용 외, 1998).

교우관계 형성에 영향을 주는 개인적 특성으로는 자신의 역할에 대한 충실성, 타인에 대한 이해와 공감 능력, 효율적인 의사소통기술, 통솔력, 자신의 적절한 개방과 상호 비밀 유지능력, 서로 돕고 나누는 관계능력 등이 있다.

청소년기는 사회적 관계가 확장되며 물리적 거리나 조건에 상관없이 자신과 유사한 취미, 수준, 환경, 능력 등을 가진 친구를 선택적으로 사귄다(한상철·임영식, 2000; Kaplan et al., 1987). 따라서 또래관계 부적응은 청소년의 사회성 발달과 사회인지 능력 향상에 걸림돌로 심각한 문제가 된다.

또한, 청소년기는 친구를 사귀고 집단으로부터 소외되지 않기 위해 또래의 집단압력인 동조압력(group conformity)의 영향이 매우 크다. 또래 관계에 문제가 있는 학생들은 높은 열등감, 낮은 자존감, 모난 성격 등으로 인하여 또래 관계에서 어려움을 겪으며 집단동조압력에서 벗어나려는 경향이 강하다.

② 대인관계상담

인간은 타인의 반응 속에서 자신에 대한 이미지를 어떻게 형성하는지가 개인의 내적 관계와 대인관계 형성에 결정적인 영향을 받기에 매우 중요하다.

긍정적인 대인관계 형성은 정체감의 확립, 건전한 성격발달, 자기효능감, 행복감 등이 성취되지만, 관계 형성의 실패는 욕구좌절, 소외, 불안, 우울 등의 정서적인 어려움으로 인해 심리적 병리로 이어질 수 있다(권석만, 2008).

청소년들의 대인관계 부적응은 주로 교우, 이성, 부모, 교사와의 관계 등에서 발생하지만 가장 대표적인 것은 교우관계에서의 부적응이다.

교우관계에서 부적응을 보이는 청소년은 대체로 대인관계에서 불안이 높고 친구를 사귀는 방법을 몰라 관계를 유지하지 못하거나 친구에게 지나치게 너무 많은 시간과 에너지를 쏟는다. 이들은 상대의 거절에 매우 민감하고 상처를 쉽게 받으며 거절당할까 봐 두려워 진솔한 자기표현을 주저한다. 또한 고집이 세고 미숙한 의사소통으로 잦은 마찰과 갈등을 빚기도 한다. 반대로 얌체 같은 행동, 심한 과장과 허풍, 고자질, 욕설 등의 품행 문제로 어려움을 겪기도 한다. 한편 불결한 위생으로 불쾌한 냄새, 어울리지 않는 옷차림 등으로 친구들로부터 소외되거나, 폭력이나 따돌림을 당하기도 한다. 특히, 품행장애로 인한 대인관계 부적응 청소년은 폭력, 절도, 무단결석, 가출, 학업중단 등으로 이어지는 경우가 많다. 이들은 교우관계뿐만 아니라 이성 관계, 선생님과의 관계에서도 적절하지 못한 관계를 형성하고 있다.

이처럼 교우관계 문제는 그 원인이나 내용이 매우 다양하지만 대부분 개인의 성격특성과 품행의 특성 때문에 대인관계에서 부정적인 경험을 반복하거나 역기능적인 패턴을 보인다.

이들을 위한 바람직한 대인관계상담은 공감적 이해를 통해 상호 간의 방어심리를 줄여주고, 자기의 생각이나 욕구에만 집착하지 않고 개방적이며 타인의 시선이나 비판에도 지나치게 민감하지 않고 친밀한 행동의 증가와 자신에 대한 관심을 더욱 확장할 수 있는 심적 태세(mental set)를 갖출 수 있도록 돕는 것으로 볼 수 있다(서봉연 외, 2001).

(2) 특징

① 교우관계(또래관계)

가. 청소년기 교우관계의 특징

청소년기의 가장 중요한 교우(또래)관계의 특징은 다음과 같다.

첫째, 청소년기는 사회적 세계가 확장되는 시기로 가족보다 친구들과 함께하기를 원하며 다양한 친구들과 관계하면서 만족감을 얻기도 하고, 많은 갈등과 혼란을 겪으면서 관계를 유지·발전시키는 능력을 개발하기도 한다.

둘째, 교우관계는 자발적으로 자기가 원하는 친구를 선택하고 그 관계를 유지하고자 하는 경향으로 상호의존도가 높다.

셋째, 어떤 욕구를 충족시키기 위한 수단이기보다 사회적, 정서적 상호작용이 목적으로 그 자체에서 만족을 얻는다.

넷째, 하나의 커다란 투사 판인 친구 관계를 통해 자기 자신을 측정·점검하므로 자기 존재 가치를 확인하며 친밀감, 우정 등의 욕구를 충족시키고자 친구들에게 의존하고, 또래와 함께 어울리면서 서로의 취미나 흥미, 가치관 등이 같을 것이라고 기대하며 또 그렇게 되려는 동조압력이 높다.

다섯째, 청소년들은 부모가 자신의 친구들을 인정해 줄 것을 기대한다. 그 인정욕구가 채워질 때 자녀-부모 관계는 더욱 친밀해지며 자긍심을 높인다.

여섯째, 부모-자녀가 서로 개방적이고 상호 존중하는 친밀한 가정의 청소년들은 또래 관계에서도 친밀하고 안정적인 또래관계를 형성한다.

나. 대인관계를 잘 맺지 못하는 유형

- **지배적이며 조종하는 유형**: 통솔력은 있으나 자신보다 약한 아이들을 조종하여 자신의 욕구를 만족시키는 괴롭힘의 주범으로 공부를 잘하거나 모범생으로 평가받는 예도 있다.
- **공격적이고 가학적 유형**: 평소에는 일상적인 관계를 회피하기 때문에 괴롭히는 일이 드물지만 어떤 경우에는 친구를 어린아이 취급을 하기도 하며, 기분이 나쁠 때는 폭력을 행사거나 괴롭히는 무법자다.
- **기생적 유형**: 자존감이 낮으며 강자에게는 약하고 약자에게는 군림하는 속칭 똘마니로 힘센 아이 밑에서 또래들을 괴롭히며 갈등 상황을 많이 만들고 학교폭력을 주도하기도 한다.
- **고립적 의존유형**: 1~2명의 친구에게 정서적으로 과도하게 의존하며 그 관계가 위협받으면 심각한 부적응 현상을 보이고 다른 친구들과 친밀한 관계 형성이 어렵다.
- **경쟁적 질투유형**: 누군가와 끊임없이 비교하고 관심받고 싶어 한다. 경쟁에서 지는 것을 몹시 힘들어하며 미워하는 교우들이 많고 사소한 일에 과도한 화를 표출하기도 한다.
- **좌절에 따른 회피유형**: 또래 관계를 원하지만 대인관계에서의 거듭되는 좌절로

인해 관계를 두려워하며 피해의식이 높아 또래 관계를 회피한다. 상습적인 폭력 피해자이거나 정신적 장애를 겪는 경우도 있다.

- **나홀로 유형:** 이들은 늘 외롭고 우울하지만 또래 관계를 거부하고 혼자 있기 원한다. 흔히 분위기 파악이 느려 '형광등'으로 불리고 재미없고 답답한 아이로 취급된다(1388 청소년사이버상담센터).

② 대인관계상담

가. 청소년의 대인관계에 문제를 일으키는 요인

첫째, 개인적 요인으로 자신을 과소·과대하게 왜곡해서 평가하거나 자신과 사회에 대한 불신은 자존감과 성공 정체성을 낮추어 관계를 어렵게 한다. 공감 능력이나 적절한 자기개방 능력의 부족하고 또래에 비해 비현실적인 기대와 감정관리 능력 등의 사회적 기술이 부족하다. 또한 지나치게 이기적인 경쟁심과 자신에 대한 부정적 신체 이미지 등도 또래 관계를 어렵게 하고 정서장애나 품행장애가 원인이 되어 나타나기도 한다. 또한 매스컴에서 과장된 비행집단의 행동을 접하면서 왜곡된 사회학습도 관계를 어렵게 한다.

둘째, 부모와 관련된 요인 중 부모의 과보호 아래 있는 경우 과보호 수준이 높을수록 부모의 강한 불안감이 자녀의 활동을 제한하여 적절한 심리적 독립을 방해하므로 대인관계에 필요한 자율성을 습득하지 못해 위축된 대인관계로 어려움을 경험한다. 반대로 부모화에 놓여 있는 경우 상호 호혜적이지 않은 관계 속에서 불공평한 느낌의 경험은 대인관계 전 영역에서 더 많은 부정적인 영향을 미치고 있다. 이들은 타인으로부터 거부당할 것에 대한 두려움이 커서 바람직하게 여겨질 만한 정서들만 표현하고, 부정적인 정서들은 다른 생각들로 돌려 회피하며, 자신의 욕구를 억압하면서까지 배려하는 태도를 보이기 때문에 겉으로 보기에는 타인을 배려하는 어른스럽고 철든 아이로 여겨진다(조은영, 2004). 그러나 문제가 생겼을 때 도움을 요청하지 못해 문제를 회피하고,

자신의 애씀에 대해서 적절히 보상받기보다 일방적으로 주기만 하는 불공정의 경험은 친밀한 대인관계를 맺기 어렵게 한다. 또한 공부만 강조하는 경우로 부모님이 모든 것을 다 해주므로 의존성이 높으며 친구들이 자신을 따라 주지 않으면 파괴적인 행동을 할 수 있다. 지나치게 간섭하는 완벽주의적인 부모의 질책과 책망은 자녀의 부정적 감정표현을 어렵게 하며, 실수를 두려워하고 또래관계에서 소극적으로 대처할 수 있다.

셋째, 또래관계 문제가 지속되면 우울증에 빠지기 쉽고 이로 인해 가정 및 학교생활의 부적응, 자살 생각 등의 심각한 문제가 된다. 이들은 사람들과의 관계를 회피하고 친구 사귀기를 두려워하는 등 성격적인 문제로 발전할 수 있으며 따돌림 등의 집단적 괴롭힘을 당하기 쉽다.

따라서 자신의 문제를 이해하고 구체적인 대안을 모색하며 감정을 탐색하는 등의 개입이 필요하다. 심층적이고 종합적인 심리평가 후 내담자에 따라 적합한 개인상담 및 의사소통 향상프로그램, 자기표현프로그램, 사회성 향상프로그램 등의 집단상담과 함께 부모교육의 병행이 필요하다.

나. 구체적인 개입 방법

정서적 개입으로는 자신의 감정 상태를 잘 알아차리고 솔직하게 표현, 수용할 수 있도록 하고, 상대방의 감정을 유추해 볼 수 있도록 한다.

인지적 개입으로는 왜곡된 사고, 지각 및 신념체계를 교정함으로써 불편한 감정과 부적응 행동을 감소시킬 수 있도록 한다.

행동적 개입으로는 내담자의 행동이 그들의 목표, 야망 또는 가치를 성취하는 것을 방해할 때, 그 행동을 변화시킬 수 있도록 한다.

2) 목표

교우관계 향상을 위한 상담 목표는 다음과 같다(이황은, 2009).

첫째, 긍정적이고 바람직한 또래 관계 형성에 필요한 적절한 의사소통 능력의 향상이 중요하다. 사회적 상황과 맥락을 이해하지 못해 적절한 의사소통이 어려우면 또래 관계는 물론 다양한 대인관계에 부정적이다. 건강한 자아발달에 집중할 에너지를 스트레스 해소에 소비하게 되며, 비행 및 일탈 행동, 신경증 등의 이차적 문제를 초래한다. 특히 또래로부터의 따돌림은 우울, 불안, 고독감 등의 심리적 문제와 학교 부적응, 반사회적 행동, 공격 행동, 대인기피, 비행 등의 행동상의 문제를 나타낸다.

둘째, 청소년기의 발달과업인 자율성과 친밀감 획득은 정서적 친밀감을 바탕으로 상호보완적이고 동등한 또래관계를 통해 이루어지므로(Erickson, 1963) 교우관계 향상이 중요하다. 청소년기 교우관계에서 지지는 물리적 자원이 되는 동시에 안정감과 소속감을 느끼게 하고 자존감을 키워준다. 이 시기에 마음을 나눌 친구가 없다는 것은 청소년들에게 스트레스의 주원인이 되며 자존감 저하, 심리적·사회적인 문제, 소외감 등을 초래한다.

셋째, 부모와 부정적인 관계 경험은 청소년의 공감 능력이나 문제해결 능력 발달을 저해하여 대인관계 문제를 일으키므로 부모와의 관계 개선이 중요하다. 청소년의 원만한 또래 관계를 발전시키기 위해서는 부모와의 관계를 상호존중 되는 가운데 안정적이고 수용적으로 개선하는 게 가장 우선되어야 한다. 그래야만 상담에 대한 지속적인 효과를 기대할 수 있다.

3) 사례

(1) 내담자 정보

중 2(15세) 여학생, 일란성 쌍둥이로 첫째 딸

주요 문제

- 소극적인 교우관계
- 현재 친구들이 있기는 하나 언제 자신을 떠날지 모른다는 불안감이 높다.
- 친구들에게 다가가면 자신을 항상 피한다고 생각한다.

(2) 행동 관찰

초기 면접 시 머리가 헝클어져 있고 머리카락이 서로 붙어 있었으며 아토피가 몸 전체에 퍼져 눈 주변이 부어 있었다. 발음이 부정확하며 말을 할 때 입가에 침이 많이 고이고 행동이 느린 편이며 언어이해력이 떨어졌다. 키는 또래에 비해 작은 편이다.

(3) 가족관계

- **부(53세)**: 고졸, 중장비 기사, 욕설을 많이 쓰고 폭력적이다. 일이 일정하지 않다.
- **모(50세)**: 고졸, 회사원. 엄하고 무섭다.
- 쌍둥이 여동생이 있음.

(4) 성장 과정

초등학교 3학년 때 친구들이 더럽다고 가까이 오지 말라고 해서 상담을 받은 경험이 있고, 초등학교 5학년 때 따돌림을 가장 심하게 받았다. 어릴 때부터 엄마한테 많이 혼나고 맞았다고 하였다. 초등학교 때 부모님이 심하게 싸우고 부가 집안 물건들을 모두 집어 던지고 경찰도 왔었으며, 또래보다 키가 작아 호르몬 주사를 맞고 있다고 한다. 또래와 같이 있을 때 상대방의 말에 반응이 느린 편이며 말 걸기도 조심스러워하고 상대방의 말에 적당한 반응을 하지 못하였다. 성적은 하위권인데 더 떨어질까 봐 걱정하고 있으며 무슨 일이 있으면 부와 의논하고 학교에 오는 일에도 부가 참여한다.

(5) 상담하게 된 경위

교실에서 친구들과 어울리지 못해 담임교사가 의뢰

(6) 상담 목표

- 자기 돌보기(이틀에 한 번 머리 감기)
- 감정을 알아차리고 표현하기
- 친구 1명과 친하게 지내기

(7) 상담 내용

- **1회기:** 주호소문제 탐색, 상담의 구조화
- **2회기:** 문장완성검사, HTP 검사를 토대로 사고 및 욕구 탐색, 가족 탐색
- **3회기:** 학부모 상담
- **4회기~5회기:** 비폭력 대화 카드를 활용하여 감정, 욕구 탐색하고 나눔, 동물 가족화, 친구들과 잘 지냈던 경험 탐색. 반에서 인기가 많은 친구의 모습, 행동 관찰, 자신이 해볼 수 있는 구체적인 행동 계획
- **6회기~9회기:** 비폭력 대화 카드를 활용하여 감정을 찾고 도형, 색깔로 표현

해 보기, 일상에서 경험한 구체적인 에피소드를 탐색하여 다시 그 상황으로 간다면 어떻게 다르게 해 볼 것인지 탐색, 친해지고 싶은 친구 탐색, 그중에 다가가기 쉬운 친구에게 다가가기 연습, 과제, 점검

- **10회기:** 학부모 상담

(8) 상담 결과

내담자의 위생적인 면은 가정의 도움으로 많이 단정해졌다. 감정을 찾는 것도 처음에는 2~3개였으나 종결 시점에는 5~6개로 늘었다. 그러나 대인관계 향상에 지속적인 모델링과 코칭이 효과적이라 판단하여 여대생 멘토를 연결하여 주었다.

CHAPTER

13 가족상담

1. 가정폭력상담

1) 개념 및 특징

(1) 개념

① 가정폭력

현행 가정폭력 범죄의 처벌 등에 관한 특별법 제2조에 '가정폭력이란 가족 구성원 간의 신체·정신 또는 재산 피해를 수반하는 행위'로 규정하고 있다(법무부, 2017). '가정폭력'에서의 '폭력'은 학대, 구타, 방임, 홀대 등을 포함한다. 즉 가정폭력은 가족 구성원 사이의 신체적·정신적·재산적 폭력 행위를 의미하고 가족 구성원 중 어느 일방이 나머지 가족 구성원에게 물리력을 행사하거나 정서적 고통을 주는 행위로 신체·언어·정서·성적 학대 모두가 포함된다고 볼 수 있다(배태성, 2018).

가정폭력은 학대의 형태, 피해자의 지위(아동, 배우자, 노인), 피해자와 가해자의 관계에 따라 분류되기도 한다.

가정폭력은 모든 폭력의 근원으로 반복적인 행동 패턴을 보이며 가해자와 피해자 관계가 부부, 자녀, 친족들 등으로 복잡하게 얽혀 있다. 폭력을 행하거나 당하는 사람 모두가 가정폭력이라는 문제 해결을 위해 나름 노력하지만 대체로 폭력은 쉽게 멈추지 않는다.

② 가정폭력상담

가정폭력상담이란 전문적인 상담지식과 기술을 갖춘 상담자와 상담 기관을 통해 내담자가 필요로 하는 인적, 물적 자원 및 가정폭력에 관한 법률에 관한 사항을 적절하게 제공하여 폭력의 피해로부터 내담자를 보호하고 회복하게 하는 것과 가정폭력에 직접 관련된 가해자와 피해자뿐 아니라 가까운 주변 사람들에게 도움을 주는 것이라 할 수 있다.

가정폭력방지 및 피해자보호 등에 관한 법률 제 6조에 의하면 가정폭력 피해자와 그 가족은 가정폭력 관련 상담소를 통해 가정폭력과 관련된 다음의 사항들에 대해 상담을 받을 수 있다.

- 피해자 긴급 보호 및 피난처 관련 사항
- 이혼을 비롯한 가정폭력 관련 법률문제 사항
- 가정폭력 예방을 위한 각종 교육 및 치료 관련 사항
- 그 밖에 가정폭력 관련 사항

가정폭력 상담소는 여성가족부에서 위탁·운영하는 여성 긴급전화(☎ 국번 없이 1366)를 비롯해 경찰청 및 각종 단체 등에서 운영하고 있다(여성가족부, 2018).

(2) 특징

① 가정폭력

가. 가정폭력의 일반적 특징

가정폭력은 장기적이고 반복적이며 다양한 유형으로 신체적, 정서적, 성적 폭력의 연속성은 초기 가벼운 구타와 질타에서 점차 심각해지고 폭력 행위가 중첩되어 피해자가 사망에 이르기까지 확대된다.

아내에 대한 폭력은 자녀 혹은 친정 식구에게까지 확대되며 그렇게 순환될 때 아동학대가 함께 발생한다. 아내 학대가 있는 경우 아동에 대한 직접적 폭행은 없어도 아동은 정서적 학대의 피해자가 될 수밖에 없다. 이런 환경에서 자란 자녀 또한 폭력에 무감각해져서 폭력의 세대 전이로 악순환한다.

지속적인 가정폭력은 신체적 손상은 물론 외상 후 스트레스 장애 등으로 시달리게 하며, 폭력에 대한 공포와 학습된 무기력감으로 가정폭력에서 벗어날 수 없을 것으로 믿고 폭력적인 가정에 안주하게 한다. 한편으로는 폭력으로 인한 정신적 스트레스를 해소하지 못하여 다른 범죄로써 해결하려 하기도 한다.

가정폭력은 가해자와 피해자가 같은 공간에서 함께 생활하며, 가정 내에서 은밀하게 일어나 사회적으로 묵인되고 은폐되므로 전혀 예상치 않은 정치 지도자나 지역사회 지도자, 종교 지도자 등 다양한 계층이나 인종을 초월하여 나타나고 있다. 특히 경험을 통한 폭력의 학습은 세대 간 대물림으로 악순환되고 배우자, 자녀, 부모에 대한 중복되는 폭력은 현재뿐만이 아니라 미래의 가정까지 병들게 한다.

나. 부부폭력

가정폭력의 한 부분인 부부폭력은 가정생활에서 발생하는 스트레스, 폭력 행위를 미화하는 미디어, 정신병, 알코올 및 마약중독, 자기 통제력의 부족, 이기적이며 폭발적인 성격에서 기인하기도 한다. 미성숙하고 반사회적이며 폭발적인 성격을 가진 경우 자존감이 낮고, 분노조절 능력, 협상 기술, 대화기술이 부족해 갈등을 폭력으로 해소하고자 한다. 빈약한 자아 개념을 가지고 있는 사람들이 더 학대적인 경향을 보이며, 어릴 때 학대를 당한 사람들이 남을 학대하는 경향이 있다(Collins, 1995).

또한 폭력이 자행되면 자신의 내적 긴장이 해소되고, 가족들은 고분고분해지며, 이혼, 구속 등의 두려운 결과가 아니라 오히려 가족들이 용서해 주는 긍정적인 경험과 폭력이 악순환을 거듭하면서 가정파괴에 이른다(오규훈, 2003).

가정폭력 피해 여성은 극심한 공포와 불안 등 외상 후 스트레스 장애, 일시적 급성 해리장애, 만성적 우울, 신경과민, 주의집중 곤란 등으로 어려움을 겪는다. 더욱이 만성적인 폭력은 신체적인 증상 및 고립으로 인한 위축감, 낮은 자존감, 부정적인 현실대처 및 문제해결 방식 등으로 학대 관계가 단절된 후에도 삶을 어렵게 한다.

다. 아동 · 청소년폭력

가정폭력의 또 다른 한 부분은 아동 · 청소년폭력이다. 아동복지법 제3조 제7항에 "아동학대"란 '보호자를 포함한 성인에 의하여 아동의 건강과 복지를 해치거나 정상적인 발달과 성장을 저해할 수 있는 신체적 · 정신적 · 성적 폭력 또는 가혹행위 및 아동의 보호자에 의하여 이루어지는 유기와 방임하는 것'으로 정의한다(보건복지부, 2020).

아동학대는 좁게는 객관적인 기준과 증거에 기반한 신체폭력 또는 성폭력으로 나누고 넓게는 아동의 발달과 성장 및 욕구 충족을 가로막는 신체 · 심리적 폭력, 방임 등 가정 내 · 외적인 사회환경까지 포함한다.

아동폭력에 대한 심각성은 〈표 13-1〉에서 확인할 수 있다.

| 표 13-1 | 지난 1년간 양육자에 의한 아동폭력 가해 경험 비교

(단위: %)

연도	자녀 학대율(전체)	신체적 폭력	정서적 폭력	방임
2019	27.6	11.3	24.0	2.0
2016	27.6	7.3	25.7	2.1
2013	46.1			

출처: 여성가족부(2020). 2019년 전국 가정폭력 실태조사 연구.

라. 아동 · 청소년 학대의 요인

사회문화적으로 폭력에 대한 왜곡된 가치 규범, 불평등한 사회구조, 빈곤계층 등으로 양육에 따른 체벌을 허용하는 사회일수록 아동이 부모에게 종속된 존재로 여기고 학대할 가능성이 크다.

부모 자신의 어린 시절 폭력 노출 및 학대는 세대 간 전이될 가능성이 높고 아동 양육에 관한 지식과 기술 부족이 방임, 학대로 이어진다. 또한 부모가 미성숙하고 자기통제력이 부족해 충동적이고 지배적이며 부모 자신의 욕구가 중요한 경우도 나타난다. 한편, 일부 아동은 학대를 유발하기도 하는데 이들은 고집 피우기, 울기, 사회적 반응의 결핍 등의 기질적 문제나 발달상의 결함, 신체적 · 심리적 장애, 원치 않았던 아이 등도 있다. 이런 요인들이 상호작용 및 악순환하면서 가정폭력을 증가시키게 된다(권영상 외, 2005).

마. 가정폭력이 자녀에게 미치는 영향

가정폭력은 자녀에게 죄책감, 수치심, 두려움, 혼란, 분노, 불안, 우울증, 절망감, 부담감 등으로 내재화된 정서적 문제를 경험하게 한다. 폭력의 정도가 심각할수록 외상 후 스트레스장애에 취약하다.

행동적 문제로는 과잉행동 및 주의 집중력 부족, 사회적 철수, 등교 거부, 공격적 · 수동적 행동, 악몽, 방어 행동, 가출 충동, 폭력의 사용, 알코올 남용, 품행 불량, 낮은 학업성취 등이 있다.

또한 잦은 두통, 복통, 천식 등의 신체적 어려움을 호소하며 쉽게 지치고 감기에 자주 걸리며 육체적 고통에 무반응하는 등 신체적인 증상은 정상적인 발달을 저해한다. 더불어 사회적 관계에 필요한 대인관계 기술의 부족, 신뢰감 형성에 어려움, 갈등 해결 기술 부족, 고립 등의 문제를 경험한다.

한편, 가정폭력은 자신이 원하는 것을 얻거나, 분노 표출을 하거나 힘을 얻기 위해서 가까운 이들을 때려도 괜찮다고 인식하게 하며 전통적인 성 역할 태도 습득 등 인지적으로 왜곡할 수 있다.

바. 아동·청소년 학대의 유형

아동·청소년 학대의 유형은 다음과 같이 설명되고 있다(아동권리보장원, 2019).

- 신체적 학대란 보호자를 포함한 성인이 아동에게 우발적인 사고가 아닌 상황에서 신체적 손상을 입히거나 손상을 입도록 허용한 모든 행위를 말한다.

  예 직접적 신체 가해, 도구나 완력의 가해 및 위협행위, 유해물질로 인한 상해 등

- 정서적 학대란 보호자를 포함한 성인이 아동에게 행하는 언어적 모욕, 정서적 위협, 감금이나 억제, 기타 가학적인 행위를 말하며 언어적, 정신적, 심리적 학대라고도 한다.

  예 원망적/거부적/적대적/경멸적인 언어폭력, 가족 내 따돌림, 가정폭력의 목격 등

- 성 학대란 보호자를 포함한 성인이 자신의 성적 충족을 목적으로 18세 미만의 아동에게 행하는 모든 성적 행위를 말한다.

  예 성적 만족을 위해 아동을 관찰하거나 성적인 노출, 성적 추행, 유사 성행위 등

- 방임이란 보호자가 아동에게 위험한 환경에 처하게 하거나 아동에게 필요

한 의식주, 의무교육, 의료적 조치 등을 제공하지 않는 행위를 말하며, 유기란 보호자가 아동을 보호하지 않고 버리는 행위를 말한다.

예 물리적 방임(기본적 의식주 부 제공, 불결하거나 위험한 환경에 방치, 가출, 아동을 병원에 입원시키고 사라지는 경우 등), 교육적 방임, 의료적 방임, 유기

② 가정폭력상담

가정폭력 피해 아동·청소년들은 가해자인 부를 미워하면서도 불쌍해하고 피해자인 모를 보호해 주지 못한 미안함을 갖고 있다. 또한, 부모 사이에서의 심리적 상처 및 분노, 죄책감 등의 양가감정으로 혼란스러워하고, 자신에 대한 자책과 연민을 갖는다. 폭력을 당할 때 모를 돕지 못한 미안함과 폭력에 대한 두려움, 공포 등으로 인해 모의 의견을 따르는 경향이고, 모를 보살펴야 한다는 책임감과 모를 위해 살아야 한다는 생각이 지배적이다(김승경 외, 2014). 특히 부모 간 폭력의 목격이나 직접적인 학대는 두려움, 공포감, 분노 감정과 더불어 자살 충동 등으로 그 어려움 정도가 더욱 크다(장덕희, 2010).

가정폭력은 배우자 폭력, 자녀 학대 등 2가지 유형 이상 중복해서 경험할 가능성이 높고, 폭력 유형의 개수가 많을수록 신체적, 정신적 피해가 더 심각하므로 폭력피해의 중복 경험 여부 사정이 중요하다.

심한 학대로 인한 부정적인 경험과 기억들로 이루어진 트라우마를 극복하지 못하면 심각한 정신질환 등으로 현격한 발달적 손상을 입어 학교생활 등 전반적인 삶으로 어려움이 확대된다.

따라서 가정폭력상담에서는 폭력에 관련된 사람들에 대한 심리치료 및 교육과 가족 상담이 병행되어야 한다.

가. 가정폭력에 노출된 자녀 상담

- 아동은 가장 먼저 상담 및 놀이치료, 정신치료, 집단치료 등의 심리치료가

필요하다.

- 학대가 심해 아동의 현격한 발달적 손상이 예견되고, 가족 기능의 회복이 불가할 경우 법적 조치를 통해 아동과 부모를 일시적, 영구적으로 분리한다.
- 학대의 원인이 경제적 빈곤에 있는 경우, 학업 지원, 용돈 및 경제적 지원 서비스를 연계한다.
- 가족치료와 부모교육 및 상담을 통해 아동을 보호하고 가족의 기능을 회복시킨다.

나. 피해자 상담

피해자들이 자신을 보다 안전하게 지킬 수 있는 능력을 기르고 폭력으로 인한 상처를 치유한다.

- 피해자의 수치심을 다루어 회복과 상담 참여 동기를 높이고, 폭력에 대한 심리 사회적 원인을 찾도록 돕고 설명해 줌으로써 자기 비난을 감소시킨다.
- 지지와 지도적인 입장을 병행하며, 구타의 역동성에 대해 이해시키고, 자신의 구타경험과 현실을 수용하게 하며 이후에는 구타당하지 않을 권리가 있음을 강조하고 지지해 준다.
- 가정폭력의 초기 피해자는 집단상담을 통하여 경험을 공유하고 토론함으로써 고립감 해소와 문제해결에 도움을 준다.
- 자아존중감 향상프로그램이나 자기주장 훈련 등으로 학습된 무기력에서 벗어나도록 하며 자아 기능의 회복을 돕는다.
- 자신의 경험을 이해, 수용하며 진실한 감정을 표현하고 죄의식이나 불안감 없이 자신의 권리를 행하면서도 다른 사람의 권리도 인정하도록 의식을 향상시킨다.
- 의사소통 훈련으로 상대방의 말을 판단, 평가 없이 귀 기울여 경청, 공감해주며, 상대를 공격하지 않으며 자기의 생각이나 감정을 표현하여 부부가 서

로의 욕구, 기대 등을 분명히 하도록 돕는다.

다. 가해자 상담

가해자 상담의 목적은 폭력의 재발 방지와 부부의 평등한 관계 형성에 있다.

- 가해자의 스트레스 원이 무엇인지를 규명하고, 스트레스 발생 환경에 대한 이해와 자신과 가족에게 손상을 입히지 않는 대처 방법을 훈련시킨다.
- 자신의 분노 감정을 이해하고, 감정조절 향상을 위해 자기통제(분노 조절, 타임아웃)와 변화 방법(긴장 이완훈련) 등을 가르쳐 준다.
- 가정폭력의 부정적 순환 관계, 폭력의 세대 간 전이 등 배우자나 자녀에게 미치는 영향에 대해 이해시킨다.
- 가부장적 사고의 문제점을 인식하고 타인을 통제하기 위한 폭력 대신 건설적인 행동으로 대처하도록 돕는다.
- 가족원과의 의사소통능력 향상으로 서로의 기대와 소망을 존중하고 받아들이는 방법을 배우게 한다.
- 성격검사를 통해 자신과 가족의 성격 차이를 이해하고 효과적으로 대처할 수 있도록 돕는다.
- 가족폭력에 대한 책임을 느끼도록 하고, 가족원으로 수용되며, 음주, 도박 등의 문제에서 벗어날 수 있도록 돕는다.

2) 목표

가정폭력상담은 먼저 폭력의 피해로부터 내담자를 보호하고 회복하게 하며, 내담자가 필요로 하는 인적, 물적 자원을 적절하게 제공하여 가정폭력의 근절을 목표로 한다.

첫째, 폭력 중단 및 폭력에서 벗어날 방법을 모색한다. 폭력 중단을 위해 그

동안 시도했던 방법들의 효과성 점검 및 새로운 방법을 찾고 효율성을 평가한다. 폭력 중단이 어렵다면 폭력이 발생하는 상황변화를 위한 방안을 찾는다.

둘째, 상담을 통해 정신건강을 증진시킨다. 가정폭력은 가·피해자 두 사람뿐만 아니라 주변 사람까지 정신적인 피해를 준다. 피해자는 물론 가해자도 우울, 낮은 자존감 등과 같은 심리적 부적응으로 정신건강에 위협을 받는다.

셋째, 내담자의 잠재력 향상과 긍정적 자아개념의 형성을 돕는다. 피해자와 가해자 모두 자신은 무가치하다는 부정적인 자아개념으로 합리적인 생각이나 균형 있는 감정을 유지하는 데 어려움을 겪는다. 이들의 행동을 변화시키겠다는 자세보다는 내담자 자신에 대한 긍정적 가치를 발견하여 주어진 삶을 자신의 의지대로 살아갈 수 있는 능력을 습득하도록 한다.

3) 사례

(1) 내담자 정보

고 1, 남학생, 외향적, 초등 때부터 심리상담 서비스(바우처) 받음. 분노 감정 큼.

주요 문제

- 위생관리가 잘되지 않아서 주변 사람들에게 불쾌감을 준다.
- 적극적으로 참여하는 행동이 어설퍼 친구들의 야유와 비난을 산다.
- 욱하는 성질로 친구들과 자주 다툰다.

(2) 행동 관찰

또래보다 큰 키와 배가 많이 나왔다. 땀을 많이 흘린다. 자신의 이야기를 잘 한다. 잘 울고 친구들과 잘 어울리지 못한다. 친구들의 자극에 민감하며 욱하는 성질로 자주 다툰다.

(3) 가족관계

- **부(43세)**: 고졸, 회사원, 잦은 이직, 다혈질, 무뚝뚝하다. 도박으로 모가 저축해 놓은 1억, 내담자 교통사고 보상금 4천만 원, 형이 모아 놓은 2천만 원 등 많은 돈을 탕진하고 상습적으로 아내와 자녀에게 폭력을 행사함.
- **모(44세)**: 작년에 이혼 후 친정집에서 기거함. 작년에 남편의 폭행을 피해 도망가다 담에서 떨어져 다리, 허리를 다쳐서 요양 중이다. 남편의 잦은 실직과 이직으로 가정경제를 책임져야 했다. 시부모에게도 많은 구박을 받았다고 한다. 자녀에게 지지적이고 학업에 대해 관심이 많음.
- **형(19세)**: 고 3. 내향적, 말과 행동이 어눌하다. 제한된 교우관계.

(4) 성장 과정

자신은 억지로 태어난 존재라고 생각하고 있고, 초등학교 때부터 또래보다 늦은 발달로 지속적 상담 및 바우처 서비스를 받았다. 초등학교, 중학교 때에 친구들에게 괴롭힘을 많이 당했다. 중학교 때는 친구를 때려 크게 다치게 했다. 그 이후에는 친구들이 놀려도 참으려고 노력한다고 하였다. 바로 옆집에 할머니, 할아버지가 사는데 할머니는 수시로 집에 와서 잔소리와 욕을 하고 화내며 물건을 던지는 등 쓰레기 취급을 받았다. 부는 예전부터 자기 성질대로 안 되면 식칼을 들고 가족을 위협하기를 수십 번이고 그때마다 도망 다녔으며, 죽을 수도 있을 것 같아 두렵다고 하였다. 부모가 이혼하면서 엄마와 함께 살고 싶으나 엄마는 아파서 일하지 못하니 외할머니 집에 얹혀 지내며 병원에 다닐 돈도 없는 형편이라 부와 함께 있어야 하는 것이 너무 힘들다고 하였다. 집에 가면 말도 하지 않고 장롱에 들어가 엄마하고 통화한다. 형하고도 성격이 맞지 않는다. 친구들이 노래도 못하면서 장기자랑에 나왔다고 자꾸 놀리고 자신이 뭔 얘기만 해도 야유하고 신경질 내고 화내며 괴롭혀서 학교폭력으로 신고했는데 학교에서 아버지께서 학교에 와야 한다고 연락을 하자 "학교 일은 네가 다 해결하고, 못하면 집에 들어오지도 마, 죽여 버릴 거야!"라고 했다. 이 일로 할머니, 할아버지가 오셔서 아버지에게 심하게 욕을 했다고 하였다.

(5) 상담하게 된 경위

친구들의 괴롭힘으로 학교폭력 신고를 했는데, 급우들도 내담자에게서 불쾌한 냄새가 나서 같은 교실에서 같이 있을 수 없다고 항의가 많이 들어온다고 담임선생님이 의뢰하였다.

(6) 상담 목표

- 자기 돌보기(매일 샤워하기, 속옷 갈아입기, 식사 후 양치하기, 이틀에 한 번 교복 갈아입기 등)
- 감정, 욕구를 알아차리고 적절하게 표현하기(특히 분노 감정)
- 자신의 욕구를 찾아보고 능력을 있는 그대로 수용하며 실현 가능한 목표와 대안을 찾기

(7) 상담 내용

- **1회기:** 접수 면접, 주호소문제 탐색
- **2회기:** 감정, 욕구 탐색과 공감을 통한 지지적 상담
- **3회기:** 심리검사(문장완성검사, HTP, MMPI-A)
- **4회기:** 모와 전화상담
- **5회기:** 심리검사 해석 상담 및 위생관리를 위한 생활지도

- **6회기~12회기:** 분노 감정이 일어날 때를 탐색하고 대처 방법, 해결책을 나누며 자신이 기대하는 모습 찾기, 기대하는 것을 위해 할 수 있는 것 탐색, 장점 찾기, 성공 경험 찾기, 성공을 가능하게 했던 예외상황 탐색, 목표를 유지하기 위해 할 수 있는 것 찾기. 변화된 행동 구축 등과 함께 감정, 욕구카드를 활용해 자신의 감정을 알아차리고 표현하도록 하고 분노 감정을 적절히 표현할 수 있도록 역할연기로 연습, 점검
- **13회기:** 목표 달성 정도를 점검, 종결
- **14회기:** 학부모상담(모)

(8) 상담 결과

상담이 종결된 이후에도 가끔 상담실을 방문하였고 내담자를 돌봐 줄 수 있는 모가 함께 살고 있지 않아 내담자의 위생에 대한 행동 변화는 느렸다. 그래도 모가 멀리 있지만, 관심을 가지고 내담자에게 정서적인 지지와 담임선생님의 적극적인 도움으로 학업에 대한 동기가 향상되었다. 여전히 외부자극에 쉽게 흥분하지만, 그로 인해 폭력으로까지 이어지지 않을 정도로 자신을 통제하는 모습이었고, 3학년 때는 다른 동급생들보다 많은 자격증을 취득하고 취업하였다.

2. 가출상담

1) 개념 및 특징

(1) 개념

① 청소년 가출

가출의 개념은 가출 행위나 목적 등을 중심으로 다양하게 정의하고 있다.

한국 형사정책 연구원(1993)은 가출의 의도성과 목적성 따라 가출을 "자신 또는 자신을 둘러싼 주위 환경에 대한 불만이나 갈등에서 비롯된 문제에 대한 반발이나 해결을 위해 보호자의 승인 없이 최소한 하룻밤 이상 무단으로 집을 나가 돌아오지 않는 충동적 혹은 계획적 행위"로 정의하였다.

안창규(1995)는 "가출청소년이란 자신 및 주변의 문제에 직면하여 해결 혹은 대안을 찾고자 비의도적으로 가정에서 떠밀려 나온 도움이 요청되는 18세 미만의 청소년"이라고 정의하였다.

베이커(Baker, 2003)는 "자신들의 요구나 희망에 반대하는 부모나 법적 보호자의 가정을 떠났거나 혹은 그들의 통제에서 벗어나 독립적인 생활을 유지하고자 하는 미성년자"로 정의하는(백혜정·방은령, 2009 재인용) 등 가출을 하나로 정의 내리기 어렵다.

② 청소년 가출상담

가출청소년은 "어떤 원인에서든 집을 나와 생활에 불편함과 심리적 고통을 겪고 있으며, 이로 인하여 자신의 정신건강과 삶의 방향이 크게 왜곡된 상태"라고 볼 수 있다(한상철, 2000). 따라서 청소년 가출상담은 가출로 인한 심리적 부적응과 생활고에 당면한 환경적 문제를 해결해 주고, 가출로 내몰았던 심리적 어려움의 원인과 결과 및 환경에 대해 이해하도록 돕는다.

청소년에게 적절한 감정 표현능력을 키워주고, 문제 상황과 관련된 대처기술이나 적응능력 등의 문제해결 능력을 높임으로써 성공적인 귀가를 돕고 재가출을 예방하기 위한 상담이라고 볼 수 있다.

(2) 특징

① 청소년 가출

1980년 이후에는 단순 가출 혹은 성격 결함, 또래의 충동, 가정파탄 등 본인의 내적 요인과 주변 환경에 의한 가출이 증가하고 있다. 또한, 부모의 학대나 무관심, 불화와 같은 가정 문제, 교사나 또래와의 갈등과 같은 학교 문제 등으로 가출할 수밖에 없도록 밀어내는 환경 요인이 가출로 이어지게 한다.

이렇게 가출한 청소년을 환경에 의한 피해자이면서 보호 대상으로 본다.

▌표 13-2▐ 청소년 매체 이용 및 유해환경 실태조사 중 최근 1년간 가출 경험 및 원인 비교

(단위:%)

	가출 경험	가출에 대한 호기심	가족과의 갈등	어려운 가정 형편	학교에 다니기 싫어서	공부에 대한 부담감	친구나 선후배의 권유	자유롭게 살고 싶어서	사회경험을 쌓고 싶어서	기타
2018	2.6	2.7	70.0	0.8	3.2	3.9	0.7	7.1	0.5	11.1
2016	2.7	1.8	74.8	1.2	4.7	6.1	1.2	8.0	0.3	1.9

출처: 통계청, 여성가족부(2019). 2019 청소년 통계.

가출청소년 중 어렸을 때부터 가출을 시작한 경우, 대부분 지나친 물리적 체벌을 경험했으며, 습관적 가출청소년 중에는 문제해결을 위해 가출을 선택하였다. 한편 억압이나 잔소리가 심했던 부모가 가출하니 잘해주는 경험은 가출을 전략적으로 선택하게 하기도 하고 부모의 관심을 끌기 위해 가출하기도 한다(김지혜, 2001; 이순형 외, 2004). 최근 청소년 가출은 점점 저연령화 및 반복적 가출이 많아지고 있으며, 나이가 어릴수록 거리에서 노숙하는 비율이 월등히 높은 것으로 나타났다. 최근에는 전통적인 가출청소년 이외에 집 없는 청소년, 보호 체계 밖 가출청소년, 가출청소년 가족(가출팸), 인터넷을 통해 만남을 반복하면서 가출 생활을 장기적으로 유지하는 청소년(온라인 팸) 등 새로운 유형의 가출청소년이 등장하고 있다.

청소년의 우울과 불안은 가출 충동을 높여(문재우, 2012), 가출을 감행하게 하고, 우울감이 심화되면 재가출을 시도한다(조성희·박소영, 2010). 부모의 학대로 가출했을 때 더 높은 우울을 경험하고(이희춘, 2013), 반복해서 가출할수록 더 우울했다(정정숙, 2013). 이처럼 '가출-귀가-재가출'을 반복하는 청소년의 경우, 가정 복귀율이 현저히 떨어진다(Baker et al, 2003). 반복 가출청소년들은 우울, 약물 중독, 비행 행동, 학업중단, 성매매, 폭력 가·피해 등에서 더 많은 문제를 경험한다(이상무·남성희, 2012).

가출청소년이 집으로 복귀 후 겪는 학대와 방임은 또다시 가출하게 되는 악순환을 낳고(김재엽 외, 2018), 일회성 가출보다 심각한 심리적 장애를 호소하고 있다(Sullivan & Knutson, 2000).

가. 청소년 가출의 요인

청소년 가출은 개인, 가족, 학교, 또래 등의 여러 사회환경에서 밀어내는 요인과 끌어당기는 요인이 합쳐져 상호 복합적이며 역동적으로 발생한다.

첫째, 청소년기의 부모에게서 독립하고자 하는 높은 욕구, 욕구불만 및 실패 등에 대한 보상심리, 정체감의 혼돈, 문제 상황에서 대처능력 결여, 가정적 결손 등의 복합적인 요인이 청소년의 가출을 유발한다.

둘째, 가정 내 불화, 부모의 부정적인 양육 태도, 가정 내 폭력 및 학대, 부모-자녀 간의 역기능적 의사소통, 가정의 빈곤 등 심한 스트레스가 가출을 유발한다. 가출의 가장 큰 이유가 부모님 등 가족과의 갈등(임희진, 2014)으로 쉽터에 입소한 청소년의 경우, 부모의 폭력적인 훈육과 갈등으로 가출했고, 부모의 학대가 두려워 귀가를 거부해 가출이 장기화하였다.

셋째, 학교에서의 부적응, 학업 스트레스, 원만하지 못한 교우관계, 교사와의 관계 형성 실패는 청소년을 집 밖으로 밀어내는 요인이다. 일부 청소년은 주위의 통제에서 벗어나 다른 유대관계를 맺고자 가출이나 비행에 빠지기도 한다(전종국 · 최선남, 1999).

넷째, 학업에 대한 과도한 압박감으로 일상에서 탈출을 꾀하거나, 비행문화에 젖어 있는 또래집단의 영향으로 가출을 하는 경우가 빈번하다. 그들은 친구들과의 동질감이 적어 소외되며 비행 친구의 수가 많고 친구의 비행 정도가 심할수록 가출을 더 많이 시도한다.

다섯째, 청소년을 대상으로 하는 상품시장의 발달이 청소년을 대상 유흥 산업들이 유해환경을 조성하고, 일시적인 일터 제공이 청소년 비행과 가출을 조장하기도 한다. 이 외에 건전한 놀이 및 문화시설의 부족, 가출청소년에 대한 대응체계의 부족도 청소년 가출에 영향을 주고 있다.

나. 원인에 따른 가출 유형

원인에 따른 가출 유형은 다음과 같이 설명되고 있다(남미애, 2008).

- **탈출형**: 부모로부터 지속적인 심한 신체적, 정신적 학대를 받고 자신을 보호하기 위해 집을 뛰쳐나온 경우이다. 이들은 부모로부터 학대 경험이 많고 부모 역시 알코올중독, 부부불화, 등의 문제가 있었으며, 자녀에게 거부적, 적대적이고 자녀는 주로 속죄양의 역할을 한다.
- **추방형**: 가정에서의 무관심, 방임, 차별 등으로 자녀를 의식적, 무의식적으로 가정에서 내쫓는 경우로 탈출형 특징들도 상당히 잠재되어 있다. 이들은 극도의 가족 소외나 만성적 빈곤, 가족 갈등, 약물 남용, 부모의 사망 등의 복잡한 가정 상황에서 벗어나고자 한다. 탈출형보다 더욱 부모와 거부적,

적대적 관계이고, 가정에서의 상실감을 보상받기 위해 친구들에게 극도로 밀착, 의존하기도 한다. 또 학교폭력 가해, 비행, 일탈과 연루되며 특히 이성과 동거하는 경우가 많다. 개인적인 성향도 공격적이거나 과잉행동, 수동적 등으로 다양하고, 자신에 대해 부정적이고 무관심하며 부모-자녀 모두 귀가를 거부하는 특징을 보인다. 가정폭력 문제 외에도 가족과의 결속력 약화와 소외로 인해 부정적인 자아상을 갖거나 자포자기 등 이중의 문제를 가지고 있어 가출 유형 중 가장 심각하고 어려운 유형이다(청소년보호위원회, 2003).

- **추구형:** 특별한 어떤 문제없이 다만 즐거움이나 자신이 의도한 바를 달성하기 위해 가출한 경우로 정상적인 가정 출신이 더 많고 이들은 실존적인 이유로 가출한다.

다. 가출 목적에 따른 유형

시위형, 유희형, 방랑형, 추방형, 생존형이 있다(남미애 외, 2007).

라. 가출청소년의 특징

- **무기력:** 무기력은 가출청소년들의 가장 심각한 공통적인 특성으로 결핍된 환경에서 반복적으로 좌절을 겪게 되면, '나는 아무것도 할 수 없어'라는 학습된 무기력에 빠져 매사 소극적이며 무기력한 모습을 보인다.
- **부모에 대한 증오와 연민:** 가족, 특히 자신을 낳아주신 부모를 증오하면서도 깊은 애정과 연민의 양가감정을 가지고 있다.
- **형제자매에 대한 애착:** 부모를 증오하는 가출청소년은 자신의 형제자매를 자신이 유일하게 의지하고 보호해야 할 대상으로 생각한다. 특히 동생에 대한 강한 애착을 보이는 경우가 많다.
- **성인에 대한 불신:** 부모에 대한 증오와 상처로 성인의 순수한 관심과 애정의

표현도 받아들이지 않으려는 경향이 있다.

- **분노 조절의 어려움**: 분노 조절에 어려움을 느끼는 경우가 많아 갈등을 유발하기 쉽다.
- **낮은 자존감**: 가출청소년들의 낮은 자존감은 의욕 상실과 무기력을 낳고 자신에게 애정을 주는 상대도 불신하는 경향으로 실무자에게 가장 문제가 되는 부분이다.
- **타인의 정서에 대한 이해**: 가출청소년들은 정서적으로 민감하여 타인의 고통과 어려움을 더 잘 이해하기도 한다.
- **일상생활 적응의 어려움**: 불규칙한 생활 습관 형성으로 정상적인 일상생활에 다시 적응하는 데 어려움을 가진다.
- **생존/자립에 대한 스트레스**: 먹고 자는 것과 같은 생존과 자립에 대한 스트레스는 높지만, 실제 행동에 옮기지 못하고 무기력한 경우가 많다.
- **인내력 부족**: 일반적으로 인내와 의지가 부족한 경향으로 압력과 규칙을 참아내지 못한다.
- **시설의존**: 가출 후 시설에 보호된 청소년은 그 보호를 당연한 권리로 생각하고 자립이나 귀가보다 시설에 안주하려는 시설 의존적인 모습을 보이기도 한다.
- **학습장애**: 인지적 발달에 중요한 아동·청소년기의 가출과 가정해체 등은 학습 환경의 결핍을 초래하고 지속적인 학습 문제뿐 아니라 인지기능에 문제를 보이기도 한다.
- **관심 끌기 행동**: 애정과 관심 욕구가 높아 비행이나 일탈행동 등을 통해 자신에게 관심을 집중시킨다.
- **나이별 특성**: 청소년 초기(13~16세 정도)에는 정체 간 혼란이 계속되고 자기중심적인 사고로 가출과 비행이 반복되며, 청소년 후기 어느 정도 정체감이 안정되고 타인을 이해하고 수용할 수 있게 되면 자립하거나 귀가하는 경우

가 많다.

② 청소년 가출상담

가출 행동은 어느 한순간에 나타나는 것이 아니고 장시간에 걸쳐 누적된 여러 환경의 복합적인 영향에 의해 발생하므로 가출 행동을 치료 또는 지도하는 것은 매우 어려운 문제이다.

가출청소년들은 영양실조, 무분별한 성적 노출로 신체적 위험과 부정적 사건들의 경험함으로써 부정적 자아개념과 낮은 자존감으로 무기력해 우울증 등의 정서행동 문제를 유발하고 심하게는 자살 생각까지 한다. 현재의 고통과 미래에 대한 불안감을 잊고자 음주 및 약물을 남용하기 쉽고, 정서적 과잉반응 역시 대인관계를 어렵게 한다. 또한 가출을 전후로 거리를 배회하며 자연스레 또래 비행집단과 비행문화에 빠지게 되며 자기중심적, 위압적, 공격적인 성격으로 종종 갈등 상황에 놓인다. 이들의 폭력적·파괴적인 행동으로 공격당하기도 쉽고 비행을 저지를 가능성이 크며 대부분 학업중단으로 이어진다. 가정환경이 개선되지 않으면 귀가를 원치 않으며, 부모도 자식을 찾고자 하는 의지가 없다. 가출에서 복귀하더라도 교우나 교사들의 따가운 시선과 선입견, 과잉행동으로 학교에 적응하지 못하고 학업을 포기하게 된다. 생존을 위한 불법취업은 노동착취 대상이 되며 성매매 등의 탈선을 조장한다.

가출청소년들은 가출 전·후에 심각한 심리적 어려움을 겪기 때문에 단순 귀가 조치나 보호시설 수용은 한계가 있다. 이들에게 가장 중요한 개입은 정서적 지지이나 그것만으로 귀가나 재가출을 막기는 어렵다.

보다 더 나은 질적 서비스 제공을 위해서는 가출청소년, 부모, 가족상담과 더불어 기관의 특성과 청소년 개인의 특성을 고려한 기관 간 연계가 필요하다.

상담자는 가출청소년의 건강 여부, 아동학대 여부, 자립이 필요한지 등 청소년의 다양한 욕구 및 서비스 종류에 따라 적절한 연계를 위해 다양한 정보를 수집해 알고 있어야 한다.

2) 목표

청소년 가출상담의 일반적 과제는 다음과 같다.

가정에서 부모와의 관계 변화시키기 / 학교에서 과제와 역할을 조정하기 / 교우 관계를 조정하기 / 학교생활 과제들을 조정 혹은 보조하기 / 종교 활동, 청소년 쉼터나 문화 센터의 활용 방안 수립하기 / 사회적 기술을 익힐 필요가 있는 경우 일할 기회 제공하기 / 경제적으로 어려울 때는 사회 보장이나 후원자 찾아 주기이다(이순영 외, 2004; 한국청소년상담원, 2010).

위와 같은 과제를 가지고 있는 가출청소년의 상담자는 내담자를 공감하기보다 편견으로 설득이나 위협하기 쉬우므로 가장 중요한 신뢰 관계가 어려워질 수 있어 주의해야 한다.

가출청소년의 상담의 궁극적인 목표는 다음과 같다.

첫째, 지지적 상담으로 재가출의 예방에 있다. 내담자의 자기 존중감 향상 및 대인관계를 개선할 수 있는 지지적인 상담이 필요하다. 자신의 힘든 상황을 이야기함으로써 감정을 조절하고 자신에 대해 좀 더 객관적으로 탐색하는 것은 단순 가출이나 충동 가출을 미리 예방할 수 있기에 중요하다. 자신에 대한 이해 및 신뢰가 나아지지 않은 상태에서 집으로의 복귀는 더 충동적인 재가출로 이어진다. 가출 현상은 같을지라도 원인과 정서 상태는 개인마다 차이가 있기에 사례별로 프로그램 계획부터 체계적이고 통합적인 접근이 필수적이다.

둘째, 가출청소년이 겪는 특수한 생활 스트레스에 적절히 대처할 수 있는 문제해결 능력향상을 위해 바람직한 능력 발휘 훈련, 자아존중감 향상훈련, 자기주장 기술훈련 등을 통한 대처기술의 향상이 필요하다. 또 타인에게 자신의 의견을 제시하고 설득할 수 있는 의사소통 능력과 사회적 기술 향상 프로그램이 보완되어야 한다. 그 밖에도 긴장완화 훈련, 명상 등을 통하여 심리적 안정을 돕는 것은 물론 스트레스 요인을 자각하고 새롭게 반응함으로써 최소한 자신의 분노, 불안 등의 감정을 조절할 수 있는 능력을 길러주어야 한다.

셋째, 가정의 구조적 혹은 기능적 문제로 자녀가 가출하면 온 가족이 고통을 당하는 가족 문제가 된다. 이런 가족문제 해결을 위해서는 가족이 함께 방법을 모색하고 의사소통의 문제나 갈등으로 인한 스트레스를 줄이기 위해 노력해야 효과적이다. 자아존중감 향상 및 왜곡된 가치관의 개선과 더불어 가족치료가 병행되어야 재가출을 막을 수 있다. 처음에 부모들은 문제가 전혀 없는 것처럼 말하지만 상담을 통해 자신들의 문제를 발견하게 된다. 특히 자녀의 가출 원인을 잘 모르거나 다르게 알고 있는 경우가 많아 부모가 자녀의 가출 원인을 정확히 인식해야 가출했던 자녀를 어떻게 대해야 하는지를 판단할 수 있다.

또한 가족이 문제해결을 위한 탐색에 반드시 포함되어야 하는 이유는 가족의 진단 결과에 따라 귀가 조치, 일시 보호조치, 또는 장기 보호조치가 결정되기 때문이다. 가족의 병리 현상으로 인해 집에서 탈출한 청소년을 아무런 조치 없이 귀가시키게 되면 가출청소년의 문제를 더욱 악화시킨다.

가출청소년이 집으로 돌아가더라도 가족상담은 지속할 필요가 있다. 가출했다가 부모나 경찰에 발견되어 강제로 귀가한 청소년들은 불안 초조해하며 집이 감옥 같다고 하기도 한다. 이때 재가출하면 부모는 자녀를 이해하기보다 온갖 정성에도 불구하고 가출하였다는 배신감에 더욱 분노하며 가출이 반복될수록 부정적이고 무관심해진다.

가출청소년상담은 가출 자녀에 대한 부모의 대처방법, 가족의 재결속 촉진과 동시에 가족으로부터 자립하도록 도와야 한다. 또한, 가족 외적인 요인으로 가출하였더라도 귀가한 청소년에 대한 가족의 지지는 이후의 재가출을 방지하고 부모, 형제들로부터의 낙인을 제거할 수 있다.

3) 사례

(1) 내담자 정보

중 2, 여학생, 학업에 관심 없다. 충동적, 자기중심적

주요 문제

- 가족들과 적대적 갈등 관계로 집이 숨이 막힌다.
- 친구들과 잦은 갈등을 빚는다.
- 가출해서 자기 맘대로 살고 싶다.

(2) 행동 관찰

눈썹이 짙고 검은색 마스크를 자주 끼고 다니며, 단답형으로 말하고 작은 소리에도 민감하다. 말하는 뉘앙스에 어른스러운 부분도 있으나 말투에 불평, 불만이 배어있고, 오빠와 모에게 당했던 이야기를 할 때는 눈물을 보였다.

(3) 가족관계

- **부(34세)**: 고졸, 마트 배달원. 부는 일찍 돌아가시고 모는 집을 나가 조부모 밑에서 자랐다. 내담자를 훈육하는데 어떻게 해야 할지 혼란스러운 상태에 있다.
- **모(34세)**: 고졸, 부모가 이혼하여 외조모 밑에서 자랐다. 내담자 유치원 때 백혈병 진단받았고, 작년에 완치 판정을 받았으며, 현재는 유치원 하원 차량 운전. 내담자와 적대적 갈등 관계에 있다.
- **오빠**: 고 1, 내담자가 엄마 말을 안 듣는다고 혼내다가 내담자 목을 조른 적이 있다.

(4) 성장 과정

부모는 어릴 때부터 친구로 모가 19살에 임신을 하여 외할머니와 살다가 오빠를 낳고 결혼해서 내담자를 낳았으며, 내담자는 어릴 때부터 많이 맞았다고 하였다. 초등학교 때 친구들의 돈을 뺏기도 하고 밖으로 돌았다. 그래서 초등학교 4학년 때부터 통금시간이 생겼으며 초등 5학년 때부터 휴대폰 검사를 받았는데 그런 부의 간섭이 너무 싫었다. 또한, 초등 때 친구들이 패드립("네 엄마 아직도 살아 있나?" 등)을 해서 자주 싸웠다. 어릴 때는 모와 친구처럼 얘기도 많이 했는데 그때는 부모님이 오빠보다 자신을 더 좋아했다. 그러나 지금은 엄마가 자신을 피하는 것 같고 오빠와 자신을 차별한다고 생각하고 있다. 학기 초 늦게 들어가서 아버지에게 따귀를 맞고 가출했다가 이틀 만에 집에 들어간 적도 있다. 그 후 부모님은 내담자가 밖에 나가는 것을 싫어하고 나가지 못하게 하였다. 얼마 전에도 엄마가 못 나가게 해서 싸우고 있는데 거기에 오빠까지 합세하여 자신의 목을 조르기까지 했다. 내담자 동호회에서 알게 된 오빠를 만나는 부분에 대해 나쁜 쪽으로 의심하고 있으며 못마땅해 하고 있다. 부의 간섭이 너무 싫어서 정말 집에서 나가고 싶은데 부에게 항상 위치추적을 당하고 있다고 한다.

(5) 상담하게 된 경위

초등학교 때 내담자에게 패드립을 한 친구에게 복수하기 위해 그 친구 뒷담을 한 일로 친구와 싸워서 담임교사가 상담하던 중 가출했던 일이 알려졌고 또 다시 가출하고 싶다고 하여 의뢰되었다.

(6) 상담 목표

- 친구와 화해하기

- 자신의 감정, 욕구 표현 및 타인 감정, 욕구 인식으로 공감능력 향상
- 부모-자녀 간 갈등 문제 조율로 가출 예방

(7) 상담 내용

- **1회기:** 접수 면접, 주호소문제 확인, 상담의 구조화
- **2회기:** 학부모 상담(문제행동 조절방략 및 대화 방법 코칭), 부모교육 프로그램에 연계
- **3회기:** 심리검사(문장완성검사, HTP, PAI-A)
- **4회기:** 심리검사 해석 상담. 상담 목표 설정
- **5회기~9회기:** 비폭력 대화 카드를 활용하여 자신의 감정, 욕구 탐색 및 친구, 부모, 오빠의 감정, 욕구를 조망하여 공감하므로 왜곡된 사고를 인식. 가출의 장단점 찾기, 모와 갈등이 없었던 때를 탐색하고 그렇게 지내기 위해 할 수 있는 것, 변화 가능한 작은 목표 설정, 갈등 상황을 떠올려보고 자신의 감정, 생각을 적절하게 표현하며 어떻게 조율해 볼 수 있을지 탐색, 지금까지와는 달리 어떻게 해볼 수 있는지 행동 계획을 세우고, 실행, 점검, 수정함. 내담자, 친구, 상담자가 함께 만나 갈등 중재 과정을 거치며 화해함.
- **10회기:** 상담 성과 점검 및 종결, 대안 교실 참여로 연계
- **11회기:** 학부모상담. 가정에서 문제행동 조절 대처전략 점검, 수정. 의사소통 연습

(8) 상담 결과

내담자와 싸운 친구는 상담자가 함께하는 갈등 중재 과정을 통해 화해하였다. 내담자의 충동적인 성향으로 약속을 잘 지키지 않아 부모와의 갈등은 여전히 존재하나 가출로 이어지지는 않고 있는데 부모님의 인내와 노력이 요구된다.

CHAPTER

14 정신건강상담

1. 우울 및 자살 상담

1) 개념 및 특징

(1) 우울

① 우울의 개념

우울(depression)은 사전적으로 '마음이 답답하거나 근심으로 활기가 없음', '공상과 반성에 따른 가벼운 슬픔'이라는 의미이다. 또한 건강한 사람들도 살아가면서 경험할 수 있는 정서로 인지, 사고, 판단, 지각, 태도, 기억 등에서 대인관계까지 포괄적으로 악영향을 미치게 되는 부정적인 마음의 상태라고 할 수 있다(Beck, 1976). 또, 우울한 기분은 사람이라면 늘 누구나 느낄 수 있는 다양한 감정(즐거움, 기쁨, 괴로움, 슬픔, 불쾌함, 유쾌함 등)의 한 부분이며 우울감은 비교적 흔한 감정이다. 인생을 살아가는 동안 우울을 한 번도 경험하지 않았다고 한다면 그것이 도리어 질병처럼 생각할 수 있을 정도로 우울증은 단순히 기분이 우울하고 침체되었다고 느끼는 것뿐 아니라 대부분의 일상생활에 흥미, 의욕, 활력이 급격히 줄어들어 자신을 무능력하고 무가치하게 여겨 자살할 생각까지도 갖게 한다. 특히 우울증의 부정적 영향이 개인의 생활에 미치는 정도는 심각하며 가정생활 및 학교나 직장 등의 대인관계에서 적절하게 자신의 역할을 수행하지 못하게 되어 극심한 어려움을 경험하게 한다. 청소년의 경우는 수업을 따라가지 못하는 어려움으로 성적저하 및 학업포기, 비행행동을 나타내기도 한다.

우울증은 ㉠ 정서적 증상을 동반하여 지속적으로 슬픈 감정과 외로움이나 공허함을 느껴 흥미와 즐거움을 상실하게 된다. ㉡ 사고 및 인지적 증상을 동반하기도 하는데 이 상태에서는 자신은 물론 주변에 대해서 부정적 견해(사고력 저하, 주의력 문제, 자기비난, 자기비하, 죄의식, 무가치감)가 나타난다. 일상생활에서 또한 무기력함, 미래에 대한 막연한 절망감을 갖게 된다. ㉢ 신체적 증상과 생리적 증상을 나타낸다(불면증 또는 과수면, 식욕감퇴 또는 식욕증가, 체중감소 또는 체중증가, 피로감 등). ㉣ 자살사고를 동반하여 일상생활 전반에 걸쳐 의욕이 상실되어 새로운 일에 대해 시도조차하지 못하고 사회적으로 위축된다. 급기야 죽음에 대해 생각하고 자살을 빈번히 시도하게 된다. 이처럼 우울증 환자의 경우 2/3 정도는 자살을 생각하며 10~15%는 자살을 시도한다. 특히 자살은 우울증이 회복되는 시기에 더욱 두드러지므로 면밀한 관심이 필요하다(김성이 외, 2010; 조남희, 2001).

정신과적 진단체계인 DSM-IV(diagnostic and statisical manual of mental disorder, 4thedition; American Psychiatric Association, 1994)나 국제 질병 분류의 개정판 ICD-10(10th revision of the international classification of desease; World Helth Organizstion, 1989)에서는 3단계적 평가(1.경증: 우울기분, 2.중등증: 우울증후군, 3.중증: 우울장애)로 나누고 있다.

DSM 진단은 이러한 일화를 포함하여 몇 가지 기준 감별로 내리며 우울증은 다음 증상에서 5개 이상의 증상이 2주 동안 지속적으로 관찰되어야 한다.

㉠ 하루 대부분 지속되는 우울한 기분(청소년은 과민한 기분으로 나타나며, 객관적 · 주관적으로 나타남), ㉡ 일상 활동의 대부분에서 흥미 또는 즐거움 저하, ㉢ 체중이나 식욕의 변화(증가와 감소로 기존 체중의 5%이상 변화), ㉣ 거의 매일 불면증이나 과수면, ㉤ 정신운동성 초조 또는 지체, 처진 느낌 등의 거의 매일 좌불안석 ㉥ 거의 매일 피로하거나 생기(활력) 상실, ㉦ 거의 매일 무가치감이나 지나친 죄책감, ㉧ 거의 매일 사고력이나 집중력의 감소(우유부단), ㉨ 죽음에 대한 생각(반복되는 자살사고 또는 자살계획 등)이다.

DSM에서 우울증 기준은 아동부터 성인까지 적용하고 있지만 청소년의 경우 다른 형태로 외현화될 수 있는 가능성에 대한 내용을 명시해 두고 있다.

② 청소년 우울의 특성

청소년 우울은 보편적으로 나타나는 증상이다(신민섭 · 오경자, 1993). 우울증을 경험하고 있는 청소년뿐만 아니라 일반 청소년도 일상생활 및 학교생활을 통해서 보편적으로 경험할 수 있는 감정으로 가정과 학교에서의 부적응, 자살, 성인기의 우울로의 전환이 높기 때문에 청소년의 발달에 중요한 영향을 미치고 있으며 특히, 우울은 청소년기에 발생빈도가 급격히 상승하는 특징을 보이고 있다(우희정 · 최정미, 2004; Dumas & Nilson, 2003).

코바스크 외(Kovacs et al., 1989)에 따르면 아동기와 청소년기에 발현된 우울증은 성인기에 발현된 우울증에 비하여 오래 지속되며, 우울 삽화가 감소한 후에도 재발될 확률이 높다(배주미, 2000에서 재인용). 특히 청소년기의 우울은 때로는 외현적 문제행동이나 사회적 문제로 이어질 수 있는 비행이나 일탈문제로 외견상 간과되는 경우가 있을 수 있으나 청소년에게 주관적으로 매우 큰 고통이 극단적인 자살시도로 이어지기도 한다(김교헌, 2004; 김태희 · 신현규, 2011).

청소년 우울은 짜증과 화, 에너지 감소, 절망감, 죄책감과 낮은 자아존중감 등 비관적 사고들이 나타난다. 또한 수면장애, 식욕과 체중감소의 증상도 관찰

된다(신재은, 1998). 2주간 우울감이 지속되는 임상적 우울상태인 우울증의 경우에는 청소년 우울증과 성인 우울증이 동일한 기준으로 평가된다는 견해가 있다. 그러나 청소년기 우울증에 대한 임상적 특징에 해당되는 우울(멜랑콜리아)과 정신증의 증상은 성인에 비해 덜 관찰된다고 선행 연구에서 보고되고 있다. 또한 청소년기 우울증은 분리불안 동반, 학교 거부(공포), 가족에 대한 관심저하, 신체적 불편감 등의 표현도 성인과 다르게 관찰된다고 한다(Kovacs & Beck, 1977). 이렇듯 청소년기의 우울증은 성인과 달리 위장되어 나타나 증세를 알아차리기가 쉽지 않으므로 우울증이 방치되면 학습장애, 비행, 품행장애, 약물남용, 자살 등의 심각한 문제로 이어질 수 있다(대한신경정신의학회, 1998; 박광배·오경자·신민섭, 1991).

이처럼 청소년 우울이 심각한 문제로 이어지게 되는 요인은 자신의 감정 상태를 명확하게 인식하는 것과 감정을 언어로 표현하거나 전달하는 청소년의 능력이 성인에 비해 미흡하기 때문일 것이다. 또한 높아지는 충동성을 조절하거나 통제하는 자기제어(통제력)가 미성숙하여 부정적 감정 폭발이 쉽게 이루어지고 자해나 자살(김교헌, 2004; 김태희·신현규, 2011), 폭력적인 행동으로 나타날 수 있다. 이러한 청소년의 우울증을 가면성 우울증(masked depression)이라고도 한다(연합뉴스, 2009. 9. 9).

청소년 우울은 가정생활과 학교생활의 부적응과 자살, 성인기 우울로 전환될 가능성이 높으며(이은숙, 2002), 청소년 발달과업의 걸림돌이 될 뿐만 아니라 또래 관계, 학교생활 등에도 심각한 문제를 일으킨다(안인영, 2005). 따라서 다음과 같은 증세를 보이면 우울을 의심하고 특별한 관심과 주의를 기울여 청소년 우울에 대해 예방하는 것이 필요하다. 2주 이상 슬픔 감정을 보이며, 예전에 즐기던 활동에 관심이 없어지고, 활동 자제를 하지 않고, 짜증과 화를 내는 횟수 증가, 두통이나 복통과 같은 신체화 증상을 자주 호소하고 학교(학원)에 지각하거나 결석, 갑작스런 성적 저하와 과제수행을 하지 않는 모습이 증가하며 주의집중저하, 식사와 수면패턴의 변화를 보이는 경우(임영식, 1997)이다. 이러한 경우에는 대면상담을 통해 필요한 경우 반드시 전문가에게 상담을 의뢰해야 한다. 이는 청소년 자살이라는 극단적 선택을 감소시킬 것이다(김현정, 2014).

(2) 자살

① 자살의 개념

삶이 늘 평탄하고 행복하기만 한 것이 아니다 보니 많은 사람들이 평생을 살면서 한 번쯤은 자살을 생각할 수도 있다. 사회적·의학적·법적·목적에 따라 자살의 정의는 다를 수 있지만, 자살의 한자(自殺)와 영어(suicide)를 풀이해 보면 한자는 스스로(自)를 죽이다(殺), 영어는 자기 자신을(라틴어 sui) 죽이다(라틴어 caedo)라는 두 낱말을 합성한 것으로 두 단어는 같은 의미다. 이처럼 일반적으로 자살이라는 용어는 '자기의 생명을 자발적이고 의도적으로 끊거나 끊으려고 시도하는 행위 또는 그러한 경향'이라고 정의할 수 있다.

지나친 흡연, 과도한 음주, 위험한 직업, 섭식장애, 과도한 업무 등은 분명히 자발적으로 자기 파괴적인 행동을 하는 경우이기는 하지만 그 행동이 자신의 목숨을 끊으려는 의도를 분명히 내포하지 않은 경우는 '유사자살(parasuicide)'이라 하여 자살의 하위 유형으로 분류하기도 한다(육성필, 2003). 생명을 끊으려는 스스로의 의도가 명확하지 않다는 점에서 '자살'의 정의에 명백하게 부합한다고 볼 수는 없다.

세계보건기구(WHO)는 자살의 개념을 '자살행위로 죽음을 초래'하는 경우로 '죽음의 의도와 동기를 인식하면서 자기를 해(害)하는 행위', 즉 '치명적 결과를 초래하는 자해행위'라 했다(이장희, 1989). 프로이트(Freud)는 자살에 대해 '자신에게 향한 죽음에 대한 본능적인 활동 요소가 극적으로 표현이 되는 것'이라 했고, 아들러(Adler)는 '환경 내에서 타인을 조종하기 위한 시도'라고 했다. 이러한 자살은 스스로를 상하게 하려는 의도뿐만 아니라 실망, 절망, 분노 등의 복잡한 감정을 극단적으로 표현하거나, 자신의 극단적인 정서를 전달하기 위한 방법으로 사용되기도 한다(Keinhorst et al., 1995). 자살은 현실적인 자기존재를 포기하는 행위이다.

② 청소년 자살의 특성

청소년은 발달 단계상 인지적·정서적·행동적으로 고유한 특성이 있기 때문에 성인과는 다른 이유로 자살을 시도할 수 있으며 청소년 자살의 특성을 다음 세 가지로 나누어 볼 수 있다.

첫째, 청소년 자살은 극단적 표현인 경우가 많다. 청소년 우울이 자살의 가장 큰 원인임에도 성인에 비해 급성의 상황적 우울인 경우가 많다. 우울증이나 정신분열증과 같은 정신질환으로 자살을 시도하는 성인의 경우와 달리 평소에 잘 기능하던 청소년들도 충동적인 욕구로 갑작스런 스트레스나 어려움을 회피하기 위해서 자살을 시도한다. 남을 조종하려는 의도, 자신에게 부당하게 대했다고 지각하는 가족이나 친구에 대한 보복이 자살의 중요한 결정요인이 될 수 있다는 점이다(정우영, 1998; 정혜경, 2001).

청소년기는 변화가 많아서 불안정한 정서를 경험하고 청소년으로서 버거운 과업으로 인한 스트레스에 대한 대응 능력이 성인에 비해 극히 부족한 상태이며 개인적으로도 미성숙한 상태라서 문제 상황에 당면했을 때 갈등과 스트레스를 더욱 많이 느끼게 되어 충동적인 자살 생각을 하게 되거나 자살 시도를 할 가능성이 높다. 엘킨드(Elkind, 1981)는 이에 대해 "청소년기 자살률의 증가는 사회적으로 많은 기대와 책임을 요구받기 때문이며, 특히 주변의 기대가 자신의 발달 수준이나 능력보다 높을 때 실패와 사회적 불인정을 경험하고 이러한 불인정이 자살행동을 유발할 수 있다."라고 설명했다.

둘째, 청소년 자살의 특징은 대부분 사전 계획 없이 시도된다. 예를 들면, 음독 청소년의 경우 과다복용 이전 세 시간 이상 계획한 증거를 보이는 사례는 단지 20%에 지나지 않았으며 대부분의 사례에서는 죽으려는 의도가 별로 없었던 것으로 나타났다(Kerfoot, 1996). 또한 연구 결과에는 자살한다고 짧은 글을 남긴 것은 3건, 아무도 없을 때 약물을 복용했다는 경우도 6건에 불과했다. 이 결과는 사전 계획이 없거나 예상되는 결과에 대해 아무런 생각을 해 보지 않고 종종 약물 과다복용 결정이 이루어진다는 것을 암시하며 이것은 청소년기가 인지의 미성숙과 충동성이 심화되는 시기이기 때문이다.

프로이트는 이러한 청소년기에 대해 본능적인 충동(Libido) 및 이성에 대한 급격한 관심 증가에 비해 이를 조절해야 하는 자아는 비교적 약한 상태에 있다고 설명했다. 청소년들은 자아(건강한 삶을 위한 조절역할을 담당)가 약한 상태로 심리적으로 불안정한 시기가 되면서 자살에서도 성인이라면 충분히 납득할 수 있는 사소한 이유들로 청소년들은 충동적 자살을 시도할 수 있게 되는 것이다. 여자 친구로부터 죽어버리라는 말을 듣고 의기소침한 나머지 자살하기도 하며, 애완동물이 죽었다고 따라 죽는가 하면, 심지어는 부모가 안경을 사주지 않는다고 자살하는 여학생도 있으며, 아버지에게 뺨을 맞고 자살한 친구를 따라 자살하는 경우도 있다(이재상, 2004). 이처럼 청소년기가 매우 불안한 시기여서 일상에서 사소한 자극과 자기갈등에 현실 도피적이며 극단적이고 충동적인 문제해결 방식으로 자살이라는 방법을 선택하기 때문이다.

청소년기는 자아의식 발달과 부모로부터의 독립과 억제된 환경에서 이탈하려고 하는 심리적 특성을 갖는다. 이러한 심리적 특성은 종종 스트레스 상황에 직면하게 될 때 자살이라는 극단적인 행동으로 이어지기도 한다. 청소년기에는 스트레스에 노출될 경우 강한 충동성 때문에 여러 사회적 비행을 일으킬 때가 있는데 그 중 하나가 자살인 것이다(이경진, 2003; 정혜경, 2001; Adams et al., 1994).

셋째, 청소년 자살의 특성은 자살 의도의 문제다. 청소년의 자살은 자신에게 당면한 문제들을 해결하기보다 회피하려는 수단으로 정말 죽으려고 하는 의도보다는 자신의 괴로움을 표현하기 위한 방법으로 자살이라는 극단적인 선택하기 때문에 사전 계획 없이 순간적인 충동으로 이루어지며 자살시도에 비해 자살 성공확률은 낮다. 즉, 청소년의 자살행동은 대부분 죽으려는 의지에 따른 것이라기보다는 사회·심리적 갈등을 해결하려는 방편이나 현실도피의 충동적 행동, 또는 자신의 급박한 정서 상태와 절실한 요구를 알리는 신호 등으로 볼 수 있다(Blau & Gullotta, 1996).

성인기로 갈수록 치명적인 자살률은 증가하지만 자살 시도율은 청소년기에 가장 높다(Fremouw et al., 1990). 첫 번째 자살 시도를 실패한 청소년의 10%만이 1년 내에 자살을 재시도하고 나머지 90%는 시도를 하지 않으며, 대부분의 청소년이 자살 시도 후 1개월 정도 지나면 정상적인 기능을 회복한다(Hawton, 1986)고 한다. 이러한 사실은 청소년 자살행동 동기의 특징을 입증해 준다(오세진·임영식, 1999).

2) 목표

첫째, 위험에 처한 청소년이 이전의 정상적인 기능으로 회복할 수 있도록 돕는다.

둘째, 위기의 경감에 주안점을 두고 청소년 개인이 당면한 위기(위험)요인을 감소시켜 이전 상황으로 회복하도록 조력한다.

셋째, 상담의 회기별 치료목표에 따라 생태·체계학점 관점에서 개인의 삶의 질 향상을 돕는다.

넷째, 외상사건 경험의 위기에 있는 청소년이 정서적·행동적·인지적 왜곡을 스스로 인식하고 교정할 수 있도록 돕는다.

3) 사례

(1) 내담자 정보

16세(중학교 3학년), 여, 재혼가정

주요 문제

- 미래가 불안하고 우울하다.
- 화가 나면 감정조절이 안되고 내 마음을 진정시킬 수가 없어 자해를 하게 된다.

(2) 행동 관찰

- 짧은 헤어스타일에 시크한 인상, 체형은 통통하며 손톱이나 옷맵시 등 청결 상태 양호함.
- 자해 흉터가 있으나 깊지 않음.
- 주저하거나 머뭇거림 없이 말을 잘하는 편인데 말하는 동안 느린 속도의 눈 깜빡임이 잦음.
- 상담 경험이 많았는데 그 시간들이 큰 위안이 되었다고 말하면서 상담에 대한 신뢰도가 높다는 것을 상담자에게 어필함.
- 눈 맞춤과 자기개방이 자유로움.

(3) 가족관계

- **아버지:** 회사원, 평범한 아버지, 내 상태를 이해해주지 못하고 가끔 상처가 되는 말을 할 때가 있다고 함.
- **새어머니:** 주부, 1년 전 재혼, 내담자를 어려워한다고 함.

- **어머니:** 이혼한 후 왕래하지 않음.
- **조모:** 78세, 현재 아버지와 같이 거주, 내담자가 싫어함.
- **남동생:** 중학교 2학년, 내담자와 다른 중학교 재학, 내담자와 달리 가족들과 사이가 좋으며 잘 지냄.

(4) 성장 과정

내담자는 1남 1녀 중 첫째로 5세 때 부모님의 이혼 후 부(父)와 조모의 손에 성장했다. 생모와는 따로 연락을 하지 않으며 서로 소식도 모르고 살고 있다.

초등학교 때 부(父)가 재혼을 했는데 새어머니와 내담자와의 사이가 좋지 않고 부(父)도 자신에게 신경을 쓰지 않는다고 생각하며 늘 불만을 품고 자랐다. 또 내담자는 할머니도 동생에게 하는 것보다 유독 자신에게 잔소리가 심해서 자주 다투게 되었다고 했으며 끝내 마주하고 싶지 않고 집을 벗어나고 싶다는 생각에 중학교 입학 후 학교 가까운 곳에 거주하는 친척집에서 생활했다.

내담자는 글쓰기에 소질이 있으며 초등학교 저학년 때부터 교내에서 글짓기와 관련된 상을 휩쓸기도 했고, 총명하여 학업성적 또한 상위권이어서 가정에서는 내담자에 대한 기대감이 있었다. 그런데 초등학교 고학년에 접어들면서 자신은 외롭고 아무도 자기 마음을 들여다 봐주지 않는다고 하면서 우울증을 호소하며 반항적인 행동들을 보이기 시작했다. 부(父)와 새어머니는 내담자가 마음을 독하게 먹고 정신을 바짝 차리고 노력하면 될 것을 오히려 스스로가 병자라고 생각하고 노력하지 않는 게 더 상황을 심각하게 몰고 가는 것 같다고 하면서 내담자가 오히려 관심받고 싶어서 자꾸 그러는 것이라고 말하며 비난했다.

(5) 상담하게 된 경위

담임교사가 손목에 자해한 흔적을 발견하여 상담을 의뢰함.

(6) 상담 목표

우울을 유발하는 촉발요인을 탐색하고 원망과 분노 등의 감정 다스리기, 왜곡된 인지신념 찾아서 자해 횟수 줄이기(사고 기록지 작성, 자해 대처행동 탐색 및 습관화를 위한 훈련)

(7) 상담 내용

- **1회기:** 라포 형성, 들어주기
- **2회기:** 성장 과정에 대해 이야기함.
- **3~4회기:** 심리검사 실시 및 해석 상담, 사고 기록지 작성 및 점검
- **5회기:** 감정표현 연습, 사고 기록지 작성 및 점검
- **6회기:** 아버지 상담, 사고 기록지 작성 및 점검
- **7~9회기:** 비폭력대화 카드를 활용한 감정에 따른 욕구 탐색, 사고 기록지 작성 및 점검
- **9~11회기:** '나의 참모습 탐색' 활동지를 통한 나의모습 탐색, 독서치료를 통하여 관계 바라보기, 사고 기록지 작성 및 점검
- **12회기:** 나에게 쓰는 편지 작성, 종결

(8) 상담 결과

아버지 상담과 약물치료를 병행하였고, 내담자는 사고 기록지 작성과 점검을 통하여 자동적 사고 탐색과 자해에 대한 대처행동을 모색하고 적용하는 시간을 거쳐 상담 후반기부터는 스스로 실천 가능한 행동 계획을 구체적으로 세

우기도 하고 실천하는 과정 확인을 반복하였다. 상담 종결시점에서는 자해행동이 현저히 줄었고 정서적으로도 안정되어 가는 것으로 보였다. 시간이 흐른 뒤 상급 학교에 입학한 내담자는 또래상담자 역할을 하면서 교우관계가 원만해지고 잘 생활하고 있다는 소식이 들려왔다.

2. 중독상담

1) 개념 및 특징

(1) 개념

중독은 통로(pathway)를 만들어서 하나의 자극에 익숙해지게 되는 것으로 정상인 경우에는 다양한 통로가 존재하는데 중독의 경우는 하나로 치우치게 되는 것을 뜻하며 생물학적인 측면에서 중독은 인체가 신경학적으로 적응하게 되어 대사 자체가 변화되고 신경전달물질과 세포막이 변한 것을 말한다.

약물을 장기적으로 사용하여 중독에 이르게 되면 약물에 강하게 집착·의존하며 통제력을 상실하게 되는 것처럼, 약물 이외의 다른 활동에 중독될 경우에도 비슷한 행동양상과 심리적 특징을 보이게 된다.

중독은 크게 물질 중독, 과정 중독 두 가지로 구분할 수 있다. 물질 중독은 마약, 약물 등과 같이 흥분과 자극을 조장하는 물질이 외부로부터 인체 속으로 주입되어 몸속에서 일정한 흥분을 야기하게 되는 것인 반면, 과정 중독은 도박, 쇼핑, 인터넷, 관계, 일 등 특정 행위와 상황 속에서 흥분조장물질(아드레날린, 모르핀, 엔도르핀 등)이 인체 내에서 자체 생성되어 작용하는 것이다.

(2) 특징

중독은 중독물질이나 행위의 종류와 관계없이 공통적으로 다음의 특성을 보인다.

첫째, 강박관념(obsession)이다. 강박관념은 중독물질이나 행위에 지나치게 몰입하고 반복적으로 중독물질이나 행위에 대한 사고를 하는 것을 의미한다.

둘째, 통제성 상실(loss of control) 혹은 강제성(compulsion)이다. 중독자들은 통제성의 상실로 중독 행위를 중지하거나 참가의 수준을 조절하는 능력을 잃고 비이성적인 판단을 하게 된다.

셋째, 부인(denial)이다. 중독자들은 중독 및 그와 관련된 문제가 명백함에도 불구하고 이를 인정하지 않고 다른 사람이나 환경 탓을 하며 본인의 행동은 괜찮은 수준이라고 믿고 있다.

넷째, 내성(tolerance)이다. 내성은 중독물질이나 활동과의 접촉을 지속하려고 하는 신체적 능력을 의미하며 신체적 내성으로 점점 더 많은 물질이나 활동을 추구해야만 원하는 정도의 만족을 얻게 된다.

마지막으로 금단증세(withdrawal symptom)다. 중독자들은 중독물질이나 활동이 중단되었을 때 특정 신체증상이나 심리상태를 보이게 되며 중독물질이나 활동으로 되돌아가려는 경향성을 보이게 된다.

이러한 특징은 약물중독자뿐만 아니라 여타의 물질이나 행위중독자 모두에게서 공통적으로 나타나며, 약물중독에서 벗어난 후에 약물 이외의 다른 물질이나 행위에 몰두하여 또 다른 중독에 빠지는 경우가 흔히 있다. 또한 중독은 윗세대에서 아랫세대로 대물림되는 경향을 보이며, 중독의 종류가 시대에 따라 변화할 수 있으므로 약물중독 청소년을 상담할 경우 그 부모나 주변의 의미 있는 타인이 또 다른 종류의 중독에 빠져 있는지 확인하는 것이 필요하다.

(3) 중독의 종류

① 약물 남용

약물 남용은 약물을 의학적 사용목적과 관계없이 대량으로 지속적이며 빈번하게 사용하는 것을 말한다. 또, 약물 중독은 특정 물질을 복용하지 않으면 금단증상이나 내성이 생겨 일상생활을 유지하기 힘든 상태로 일상생활은 물론 사회생활에도 지장을 초래하게 되는 경우를 말한다. 청소년들이 사용하는 약물에는 알코올과 담배와 같은 합법적 약물과 본드나 가스, 마약류와 같은 비합법적 물질이 있다. 청소년들이 가장 빈번하게 사용하는 약물은 알코올과 담배이다. 1990년대에서 2000년대 중반까지 음주 및 흡연을 경험하는 청소년들의 수는 계속 증가하였으나(청소년보호위원회, 2002), 최근 「청소년보호법」에 의한 유해약물 판매자에 대한 처벌과 단속이 강화됨에 따라 청소년들의 생애 음주 및 흡연경험률은 다소 감소하고 있다. 그러나 청소년들의 음주 및 흡연 시작 연령이 점차 낮아지고 있다. 2011년 여성가족부의 청소년 유해환경접촉 종합실태조사에 의하면, 우리나라 청소년들의 음주 및 흡연 최초 경험은 평균 13.6세로 2005년의 음주 14.7세, 흡연 14.8세보다 더 낮아진 것으로 나타났다. 음주와 흡연을 경험하는 연령이 낮아질수록 신체적·심리적 피해는 더 커지게 되며, 또한 음주와 흡연은 다른 비행으로 가는 출구 역할을 한다는 점에서 사회 각층의 다양한 예방과 중재 노력이 필요하다.

청소년들이 처음으로 음주나 흡연을 하게 되는 이유는 부모나 친척, 선배들의 권유로, 호기심에서, 스트레스 때문에, 친구들과 재미있게 놀기 위해서 등이다. 특히 부모가 흡연을 하는 경우 청소년들에게 모델링으로 작용하는 경우가 많으며 부모 감독의 부재 또한 청소년들의 알코올과 흡연이 증가하는 요인이 된다.

청소년들이 사용하는 약물 중 음주나 흡연보다 더 심각한 피해를 가져오는 물질은 본드나 가스, 그리고 마약류이다. 본드나 가스를 흡입하는 청소년들 중

상당수가 이후 마약중독자의 예비군을 형성하기 때문에 본드와 가스의 사용은 물질남용의 시작으로 인식된다. 특히 청소년 마약류사범의 급격한 증가는 커다란 사회문제가 되고 있다. 청소년 마약류사범은 2007년까지 증가했다가 2008년 다소 감소하였으나 2009년에 82명으로 급격히 증가하였으며 2010년에 다시 감소했다. 2009년부터 15세 이하 청소년의 마약류 범죄는 줄었으나 16~19세의 청소년 마약류 범죄는 빠른 속도로 증가하고 있다.

▌표 14-3▐ 청소년 마약류사범 연령별 현황

(단위: 명, %)

구분 / 연도	전체 마약류사범	청소년 마약류 사범			
		15세 이하	16~17세	18~19세	합계
2006	7,541	2(6.3)	1(3.1)	29(90.6)	32(100)
2007	10,483	1(5.9)	1(5.9)	15(88.2)	17(100)
2008	9,705	6(31.6)	0(0.0)	13(68.4)	19(100)
2009	11,875	0(0.0)	15(18.3)	67(71.7)	82(100)
2010	9,732	0(0.0)	6(17.1)	29(82.9)	35(100)

출처: 대검찰청(2011).

청소년들의 약물사용은 예방적인 측면과 치료적인 측면에서 이루어져야 한다. 청소년들의 물질사용 예방을 위해서는 청소년뿐만 아니라 부모와 교사를 대상으로 실시해야 한다. 약물사용 예방교육의 주요 내용으로는 약물의 독성과 의학적 용도, 폐해, 그리고 청소년을 대상으로는 약물사용에 대한 유혹에 대처하는 방법, 부모를 대상으로는 학교에서 실시할 수 있는 예방활동 등으로 이루어진다. 치료적인 측면에서는 물질에 대한 신체적 혹은 심리적 의존을 제거해 줌으로써 해독시키는 것을 목적으로 한다(장휘숙, 2009). 해독 프로그램 속에는 물질사용이 중단되었을 때 야기되는 신체적 고통에 대비하는 의학적 처치와 물질사용의 재발을 방지하기 위한 재활 방안이 포함된다.

② 인터넷(스마트폰)중독

인터넷중독은 과도한 컴퓨터사용 또는 인터넷 및 스마트기기 사용으로 정신건강을 해롭게 하고 대인관계에 문제를 일으키는 일련의 문제행동을 의미한다. 인터넷중독은 모든 연령층에서 발생하나 특히 청소년들 사이에서 더 큰 문제를 야기하고 있다. 게임중독에 빠진 중학생이 동생을 살해하거나 어머니를 살해하는 등의 사건(경향신문, 2010; 조선일보, 2001)이 발생함에 따라 청소년들의 인터넷 중독에 대한 경각심이 고조되었다.

인터넷에 중독되면 그에 장시간 몰입함으로써 일상생활을 제대로 하지 못하게 된다. 반대로 인터넷을 사용하지 못하게 되면 심리적 불안감과 우울증 등을 경험하고 수면부족과 불규칙적인 생활습관으로 체력과 집중력 저하를 겪게 되며, 학업 또는 업무상의 손실, 경제적 손실(통신비용), 대인관계 및 가족관계에서 문제들을 경험하게 된다. 특히 인터넷을 통한 가상공간에서의 삶은 청소년이 정체감을 형성하는 데 위협 요인으로 작용하며, 현실적 자아와 가상공간에서의 자아 사이가 혼동을 겪으며 부정적인 정체감을 형성할 가능성이 커진다.

우리나라 인터넷 중독 실태를 살펴보면, 2010년 중독률이 8.0%(약 1,743천 명)로 전년대비 0.5% 하락했으며, 인터넷 중독자 수는 1,999천 명에서 1,743천 명으로 256천 명 감소한 것으로 나타났다. 인터넷 중독률이 다소 감소하고 있기는 하지만 인터넷 중독환자의 대부분이 19세 미만의 아동과 청소년이며, 2010년 인터넷 치료 환자 7만 4천명 가운데 10대가 절반 이상이고, 영유아까지 포함하면 95%에 이르는 점을 볼 때, 아동과 청소년들의 인터넷 중독은 심각한 사회문제가 아닐 수 없다. 또한 2016년 인터넷 과의존 실태조사 결과에 따르면 인터넷(스마트폰) 과의존 위험군도 여전히 증가 추세에 있으며, 대상별 과의존 위험군은 청소년(30.6%, 1,649천 명) 〉 유아동(17.9%, 591천 명) 〉 성인(16.1%, 4,826천 명) 〉 60대(11.7%, 360천 명) 순으로 높게 나타나, 매년 청소년이 과의존 위험에 취약하다고 보고되었다.

❙표 14-4❙ 인터넷중독 실태 및 스마트폰 과의존 현황

[인터넷중독 실태]

(단위: %, 천 명)

구분	2004		2006		2008		2010	
	중독률	중독자 수	중독률	중독자 수	중독률	중독자 수	중독률	중독자 수
전체	14.6	3,228	9.2	2,074	8.8	1,999	8	1,743
청소년	20.3	1,537	14	980	14.3	1,035	12.4	877
성인	8.9	1,691	7	1,094	6.3	964	5.8	866

[스마트폰 과의존 현황]

(단위: %, 천 명)

구분	2013		2014		2015		2016	
	비율	수	비율	수	비율	수	비율	수
과의존위험	11.8	2,998	14.2	4,561	16.2	5,810	17.8	7,426
고위험	1.3	323	2.0	650	2.4	863	2.5	1,042
잠재적 위험	10.5	2,675	12.2	3,911	13.8	4,947	15.3	6,384

출처: 한국정보화진흥원(2016).

인터넷중독의 원인은 개인의 성격적 특성과 사회환경적 요인, 인터넷 자체의 속성 등으로 설명된다. 많은 청소년들이 인터넷을 사용하지만 모든 청소년이 인터넷중독에 빠지는 것은 아니다. 인터넷중독에 쉽게 빠져드는 개인적 특성은 감각추구형과 적응장애형으로 구분할 수 있다.

감각추구형은 충동적이고 경쟁적인 성격으로 모험을 즐기는 유형이며 가장 쉽게 인터넷중독에 빠질 수 있는 유형이다. 새로운 자극에 호기심이 많으며 한 가지 일에 집중적으로 몰입하는 사람들이다. 반면 적응장애형은 내성적이고 소심하거나 얌전한 성격으로 친구가 많지 않아 혼자 지내는 유형이다. 우울이나 불안 성향이 높은 경우가 많으며, 학교에서 집단 따돌림을 당하거나 적응이 어려운 경우, 학업에 흥미를 잃은 청소년들이 일종의 도피처로 인터넷중독에 빠지게 된다.

사회문화적 환경 요인으로는 가정해체 및 핵가족화로 인한 부모와 자녀관계의 단절, 외적 통제력의 부재, 청소년의 건전한 놀이문화 부재, 접근의 용이성 등이 있다. 입시위주의 교육현실에서 청소년들이 자신의 에너지를 발산하고 심신을 건강하게 만드는 건강한 놀이문화의 부재가 인터넷몰입의 원인이 된다. 또한 가족구성원의 핵가족화와 가정의 해체로 인한 부모와 청소년 자녀 간의 속 깊은 대화의 단절과 부모의 적절한 감독과 제재 부족이 청소년으로 하여금 인터넷에 빠져들게 하기도 한다. 폭력적이고 선정적인 게임을 쉽게 접할 수 있다는 점과 수많은 PC방의 존재도 청소년들의 인터넷중독을 확산시키는 데 부정적인 영향을 미친다.

인터넷에 중독되도록 하는 인터넷 자체의 속성으로는 흥미와 재미, 익명성, 즉각적 만족, 광대한 정보를 통한 자아 팽창감, 상대적으로 거리감을 둔 인간관계 형성, 역할놀이를 통한 환상 충족, 충동성과 공격성의 발현 등이 있다. 인터넷상의 게임은 재밌고 흡인력이 높아서 중독 가능성이 높아진다. 또한 가상공간에서는 자기가 원하는 완벽하고 이상적인 자기상을 만들어낼 수 있으며, 익명성의 미명 아래 필요에 따라 언제든지 자신의 존재를 변형할 수 있다. 이러한 이유로 현실의 자기 모습에 불만이 많을수록, 왜곡된 자아상을 가지고 있을수록, 자아존중감이 낮은 사람일수록 현실도피의 한 방편으로 인터넷에 중독될 가능성이 높다.

③ 도박중독

청소년의 도박과 동일한 개념으로 '돈내기'가 사용되고 있다. 내기 스포츠 경기, 카드 또는 화투, 복권, 인형 뽑기 등 오프라인과 온라인에서 돈이나 그만큼의 가치가 있는 물건을 걸어서 승자가 될 경우 걸었던 물건이나 돈을 가져가고, 패자가 되면 잃는 방식으로 진행되는 내기 성격의 각종 게임에 해당된다. 반드시 여기에는 본인의 돈이나 물건이 지출된 경우가 있어야 한다(한국도박문제관리센터, 2015).

청소년 도박중독 문제를 극대화시키는 원인에는 여러 가지가 있지만 대체로 청소년이 비합리적인 도박 신념과 충동성, 가정환경, 거주지역의 환경 등 다양한 요인이 있다(연미영, 2006). 또한 스트레스와 우울 등과 같은 심리적 요인은 문제성 도박을 야기하는 큰 요인으로 대두되고 있다(장수미, 2014). 나아가 청소년의 도박은 한때의 일탈적 경험으로 끝나는 것이 아니라 적절한 개입과 도움이 없이는 성인기까지 문제행동을 가지고 가는 경우가 많아 신체적으로 정신적으로 고통받으며 다양한 문제 속에 삶을 영위하게 될 뿐 아니라(하민정·박소연, 2015), 비행 및 범죄로 이어질 가능성도 배제할 수 없다.

2018년 청소년 도박문제 실태조사 결과에 의하면, 재학 중인 우리나라 청소년들 중 6.4%(문제군 1.5%, 위험군 4.9%)가 도박문제의 '위험집단'으로 분류되기도 했다.

2) 목표

첫째, 중독에 빠진 청소년을 대상으로 심리적 치료 개입을 통해 심리적, 환경적 요소의 종합적 심리검사 및 다양한 평가방법으로 중독에 빠지게 된 경위를 객관화하고 심리적, 환경적인 요소를 파악한다.

둘째, 중독 청소년에 대한 보다 면밀한 이해와 평가로 중독에서 벗어나 약물(물질)사용과 장애 극복 및 건정한 정보 생활을 할 수 있도록 돕는다.

3) 사례

(1) 내담자 정보

13세(초등학교 6학년), 남

주요 문제

- 게임에 빠져 지내는 내담자는 아이템 구입으로 핸드폰 요금이 200여만 원 나온 적이 있으며 부모님 지갑에서 허락 없이 돈을 가져가 PC방에서 지출하는 경우가 잦았다고 부모님으로부터 보고되었음.
- 게임중독 문제로 아버지와의 갈등이 깊어지고 부모님의 갈등도 심화된 상황
- 내담자는 친구관계가 원만하지 않고 스트레스 해소와 외로운 감정을 해소하고 싶다고 함.

(2) 행동 관찰

표준체형이며 외모는 단정하였다. 얼굴표정이 피곤해 보여서 이유를 물으니 좀 전까지 PC방에서 몇 시간을 보내다 와서 그렇다고 답하였다.

내담자는 아버지의 강요에 비자발적으로 내방하여 상담 과정이 귀찮다는 듯 짧게 대답하고, 마지못해 앉아 있다는 태도를 보이는 등 불편한 감정이 표정에 역력하였다. 눈 맞춤을 하지 않고 대답만 억지로 하는 등 "이거 꼭 적어야 해요?"라고 말하며 비협조적인 태도를 보였다.

(3) 가족관계

- **아버지:** 56세. 사업가. 각종 모임활동이 많고 굉장히 바쁘게 생활함. 외향적이고 가부장적인 사고를 가지고 있음. 대체로 모범적으로 잘 성장한 두 딸과 달리 늦둥이인 아들이 마음고생을 시킨다고 말하며 힘들다고 호소함. 아들을 '이놈의 새끼' 또는 '이놈의 자식'이라고 표현함. 아들의 게임중독이 아내의 일관되지 않은 훈육 방법 때문이라고 생각함.
- **어머니:** 48세. 남편의 사업을 같이 도움. 남편과는 정반대의 성향으로 순하고 차분한 성품. 아들과 남편과의 갈등 사이에서 중재 역할에 이미 많이 지

쳐있는 상태. 남편보다는 아들 편에서 이해하려고 하는 편이며 아들에 대해 안쓰러운 마음이 큼.

- **큰누나:** 22세. 외국 유학 중.
- **작은누나:** 20세. 타지역 대학교 재학. 기숙사 생활.

(4) 성장 과정

부모님이 늦게 결혼했고 딸 둘을 놓고 40대 중반 넘어 늦둥이로 내담자가 태어났다. 경제적으로 부유하게 성장하였으나 부모님이 사업으로 바쁘다보니 자녀들과 대화다운 대화를 해본 적이 없었다. 내담자는 누나들과 사이가 좋지만 나이 차가 나고, 누나들이 따로 떨어져 살게 되면서 늦은 시간까지 학원과 집에서 혼자 있어야 하는 시간들이 많아졌다. 친구 사귀는 것이 잘 안 되어 친한 친구가 거의 없었고, 초기 초등학교 때에는 그나마 친하게 지내던 친구가 있었으나 이혼 가정이라는 이유로 그 친구랑 가까이 하지 말라는 부의 잔소리로 못 만나게 되면서 멀어졌다. 이 외에도 부는 가정환경이 온전하지 않은 친구들(아들과 경제수준이 차이가 난다거나 이혼가정 등)은 수준이 안 맞는다고 하면서 못 만나게 하는 경우 많았고 아들이 좋은 가정환경의 아이들과 어울리기를 바랐다고 하였다.

(5) 상담하게 된 경위

아들의 게임중독의 심각성을 호소하면서 아버지가 의뢰함.

(6) 상담 목표

- 게임 활동에 대한 변화 동기 갖기
- 게임 시간을 스스로 조절할 수 있는 대안 활동을 탐색하고 실천 계획 세우기

(7) 상담 내용

- **1회기:** 라포 형성, K척도 검사
- **2회기:** 심리검사(SCT, HTP), 아버지 상담
- **3회기:** 변화에 대한 이득과 손실에 대해 다룸(이득과 손실, 10년 후 나의 모습), 아버지 상담
- **4회기:** 인터넷(게임)을 할 때의 자신의 주요감정과 욕구 탐색하고 자신의 모습 들여다보기, 아버지 상담
- **5회기:** 내담자의 흥미를 고려한 대안활동 탐색(흥미검사, 대안활동 선택, 인터넷 사용 기록지 과제), 어머니 상담
- **6회기:** 내담자가 원하는 가치관 탐색(부모님과 함께하는 가치관 경매 게임), 자녀
- **7회기:** 친구에 대한 생각과 인터넷이 없는 하루를 상상해 보고 이야기 나눔.
- **8회기:** 대안활동 실천 점검을 통해 내담자의 변화 효능감 강화
- **9회기:** 나에게 쓰는 편지 및 서로에게 편지쓰기, 부모님과 함께 나누는 변화된 생활태도 습관화를 위한 다짐
- **10회기:** K척도 사후평가 및 종결소감 나누기

(8) 상담 결과

회기마다 부모 상담을 병행하여 부자간 서로 이해하면서 깨졌던 신뢰감이 점차 회복되어 갔다. 게임중독에 이르게 한 내담자의 마음속에 내재되어 있었던 핵심감정인 외로움과 힘들었던 친구관계에 대한 욕구를 알아차린 후부터는 스스로에 대한 위로와 희망을 품고 부모님도 내담자 스스로 통제력을 기르고 유지할 수 있도록 하기 위하여 정서적으로 언어적·비언어적 지지표현을 지속적으로 해주었다. 부모님이 상담 초기 때와 다른 모습으로 건강하게 훈육함으로써 상담 종결 시에는 내담자의 효능감이 향상되어 스스로 변화 유지에 대한

지속적인 노력을 다짐하기도 하였다.

3. ADHD상담

1) 개념 및 특징

(1) 개념

지난 수십 년간 ADHD(Attention Deficit/Hyperactivity Disorder)에 대한 정의와 개념화가 다양한 방법을 통해 이루어져 전문가들조차 적절한 진단과 평가 절차에 대해 혼란스러워 한다(Barkley, 1998). 최근 전문가들 사이에서 ADHD의 특성을 해당 나이에 비해 낮은 주의집중력 또는 높은 과잉행동성·충동성으로 설명하려는 방향으로 합의가 이루어지고 있다(미국정신의학협회, 2000). ADHD 아동은 환경에 대한 반응 지체, 자기조절 문제 그리고 일정 시간이 요구되는 과제를 수행하는 데 어려움을 보인다는 점에서 주의력 결핍과 과잉행동성·충동성의 양(兩) 차원의 문제행동이 기능상의 장애로 발달하게 된다(미국정신의학협회, 2000; Barkely, 1998).

ADHD 증상은 아동 초기(예: 7세 이전)에 나타나고, 둘 또는 그 이상의 환경에서 만성적으로 나타난다(미국정신의학협회, 2000). 어떤 아동이 9개의 부주의 증상 중 적어도 6개 또는 9개의 과잉행동성-충동성에서 적어도 6개 행동을 보일 때, ADHD로 진단될 것이다. 보통 ADHD는 증상이 광범위하고 성장하는 동안 지속적으로 문제를 보일 때 진단된다. 반면 아동의 부주의, 충동성 그리고 산만성에 대한 대안적인 원인들이 있으면 ADHD로 진단되지 않는다. 이들 원인으로는 잘못된 교육과 자기관리 훈련, 신경·감각·운동·언어장애, 정신지

체 또는 중증 정서장애가 포함될 수 있다(Barkely, 1998).

ADHD의 하위 유형으로는 세 가지가 있다. 복합형 ADHD는 부주의 증상과 과잉행동성-충동성 증상에서 적어도 각각 6개의 증상을 보인다. 복합형은 ADHD의 전통적인 형태로 문헌상으로도 가장 많이 연구되어 왔고, 가장 심각하다. 주의력 결핍 우세형 ADHD(이전 용어는 '비차별적인 주의 결함 장애' 그리고 '과잉행동성이 수반되지 않는 주의력 결핍장애')는 한 아동이 9개의 부주의 증상에서 6개의 증상을 나타내면서 동시에 과잉행동성-충동성 행동에서는 5개 이하의 증상을 보일 때 진단이 되는 유형이다. 이 하위 유형은 이후 복합형 ADHD로 발달할 가능성이 있는 아동들에게 더 많을 것으로 추측되지만, 다른 유형에 비해서 알려진 바가 거의 없다(Lahey et al., 1994). 게다가, 6세 이하의 어린 아동은 발달상 부주의 증상이 두드러지게 문제가 되는 경우가 많지 않으므로 과잉행동성·충동 우세형 ADHD로 진단될 수 있다.

(2) 특징

① 발달 단계별 특징

가. 영아기

영아기에는 기질에 반영되어 특정한 행태를 보이는데 ADHD 장애의 뚜렷한 증상이 드러나지 않으므로 어떠한 현상만을 가지고 ADHD를 예측하는 것은 매우 위험하다. 일부 ADHD의 어머니들은 태내기에서부터 움직임이 매우 달랐음을 보고하기도 하지만 사실상 영아기의 특성을 신뢰할 만하게 밝히기는 연구 방법상 매우 어려운 일이다(조수철, 1990).

2세 이전에 나타나는 ADHD의 구체적인 증상은 식사나 수면, 배설과 같은 생리적인 습관이 매우 불규칙하고, 예측이 불가능하며, 같은 또래의 유아보다 수면시간이 적고 울거나 보채는 시간이 많다(류문화, 1996)는 것이다. 서경희

외(1999)는 ADHD의 특성을 초기 영아기(출생~6개월), 후기 영아기(6개월~18개월), 걸음마기(19개월~36개월), 유아기(3세~5세)로 나누어 설명했다. 초기 영아기의 ADHD 특성으로는 과도한 울음과 복통, 과민성, 수유 상의 어려움, 불규칙하거나 까다로운 수면, 건강 문제, 불만족스러운 유대관계를 나타낸다. 후기 영아기에는 보통 이상의 행동(침대에서 발을 구르거나 과다하게 흔들며 나와서 기어오르는 등), 신체적 기술(기다, 앉다, 서다, 걷다, 달리다 등)과 언어발달이 늦거나 지나치게 빠르게 발달한다. 또한 변화에 대한 적응력이 낮고 수면상의 어려움을 보인다.

ADHD에 대한 영아기 특정 연구는 기질 연구에 초점이 맞추어져 왔으며, 이에 관련하여 조수철 외(1993)는 영아의 기질적 특징을 분석한 결과, ADHD 장애군은 통제군과 비교하여 전체 점수에서 의미 있는 차이를 보였고, 기질의 하위 요인 중 활동 수준, 주기성, 적응성, 반응 강도, 주의 지속성, 감각역치 등에서 의미 있는 차이를 나타냈다고 보고했다(이효신, 2000).

나. 유아기

3~5세의 유아들은 매우 활동적이고 충동적인 것이 일반적 현상이다. 때때로 지시를 잘 따르지 못하기도 하며 일관성 있게 과제를 끝내지 못한다 해도 이들에겐 그리 놀라운 일은 아니다. 이는 영아기, 유아기 때의 행동 정도가 평균에서 크게 일탈하는 경우가 아니면 발달 과정에서 나타날 수 있는 특성으로 볼 수 있기 때문에 이 시기에서 ADHD 아동과 일반을 구분하는 것은 아주 어려운 일이다. 그러나 유아가 3~4세경이 되면 ADHD 특성은 눈으로 확인될 만큼 뚜렷하게 나타나는데, 일반적으로 부정적인 기분을 갖기 쉽고, 생각 없이 행동하며 쉽게 지루해 하고, 일상의 반복적인 일에 부정적으로 반응한다(김혜련, 2001). ADHD의 높은 수준의 과잉행동은 유아기에도 행동적으로 계속 나타난다. 이를테면, 걷지 않고 성급하게 달리는 것, 어떤 일을 하는데 빈번하게 나타

나며 신경질적이고 부모의 요구에 따라주지 않는 어려움이 있다.

강위영과 공마리아(1998)의 보고에 의하면 3~5세 사이의 ADHD 유아에서 관찰되는 증후들로 신체적인 증후인 위장병이 있다고 했다. 이를테면 배가 자주 아프다고 호소하고, 소근육이나 대근육 활동에서 협응력이 부족하다. 또한 유치원의 단체생활에서는 자리를 떠서 돌아다니거나, 교사가 지시하는 것이 아닌 그 외 다른 것들을 하기 좋아해서 성가신 일을 자주 일으켜 많은 주의와 관리가 요구되었다고 했다. 이처럼 ADHD 유아는 자주 과다행동을 보이며 주의를 기울이는 일에 어려움이 있다. 앉아 있는 경우가 거의 없고 때에 맞지 않는 말을 불쑥하는가 하면 상황과 대상에 맞지 않는 부적합하고 실례되는 말도 자주 한다. 친구들과 상호작용을 하기 시작할 때부터는 친구들의 일을 방해하거나 괴롭히는 경우가 잦은 편이다. 또 항상 무엇인가를 만지고 있거나 결코 만족할 줄 모르며 물건을 집어던지는 등, 한 물건에 오래 붙어 있는 것을 하지 못하기 때문에 늘 감시가 필요하다.

다. 학령기

학령기에 이르면, 자기통제, 과제지향, 적절하거나 부적절한 행동의 관찰, 그리고 가족과 또래에 대한 행동의 표준이 충분히 명백하기 때문에 정상행동의 다양성과 ADHD의 차이는 더 분명해진다(Cambell, 1990).

ADHD에 대한 의뢰는 유아기 때부터 시작되지만 초등학교 저학년이 되어서야 진단을 의뢰하게 되는 경우가 대부분이다. 이것은 ADHD 아동의 여러 문제행동을 더 이상 귀엽거나 어리다는 이유로 용납해 줄 수 없는 시기인 것이다. 즉, 유아교육기관에서는 허용되었던 초등학교를 입학한 후부터는 그러한 행동들이 더는 허용되지 않기 때문에 이때 ADHD 아동의 문제가 극적으로 부각된다는 것이다. 그렇다고 해서 원래 없던 증상이 나타나는 것은 아니며, 초등학교에 진학하면서 ADHD 아동의 특성으로 학교에서의 행동과 학업성취에서 성공적이지 못하기 때문이다(김혜련, 2001). 지능이 높은 ADHD 아동의 경우 3학년까지는 큰 문제없이 잘 지내는 것처럼 보이는 경우도 있으나 고학년부터는 교과과정이 높은 단계로 이행하므로 어려움이 두드러지게 되면서 학교생활의 어려움과 문제를 겪게 된다.

학령기 아동들은 학교생활에서 규칙이 명백해지고, 분명한 목적에 따르는 행동을 요구받기 때문에 객관적으로 확인이 가능할 만큼 ADHD의 특성이 뚜렷하게 나타난다. 요구되는 여러 가지 과제 완수와 규칙에서 문제를 야기한다. 또한 학령기에는 유아기에 극심하였던 과잉행동·충동 우세형 특성이 어느 정도 감소되는 경향을 보이는 반면, 부주의 특성은 유아기와 같이 지속적으로 나타난다(Barkley, 1990). 이러한 경우 거짓말이나 공격성을 특징적으로 나타내고 독립성, 사회관계, 신뢰감, 책임감 등을 획득하는 데 어려움을 겪게 된다(Barkley, 1996).

라. 청소년기

청소년기가 되면 부주의와 충동성 조절 능력이 향상되어 과잉행동이 감소하는 시기임에도 불구하고 ADHD 청소년은 친구 및 이성관계와 신체적인 변화에 따라 대처해 가야 한다. 청소년은 주체성 확립과 독립이라는 궁극적인 발달과제에 직면하게 되는데 이때 낮은 자존감, 성공에 대한 불안, 우울감, 졸업에 대한 걱정 등이 커진다. ADHD 청소년의 25~35%는 행동장애 또는 반사회적 행동을 보이며 후기 청소년기가 되면서는 50%가 물질(담배, 알코올, 약물 등)을 과다복용하게 된다. 또한 ADHD 청소년은 정상 청소년에 비해 학업성취에서 심각한 문제를 보여 진학 실패나 유급, 퇴학을 당하며, 수학, 읽기, 쓰기에서 학업성취가 매우 낮게 나타난다(Feehan, 1993). 교실 내에서 ADHD 학생들은 교사나 친구들과의 관계가 악화되어 정상적인 관계를 형성하기 어렵다. 특히 과중한 학업 요구나 일방적인 수업 방식으로 쉽게 문제아로 낙인찍히기도 하고 스스로도 충분한 역량을 발휘하지 않으며 학업에 흥미를 갖기 어렵다. 이러한 이유로 자존감이 낮아서 여러 가지 문제행동을 일으키고 사회적 고립감을 느끼게 된다(강위영, 1999).

② 인지, 행동 및 정서적 특징

로웬탈과 러너(Lowenthal & Lerner, 1995)에 의하면 주의력 결핍 과잉행동의 문제는 아동의 모든 영역에 영향을 미치며, 그러한 행동들은 날마다 주위의 모든 환경(가정, 학교 및 또래와의 관계)에서 명백하게 나타난다고 했다(김정민, 1999). 이스라엘과 넬슨(Israel & Nelson, 1991)은 과잉행동 아동의 일차적인 문제로 지나친 주의력 결핍과 충동성을, 이차적인 문제로는 학업 실패와 사회적 문제를 지적했고, ADHD 아동은 발달 단계에 비추어 부적절한 과잉행동과 주의집중장애, 행동과 인지적으로 충동성을 보이는 특징이 있다고 했다.

ADHD를 인지적, 행동적, 정서적 영역으로 크게 구분해보면 다음과 같다.

첫째, 인지적 측면에서 ADHD의 특성은 주의집중 기간이 매우 짧은 것으로, 과제에 주의를 기울이지 못하고 어떤 활동에서 다른 활동으로 쉽게 바꾸는 경향이 있다(하은혜, 1992). 또한 바클리(Barkley, 1990)의 연구에서는 대부분의 ADHD 유아들의 지능은 정상적이기 때문에 이들을 인지기능의 문제라기보다 상황에 대한 적용의 어려움으로 보았다. 또한 지능과 충동성 및 과잉행동 간의 부적 상관에 대한 연구에서는 지능이 높은 ADHD 유아일수록 증상을 덜 나타낸 것으로 보고하고 있다. 이것은 ADHD 유아의 인지능력은 정상 유아와 크게 차이가 나지 않는다고 볼 수 있는 것이다.

둘째, 행동적 측면에서 이들에게 나타나는 특성은 지나친 활동성(hyperactivity)과 충동성(impulsivity)이다(하은혜, 1992). ADHD를 조기에 발견할 수 있는 실마리를 찾을 수 있는데 회고적 보고를 통했을 때 3세 이전인 영아기에 이미 심하게 울거나 자극에 과민반응, 기질적으로 까다로운 기질을 보인다(윤치현, 1996).

벤더와 펠햄(Bender & Pelham, 1982)은 ADHD 유아 26명, 정상 유아 26명을

각각 자유놀이와 구조화된 놀이 시간을 관찰하면서 일어나는 행동을 평가했다. 자유놀이 상황에서는 어떠한 차이도 관찰되지 않았지만, 구조화된 놀이 상황에서는 ADHD 유아가 일어나거나 가버리는 행동의 비율이 더 높게 나타났다(박은영, 2001).

ADHD 유아는 또래들과의 장난이 심하거나 과제를 정해진 시간에 해결하지 못하며 충동적으로 불쑥 말하는 경우가 많고 다른 유아에 비해 교사의 관심을 지속적으로 요구하며, 질서를 지키지 않고, 위험한 행동을 한다. 또 생각 없이 행동하고, 즐거운 활동을 하고 있을 때 중단하기 어려우며, 어떤 일을 기다리기가 어렵고 질문이 끝나기도 전에 불쑥 대답하고 남의 대화를 방해하곤 한다(윤지현, 1996).

셋째, 정서적인 특징인 인지행동과 사회성 등으로 곤란한 상황을 자주 겪으면서 실패를 경험하고, 가정과 유아교육 기관에서 노출된 실패 경험의 사이클이 회피로 관심을 두기 시작하여 낮은 자존감과 우울증을 수반하기도 한다. ADHD 유아는 쉽게 흥분하고 좌절하므로 기분의 변화를 예측하기 힘들고 외부의 자극에 대해 산만하게 반응하며 주의집중 시간이 짧고 성미가 급하고 지나치게 잘 흥분하는 특성을 가지고 있다(Barkley, 1998).

(3) 진단

주의력 결핍 과잉행동장애는 정신장애 질환의 진단 및 통계편람(DSM-5, 미국정신의학회)의 준거에 따라 진단하고 있다. ADHD의 필수 증상은 또래와 비교하여 부주의 및 과잉행동과 충동성이 더 자주, 그리고 심하게 지속된다는 점이다. ADHD로 진단하려면 부주의 증상이 여섯 개 이상이거나 여섯 개 이상의 과잉행동 및 충동성 증상이 최소한 6개월 이상 지속되어야 한다.

ADHD는 과잉행동 및 충동성 우세 유형(hyperactive-impulsive type), 부주의 우세 유형(inattentive type), 모두(과잉행동, 충동성, 부주의) 우세한 유형의 세 가지로 분류된다. 부주의, 과잉행동, 충동성의 세 가지 진단 규준들 중 적어도 두 가지 이상에 해당되는 특징들이 7세 이전에 나타나서 6개월 이상 지속될 때 주의력 결핍 과잉행동장애로 진단한다(American psychiatric Association, 1994).

의사들은 징후의 다양성을 나타내는 ADHD의 하위 유형 세 개 중 하나를 진단하게 되는데, 즉 주의력 결핍 및 과잉행동장애 복합형, 현저한 주의력 결핍 형태, 현저한 과잉행동·충동성 형태 중 하나이다. ADHD의 약 절반이 복합형으로 진단하며, 30%가 현저한 주의력 결핍 형태, 20%가 현저한 과잉행동성·충동성 형태도 나타난다(Lahey et al., 1994).

ADHD 진단 준거는 매우 다양하고 주관적이기 때문에 의사에 따라 진단이 달라질 수 있다. 부모들은 ADHD라는 진단이 내려지기까지 여러 의사들에게 자녀를 데리고 다니는 '의사 찾아다니기(Physician shopping)'에 몰두한다(Reid, Maag & Vasa, 1994). 굿맨과 포이리언(Goodman & Poillion, 1992)은 48개의 논문과 전문가가 저술한 ADHD에 관한 책들을 개관한 결과 ADHD의 69개의 특성과 38개의 원인을 발견하였는데, 그들은 ADD가 '어떤 기능장애 혹은 문제(Any Dysfunction or Difficulty)'의 첫 글자를 딴 것이라고 주장한다.

다음과 같은 이유에서 유아기에는 임상적 ADHD의 진단을 명확하게 내리기가 상당히 어려운 것으로 알려져 있다.

ADHD와 연관된 많은 문제들이 정상적인 유·아동기의 특징이기도 하며, 때때로 다른 행동장애나 심리적 발달장애와 중복되어(Platzman et al., 1992) 이를 명확히 분리하여 ADHD로 진단을 내리는 것이 어렵기 때문이다. 유아기 자녀를 둔 부모들 대부분은 자녀가 주의력이 없고 지나치게 활동적이라고 생각하는데 이는 산만하고 자신만의 세계에 몰입하는 행동들이 모든 유아에게 일시적으로 나타나는 공통적 행동이기 때문이다(이상복·이상훈·이요신, 1996). 따라서 정상적인 수준의 산만함 또는 활달함을 지닌 유아들이 ADHD로 종종 오해되기도 하는데 이런 경우 무엇보다 증상이 유지되고 6개월 이상 지속되는지(DSM-5 기준) 여부를 살피는 것이 중요하다. ADHD는 그 증상이 환경, 양육자, 과제 복합성에 따라 다양한 양상으로 나타난다(Barkley, 1990). 그래서 연구자들은 ADHD의 진단의 유용성과 타당성에 회의를 갖기도 한다.

일반적으로 ADHD의 평가는 유아, 부모, 교사와의 면담 및 행동평가 척도, 검사의 결과들을 기초로 한 임상가의 진단에 의해 이루어진다(Mercugliano et al., 1999). 이 경우 부모, 각 분야의 전문가로 구성된 팀에 의해서 다각적인 평가 방법이 진단의 오류를 줄일 수 있으며 정확성을 높일 수 있다(August et al., 1992; Barkley, 1990). 교사는 유아가 임상적인 의의가 있는 상황일 때에 교실 내에서 매일 관찰하고 그 정보의 중요한 자료 제공자가 될 수 있기 때문에 전문가 구성에서 중요한 일원이 될 수 있다.

ADHD의 문제행동 특성은 일상적인 기술을 비교적 강하게 요구하는 학교생활 장면에서 더욱 잘 드러나기 때문에(Pelhan et al,. 1992; Schwean et al., 1993) 교사가 교육현장에서 직접적으로 유아를 관찰하여 제공하는 정보는 ADHD의 진단에 결정적인 역할을 하게 된다.

| 표 14-5 | DSM-5 주의력 결핍 과잉행동장애 진단 준거

A. 기능이나 발달을 방해하는 부주의, 혹은 과잉행동-충동성 양상이 지속되며 부주의 혹은 과잉행동 및 충동성의 특징을 갖는다.

1. **부주의:** 다음 9개 증상 중 6개 이상이 적어도 6개월 동안 발달수준에 적합하지 않고 사회적, 학업적/직업적 활동에 직접적으로 부정적인 영향을 미칠 정도로 지속됨.

주의점 이러한 증상들은 적대적 행동, 반항, 적대감, 과제나 지시의 이해 실패로만 단독으로 나타나지 않는다. 후기 청소년이나 성인(17세 이상)의 경우에는 적어도 5가지의 증상이 충족되어야 한다.

a. 종종 세부적인 명에 대해 면밀한 주의를 기울지 못하거나, 학업, 작업 또는 다른 활동에서 부주의한 실수를 한다(예: 세부적인 것을 못 보고 넘어가거나 놓침, 일이 부정확함).

b. 종종 과제나 놀이 활동에 지속적으로 주의집중을 할 수 없음(예: 강의, 대화,

또는 장문 읽기 중에 계속해서 집중하기가 어려움).

c. 종종 다른 사람이 직접 말을 할 때 경청하지 않는 것처럼 보임(예: 명백하게 주의집중을 방해하는 것이 없는데도 마음이 다른 곳에 있는 것처럼 보임).

d. 종종 지시를 완수하지 못하고, 학업, 잡일 또는 일터에서 임무를 수행하지 못함(예: 과제를 시작하지만 빨리 주의를 잃고 쉽게 곁길로 빠짐).

e. 종종 과제와 활동을 체계화하는 데 어려움이 있음(예: 순차적인 과제를 처리하는 데 어려움. 지저분하고 체계적이지 못한 작업, 시간 관리를 잘하지 못함, 마감 시간을 맞추지 못함).

f. 종종 지속적인 정신적 노력이 요구되는 과제에 참여하기를 기피하고, 싫어하거나 저항함(예: 학업 또는 숙제, 후기 청소년이나 성인의 경우에는 보고서 준비하기, 서류 작성하기, 긴 서류 검토하기, 논문 개관하기 등).

g. 과제나 활동에 꼭 필요한 물건들(예: 학습과제, 책, 도구, 지갑, 열쇠, 서류, 안경, 휴대폰)을 자주 잃어버림.

h. 종종 외부의 자극(후기 청소년과 성인의 경우에는 관련이 없는 생각들이 포함될 수 있음)에 의해 쉽게 산만해짐.

I. 종종 일상적인 활동을 잊어버림(예: 잡일하기, 심부름하기, 후기 청소년과 성인의 경우, 전화 걸기, 청구서 지불하기, 약속 지키기).

2. **과잉행동 및 충동성:** 다음 9개 증상 중 6개 이상이 적어도 6개월 동안 발달수준에 적합하지 않고 사회적, 학업적/직업적 활동에 직접적으로 부정적인 영향을 미칠 정도로 지속됨.

주의점 이러한 증상들은 단지 반항적 행동, 적대감 또는 과제나 지시의 이해 실패로 인한 양상이 아니어야 한다. 후기 청소년이나 성인(17세 이상)의 경우, 적어도 5가지 증상이 충족되어야 한다.

a. 종종 손발을 만지작거리며 가만두지 못하거나 의자에 앉아서도 몸을 꿈틀거림.

b. 종종 앉아 있도록 요구되는 교실이나 다른 상황에서 자리를 떠남(예: 자리를 지키는 게 요구되는 상황 교실, 사무실, 작업장에서 자리를 이탈).

c. 종종 부적절한 상황에서 지나치게 뛰어다니거나 기어오름(주의점: 청소년 또는 성인에서는 주관적으로 좌불안석을 경험하는 것에 국한될 수 있다).

d. 종종 조용히 여가 활동에 참여하거나 놀지 못함.

e. 종종 "끊임없이 활동하거나" 마치 "태엽 풀린 자동차처럼" 행동함(예: 음식점, 회의실에 장시간 가만히 있을 수 없거나 불편해함, 다른 사람에게 가만히 있지

못하는 것처럼 보이거나 가만히 있기가 어려워 보일 수 있음).

f. 종종 지나치게 수다스럽게 말함.

g. 종종 질문이 채 끝나기 전에 성급하게 대답함(예: 다른 사람의 말이 끝나기 전에 말하기, 대화 시 자신의 차례를 기다리지 못함).

h. 종종 자신의 차례를 기다리지 못함(예: 줄 서 있는 동안).

I. 종종 다른 사람의 활동을 방해하고 간섭함(예: 대화나 게임, 활동에 참견하기, 허락받지 않고 다른 사람의 물건을 사용하기, 청소년과 성인의 경우 다른 사람이 하고 있는 일을 침해하거나 꿰찰 수 있음).

B. 몇 가지의 부주의 혹은 과잉행동-충동성 증상이 12세 이전에 나타난다.

C. 몇 가지의 부주의 혹은 과잉행동-충동성 증상이 2가지 또는 그 이상의 환경에서 존재함(예: 학교, 가정, 직장, 친구와 친척, 기타 활동들)

D. 증상들이 사회, 학업, 직업 기능의 질을 방해하거나 감소시킨다는 명확한 증거가 있다.

E. 증상이 전반적 발달장애, 정신분열증, 또는 기타 정신병 경과 중에만 발생하지 않으며, 다른 정신질환(예: 기분장애, 불안장애, 해리장애, 인격장애, 물질 중독 또는 금단)으로 잘 설명되지 않는다.

다음 중 하나를 명시할 것

- **314.01(F90.2) 복합형:** 지난 6개월 동안 진단 기준 A1(부주의)과 A2(과잉행동-충동성)를 모두 충족한다.
- **314.00(F90.0) 주의력 결핍 우세형:** 지난 6개월 동안 진단 기준 A1(부주의)은 충족시키지만 A2(과잉행동-충동성)는 충족하지 않는다.
- **314.01(F90.1) 과잉행동/충동 우세형:** 지난 6개월 동안 진단 기준 A2(과잉행동-충동성)는 충족시키지만 A1(부주의)은 충족하지 않는다.

다음의 경우 명시할 것

- **부분 관해 상태:** 과거에 완전한 진단 기준을 충족하였고, 지난 6개월 동안에는 완전한 진단 기준을 충족하지는 않지만 여전히 증상이 사회적, 학업적 또는 직업적 기능에 손상을 일으키는 상태다.

현재의 심각도를 명시할 것

- **경도:** 현재의 진단을 충족하는 수준을 초과하는 증상은 거의 없으며, 증상으로 인한 사회적, 학업적 또는 직업적 기능의 손상은 경미한 수준을 넘지 않는다.
- **중증도:** 증상 또는 기능적 손상이 "경도"와 "고도" 사이에 있다.
- **고도:** 진단을 충족하는 수준을 초과하는 다양한 증상 또는 특히 심각한 몇 가지 증상이 있다. 혹은 증상이 사회적 직업적 기능에 뚜렷한 손상을 야기한다.

출처: DSM-5 정신질환의 진단 및 통계 편람 제5판.

2) 목표

첫째, 유아기부터 현재에 이르기까지 의학적, 사회적, 교육적 경험을 포함하여 아동으로서 ADHD 청소년의 발달 과정을 탐색하여 부모가 자녀의 증상에 대해 이해할 수 있도록 돕고 부모의 걱정과 노력을 수용함으로서 걱정과 좌절을 낙관주의와 희망으로 전환하는 협력관계를 형성한다.

둘째, ADHD 아동 중심의 학습 방법과 진로/상담 프로그램을 제공하여 ADHD 아동이 성공적이고 건강한 사회인으로 성장할 수 있도록 돕는다.

3) 사례

(1) 내담자 정보

9세(초등학교 2학년), 남

주요 문제

- 학습능력 저하, 학교생활규칙 준수의 어려움으로 학교생활 전반의 부적응
- 학급 내에 친구들로부터 따돌림

(2) 행동 관찰

- 심리검사 수행 도중 하기 싫다고 옆에 있는 엄마 팔뚝을 계속해서 때리며 떼를 씀.
- 내담자는 자신의 흥미를 끌지 못하는 활동에는 대개 주의를 기울이지 않았고, 반항적인 행동을 많이 보였음. 심각한 발달지체나 질병은 없음.
- 내담자는 혼자 자리에 앉아 수행해야 하는 과제를 해야 할 때 방해 행동을 가장 많이 보였으며, 이에 대해 상담자가 집중하도록 지시하는 행동의 빈도가 높았음.

(3) 가족관계

- **아버지:** 개인 사업가. 아버지 역시 어린 시절에는 아들과 비슷한 주의력 및 문제행동을 가지고 있었지만 지금은 성공한 사업가가 되었음.
- **어머니:** 고정적이지 않은 아르바이트를 함. 아들에 대한 스트레스가 높은 상태임.

(4) 성장 과정

내담자는 평범한 가정에서 정상적인 출산과정을 거쳤다. 모(母)의 보고에 의하면 내담자는 유치원 때에도 지금처럼 심하지는 않지만 주의력에 문제가 있다고 했다. 주의력 및 행동상의 문제가 아주 어렸을 때부터 시작되었고, 그것이 학교 입학 후에도 계속되었고 담임교사가 보고한 부주의와 충동성, 과잉행동의 문제를 인정했다. 실제로 집에서도 ADHD의 거의 모든 증상들이 빈번하게 일어나며 이러한 문제들은 내담자가 5세 때 어린이집에 다니던 때부터 확실히 드러났다고 했다. 다른 가족구성원 중에는 내담자와 같은 문제를 가지고 있는 사람은 없었다. 어머니는 내담자의 부적절한 행동으로 스트레스를 많이 받고 있으며 아들의 행동관리와 관련된 도움이 필요했다. 가족치료를 포함한 이

전의 치료기관 경험이 있으나 크게 도움이 되지는 않았다고 하였다.

(5) 상담하게 된 경위

학생정서행동 특성검사 결과에서 관심군 학생으로 선별되어 심층상담 의뢰됨.

(6) 상담 목표

첫째, 부모가 자녀의 증상에 대해 이해할 수 있도록 돕고 부모의 걱정과 노력들에 대해 수용함으로써 걱정과 좌절을 낙관주의와 희망의 협력관계 형성한다.

둘째, 내담자의 반항적이고 폭력적인 행동 빈도를 줄이고 건강한 학교생활 적응을 돕는다.

(7) 상담 내용

- **1회기:** 라포 형성
- **2회기:** 심층심리검사
- **3~4회기:** 부모 대상(자녀 때문에 느끼는 감정 공감, 스트레스 관리법 등)
- **5회기~9회기:** 수업에 방해되는 행동을 줄이기 위한 행동전략을 부모와 같이 세우고 내담자에게 설명함, 내담자가 바람직한 행동을 할 경우 보상을 줄 수 있도록 상담 장면에서 같이 연습함, 내담자에게 맞는 학습지도 및 효과적인 훈육방식 교육(스티커, 타임아웃, 즉각적으로 언어적·비언어적 표현의 긍정적 강화주기)
- **10회기:** 자기대화를 통해 바람직한 행동을 유지할 수 있도록 부모 및 내담자에게 안내하고 시연하는 시간을 가짐.

(8) 상담 결과

심리검사 결과 내담자는 정서적으로 불안정하여 안전과 관심에 대한 욕구가 높은 것으로 나타났다. 내담자는 주의집중 시간이 비교적 짧긴 하였으나 양보하려고 하는 모습과 경청이 안 되는 듯하면서도 상담자가 안내한 말에 대해서는 그대로 기억하고 있었으며 노력하는 태도가 강점으로 보였다. 내담자는 정서적 지지기반에 대한 불충분과 관계에 대한 욕구불만으로 내재된 부정 감정이 많아서 다소 반항적인 행동들로 표현하기도 한다는 것에 대하여 설명함으로써 보호자의 이해를 돕고 가정 내에서 지시적이거나 금지명령보다는 칭찬과 존중의 언어적·비언어적인 표현을 할 수 있도록 부모 교육을 실시하였다. 그 후 내담자의 반항적인 행동 빈도가 상담 이전보다는 현저히 감소되었으나 가정과 학교 담임교사 등 주변의 지속적인 관심과 노력이 필요해 보였다.

4. 품행장애상담

1) 개념 및 특징

(1) 개념

품행장애(conduct disorder)란 타인의 기본적 권리를 침해하고 사회적 규범과 규칙을 위반하여 이를 반복적으로 나타내는 것을 의미한다. 6개월 이상 지속적으로 강도, 방화, 기물 파괴, 폭력과 같은 행동들 중 최소 세 가지 이상을 하게 되는 경우라면 이는 품행장애로 진단한다(Newcombe, 1996). 이는 아동기 발병형(보통 10세 이전에 발병)과 그 이후인 청소년기 발병형으로 나누어진다. 아동기 발병형은 남아에게 많고, 주로 타인에게 신체적 공격을 하고 친구들과도 문제가 있다. 이때 발병한 경우가 청소년기에 발병하는 경우보다 더 지속적이고, 이후 반사회적 성격장애로 이어질 가능성도 높다(APA, 1994).

품행장애는 공격적 행동과 비행행동으로 나뉘기도 한다. 보통 공격적 증후군이 비행 증후군에 비해 유전적인 영향을 많이 받는다(Edelbrock et al., 1995). 일반적으로 유아기에는 품행장애를 보이는 남자와 여자의 비율이 별로 차이를 보이지 않지만, 아동기와 청소년기에는 남자가 여자보다 신체적 공격성이나 문제행동의 비율이 훨씬 높다(Keenan & Shaw, 1997).

많은 연구에서 품행장애가 가정환경(빈곤, 스트레스, 부부갈등, 청년 학대 등)과 관련이 있는 것으로 나타났다. 그 외에도 또래의 영향이나 모방학습, 비행행동을 했을 때의 보상을 통한 학습이 품행장애에 영향을 미치는 것으로 보인다(최명규 · 김누리, 2007).

품행장애의 특징으로는 첫째, 치료 효과가 미미하다. 둘째, 품행장애의 60% 이상이 성인기에 접어들어 부적응적인 행동을 하게 된다. 셋째, 품행장애는 세대 간의 전이가 많다. 부모의 반사회적인 성격은 양육에 문제점을 야기하고 이런 양육하에 자란 아동은 또다시 품행장애라는 악순환으로 이어진다는 특징이 있다(이정숙 · 고인숙, 2006).

품행장애는 다른 정서 · 행동장애와 마찬가지로 하나의 단일 요인이 영향을 미치는 것이 아니라 여러 요인이 상호 영향을 미치며, 행동 유발 요인의 지속 및 추가에 따라 나타나는 품행장애의 형태 및 정도 또한 매우 다양하다. 품행장애의 발달 유형도 전 생애에 걸쳐 나타나거나 한정된 기간에만 나타나거나, 혹은 생의 후반부에 나타나는 등 다양하다.

로버와 스튜타머르(Loeber & Stouthamer, 1998)는 파괴적 행동, 반사회적 행동, 비행 등을 포함한 문제행동을 초래하는 세 가지 발달 경로를 판별하여 다음 그림과 같이 제시하고 있다.

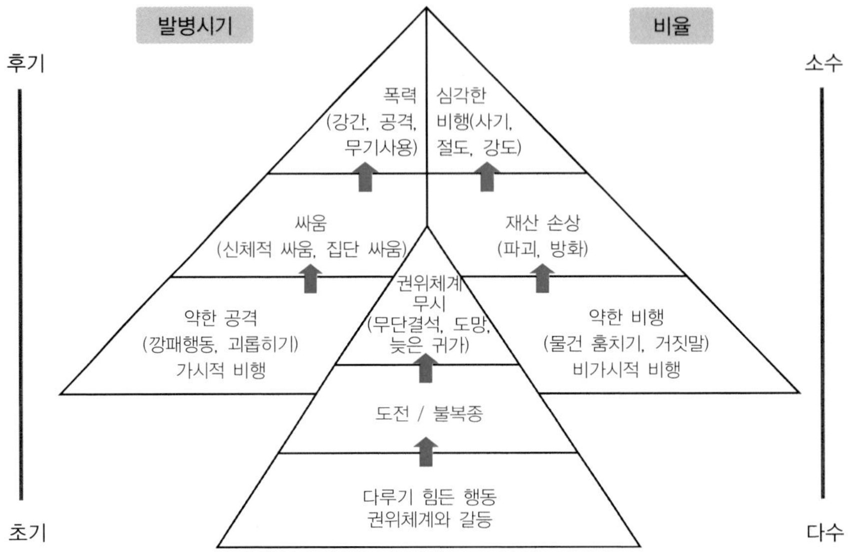

| 그림 14-1 | 품행장애 발달 경로

출처: Loeber & Hay(1998).

(2) 특징

공격적인 행동범위로 종종 타인을 적대시하고 권리를 침해하는 것이 품행장애(conduct disorder)의 주요한 특징이다. 시비나 싸움을 잘 걸며 타인의 신체를 상해하기도 한다. 또한 흔히 사회적 일탈행동(공격적인 협박, 도둑질, 성폭력 등)을 일삼는다. 이 밖에도 남의 집과 건물 혹은 차 등을 부수기도 하고 이후에는 자신의 책임을 회피하기 위해 거짓말을 하거나 약속을 어기기 일쑤다. 이렇듯 스스로 지켜야 하는 사회적 규칙 위반 행동을 하고도 이에 대한 갈등과 죄책감은 거의 보이지 않는다. 사회적·학습적·직업적 영역에서의 기능 손상을 초래하고 인지적 기능이 저하되며 충동 통제가 되지 않는가 하면 지루함을 참지 못해 새로운 외부 자극을 끊임없이 찾아다닌다.

품행장애 청소년은 타인의 감정에 대한 이해와 수용에 어려움을 겪는다는 점이 가장 큰 특성이다. 자신의 잘못에 대해 반성하는 기능 또한 떨어지므로 타인에 대한 공격과 타인의 물건에 대한 파손(파기) 행위를 하는 청소년에 대해 품행장애로 진단하고 평가 내리기 위해서는 이러한 특성들을 충분히 고려한 전문적인 진단과 평가가 필요하다. 왜냐하면 복합적인 장애를 가지고 있거나, 가면적인 우울감을 외형적인 행동문제로 나타내는 경우도 고려해야 되기 때문이다. 품행장애가 다른 장애와 구분이 되는 가장 큰 내용은 타인과의 감정이입과 양심의 기본적 기능이 발휘되지 않는다는 점이다.

DSM에 기재되어 있는 품행장애는 동물과 사람에 대한 공격, 중대한 규칙 위반, 사기 또는 절도, 재산 파괴 등의 네 개의 문제행동에서 세 개 이상의 행동이 12개월간 지속되고, 한 개의 항목이 6개월간 반복적으로 나타나야 한다. 중대한 규칙 위반에는 밤늦게 들어오지 않는 경우, 무단결석한 경우, 13세 이전까지 가출 경험이 두 번 이상인 경우가 해당한다.

1. 행동적 특성
- 자기보다 약한 존재(사람과 동물 등)에 대해 못살게 굴거나 공격적이고 겁을 주며 협박하는 등 거칠게 행동한다.
- 학급에서 다른 사람의 물건을 자주 파손시키거나 절도, 사회적 규칙을 또래에 비해 지나치게 위반하여(가출, 무단결석, 비행, 성 문제, 중독 문제 등) '비행'문제행동을 나타낸다.
- 지루한 것을 참지 못하며 충동적이고 자극을 끊임없이 찾는다.

2. 정서적 특성
- 낮은 자아개념을 가지고 있다.
- 정서적 관계 경험을 못하며 타인과의 의사소통이 일방적이다.
- 감정이입 능력이 약하고 내면에 우울감이 있지만 표면적으로는 나타나지 않는다.
- 정서적 역치수준(공격성, 분노, 적개심)이 높다.

3. 인지적 특성
- 사고능력이 비연속적이며 자극에 따른 충동적 사고를 한다.
- 통제가 결여되어 있으며 단순하게 생각하고 행동한다.

4. 기타
- 역기능적 가정환경에 노출된 경험이 높다(알코올중독, 방임적 양육태도, 학대, 폭력 등).
- 어머니는 우울장애를 보이고, 아버지는 알코올중독, 폭력 및 반사회적 성격장애 등의 문제를 보이는 경우가 많다.
- 정서적으로 방치된 유아 및 아동기를 보냈을 가능성이 높다(부모와의 안전 애착형성이 이루어지지 않은 경우가 대부분).

(3) 진단

▌표 14-6▐ DSM-5 품행장애 진단준거

A. 다른 사람의 기본적 권리를 침해하고 연령에 적절한 사회적 규범 및 규칙을 위반하는 지속적이고 반복적인 행동 양상으로, 지난 12개월 동안 다음의 15개 기준 중 적어도 3개 이상에 해당되고, 지난 6개월 동안 적어도 한 개 이상의 기준에 해당된다.

사람과 동물에 대한 공격성

1. 자주 다른 사람을 괴롭히건, 위협하거나, 협박함
2. 자주 신체적인 싸움을 검
3. 다른 사람에게 심각한 신체적 손상을 입힐 수 있는 무기 사용(예: 방망이, 벽돌, 깨진 병, 칼, 총)
4. 다른 사람에게 신체적으로 잔인하게 대함
5. 동물에게 신체적으로 잔인하게 대함
6. 피해자가 보는 앞에서 도둑질을 함(예: 노상강도, 소매치기, 강탈, 무장강도)
7. 다른 사람에게 성적 활동을 강요함

재산 파괴

8. 심각한 손상을 입히려는 의도로 고의적으로 불을 지름
9. 다른 사람의 재산을 고의적으로 파괴함(방화로 인한 것은 제외)

사기 또는 절도

10. 다른 사람의 집, 건물 또는 자동차를 망가뜨림
11. 어떤 물건을 얻거나 환심을 사기 위해 또는 의무를 피하기 위해 거짓말을 자주 함(즉, 다른 사람을 속임)
12. 피해자와 대면하지 않은 상황에서 귀중품을 훔침(부수거나 침입하지 않고 상점에서 물건 훔치기, 문서위조)

심각한 규칙 위반

13. 부모의 제지에도 불구하고 13세 이전부터 자주 밤늦게까지 집에 들어오지 않음
14. 친부모 또는 양부모와 같이 사는 동안 밤에 적어도 2회 이상 가출, 또는 장기간 귀가하지 않은 가출이 1회 있음
15. 13세 이전에 무단결석을 자주 함

B. 행동장애가 사회적, 학업적, 또는 직업적 기능 영역에서 임상적으로 현저한 손상을 초래한다.

C. 18세 이상일 경우, 반사회성 성격장애의 기중에 부합되지 않는다.

다음 중 하나를 명시할 것

- **312.81(F91.1) 아동기 발병형:** 10세 이전에 품행장애의 특징적인 증상 중 적어도 한 개 이상을 보이는 경우다.
- **312.82(F91.2) 청소년기 발병형:** 10세 이전에는 품행장애의 특징적인 증상을 전혀 충족하지 않는 경우다.
- **312.89(F91.9) 명시되지 않는 발병:** 품행장애의 진단 기준을 충족하지만, 첫 증상을 10세 이전에 보였는지 또는 10세 이후에 보였는지에 대한 정보가 없어서 확실히 결정하기 어려운 경우다.

다음의 경우 명시할 것

- **제한된 친사회적 정서:** 이 명시자를 진단하려면 적어도 12개월 이상 다양한 대인관계나 사회적 장면에서 다음 중 적어도 2개 이상의 특징을 보여야 한다. 이러한 특성은 해당 기간 동안 그 개인의 대인 관계적·정서적 기능의 전형적인 형태를 반영해 주며, 몇몇 상황에서만 가끔 발생하는 것이 아니다. 따라서 명시자를 평가하기 위해서는 다양한 출처에서 정보를 얻는 것이 필수적이다. 자가 보고뿐만 아니라 그 개인을 장기간 동안 알고 있는 사람들(예: 부모, 교사, 동료, 친척, 또래)의 보고를

반드시 고려해야 한다.

- **후회나 죄책감 결여:** 본인이 저질러도 나쁜 기분이나 죄책감을 느끼지 않는다(붙잡히거나 처벌을 받는 상황에서만 양심의 가책을 표현하는 경우는 배제해야 한다). 자신의 행동으로 인한 부정적인 결과에 대해 일반적인 염려가 결여되어 있다. 예를 들면, 다른 사람을 다치게 하고도 자책하지 않거나 규칙을 어겨 발생하는 결과에 대해 신경을 쓰지 않는다.
- **냉담, 즉 공감의 결여:** 다른 사람의 감정을 무시하거나 신경 쓰지 않는다. 다른 사람들은 이들을 차갑고 무정한 사람으로 묘사한다. 심지어 자신이 다른 사람에게 상당한 피해를 주는 경우에도, 자신이 타인에게 미치는 영향보다는 자기 자신에게 미치는 영향에 더 신경을 쓴다.
- **수행에 대한 무관심:** 학교나 직장 또는 다른 중요한 활동에서 자신이 저조한 수행을 보이는 것을 개의치 않는다. 심지어 충분히 예상 가능한 상황에서도 좋은 성과를 보이기 위해 필요한 노력을 기울이지 않으며, 전형적으로 자신의 저조한 수행을 다른 사람의 탓으로 돌린다.
- **피상적이거나 결여된 정서:** 피상적이거나, 가식적이고, 깊이가 없는 정서(예, 행동과 상반되는 정서 표현, 빠른 정서 전환)를 제외하고는 다른 사람에게 자신의 기분이나 정서를 드러내지 않는다. 또는 얻고자 하는 것이 있을 때만 정서를 표현한다. (예: 다른 사람을 조종하거나 위협하고자 할 때 보이는 정서 표현).

현재의 심각도를 명시할 것

- **경도:** 진단을 충족하는 품행 문제가 있더라도, 품행 문제의 수가 적고, 다른 사람에게 가벼운 해를 끼치는 경우(예: 거짓말, 무단결석, 허락 없이 밤늦게까지 집에 들어가지 않는 것, 기타 규칙 위반)다.
- **중증도:** 품행 문제의 수와 다른 사람에게 끼치는 영향을 정도가 "경도"와 "고도"의 중간에 해당되는 경우(예: 피해자와 대면하지 않는 상황에서 도둑질하기, 공공기물 파손)다.
- **고도:** 진단을 충족하는 품행 문제가 많거나, 또는 다른 사람에게 심각한 해를 끼치는 경우(예: 성적 강요, 신체적 잔인함, 무기 사용, 피해자가 보는 앞에서 도둑질, 파괴와 침입)다.

출처: DSM-5 정신질환의 진단 및 통계 편람 제5판.

(4) 감별진단

① 적대적 반항장애

품행장애와 적대적 반항장애는 품행 문제와 관련이 있으며 품행장애는 성인 또는 권위자(교사, 상사)와의 갈등을 초래한다. 행동에서 적대적 반항장애는 전형적으로 사람이나 동물에 대한 공격, 절도 또는 사기 행동, 재산 파괴는 포함되지 않으며 품행장애에 비해 덜 심각하다. 또한 분노/과민한 기분 등의 정서조절의 문제는 포함되지만 품행장애의 정의에는 포함되지 않는다. 적대적 반항장애와 품행장애의 진단 기준을 모두 충족하는 경우에는 두 진단을 모두 내릴 수 있다.

② 주의력 결핍 과잉행동장애

ADHD가 있는 아동들도 파괴적일 수 있는 과잉행동 및 충동적 행동을 보일 수 있지만, 그러한 행동 자체가 사회적 규준을 위반하거나 타인의 권리를 침해하지는 않기 때문에 품행장애의 진단 기준을 충족하지는 않는다. ADHD와 품행장애의 진단 기준을 모두 충족하는 경우에는 두 진단을 모두 내릴 수 있다.

③ 우울 및 양극성 장애

과민성, 공격성, 품행 문제는 주요 우울장애나 양극성장애 또는 파괴적 기분조절부전장애가 있는 아동이나 청소년에게서도 발생할 수 있다. 기분장애에서 보이는 행동문제와 품행장애에서 보이는 품행 문제 패턴은 경과에 따라 구분할 수 있다. 구체적으로 보면, 품행장애가 있는 사람은 기분장애가 없는 기간 동안에도 상당한 수준의 공격적 또는 비공격적 품행 문제를 보인다. 즉, 품행장애는 과거력상 기분장애가 발생하기 이전에 품행 문제가 있었거나, 공존상태인 경우에는 계획적인 품행 문제가 있고, 강렬한 정서적 각성상태 시간 동안에는 품행 문제가 발생하지 않는다. 품행장애와 기분장애의 진단 기준을 모두 충족하는 경우에는 두 진단을 모두 내릴 수 있다.

④ 간헐적 폭발장애

간헐적 폭발장애는 강한 분노와 관련된다. 그러나 간헐적 폭발장애는 충동적인 공격성만 보이고, 계획적이지 않으며, 어떤 것(예: 돈, 권력, 위협)을 얻기 위한 방편으로 행동문제를 저지르지는 않는다. 또한 간헐적 폭발장애에서는 품행장애의 비공격적인 증상을 포함하지 않는다.

⑤ 적응장애

다른 특정 장애의 진단 기준을 충족하지 않고 임상적으로 현저한 품행 문제가 정신사회적 스트레스 요인으로 시작된 것과 명백히 관련이 있고, 이 스트레스 요인의 종결(또는 스트레스 요인의 결과)이 6개월 내에 해결되지 않았을 때, 적응장애(품행장애 동반 적응장애 또는 정서 및 품행장애 동반 적응장애)의 진단을 고려해야 한다.

2) 목표

첫째, 장애 아동의 경미한 학습 및 행동문제를 조기에 예방한다.

둘째, 장애 위험 학생들을 조기에 판별하여 문제가 더 심화되기 전에 적절한 심리·정서적 지원을 제공한다.

셋째, 이들의 정서적 안정과 행동 조절을 위한 노력을 도와 이들과 그 가족의 삶의 질을 향상시킨다.

3) 사례

(1) 내담자 정보

11세(초등학교 4학년), 남

주요 문제

- 수업 시간에 가만히 있지 못하고 자주 일어나 여기저기 돌아다닌다.
- 다른 친구들이 조용히 할 때, 혼자서 큰소리로 말하곤 한다.
- 불평, 불만이 가득한 목소리로 말하고 친구를 자주 고발한다.
- 말을 할 때 발음이 불명확하고 메시지를 끝까지 전달하지 않을 때가 많다.

(2) 행동 관찰

바른 자세로 앉아 있지 못하고 옆으로 몸을 기울이거나 갑자기 일어나서 돌아다니며 이야기를 하였다. 책상 위에 발을 올려놓거나 의자를 뱅글뱅글 돌리면서 앉아 있고, 남의 일에 뭐든지 참견하며, 공부할 때도 혼자서 중얼거린다고 하였다. 과제를 주면 꾸준히 하거나 성의 있게 마무리하지 않고 글자도 대충 빨리 쓰고 책도 금방 다 읽었다고 하며 가방이나 책상 위 소지품들은 항상 정리 정돈이 잘 안 되어 있다.

(3) 가족관계

- **아버지:** 말이 없는 편이고, 아이들을 엄하고 무뚝뚝하게 대하며, 때리기도 한다. 장사를 해서 밤늦게 귀가하며, 가게가 쉬는 날에는 거의 잠을 잔다. 내담자는 아버지를 무서워하며, 아버지에 대해 모르겠다고 하였다.
- **어머니:** 어머니는 전업주부이다. 내담자는 엄마를 좋아하지만, 엄마한테 매

맞는 것을 가장 무섭다고 하였다.

- **동생**: 1학년. 형과 달리 말을 똑똑히 하고, 체격도 형보다 큰 편이며 친구들이 많다. 형과 자주 다툰다.

(4) 성장 과정

어머니가 20대 초 혼전임신으로 내담자를 출산하였으며 내담자는 유아기 때부터 힘이 세고 엄마나 아빠를 잘 무는 버릇이 있었다. 유치원에 들어갔을 때 또래 아이들은 자주 괴롭힘을 당해 내담자만 보면 도망가곤 했다. 내담자는 언어학습이 느려서 5세 때까지 문장으로 잘 말하지 못하고 단어로 표현했다. 그래서인지 말보다 행동으로 표현하는 경향이 더 많았다. 학교 입학 후에는 학교 선생님으로부터 전화가 오는 경우가 많았는데 내담자가 의사소통이나 학업에 어려움이 있다는 말을 듣고, 병원에 가서 언어치료를 받은 적이 있다.

(5) 상담하게 된 경위

내담자의 담임교사로부터 학년 초부터 자리에 가만히 앉아 있지 못하거나 자기 마음대로 잘 안 된다 싶으면 소리를 지르고 수업을 방해하는 등의 소란스러운 행동이 자주 나타나서 상담을 의뢰하였다.

(6) 상담 목표

첫째, 수업 시간에 제자리에서 주어진 과제 및 활동 완수하도록 한다.
둘째, 친구들의 수업을 방해하는 행동 줄인다.
셋째, 발음을 분명하게 표현한다.

(7) 상담 내용

- **1회기:** 보드게임을 통한 라포 형성 및 내담자의 행동 관찰
- **2회기:** 심리검사(내담자, 어머니)
- **3회기~9회기:** 감정 표현 연습(보드게임을 하면서 어머니와 상담자로부터 긍정적인 피드백을 들었을 때의 감정에 대해 이야기해 보고 내담자도 타인에게 그렇게 말할 수 있도록 조력), 발음 연습(소리 내어 책 읽기), 부모교육 실시(내담자의 분노를 유발하는 양육태도를 점검하고 내담자의 잘못된 행동 앞에서 부모가 먼저 분노 감정을 조절할 수 있도록 알려주었으며, 감정코칭 영상 자료를 가정에서 시청하고 올 수 있도록 과제 제시)
- **10회기:** 내담자의 변화된 행동에 대한 칭찬 활동, 상담 참여 소감 나누기

(8) 상담 결과

내담자는 심리검사 결과에서 어머니의 과하거나 강압적·비 일관적 양육방식 탓에 충동적이고 자기표현이 잘되지 않는 문제가 주된 요인인 것으로 보였다. 이에 내담자가 오래 집중하지 못하고 산만한 특성을 고려하여 매 회기마다 어머니와 함께 하는 보드게임이나 활동을 중심으로 상담을 진행했다. 매회기 부모 상담과 병행하여 내담자가 분노 감정을 스스로 인식하도록 하고 충동적인 표현 방식을 교정할 수 있도록 하기 위한 교육을 반복함으로 내담자의 분노를 유발하지 않는 의사소통 방법을 내담자와 어머니가 함께 익힐 수 있게 했다. 상담 종결 후 내담자의 학교생활태도에서 불평불만이 많고 친구 문제를 자주 고발하던 행동과 수시로 자리 이탈을 하던 행동이 교정되었고 자신의 생각을 끝까지 전달하는 의사 표현력 또한 향상되고 있다는 내용이 담임교사로부터 보고되었다. 전문기관을 통해 지속적으로 발음 교정 치료를 받을 수 있도록 보호자에게 안내했다.

CHAPTER

15 학업중단과 학교 밖 청소년상담

1. 학교 밖 청소년상담

1) 개념 및 특징

(1) 학업중단과 학교 밖 청소년의 개념

'학업중단'은 2002년부터 교육부에서 사용하고 있는 공식 용어이다. 그전까지 사용해 오던 '중도탈락'이란 용어가 부적절하다는 논의가 제기됨에 따라 좀 더 중립적 개념의 '학업중단'을 공식 활용하게 되었다. 중도탈락은 영어의 'dropout'을 우리말로 옮긴 용어인데 정상적인 궤도를 이탈했다는 의미로 당사자의 주체적 의사를 감안하지 않은 피동적인 의미를 지닌다. 탈락했다는 귀책사유를 각 청소년에게 둠으로써 이를 둘러싼 현상에 대한 사회적 책임이나 정책적 배려의 필요성을 두고는 소극적인 편인 한편, 학업중단이라는 용어는 여러 가지 이유로 학업을 포기하긴 했지만, 개인이 아닌 사회 시스템 전반의 거시적인 차원에서 그 원인과 책임을 규명해 보려는데 차이가 있다. 개인의 자발적인 의지에 의해서 학교 이외의 다양한 교육 프로그램을 선택할 권리를 보장한다는 적극적인 의미도 내포되어 있다(이병환, 2007).

'학업중단'이란 용어에는 '자발성'이 내포되어 있고 학교 밖에 있는 다른 배움의 기회를 택하는 한 학업은 지속되는데 설령 학교를 포기하더라도 학업은 이어갈 수 있으므로 '학업중단'이 적절치 않다는 시각이 있다. 이를테면 청소년에는 근로 청소년을 비롯하여 비진학 청소년과 무직청소년 등 학교라는 울타리 바깥에도 다수를 차지하기 때문에 학교의 정규교육이 아니더라도 국가는 교육뿐 아니라 제반 지원이 실시되어야 한다는 점을 강조, "학교 밖 청소년"이 더 적합하다는 것이다(금명자, 2008; 서정아 외, 2006). 현재 정책 용어를 사용하는 정부부처 중 교육부는 '학업중단 청소년'을 쓰지만 여성가족부는 좀 더 포괄적인 '학교 밖 청소년'을 사용하고 있다.

이상의 내용을 토대로 '학교 밖 청소년'과 '학업중단 청소년'은 동일한 의미로 볼 수 있으며, 자발적 혹은 비자발적으로 학교를 떠나 학업을 중단한 상태에 있는 청소년이거나 학교는 떠났지만 대안학교나 지역사회의 또 다른 배움의 과정(검정고시나 상급학교 진학, 취업 및 자립준비)에서 진로준비를 하고 있는 청소년을 의미한다.

(2) 학교 밖 청소년의 특징

개인이나 가정, 학교, 혹은 사회 등 다양한 변수가 복합적으로 작용하여 학교를 떠난 청소년들은 학업을 중단한 이후 갖가지 고충과 스트레스에 봉착하게 마련이다. 그들은 청소년기의 주요 발달과업으로 꼽히는 자아정체성을 확립하고 성인기를 원활히 진입하기 위한 진로를 제대로 준비하지 못한 채 학교를 떠나게 되어 심리적으로나 정서적으로 매우 힘든 시기를 보내고 있다. 무엇보다도 학력을 중요시하는 사회에서 학업을 중도에 포기한다는 것은 단순한 학업중단 이상의 의미가 있으며 일생일대의 지대한 사건이 될 수 있다. 학업을 중단한 학교 밖 청소년이 경험하는 심리적·정서적·사회적 특성은 위기의 관점에서 보면 다음과 같다.

첫째, 지나친 우울감이나 노여움, 혹은 고립감 탓에 정신적인 스트레스를 겪는다. 학업을 중단하면서 이전과 달라진 환경 및 생활패턴에 적응하지 못해 상시적 우울감이나 고립된 감정으로 불면증을 비롯하여 악몽과 폭식, 자살 충동 혹은 거식증이나 공격성으로 발전하는가 하면 사람을 기피하고 은둔을 택하기도 한다. 이 같은 부정적 정서와 심리를 컨트롤하는 방법을 습득하려면 심성훈련이나 심리치료 같은 지원이 필요한데, 이는 청소년들의 적응력과 진로에 긍정적인 영향을 줄 수 있을 것이다.

둘째, 복합적인 문제행동에 쉽게 유입된다. 학교를 중단한 지 6개월 정도가 경과하면 각종 비행이나 범죄에 연루되기도 하고 유해환경에 노출되어 보호관찰 대상이 되거나, 청소년의 출입과 고용이 제한된 유흥업소에서 아르바이트를 하는 수가 급격히 증가한다(황순길 외, 2012). 지역사회의 지원 시스템이 부재하다면 학교 밖 청소년들은 1년 안에 부적응의 일면인 범죄나 촉법 행위 등을 자행해 사회적 부담을 가중시킬 수도 있다. 학업중단 기간의 장기화로 문제행동과 위기가 복합적으로 난립하는 상황에 봉착하지 않기 위해서는 초기에 개입하는 것이 무엇보다 중요하다.

셋째, 또래 관계를 원만히 형성·유지하는 것이 매우 어렵다. 조기 학업 단절로 급우들과 어울리지 못하고 정서적 소외감과 고립감을 겪는 가운데 처지가 비슷한 또래집단이 형성되어 그들과 어울리거나 이미 학교를 떠난 친구들과 사귀게 되면 비행청소년으로 전락하는 경우도 있다. 반면 친구들과 어울리려 하지 않고 자신만의 영역을 만들며 어느 누구와도 교제하거나 어울리지 않고 주로 혼자 지내는 경우도 있다(정재민, 2012). 이미 학교에서 또래들로부터 따돌림을 경험한 경우는 학업중단 후 은둔형 외톨이 증상이 더욱 심화되어 나타난다. 이는 원만한 대인관계 형성을 돕기 위한 사회성 훈련 프로그램을 병행해야 하는 이유이다.

넷째, 학업이 중단된 이후 되레 학력의 중요성을 깨달아 학업을 잇고 싶어 한다. 진로를 준비하는 과정에서 학력과 학벌을 중요시하는 사회를 체득해가며, 못해도 고교는 졸업해야 한다는 의식이 강해진다. 어떤 식으로든 학업을 잇고 싶어 하는 욕구가 높아져 복학하는 절차나 검정고시 등, 학업과 관련된 도움을 받고 싶어 한다(조영승 외, 2001). 학업은 중도에 그만두었지만 이를 쉽게 포기할 수는 없는 형편에 놓이게 되는 것이다. 그러나 제도권 내의 학업에 복귀하고 다시 적응해야 한다는 점은 현실적으로 어려운 경우가 많은 데다, 좌절과 실패의 고배를 또 한 번 마실 수 있다는 개연성을 배제할 수 없으므로 학습 기회의 다양한 대안을 열어 놓아야 할 것이다.

다섯째, 가계의 경제적 형편이 열악해 교육을 지지하는 기반이 미흡하다. 부모가 갖는 사회경제적 지위는 자녀의 학업과 직업뿐 아니라 개개인의 삶의 질에도 매우 중차대한 영향을 주는 변수인데, 특히 취약계층 부모의 소득은 자녀의 학업성취도 및 동기부여와도 관계가 깊다(구인회, 2003; 문은식·김충희, 2003). 학교 밖 청소년 중 대다수는 가속화된 경우이므로 학업을 중단한 후 진로를 준비하고 미래를 설계하기 위한 지지기반은 매우 열악할 수밖에 없다. 학업을 잇고자 하는 의지와 동기는 형성되었지만 어려운 경제적 형편으로 의지력이 저하되지 않도록 학업을 위한 최소한의 생계비는 일정 기간 지원되어야 마땅하다.

이 밖에도 자존감 결여와 비자발성, 소극적이고 회피적인 행동, 불규칙한 생활패턴과 꿈의 부재 등이 학업중단 청소년의 일반적인 특징이다.

(3) 학교 밖 청소년의 생활실태

학교 밖 청소년들은 학업을 중단한 후 자유를 누리면서도 또래와의 유대관계와 친분을 형성하지 못하는 아쉬움과 주위의 기대 및 편견에 대한 부담, 불투명한 미래에 대한 불안과 자기 확신의 부족으로 힘들어한다. 구체적인 내용은 다음과 같다.

① 자유와 방황, 계획적인 시간활용의 어려움

학교 밖 청소년들은 학업을 중단한 후 자유를 느꼈다고 한다. 학교를 가기 위해 일찍 얼어날 필요가 없고, 계획된 시간표에 따라 움직일 필요도 없다. 주어진 많은 시간은 자유와 여유를 주기도 하지만, 막상 시간적인 여유가 늘다 보니 이때 혼자 무엇을 하며 지내야 할지 몰라 답답함을 느끼기도 했다. 물론 학교를 중단한 후 자유 시간에 원하는 바를 스스로 찾고 계획하며 이를 실천하는 습관이 들었다는 학생도 있었는데 이들이 학교를 그만둔 직후부터 자발적으로 정보를 찾거나 계획하는 습관이 형성되는 것은 아니다. 당시 뚜렷한 진로와 목표 및 자립계획이 있었던 청소년들도 정작 학교를 그만둔 후 몇 개월간은 게임에 빠져 지냈다는 사례가 다수 있다. 자신만의 진로나 계획이 부족한 청소년들은 늘어난 자유시간을 어떻게 보내야 할지 몰라 시간을 계획적으로 활용하지 못하는 경우도 더러 있다. 학교의 정규 학사운영과 교육일정 및 시간표에 따라 움직이던 심신이 무방비 상태에서 이를 벗어난 탓에 적응하지 못하고 힘겨워 했던 것이다.

소년원에 있는 청소년들은 내규에 맞춰 결국에는 계획적인 생활을 할 수밖에 없는 환경에 있지만 보호관찰대상은 밤낮이 바뀐 생활에 익숙해 있었다. 그러나 학업을 중단한 후 시간이 흐르고 자신만의 시간 운용 요령이나 저 나름의 생활패턴이 자연스레 자리를 잡게 되었다. 새로운 환경에 적응하고 자신만의 생활을 위해서는 일정 시간의 방황과 시행착오는 감내해야 할 듯하다.

② 선입견과 따가운 시선에 대한 부담

학교 밖 청소년들은 학업을 그만둔 이후 부모 및 친척의 부정적 시선에 큰 부담을 느꼈다. 학업을 중단하자 부모와 친척 및 이웃들이 이들을 부정적으로 대하곤 했던 것이다. 이들은 학교를 그만둔 후 다양한 경험을 통해 자신을 가리키는 부정적 이미지를 '날라리, 양아치, 문제아, 암울하고 미래가 어두운 청소년, 안 좋은, 문제가 있는 청소년, 사고치는 애'로 표현했다.

자녀의 뜻을 존중하여 학업중단을 말리지 못했던 부모들은 이 사실을 친척이나 다른 자녀들에게 사실대로 말하진 못했다. 자신이 학교를 그만두었다는 것을 부모가 지인이나 이웃에게 떳떳이 밝히지 못했으니 이 사실을 알게 된 학교 밖 청소년들에게는 학업중단 청소년을 둘러싼 사회의 부정적 이미지가 더 굳어졌을 것이다.

소년원과 보호관찰소 청소년들은 앞선 부정적 시선을 더 빈번하고도 노골적으로 받고 있다. 학업을 중단한 청소년을 둘러싼 부정적 이미지는, 비행으로 학교를 그만둔 청소년에 대한 사회적 시선과도 같다. 그렇다 보니 이들은 이중적인 선입견의 대상이 되기 쉽다.

③ 또래 관계 형성의 어려움

학교를 그만둔 후 가장 큰 아쉬움은 학교 친구들과의 관계를 유지할 수 없다는 것이다. 학교에 다니고 있는 친구들과 학교에 다니지 않는 자신은 이제 다른 세계에 속해 있는 존재들이었다. 주말을 이용해서 친구들을 만나지만, 공통의 관심사가 없기 때문에 지속적인 만남을 유지하는 것도 힘들었다. 그들은 자신처럼 학업을 중단한 청소년들의 공통된 관심사를 공유하는 요령을 몰랐고 주변으로부터 해결 방법을 제공받지도 못했다.

미인가 대안학교에 진학한 청소년들 사이에서도 또래 관계는 형성되기가 어려웠다. 자퇴 후 미인가 대안학교에 들어간 학생이 다양한 연령의 학생들과 함께 공부한다는 학교의 특성상 친구를 사귈 수 없다는 점 때문에 학업을 포기한 사실을 두고 후회하는 경우도 있었다.

④ 자기 확신 부족과 불안과 우울감

학교 밖 청소년들은 학업을 중단했다는 선택과 현재의 생활 및 준비과정이 올바른 선택이었는지를 두고 확신이 부족해 불안해한다. 본인이 할 수 있는 일이 무엇인지 명확하지 않았고, 문제를 극복할 수 있는 도움을 주변으로부터 받지도 못하는 경우가 많아 심한 우울증을 앓을 수도 있게 된다. 일부 학생들은 단기 아르바이트를 하거나 여행을 가거나 혹은 꿈 드림센터에서 활동을 하기도 하지만 검정고시에 합격하지 못할까 봐 걱정되는 불안감이 있고 검정고시 합격 후에는 또 다른 걱정으로 일상의 불안감을 떨쳐내기란 쉽지 않다. 앞으로 무슨 일을 하며 어떻게 살아야 할지 걱정이 앞선다는 것이다. 한국에서 이런 걱정은 학업을 그만둔 청소년에게만 국한된 문제는 아닐 것이다. 그럼에도 학교라는 울타리 내에서 고교 졸업을 준비하거나 대학에 진학하려는 십 대 청소년에 비해, 울타리 밖에 있는 학교 밖 청소년들의 미래에 대한 불안감은 더 클 수밖에 없을 것이다. 또한 학교 밖에 있다는 사실은 곧 선택에 대한 책임을 자신이 져야 한다는 뜻이기도 하므로 불안감이 지속되는 것이다.

2) 목표

첫째, 학교 밖 청소년의 신체적·정서적으로 자기관리 능력을 배양하고 자립동기를 도출하여 건강한 사회인으로 성장할 수 있도록 돕는다.

둘째, 이해, 공감, 배려의 필요성을 체험함으로써 상호 존중의 인성을 활성화하고 정서적·심리적 안정을 돕는다.

3) 사례

(1) 내담자 정보

18세, 고 2 자퇴, 여

주요 문제

- 성장 과정이나 가정사에 대해 하소연하였으며, 특히 아버지가 자신을 못마땅하게 생각하여 잔소리를 많이 하고 강요하는 것이 힘들다고 함.
- 집에서 독립하여 남자친구와 같이 살고 싶고, 미용을 배우고 싶음.

(2) 행동 관찰

- 쌍까풀이 진하고 선명한 눈동자에 예쁜 얼굴의 인상착의
- 자신의 상황을 남 이야기인 듯 말하고, 비행사건에 대해서도 대수롭지 않게 이야기를 함.
- 아버지에 대한 이야기를 할 때는 짜증 섞인 어투임.
- 상담실에 올 때 항상 먹을 것을 들고 오거나 안 가져오는 날은 로비에 들어서면서부터 먹음.
- 상담 중에도 남자친구 전화가 오면 즉시 받는 경우가 허다하고 상담자가 옆에 있어도 전혀 신경 쓰지 않고 다툴 때가 많음. 상담 규칙에 대해 안내하고 주의를 주어도 미안해하는 것은 그 순간뿐이며 이는 다시 반복됨.

(3) 가족관계

- **아버지:** 아버지는 농사와 식당 일을 하시는데 일이 비정기적으로 있다. 술을 자주 마시며 술에 취하면 자고 있는 내담자와 동생을 깨워서 말을 많이 하

며, 화가 나면 집안의 기물을 파손했다.

- **어머니:** 내담자가 어릴 때 가출했으며, 가출 이후로 한 번도 만난 적이 없다.
- **할머니:** 어머니의 가출 후 함께 살게 되었다. 내담자와 사이가 안 좋은 상태다. 아버지가 술을 마시면 폭언을 하며 아버지와도 자주 싸운다.

(4) 성장 과정

어머니는 아버지의 경제적인 능력 때문에 내담자가 어릴 때 가출하였고 그 이후부터 할머니의 돌봄 속에서 성장했다. 어머니의 가출 후 아버지는 술을 자주 마셨고 내담자는 어릴 적 아버지와의 좋은 추억이 별로 없다. 아버지의 동생인 고모와는 관계가 좋아서 지금도 힘들 때 그나마 속 이야기를 좀 나눌 수 있는 대상이다.

초등학교 때까지는 교우 관계가 원만했다가 중학교 들어와서 좀 논다는 친구들이랑 어울렸는데 그 속에서 왕따를 경험했고, 학업에는 관심이 없어서 열심히 하지 않았고 참다운 친구를 만들지 못했다. 결국 학교생활 부적응으로 자퇴를 하게 되었다. 남자친구가 몇 번 바뀌었는데 없었던 적은 거의 없었으며 남자친구가 있음에도 조건만남이나 노래방 도우미 등을 하며 용돈을 마련했다.

(5) 상담하게 된 경위

조건만남을 하다가 경찰의 단속에 적발되어 경찰서를 통하여 개인상담이 의뢰됨.

(6) 상담 목표

첫째, 안정된 대인관계를 경험해 본다.

둘째, 희망 진로 정보 탐색 및 꿈을 이루기 위한 목표를 구체적으로 설정해

본다.

(7) 상담 내용

- **1회기:** 라포 형성 및 심리검사
- **2~3회기:** 내담자의 성장과정과 최근 생활에 대한 이야기를 나눔. 내담자의 부정적인 정서에 대한 호소 내용에 공감적 이해와 지지적 상담 진행
- **4회기:** 비폭력 대화 카드를 활용하여 자신의 내재된 감정과 사고에 따른 느낌과 욕구를 탐색하고 자신의 부정적 신념에 직면하도록 함.
- **5~6회기:** 진로검사, 성격유형검사 및 해석 상담을 통한 내담자의 성격적 기질과 강점에 대해 설명하였음.
- **7~8회기:** 내담자의 장래희망인 미용사에 대한 정보 탐색과 꿈을 이루기 위한 실천 계획을 세워봄.
- **9회기:** '현재 나의 모습', '되고 싶은 나의 모습' 활동지 작성 후 이야기 나눔 (현재 나의 모습을 객관적으로 바라볼 수 있도록 함).
- **10회기:** 나에게 쓰는 편지 작성, 상담을 통해 느낀 점에 대해 나눔.

(8) 상담 결과

내담자는 부와의 불화와 모의 부재로 인해 불안정한 성격으로 오랫동안 부정적인 정서를 경험하면서 성장해 왔으며, 안정적이고 편안한 관계 형성 경험이 부족했던 탓에 또래와의 관계를 비롯한 학교생활 부적응 문제를 보이게 된 것으로 보였다. 이에 상담 과정에서 상담자가 든든한 지원자가 되어주고 긍정적인 관계를 우선 경험할 수 있도록 하였다. 상담자와 관계 형성이 된 이후부터는 내담자가 자신의 감정을 충분히 표현하고 왜곡된 신념과 부정적 사고방식에 직면하도록 했다.

상담 초반에 내담자의 태도에서는 진심이 느껴지지 않고 매사에 농담을 하듯 자신의 상황에 대해 비아냥거리듯 말을 하곤 했는데 상담 중반기부터는 점차 자연스럽고 솔직하게 자기의 생각과 감정을 이야기하는 모습들을 보이기 시작했다. 자신의 장래희망이라고 한 미용사가 되기 위해서 미용학원 등록비 마련을 위한 합법적인 아르바이트를 시작하였다. 아버지에 대한 원망과 반항적인 사고는 해소되지 않았으나 아버지를 피하지 않고 대화를 하려고 하는 모습은 상담 전과 달라진 가장 큰 변화였다.

활동하기

1. 다큐프라임 '파더쇼크, 마더쇼크' 동영상을 보고 가족의 기능과 역기능, 동일시, 대물림 등에 대해 이야기를 나누어 봅니다.

2. 인형치료 활동- 그룹별로 동물카드 혹은 가족 인형을 나누어 주고 탐색하게 한다.
   - 가족의 이미지와 비슷한 카드를 골라서 이유를 설명한다.
   - 가족의 이미지 중 변화되기를 원하는 카드를 다시 고른 후 그룹원들과 이야기 한다.

〈활동 예시〉

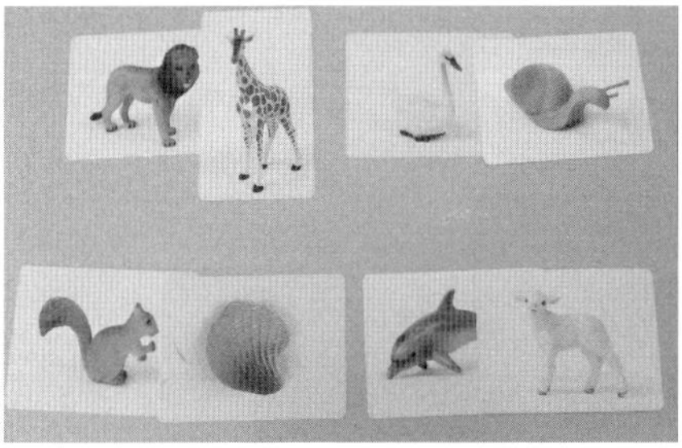

3. 집단화(준비물: 도화지, 색 사인펜, 크레파스)
   - 도화지에 먼저 한 사람이 자유롭게 간단한 그림을 그린다.
   - 다른 그룹원이 이어서 그림을 그린다.
   - 그림이 완성된 후 그룹원들이 그림을 보며 연상되는 이야기를 만들어 본다.

05 PART

청소년상담의 현장

16장 청소년상담의 현장

CHAPTER

16 청소년상담의 현장

1. 학교 현장

학교상담은 학교에서 주로 학생과 교사 사이에서 이루어지는 상담으로 기존의 생활지도와 구분하여 학생들이 학교 안팎에서 겪는 여러 문제들을 예방하고, 해결하며 건강하게 적응 및 성장하도록 돕기 위하여 종합적이고 체계적으로 조력하는 활동(유형근, 2002)이다. 학교상담은 1950년대 미국교육사절단이 기존의 훈육이 지향하는 것과는 다른 새로운 생활지도와 상담이론을 소개하면서 본격적인 논의가 시작되었고 초기 교과서에 소개되는 수준에서 점차 활동범위가 넓어지고 구체화되어 교도교사 제도로 학교교육에 접목되었다(김인규, 2013; 황준성 외, 2011). 그 후 1990년에 시·도 교육청 교육연구원에 교육상담부와 진로상담부가 신설되면서 교도교사의 명칭이 진로상담교사로 바뀌게 되었으며(김인규, 2009), 전문상담교사는 1997년 '초·중등교육법' 개정에서 명칭이 사용되기 시작하였다. 그 후 1999년 교육인적자원부 장관이 지정하는 전국의 교육대학원 또는 대학원에서 전문상담교사 양성과정(교육부령 제735호)을 설치하여 초등학교와 중등학교 및 특수학교에 상담교사를 배치하도록 하는 교사

양성체계가 마련되었다(황준성 외, 2011).

학교상담은 학교폭력의 위험수위가 높아지면서 이의 근본적인 해결을 위해 2005년 상담업무만을 전적으로 전담하는 학교상담자(전문상담순회교사)가 180개 지역교육청에 우선 배치되기 시작하였고 2007년에는 단위학교에도 전문상담교사가 배치되면서부터 본격화되었다. 그 후 2009년 위(Wee)프로젝트가 본격적으로 시행되면서 지역교육청과 단위 학교에 전문상담교사가 배치되었고, 전문상담교사가 없는 학교에는 전문상담사를 배치하기 시작하였으며, 현재 학교상담자는 전문상담사가 전문상담교사보다 더 많이 활동하고 있다.

학교상담 제도의 도입은 학교폭력과 같은 문제를 해결하고 예방하는 차원에서 매우 중요하지만 명확하지 않은 학교상담자들의 역할과 기능, 전문상담교사와 전문상담사라는 이원 체계에서의 불분명한 학교상담자의 정체성 문제와 상담자들의 전문성 수준 및 상담의 성과에 대한 다양한 시각이 제기되고 있다(성현모 · 이상민, 2017). 그러나 현재의 학교 현장에 나타나고 있는 따돌림, 자살 · 자해 행동, 각종 폭력 문제, 성관련 문제, 학업 문제, 진로, 가족, 이성 문제 등 갈수록 다양화, 복잡화되는 학생들의 심리정서, 행동문제를 해결하고 돕는 상담자의 역할에 대한 기대는 더욱 커지고 있고 학교 상담의 중요성은 점점 더 강조될 것으로 보인다.

1) 위(Wee) 프로젝트

(1) 위(Wee) 프로젝트 추진배경 및 목적

청소년들을 둘러싼 다양한 위기상황들, 예를 들면 가족적 위기상황(빈곤, 이혼, 다문화가정 등), 교육적 위기상황(학습부진, 학업중단, 학교폭력, 집단 따돌림 등), 개인적 위기상황(범죄, 가출, 폭력, 흡연, 성경험 등)들이 꾸준히 증가하고 있다. 이러한 위기 상황에 노출된 학생이나 학교 폭력 · 성폭력 가 · 피해학생에 대한 단위학교 차원에서의 선도와 치유가 한계에 부딪히면서 가해학생 선도 및 피해학생 치유·지원을 위한 시스템 구축이 요청되었고, 학교에서 선도 · 치유하기 어려운 위기상황의 학생에 대한 교육청 차원의 지역 사회 지원망을 통한 '진단–상담–치료' 전문 컨설팅 기능을 강화하는 환경 조성이 필요한 상황에서 위(Wee) 프로젝트가 추진되었다.

위(Wee) 프로젝트는 학교·교육청·지역사회의 긴밀한 협력으로 다양한 위기에 노출된 학생들에 대한 촘촘하고 종합적인 국가적 차원의 사회안전망을 구축·운영하여 학교 부적응 학생의 해소와 인적 자원의 유실을 방지하고 감성 및 소통의 학교생활지원서비스로 학생 개개인의 역량 극대화와 품격 있는 인재양성을 목적으로 하고 있다(최상근 외, 2011).

위(Wee) 프로젝트 실시로 학교상담이 국가정책의 한 영역으로 자리 잡는데 기여하여 학교 상담이 교육부의 주요 정책으로 채택되었고, 위(Wee) 프로젝트 운영 전담기관은 한국과학창의재단을 거쳐 현재는 한국교육개발원의 위(Wee) 프로젝트 특임센터가 전담하고 있다. 또한 각 지역 교육지원청에 위(Wee)센터, 각 단위 학교에 위(Wee)클래스가 설치되어 학교상담이 일정한 체계와 규정에 따라 실시되는 조직적 활동으로 변화되었다(김인규, 2013). 2021년 기준 전국에 운영되는 위(Wee)클래스는 7,631곳, 위(Wee)센터는 233곳, 위(Wee)스쿨은 15곳이며 가정형 위(Wee)센터가 19곳, 병원형 위(Wee)센터 10곳이 운영되고 있다(한국교육개발원, 2021).

(2) 위(Wee)의 개념

위(Wee)는 we(우리들)+education(교육)+emotion(감성)의 합성어로 학교와 교육청 그리고 지역사회가 함께 연계하여 학생들의 건강한 성장과 즐거운 학교생활을 위해 다양한 문화와 활동을 지원하는 학생통합안전시스템(safe-net)이다.

- **대상:** 모든 학생이 대상이나 위기 학생이 주 대상이다.

- **내용:** 단위학교 -교육(청)-지역사회가 연계된 다중 안전망 체계이다.
- **전략:** 건강하고 행복한 학교생활을 위한 소통과 공감의 통합 지원 학생서비스를 제공한다.

(3) 위(Wee)의 목적

- 개인적 · 가족적 · 사회적 위기상황에 있는 학생에 대하여 진단과 상담 및 치유의 서비스를 제공함으로써 안전하고 건강한 학교를 만든다.
- 위기 상황에 노출된 학생들에 대한 다중의 촘촘한 지원과 종합적인 안전망 구축을 통하여 학교 부적응 학생을 해소하고 학업 중단 방지 및 예방에 적극적인 조력 활동을 한다.

(4) 위(Wee) 프로젝트 체계도

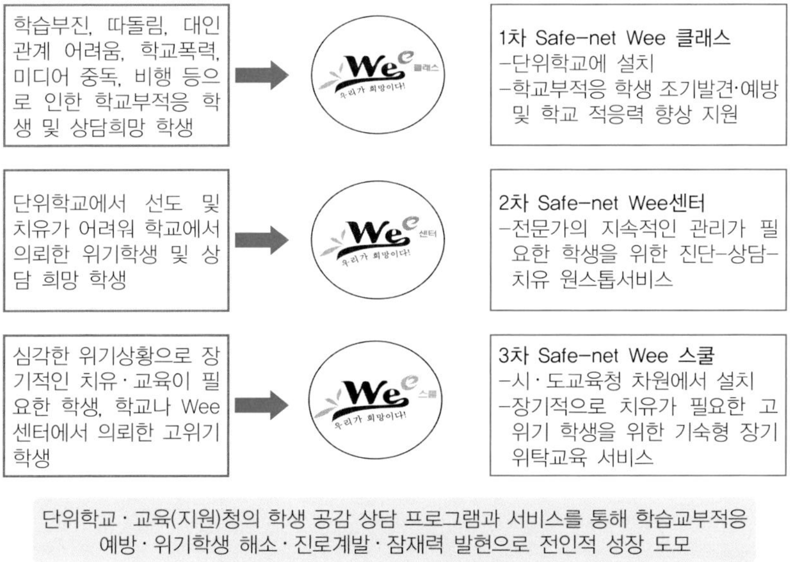

| 그림 16-1 | Wee프로젝트 체계도

출처: 한국교육개발원(2020). 위(Wee)센터 운영가이드.

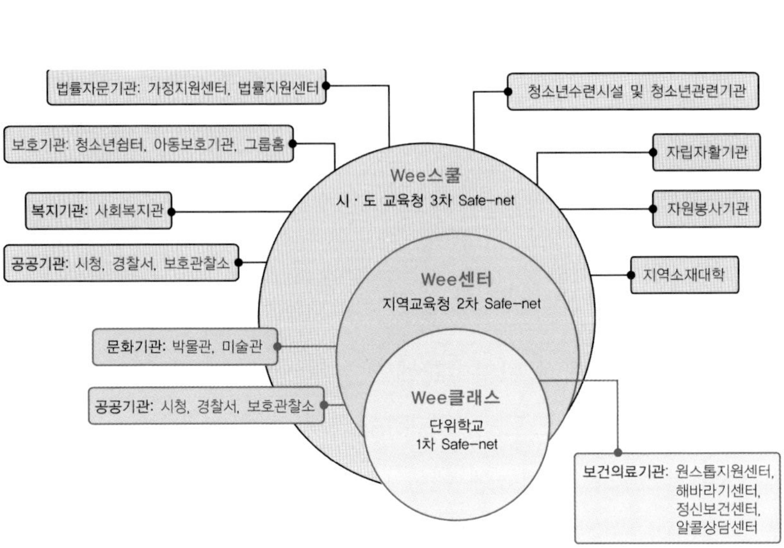

▌그림 16-2▐ 위(Wee)서비스 네트워크

출처: 한국교육개발원(2020). 위(Wee)센터 운영가이드.

▌표 16-1▐ 위(Wee)프로젝트 구축 현황

[위(Wee) 클래스 구축 현황]

2008년	2009년	2010년	2011년	2012년	2013년	2014년	2015년	2016년	2017년	2018년	2019년	2020년
530	1,530	2,530	3,170	4,658	4,904	5,633	6,161	6,382	6,624	6,965	7,230	7,631

[위(Wee) 센터 구축 현황]

구분	2008년	2009년	2010년	2011년	2012년	2013년	2014년	2015년	2016년	2017년	2018년	2019년	2020년
일반형	31	80	108	123	135	146	179	187	187	195	191	190	204
가정형	–	–	1	2	4	4	4	6	12	15	19	19	19
병원형	–	–	1	1	1	5	5	5	5	5	5	9	10
총계	31	80	110	126	140	155	188	198	204	215	215	218	233

[위(Wee) 스쿨 구축 현황]

2008년	2009년	2010년	2011년	2012년	2013년	2014년	2015년	2016년	2017년	2018년	2019년	2020년
–	–	3	3	4	7	9	11	11	13	13	14	15

출처: 한국교육개발원. https://www.wee.go.kr/home/cms/cmsCont.do?cntnts_sn=22

2) 위(Wee) 클래스

단위학교 안에 설치된 상담기관으로 학교 부적응 학생을 조기발견하고, 학교폭력 예방 활동과 학교생활 적응을 도우며 학생들에게 심리 정서적 안정을 제공하는 체계로 운영되고 있다. 위(Wee)클래스는 학생들이 접근하기 쉬운 곳에 위치하도록 공간을 조성하고 개인상담, 집단상담, 심리검사, 다양한 프로그램 구안 적용을 위한 상담 환경을 구축하고 있으며, 학생과 학부모상담, 교사 자문 등을 위하여 전문상담교사, 전문상담사 등 전문 인력이 배치되어 있다. 위(Wee) 클래스가 구축되어 있으나 전문가가 없는 학교는 인근의 학교상담자들이 순회하여 상담을 진행하거나 상담자원봉사자 형태로 운영되는 학교도 있다.

(1) 주요업무

개인상담, 집단상담, 심리검사 활용, 상담프로그램 운영, 학생·학부모 상담주간 운영, 또래상담 운영, 학생상담자원봉사제 등을 운영한다.

(2) 지원업무

학교폭력 가·피해학생 특별교육 및 심리치유 지원, 학업중단위기 학생상담 지원, 자살위기 학생상담 지원, 정서·행동특성검사 상담 지원 및 기관 연계, 인터넷 과몰입 상담 등을 지원한다.

(3) 기타업무

상담실 홍보, 상담관련 행정업무, 사례관리, 교사 상담 연수, 학부모상담 교육, 상담관련 행사, 지역사회 연계협력 등이 있다.

표 16-2 위(Wee)클래스 업무영역

영역	직무	세부업무
상담	개인상담	• 학교 적응력 향상을 위한 상담 • 심리 정서적 안정을 위한 상담
	집단상담	• 자존감 향상 및 사회적 증진 • 학생 욕구에 따른 집단 상담 주제
	심리검사	• 성격 및 대인 관계 영역 • 학업 및 자기 관리 영역 • 심리 및 정서 관련 영역
	상담지원	• 학교 폭력 피·가해학생 상담지원 • 학생정서·행동특성검사 후속 상담지원 • 학업중단숙려제 상담지원
	자문	• 보호자, 교사 등을 대상으로 자문
교육	교육 및 연수	• 학생 교육(예: 특별교육) • 상담관련 보호자 및 교사 연수
	상담행사	• 학생 성장과 학교문화 개선을 위한 상담행사 기획 및 운영
연계	연계 협력	• 학생, 보호자, 교직원 협력 • 교육지원청 위(Wee)센터, 가정형 위(Wee), 병원형 위(Wee) 연계 및 활용
행정	상담환경 조성	• 위(Wee)클래스 시설관리 • 위(Wee)클래스 비품 구입 및 관리 • 상담·심리검사 자료 구입 및 관리
	연간 계획수립	• 학생, 보호자, 교직원 상담관련 요구조사 • 위(Wee)클래스 운영 연간계획 수립
	홍보	• 연중 위(Wee)클래스 운영 홍보 • 각종 프로그램 소개
	사례관리 및 평가	• 상담기록 및 관리 • 상담활동 결과보고 및 평가 • 위(Wee)클래스 운영과 관리에 필요한 행정

출처: 한국교육개발원(2020). 위(Wee)클래스 운영 가이드북.

3) 위(Wee) 센터

각 시 · 도 지역교육청 차원에서 설치되어 운영되고 있다. 단위학교에서 선도 및 치유가 어려워 학교에서 의뢰한 위기 학생 및 상담 희망학생들을 대상으로 하며, 지역사회 내 유관기관과의 연계를 통한 서비스를 제공하고 있다(최상근 외, 2011). 센터 내에 임상심리사, 사회복지사가 상주하여 심리검사 및 해석과 지역사회연계 지원 등 개별 학생들에게 전문화된 통합 서비스를 제공한다.

(1) 운영내용

- 학교폭력 가 · 피해학생 등 위기학생에 대한 사업계획 수립 · 시행, 통계관리, 평가 및 개선
- 심층사정 평가 대상자에 대한 종합심리 검사 및 상담 지원
- 위(Wee) 클래스가 없는 학교의 방문 상담 요청시 순회 상담 실시
- 만족도 조사를 통하여 상담서비스 자체 평가실시 및 상담의 질 개선
- 학업중단숙려제 대상 학생을 위한 상담 프로그램 운영
- 학교 부적응 학생들을 대상으로 한 특별 프로그램 운영
- 위기학생에 대한 전문상담 기관 상담료 및 병원의 치료비용 지원
- 학교폭력예방 전문상담사 배치를 통하여 학교폭력을 예방하고 사후 지도관련 상담 활성화
- 원스톱지원센터의 학교폭력전담 상담사는 상담을 실시하고, 외부법률·의료 전문가, 교육청담당자, 경찰 등과 연계하여 관련 조치 실시
- 학교폭력 사안에 대하여 조사를 실시하고 피해학생의 치유를 위한 병원 지정 및 법률 상담 등 지원
- 위(Wee) 클래스 컨설팅을 통한 자문과 상담 자료 제공

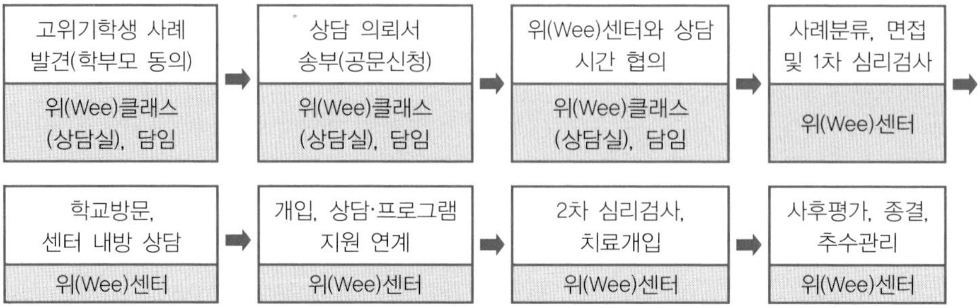

* 가해학생의 심리치료는 학부모의 동의 없이 가능

❙그림 16-3❙ 위(Wee)센터 서비스 체계도

출처: 위(Wee)프로젝트 및 상담.

(2) 운영 프로그램

- **맞춤형 부모교육**: 아동청소년의 발달과 정신건강에 대한 이해 교육, 자녀양육 태도 점검과 부모의 자기이해
- **가족친밀감 향상 프로그램**: 간편 심리검사를 통한 자기이해, 관계 놀이를 통한 친밀감 회복
- **또래상담자 교육**: 역할놀이와 경험을 통한 자기이해와 타인이해, 또래상담자의 자세와 역할교육
- **생명존중교육**: 생명의 소중함 인식 교육 및 생명사랑 퀴즈 풀기 등
- **학교폭력예방교육**: 학교폭력의 정의, 학교폭력 사례 중심으로 폭력의 위험성과 올바른 대처교육
- **학교폭력 예방을 위한 학생·학부모동반 캠프**: 부모·자녀 간의 올바른 소통과 관계 회복을 통한 학교폭력 예방
- **학업중단 예방 진로 캠프**: 다양한 진로탐색 활동 캠프를 통한 꿈 찾기와 학교 적응력 향상
- **학교폭력예방 캠페인**: 학교폭력에 대한 올바른 대처법, 도움 구하기, 학교폭력

의 심각성과 유형 알기 등

- **학교폭력가해학생 특별교육**: 학교폭력 예방교육, 인성교육, 부모교육, 동물매개치료, 원예치료 등
- **학교폭력가해학생 보호자 특별교육**: 학교폭력 예방교육, 부모교육, 자녀 이해교육, 양육태도점검, 미술치료 등
- **'꿈 키움' 캠프 활동**: 스쿨폴리스 및 대학생 멘토와 함께하는 진로문화 체험교실(한국교육개발원, 2018)

4) 위(Wee) 스쿨

교육, 치유, 적응을 도와주는 장기위탁교육기관으로 원적학교의 학적을 유지하면서 감성과 실용 교육 중심의 학교 교육과 진로, 직업교육을 함께 제공하고 있다(최상근 외, 2011).

입교대상은 학업중단 및 학교 부적응 고위기 학생들이며 입교방법은 입학(신입생), 전학(수시), 위탁(수시)로 이루어지고 있으며, 기숙사 비를 포함한 학비 전액을 교육청에서 지원하고 있다.

(1) 교육목적

위기 학생들이 안전한 환경 속에서 공동체 생활을 통해 심리치유와 학교 적응력향상과 올바른 성장을 할 수 있도록 돕는다.

(2) 교육목표

심리치유를 통한 자아존중감 회복, 인성과 생활교육을 통한 자아정체감 확립, 자기표현력 향상을 통한 긍정적 대인관계 형성, 공동체 활동을 통한 건강

한 심신 단련, 흥미와 동기유발을 통한 학습력 향상 등이 있다(박창호, 2010).

위기 학생에 대한 위(Wee)스쿨 개입은 대안교육을 공교육 내에서 실행한다는 의미이며, 공교육 틀 안에서 이루어지되 일반 학교와는 차별화된 교과 과정 운영으로 학생들의 학교적응력을 높이고 이들이 다시 학교로 복귀할 수 있는 기회를 제공한다(한길자·손진희, 2011).

5) 가정형 위(Wee) 센터

가정적인 돌봄과 대안교육이 필요한 학생들을 위하여 상담, 돌봄, 교육을 함께 제공하는 특화형 센터이다. 안정적인 주거 환경과 돌봄을 바탕으로 학생 개개인의 성격 및 진로, 적성을 고려한 교과 운영과 가족 내 갈등을 개선하도록 돕는 가족 개입 프로그램 운영 등으로 건강한 자아상 확립 및 사회적응력 향상을 길러주는 통합적인 서비스를 제공하고 있다.

(1) 입교대상

가정적, 학교적, 개인적 위기학생

(2) 운영내용

- **입교사업**: 본 센터 소개, 입교절차 및 사업 안내, 입교문의 상담 진행
- **회복사업**: 안정적인 돌봄을 지원, 의·식·주 제공, 일상생활훈련 등 지원
- **교육사업**: 보통교과, 대안교과, 창의인성체험활동, 방학프로그램, 치유교과 운영으로 진로와 연계한 개인 핵심역량 개발
- **적응사업**: 학교생활 적응과 가정 복귀 지원
- **홍보사업**: 외부기관 협약 및 대외 홍보활동

6) 병원형 위(Wee) 센터

심리적·정서적 어려움을 겪고 있는 위기 학생들을 대상으로 상담·교육·치료와 의료자문을 하고 필요한 경우 전문의의 병원 치료까지 지원하는 위탁 치료형 대안교육 기관이다.

(1) 서비스 대상

심리적·정서적 어려움으로 학교 적응이 힘들고 정신적 치료가 필요한 학생

(2) 운영내용

- **심리상담**: 전문의 상담, 개인상담, 부모상담
- 기초 건강검진, 심리검사
- 담임/연계기관 실무자 회의
- **교육**: 학교 복귀를 위한 교과학습 진행
- **심리치료 프로그램**: 음악치료, 미술치료, 놀이치료
- **체험활동**: 다양한 직업체험활동, 공예, 놀이 야외활동, 재난대비 체험형 안전교육활동

2. 학교 밖 현장

최근 학교를 중단하는 학생들이 증가하고 있으며, 학업 중단 후 가정환경 및 심리정서적으로 어려움에 처한 학교 밖 청소년들에 대한 교육서비스 및 그 외 다양한 서비스를 제공하여 건강한 사회구성원으로 성장하도록 돕는 개입의 필

요성이 높아지고 있다. 학업 중단 후 여러 가지 위기에 처한 청소년들을 돕기 위하여 국가적 지원의 필요성이 요청됨에 따라 지역사회청소년통합지원체제(Community Youth Safety-Net)라고 하는 지역 내 위기청소년들을 위한 지원서비스 정책을 중점 사업으로 정하고, 전국에 분포한 청소년상담복지센터를 정책수행기관으로 다양한 지원을 하고 있다. Wee프로젝트가 학교 안에서 학교-교육청-지역사회가 연계된 국가적 차원의 안전망인 반면 청소년상담지원센터를 중심으로 운영되는 CYS-Net은 학교 밖 위기 청소년들을 대상으로 하는 지역사회안전망이라는 점에서 그 차이가 있다(최상근 외, 2011).

1) 한국청소년상담복지개발원

(1) 설립배경 및 목적

여성가족부 산하에 있는 준정부기관인 한국청소년상담복지개발원은 전국 시·도 및 시·군구에 소재한 청소년상담복지센터와 학교밖청소년지원센터(꿈드림)를 총괄하는 중추기관으로서 대한민국 청소년들의 건강한 성장을 위하여 다양한 상담복지 사업들을 수행하고 있다. 급변하는 청소년문제에 효과적으로 대응하기 위해서 각 지역 청소년상담복지센터와 지역사회 유관기관 간 연계를 통해 위기상황에 있는 청소년을 돕는 '지역사회 청소년통합지원체계(CYS-Net)'를 구축·운영하고 있으며, 학교 밖 청소년지원센터(꿈드림)를 지원하는 중앙기관으로서 학업을 중단한 청소년의 학업복귀 및 사회진입을 적극 지원하고 있다. 또한 인터넷 및 스마트폰 중독의 치유 전문기관인 '국립청소년인터넷드림마을'과 정서·행동장애 청소년들을 치유하는 '국립 중앙 청소년 디딤 센터'를 운영하고 있다. 그리고 전국 초·중·고등학교 학생을 대상으로 학교폭력예방을 위한 또래상담 운영 지원 사업을 실시하고 있다.

(2) 주요사업

- **청소년사회안전망 운영사업:** 지역주민, 유관기관, 단체 등 지역 내의 활용 가능한 자원 연계를 통해서 지역사회청소년통합지원체계를 구축하고, 위기에 처한 청소년들을 발견하여 통합적인 상담복지서비스를 제공한다. 특히 한국청소년상담복지개발원이 총괄하고 있는 전국의 220여 개에 달하는 청소년상담복지센터는 지역청소년 통합지원체계(CYS-Net)의 핵심기관으로 청소년 문제를 진단 및 평가하고 필요한 서비스를 제공한다.
- **학교 밖 청소년 지원 사업:** 학교 밖 청소년의 학업복귀와 사회진입을 도움으로써 건강한 사회구성원으로 성장할 수 있도록 지원하는 사업이다. 2015년 5월 시행된 '학교 밖 청소년 지원에 관한 법률'에 따라 '청소년지원센터 꿈드림'은 전국 각 지역에 200여 개소가 설치되었고, 한국청소년상담복지개발원은 꿈드림센터의 중앙기관으로서 컨트롤타워 역할을 수행하며 지원활동을 하고 있다.
- **청소년 인터넷 · 스마트폰 과의존 예방 및 해소사업:** 청소년의 인터넷 · 스마트폰 과의존을 예방하고 치유하기 위하여 대상자 발굴과 사후관리까지 체계적인 시스템을 구축하고 대상자별 맞춤형 서비스를 제공한다.
- **청소년폭력예방 지원 사업:** 청소년을 대상으로 또래상담자 교육 및 훈련 프로그램을 개발하여 전국의 초 · 중 · 고 학생들에게 보급하고 있다. 또래상담자들은 교육을 이수한 후 학교 폭력 징후를 조기에 발견하면 적극적인 개입으로 공감·배려 중심의 학교문화 조성을 위해 활동하고 있다. 2018년부터는 여성가족부와 교육부와의 협업을 통해 또래상담 내실화 강화를 위해 운영노하우 공유, 상담사례 지도 등 '또래상담 컨설팅단' 사업을 운영하고 있다.
- **정책연구 및 프로그램 개발 사업:** 청소년상담복지관련 정책연구를 수행, 정부정책에 반영하고, 청소년관련 프로그램을 개발하여 전국 각 청소년상담복지센터를 비롯한 청소년상담복지관련 기관에 보급하는 사업이다. 심화되고

있는 청소년의 다양한 위기 문제에 대한 원인 및 대응 방안을 연구하여 정책개발에 필요한 기초자료를 제공하며 이는 솔리언 또래상담, 올틴 품성계발, 스마트폰 중독예방, 이음부모교육 등과 같은 프로그램의 근간이 되고 있다.

- **청소년상담사 자격연수 · 보수교육 사업**: 청소년 문제 예방과 지원을 위하여 전문인력인 청소년상담사를 양성하는 자격연수는 2019년 현재까지 약 2만 2천여 명이 양성되어 전국 청소년상담복지센터, 복지관, 학교, 대학, 공공기관 등에서 활동하고 있다. 보수교육은 청소년 유관기관에서 근무하는 청소년상담사의 전문성 향상을 위하여 새로운 상담 이론과 기법을 교육시킴으로써 시대 변화에 따른 다양한 청소년 문제 예방과 해결 역량을 제고하는 데 그 목적을 두고 있다.
- **직무연수사업**: 전국 청소년상담복지센터 및 청소년상담복지 관련기관 종사자들의 청소년 위기문제 대응능력과 상담복지업무 역량강화를 위해 실시하는 교육 사업이다. off-line상의 집합교육과 상설 이러닝 시스템을 활용한 on-line 교육으로 운영되고 있다.
- **전문연수사업**: 한국청소년상담복지개발원에서 개발한 솔리언 또래상담, 이음부모교육, 올틴 품성계발, 인성교육, 자살예방교육 프로그램 보급을 위하여 전문지도자와 지도자를 양성하는 사업이다.
- **전문상담사업**: 다양한 호소 문제를 유형별로 분류하여 개인상담, 집단상담, 사이버상담, 심리검사, 전문클리닉 서비스를 제공하는 사업이다.
- **청소년 권리교육 사업**: 권리의 주체이자 의무자인 청소년들이 자신의 권리를 지키고 또한 타인의 권리를 존중해 주며 살아갈 수 있도록 권리교육 프로그램을 개발 및 보급하고 교육 인력을 양성하는 사업이다. 청소년 권리교육을 담당, 지원하는 청소년희망센터는 권리교육 강사를 양성하고 UN아동권리위원회의 권고사항을 바탕으로 청소년 지도자들에게 여러 가지 권리 교육

사업을 진행하고 있다.

- **청소년복지시설 내실화 사업:** 청소년복지지원법 제22조 청소년복지시설인 청소년쉼터, 청소년 자립 지원관, 청소년회복시설의 내실화를 위한 서비스를 제공하고 있다(한국청소년상담복지개발원, 2021).

2) 청소년상담복지센터

(1) 설립목적

청소년상담복지센터는 청소년복지지원법 제 29조 및 동법 시행령 제14조, 청소년복지지원법 제42조를 법적 근거로 청소년상담, 긴급구조, 자활, 의료지원 등 통합지원 서비스를 제공하여 청소년의 건강한 성장 및 복지증진을 도모하고자 설치·운영되고 있다. 보다 효율적으로 위기청소년을 지원하기 위하여 청소년상담복지센터에서 이루어지는 지역사회통합지원체계(CYS-Net) 운영체제의 기본 방향은 지역사회 중심으로 네트워크 시스템을 구축하는 것과 청소년 중심의 One-stop 서비스 체계 구축에 중점을 두고 있다(정봉희, 2016).

시·도 센터는 각 광역시·도의 청소년정책을 전반적으로 주도하면서 해당 시·군·구 센터를 지도하고 지원하는 업무에 집중하도록 하고, 시·군·구 센터는 직접적으로 청소년에게 서비스를 제공함으로써 지역 내 청소년들을 위한 상담복지서비스기관으로서의 역할 수행에 초점을 둔 운영모형이다(황순길 외, 2014). 현재 청소년상담복지센터 운영은 지자체 직영운영, 민간 위탁운영, 법인 설립운영 등으로 센터 운영 형태에 따라 센터 실무자들의 처우나 고용에 차이가 발생하고 있다(황순길 외, 2016).

(2) 운영 내용: 지역사회통합지원체계(CYS-Net)

- **상담 및 정서적 지원**: 위기청소년들이 위기상황을 효과적, 사회 적응적으로 극복하도록 돕고, 청소년들의 잠재력 개발을 지원하여 심리적 안정 및 정서적 지지를 제공한다.
- **사회적 보호지원**: 가출 청소년과 위험 상황에 노출된 위기청소년들을 보호하고, 휴식을 제공하여 청소년쉼터 등의 안정한 기관으로 연계한다.
- **교육 및 학원 지원**: 학업 중단, 정규교육과정을 이수하지 못한 청소년들에게 기본적인 교육과 학업능력을 갖출 수 있도록 대안학교, 학교 밖 청소년지원센터, 검정고시학원 등으로 지원하고 연계한다.
- **진로 및 취업지원**: 가출, 학업 중단 등의 청소년의 진로 설정과 취업을 할 수 있도록 직업전문학교, 자활 지원관, 고용안정센터 등으로 직업훈련 등의 기회를 제공 및 연계한다.
- **의료 및 건강지원**: 가출, 가정폭력 등으로 심리적, 신체적 문제로 인한 어려움을 겪고 있는 청소년에게 국립의료원, 병원, 지역보건소 등으로 치료지원 제공과 연계를 수행한다.
- **다양한 여가 및 문화 활동 체험 지원**: 위기 청소년들이 일상생활을 건강하게 영위할 수 있도록 청소년 문화의 집, 청소년수련시설 등과 연계하여 기능을 수행한다.
- **법률 자문 및 권리구제**: 학교폭력, 성폭력 피해 및 가해, 불법고용주의 착취 등에 대한 법률관련 도움을 제공한다.

지역사회통합지원체계(CYS-Net) 운영을 위한 필수 연계기관은 시도교육청 및 각 급 학교, 지방노동관서, 경찰관서, 공공의료기관(국·공립병원), 보건소(정신건강복지센터), 청소년지원시설 및 청소년쉼터 등이 포함된다. 또한 CYS-Net의 원활한 운영을 위하여 운영위원회를 구성하고 학교 지원단, 1388청소년

지원단, 실행위원회 등을 두고 있다(정봉희, 2016).

3) 꿈드림(학교 밖 청소년지원센터)

(1) 설립목적

학교 밖 청소년지원센터는 학교 밖 청소년들을 위하여 지원 사업을 하는 기관으로 이때 학교 밖 청소년이란 9~24세 청소년 중에서 3개월 이상 국가에서 인정한 초·중등과정에 해당하는 정규학교에 다니지 않는 청소년을 의미한다. 정규학교에 재학 중이지 않은 청소년이라는 것은 학교에서의 학업을 중단한 중퇴 청소년, 근로 청소년, 미진학 청소년, 무직 청소년뿐만 아니라 대안학교나 검정고시, 취업을 위한 훈련 등 다양한 형태의 학업은 지속하되 단지 국가가 규정한 교과과정을 가르치는 정규학교에 다니지 않는 모든 청소년을 포함하는 것으로 볼 수 있다(백혜정 외, 2015).

「학교 밖 청소년 지원에 관한 법률」('15.5.29.시행)이 제정됨에 따라 기존의 두드림·해밀 사업이 「학교 밖 청소년 지원사업」으로 확대·변경되면서 한국청소년상담복지개발원과 전국 청소년지원센터 「꿈드림」에서는 학교 밖 청소년들의 개인적 특성과 수요를 고려한 상담지원, 교육지원, 직업체험 및 취업지원, 자립지원 등 4가지 차원에서 서비스를 제공하고 있다(박승곤·김수정, 2017).

(2) 서비스 대상

9세~24세의 학교 밖 청소년으로 초·중학교에서 3개월 이상 결석 및 취학의무를 유예한 청소년과 고등학교에서 제적 또는 퇴학, 자퇴한 청소년, 고등학교에 미진학한 청소년, 학업중단 숙려 대상 학생 등 잠재적 학교 밖 청소년 등이 포함된다.

(3) 주요 서비스내용

- **상담 지원**: 청소년 심리, 가족관계, 진로, 친구관계 등
- **교육 지원**: 학업동기 강화, 학업능력 증진 프로그램, 학업중단 숙려상담, 검정고시를 통한 학력취득지원, 취학관리 전담기구 사례관리, 대학입시지원, 복교 지원
- **직업체험 및 직업교육훈련지원**: 직업역량강화 프로그램 제공, 직업탐색, 체험 프로그램 제공, 취업훈련 연계지원(취업성공패키지, 내일이룸학교, 비즈쿨 등)
- **자립지원**: 자기계발 프로그램 지원, 경제적으로 어려운 학교 밖 청소년 지원, 청소년 근로권익 보호, 기초 소양교육제공
- **건강검진**: 10대 특성에 맞춘 건강검진과 서비스 제공(본인부담 없음), 체력관리 지원, 건강생활 관리지원
- **기타 서비스**: 지역특성화 프로그램 등

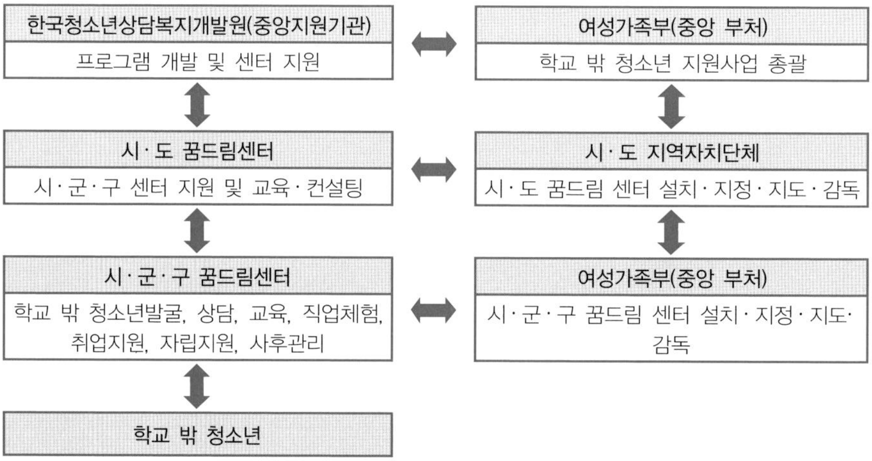

| 그림 16-4 | 학교 밖 청소년 서비스지원체계

출처: 청소년상담복지개발원, 꿈드림(2021).

(4) 그 외 학교 밖 청소년 지원정책

| 표 16-2 | 학교 밖 청소년 주요 지원정책

담당 부처	주요대상	주요 사업	지원 내용	운영기관
여성가족부	학교 밖 청소년	학교 밖 청소년지원	학업·취업·자립 지원	학교 밖 청소년 지원센터
	위기청소년	청소년특별지원	자립·자활(경제적) 지원	청소년상담 복지센터
		청소년상담복지지원	자립·자활 지원	
		CYS-net	사회 안전망 구축 및 맞춤형 위기지원	
	중·고위험군 위기청소년	청소년동반자	일대일 사례관리	
	가출 청소년	청소년 쉼터	주거 및 생활지원	청소년 쉼터
교육부	학업 중단 청소년	방송통신 중·고교	교육 및 학력 취득 기회 제공	방송통신 중·고등학교 운영센터
		초·중·고 졸업학력 검정고시		시·도교육청/ 한국교육과정평가원
		친구랑(학교 밖 청소년도움센터)	학업복귀 지원	관할 교육청
	(잠재적) 학업중단·복귀청소년	대안학교	학업중단 예방 및 복귀 지원	대안교육기관
	잠재적 학업중단 청소년	학업중단숙려제	학업중단예방	Wee 센터/ 학교밖청소년 지원센터
		꿈키움 멘토링	멘토링을 통한 학업중단예방	시·도교육청
고용 노동부	학교 밖 청소년	취업사관학교	직업훈련 및 취업지원	한국산업인력공단
	비진학 미취업 청소년	취업성공패키지		고용센터
	미취업 청소년	청년취업인턴제	직업체험 및 취업지원	

법무부	소년범 및 비행청소년/위기청소년	자립생활관	자립·자활 지원	한국소년보호협회
		창업보육사업	취업 지원	
		사회정착지원센터	직업 훈련	
보건복지부	저소득층 청소년	청소년자활지원	청소년자활 및 취업지원	청소년자활지원센터
	아동자립 지원서비스	시설 및 위탁 가정 청소년 자립 지원	주거지원 및 진학지원	아동자립지원단

출처: 백혜정 외(2015). 학교 밖 청소년 지원정책 체계화 방안 연구, 한국청소년정책연구원 연구보고서.

4) 기타 청소년 관련 기관

(1) 청소년쉼터

청소년쉼터는 가출 청소년 예방과 지원을 위한 청소년 복지시설이다. 가출 청소년들을 일정기간 보호하면서 상담·주거·학업·자립 등을 지원하는 곳으로 일시쉼터, 단기쉼터, 중장기쉼터로 나누어진다. 일시쉼터는 24시간~7일 이내의 일시보호, 단기쉼터는 3~9개월 이내, 중장기쉼터는 3년 이내의 보호가 가능하다(여성가족부, 2018).

① 지원내용

- **가출 청소년 개인별 정서적 지지와 심층 상담:** 거리상담 지원활동과 청소년쉼터 입·퇴소 시에 실시하고 필요한 경우 청소년상담복지센터, 국립정신병원, 정신건강센터 등 유관기관과 연계하여 전문심리상담 및 치유프로그램 참여 지원
- 가출 청소년을 대상으로 검정고시, 전문자격취득 지원, 취업을 위한 직업훈련, 대안학교 진학 등 개인별 적성을 참조한 맞춤형 교육지원 서비스를 제공

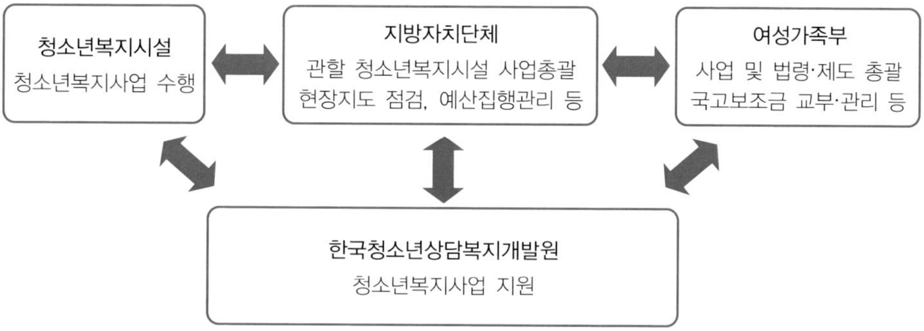

〈운영현황(19' 12월 기준)〉

구분	청소년 쉼터			청소년자립 지원관(6개소)	청소년회복지원시설 (19개소)
	임시쉼터 (31개소)	단기쉼터 (63개소)	중장기쉼터 (40개소)		
주요기능	거리상담, 가출예방, 일시 보호 및 단기쉼터 연계 등	신속한 가정 복귀 및 유관시설 연계 등	사회복귀를 위한 학업 및 자립 지원	주거 안정 기반의 자립 사례관리	훈육, 생활지원 및 자립지원
입소기간	일시	3개월 이내	3년 이내	1년 이내	6개월 (법원결정)

┃그림 16-5┃ 청소년쉼터 운영지원체계 및 운영현황

출처: 여성가족부(2021).

② 운영현황: 청소년쉼터(전국 134개소 운영)

- 가출 청소년 생활보장 및 자립지원 시설기관

(2) 국립청소년 인터넷드림마을

인터넷, 스마트폰 과의존 청소년들을 대상으로 하여 개인상담, 집단상담 및 대안활동, 체험활동을 지원하며, 학생 스스로 운영하는 자치회활동, 부모 교육, 부모상담 등의 프로그램을 통해 종합적이고 전문적인 서비스 제공으로 청소년들을 치유하고 청소년들이 희망과 용기를 가지고 건강하게 성장할 수 있도록 운영하고 있다. 대상은 인터넷 · 스마트폰 과의존 위험군(위험 사용군+주의 사용군)청소년들로 운영기간은 1주(7박8일), 2주(11박 12일), 3주(18박 19일), 4주(27박 28일)로 프로그램이 진행된다.

(3) 국립중앙청소년디딤센터

정서 · 행동면에서 어려움을 겪는 만 9세~18세 청소년을 대상으로 "교육 · 상담 · 치료 · 보호" 등 전문적, 종합적인 서비스를 제공하기 위해 여성가족부 산하에 설립한 거주형 치료 · 재활 시설이다. 상담 및 심리치료(음악, 미술, 동작, 원예, 승마, 정서, 명상 등), 대안교육(학습권 보장을 위한 대안교육 · 검정고시 준비), 공동체(공동가정생활, 동아리활동, 자치활동 등), 자립(개인 관심, 적성에 맞는 진로 교육과 자립생활), 보호(대인관계기술 습득, 생활습관 및 사회적응 행동) 등의 프로그램 활동이 이루어진다.

(4) 아동보호전문기관

아동학대 신고 접수 및 현장조사, 응급보호의 업무를 수행하며 피해아동의 가족과 아동학대 행위자를 위한 상담과 치료, 교육 등의 서비스를 제공한다.

(5) 정신건강복지센터 · 자살예방 센터

보건복지부와 지방자치단체가 설치하고 병의원기관에 위탁하여 운영하고 있으며 지역사회의 정신건강증진과 만성질환자들의 치료 및 사회적응, 자살예방 관련 활동을 하고 있다. 아동 청소년에게 발생할 수 있는 정신건강관련(정신질환 등) 문제를 예방 및 조기 발견하여 상담과 재활 등을 통해 치료받을 수 있도록 지원한다.

(6) 학생정신건강지원센터

학생들의 정신건강 증진을 위해서 교육부에서 설립, 지원하는 전문연구 및 교육기관이다. 우울, 자살 등과 관련된 학생정신보건과 관련된 당면 문제들을 증거 기반, 뇌 과학 기반으로 접근하여 문제 해결을 돕고자 한다.

(7) 건강가정 · 다문화가족지원센터

- **목적:** 지역주민의 특성을 고려한 맞춤형 가족지원서비스를 제공함으로써 가족의 안정성 강화와 가족관계 증진에 기여하고, 지역사회 다문화가족들을 대상으로 자녀교육 지원, 가족교육·상담, 한국어 교육, 통번역 등 종합적인 서비스를 제공한다.
- **지원대상:** 건강가정지원센터는 다양한 모든 가족이 대상이 되며, 다문화가족지원센터는 결혼이민자(한국인과 결혼한 외국인), 다문화가족, 귀화자가 포함된 가족(다문화가족지원법 제2조)이 대상이 된다.

(8) 해바라기 센터

성폭력 피해 및 가정 폭력 피해자의 상담과 지원, 의료지원, 법률 · 수사지원, 심리치료 지원 등을 하는 곳으로 전국 중소 도시 이상의 지역 거점 병원에 병설되어 있다.

(9) 생명의 전화

상담자원봉사자들이 24시간 대기하며 위기 상담을 진행하고 있으며 청소년 대상(중 1~3학년, 남녀 청소년)으로 자살예방 교육을 실시하고 있다.

(10) 스마트쉼센터

인터넷, 스마트폰 과의존으로 인한 학교 부적응, 가족 간 갈등으로 인한 문제를 해결하기 위하여 상담과 교육을 실시하는 기관이다.

(11) 안전 Dream 아동 · 여성 · 장애인 경찰지원센터

117학교폭력 신고센터를 통해 실종아동, 성범죄, 청소년 · 학교폭력, 가정폭력 · 학대, 청소년 유해환경과 관련된 신고와 상담을 하고 있다.

활동하기

1. 우리 주변에 있는 청소년상담 현장이나 홈페이지를 찾아 청소년상담 현장에 대해 알아보고 각 현장의 특징에 대해 토론해 봅니다.

2. 6분할 생애그림(준비물: 도화지, 색연필, 필기구)
   - A4용지를 6분할한다.
   - 유치원, 초등학교, 중학교, 고등학교, 대학교, 사회인 등의 모습을 그려보게 한다. (내용을 다르게 구성할 수도 있다. 예: 10대, 20대, 30대, 40대, 50대, 60대 등으로)
   - 청소년상담자로서 과거와 현재를 돌아보고 미래를 생각해 본다.

3. 소망 나무 만들기(준비물: 도화지, 포스트잇, 크레파스, 필기구)
   - 그룹별로 도화지와 포스트잇을 나누어 준다.
   - 자신이 이루고 싶은 소망을 생각해 본다.
   - 소망을 이루는 데 걸림돌과 준비할 것, 이루고 싶은 열매를 포스트잇에 적는다.
   - 걸림돌은 뿌리부분, 준비할 것은 줄기부분, 열매는 수관에 붙이도록 한다.
   - 청소년 현장에서 이루고 싶은 자신의 소망을 그룹별로 발표해 본다.

appendix 부록

1. 청소년상담사

1) 정의

청소년기본법(제22조 1항)에 의거하여 실시되는 청소년상담과 관련된 국내 유일의 국가자격증이다. 산업인력관리공단에서 시행하는 청소년상담사 자격시험에 합격하고 청소년상담사 연수기관에서 실시하는 100시간 이상의 연수과정을 마친 사람에게 여성가족부장관이 부여하는 국가자격증이다.

2) 목적

전문상담자의 양성, 상담자의 자질 향상, 높은 자질을 지닌 인력 선발

3) 활동분야

학교청소년상담사, 초·중·고등학교 상담교사, 대학 학생상담센터, 한국청소년상담복지개발원, 시·도 청소년상담복지센터, 시·군·구 청소년상담복지센터, 경찰청, 법무부, 군, 사회복지기관, 청소년수련관, 청소년문화관, 청소년쉼터, 청소년관련 복지시설, 개인상담실, 기업상담실, 사회복지관, 아동·청소년 대상 시설 등

4) 급별 역할

급	주요 역할	세부 내용
1급	청소년상담을 주도하는 전문가 (지도 인력)	• 청소년상담 정책 개발 및 행정업무 총괄 • 상담기관 설립 및 운영 • 청소년들의 제 문제에 대한 개입 • 2급 및 3급 청소년상담사 교육 및 훈련
2급	청소년 정신을 육성하는 청소년상담사 (기간 인력)	• 청소년상담의 전반적 업무 수행 • 청소년의 각 문제 영역에 대한 전문적 개입 • 심리검사 해석 및 활용 • 청소년상담과 관련된 독자적 연구 설계 및 수행 • 3급 청소년상담사 교육 및 훈련
3급	유능한 청소년상담사 (실행 인력)	• 기본적인 청소년상담 업무수행 • 집단 상담의 공통지도자 업무 수행 • 매체상담 및 심리검사 등의 실시와 채점 • 청소년상담관련 의뢰체계를 활용 • 청소년상담실 관련 제반 행정적 실무를 담당

5) 청소년상담사 배출 현황

▶ 연도별, 급별 양성현황

급수 / 연도	1급	2급	3급	전 체
2003년	107	293	284	684
2004년	21	90	103	214
2005년	21	171	151	343
2006년	30	171	206	407
2007년	1	177	296	474
2008년	47	194	450	691
2009년	15	239	517	771
2010년	14	140	332	486
2011년	19	298	418	735
2012년	29	335	928	1,292
2013년	12	225	990	1,227
2014년	15	409	1,558	1,982
2015년	52	564	1,531	2,147

2016년	39	830	2,141	3,010
2017년	88	1,042	1,594	2,724
2018년	109	787	1,515	2,411
2019년	87	1,593	1,623	3,303
전 체	706	7,558	14,637	22,901

▶ 성별 현황

급\성	남	여	합계
1급	99	607	706
2급	694	6,864	7,558
3급	1,521	13,116	14,637
합계	2,314	20,587	22,901

▶ 청소년상담사 취업 현황

○ 개요

- 취업률: 82.1%
- 조사 대상: 3,006명(2003년 ~ 2018년 상반기 자격 취득자 18,122명 중 16.6%)
- 조사 시기: 2019년 9월~10월(인력 현황 조사는 2~3년 주기로 실시됨)

조사대상	응답자	취업자	미취업자
18,122명	3,006명	2,468명 (82.1%)	538명 (17.9%)

출처: 한국청소년상담복지개발원.

2. 청소년상담사 자격시험과 취득 절차

1) 청소년상담사 응시자격 요건

(1) 1급 청소년상담사

① 대학원에서 청소년학, 청소년지도학, 교육학, 심리학, 사회사업학, 사회복지학, 정신의학, 아동학, 아동복지학 분야 또는 그 밖의 여성가족부령이 정하는 상담관련분야(이하 "상담관련분야"라 한다)의 박사학위를 취득한 사람

② 대학원에서 상담관련분야의 석사학위를 취득한 후 상담실무경력이 4년 이상인 사람
③ 2급 청소년상담사로서 상담실무경력이 3년 이상인 사람
④ 청소년상담복지개발원에서 응시자격서류심사 완료(2013년도 제출자에 한함)
⑤ 대학원에서 상담관련분야(과목이수)의 박사학위를 취득한 사람

(2) 2급 청소년상담사

① 대학원에서 청소년학, 청소년지도학, 교육학, 심리학, 사회사업학, 사회복지학, 정신의학, 아동학, 아동복지학 분야 또는 그 밖의 여성가족부령이 정하는 상담관련분야(이하 "상담관련분야"라 한다)의 석사학위를 취득한 사람
② 대학 또는 다른 법령의 따라 이와 동등한 학력을 인정받는 기관에서 상담관련 분야 학사 학위를 취득한 후 상담실무경력이 3년 이상인 사람
③ 3급 청소년상담사로서 상담실무경력이 2년 이상인 사람
④ 청소년상담복지개발원에서 응시자격서류심사 완료(2013년도 제출자에 한함)
⑤ 대학원에서 상담관련 분야(과목이수)의 석사학위를 취득한 사람
⑥ 대학 또는 다른 법령에 따라 이와 동등한 학력을 인정받는 기관에서 상담관련 분야(과목 이수) 학사학위를 취득한 후 상담실무경력이 3년 이상인 사람
⑦ 대학원에서 청소년학, 청소년지도학, 교육학, 심리학, 사회사업학, 사회복지학, 정신의학, 아동학, 아동복지학 분야 또는 그 밖의 여성가족부령이 정하는 상담관련분야(이하 “상담관련분야”라 한다)의 박사학위를 취득한 사람

(3) 3급 청소년상담사

① 대학 및 「평생교육법」에 따른 학력이 인정되는 평생교육시설의 청소년학, 청소년지도학, 교육학, 심리학, 사회사업학, 사회복지학, 정신의학, 아동학, 아동복지학분야 또는 그 밖의 여성가족부령이 정하는 상담관련분야(이하 “상담관련분야” 라 한다) 졸업자
② 전문대학 또는 다른 법령의 따라 이와 동등한 학력을 인정받는 기관에서 상담관련 분야 전문학사를 취득한 사람으로서 상담실무경력이 2년 이상인 사람

③ 대학 또는 다른 법령에 따라 이와 동등한 학력을 인정받는 기관에서 학사학위를 취득한 후 상담실무경력이 2년 이상인 사람
④ 전문대학 또는 다른 법령에 따라 이와 동등한 학력을 인정받는 기관에서 전문학사학위를 취득한 후 상담실무경력이 4년 이상인 사람
⑤ 고등학교를 졸업하고 상담실무경력이 5년 이상인 사람
⑥ 청소년상담복지개발원에서 응시자격서류심사 완료(2013년도 제출자에 한함)
⑦ 대학 및 「평생교육법」에 따른 학력이 인정되는 평생교육시설의 상담관련 분야(과목이수) 졸업인 사람
⑧ 전문대학 또는 다른 법령의 따라 이와 동등한 학력을 인정받는 기관에서 상담관련 분야(과목이수) 전문학사를 취득한 사람으로서 상담실무경력이 2년 이상인 사람
⑨ 대학원에서 청소년학, 청소년지도학, 교육학, 심리학, 사회사업학, 사회복지학, 정신의학, 아동학, 아동복지학 분야 또는 그 밖의 여성가족부령이 정하는 상담관련분야(이하 "상담관련분야"라 한다)의 석사학위를 취득한 사람
⑩ 대학원에서 상담관련 분야(과목이수)의 석사학위를 취득한 사람

출처: 큐넷(http://www.q-net.or.kr).

2) 자격 취득 절차

공고 → 필기시험 → 면접시험 → 응시서류 제출마감 → 합격자 발표

주관: 한국산업인력공단

자격연수 → 자격증 교부

주관: 한국청소년상담복지개발원

출처: 한국청소년상담복지개발원(https://www.youthcounselor.or.kr).

3. 청소년상담사 윤리강령

<서문>

청소년상담사는 청소년의 인지, 정서, 행동, 발달을 조력하는 유일한 상담전문 국가자격증이다. 청소년상담사는 항상 청소년과 그 주변인들에게 인간으로서의 존엄성을 높이고자 노력하고, 청소년이 스스로 결정할 수 있도록 도와주며, 청소년의 아픔과 슬픔에 대해 청소년상담사로서의 책임을 다한다. 청소년상담사는 청소년이 사랑하는 가족, 이웃과 더불어 행복하게 살아갈 수 있도록 지원하기 위해 다음과 같이 윤리규정을 숙지하고 준수할 것을 다짐한다.

가. 제정 목적

1. 청소년상담사의 책임과 의무를 분명하게 제시하여 내담자를 보호한다.
2. 청소년상담사가 직무 중에 발생하는 문제를 처리할 수 있는 기준을 제공한다.
3. 청소년상담사의 활동이 전문직으로서의 상담의 기능 및 목적에 저촉되지 않도록 기준을 제공한다.
4. 청소년상담사의 활동이 지역사회의 도덕적 기대에 부합하도록 준거를 제공한다.
5. 대한민국 청소년들의 건강·성장을 책임지는 전문가로서의 청소년상담사를 보호하는 기준을 제공한다.

나. 청소년상담사로서의 전문적 자세

1. 전문가로서의 책임

가) 청소년상담사는 청소년 기본법에 따라 청소년의 권리와 책임을 다 할 수 있게 지원해야 한다.

나) 청소년상담사는 자기의 능력 및 기법의 한계를 인식하고, 전문적 기준에 위배되는 활동을 하지 않도록 한다.

다) 청소년상담사는 검증되지 않고 훈련 받지 않은 상담기법의 오 · 남용을 하지 않도록 유의한다.

라) 청소년상담사는 청소년과 관련된 정책, 규칙, 법규에 대해 정통해야 하고 청소년 내담자를 보호하며 청소년 내담자가 최선의 발달을 이루도록 노력해야 한다.

2. 품위유지 의무

가) 청소년상담사는 전문상담자로서 품위를 손상하는 행위를 하지 않는다.

나) 청소년상담사는 현행법을 우선적으로 준수하되, 윤리강령이 보다 엄격한 기준을 설정하고 있다면, 윤리강령을 따른다.

다) 청소년상담사는 상담적 배임행위(내담자 유기, 동의를 받지 않은 사례 활용 등)를 하지 않는다.

3. 보수교육 및 전문성 함양

가) 청소년상담사는 자신의 전문성을 유지·향상시키기 위해 법적으로 정해진 보수교육에 반드시 참여한다.

나) 청소년상담사는 다양한 사람들을 상담함에 있어 상담에 필요한 이론적 지식과 전문적 상담 및 연구능력을 향상시키기 위해 교육, 자문, 훈련 등 지속적인 노력을 기울여야 한다.

다. 내담자의 복지

1. 내담자의 권리와 보호

가) 청소년상담사는 내담자의 복지를 증진하고 존엄성을 존중하는 것에 최우선 가치를 둔다.

나) 청소년상담사는 내담자가 상담 계획에 참여할 권리, 상담을 거부하거나 개입방식의 변경을 거부할 권리, 거부에 따른 결과를 고지 받을 권리, 자신의 상담 관련 자료를 복사 또는 열람할 수 있는 권리 등을 보장해 주어야 한다. 단, 기록물에 대한 복사 및 열람이 내담자에게 해악을 끼친다고 판단될 경우 내담자의 기록물 복사 및 열람을 제한할 수 있다.

다) 청소년상담사는 외부 지원이 적합하거나 필요할 때 의뢰를 요청할 수 있으며 이를 청소년 내담자 및 보호자(만 14세 미만 내담 청소년의 경우)에게 알리고 서비스를 받을 수 있도록 노력한다.

라) 청소년상담사는 자신의 질병, 죽음, 이동, 퇴직 등으로 인하여 상담을 중단해야 하는 경우 이에 대한 적절한 조치를 취해야 한다.

마) 청소년상담사는 청소년 내담자에게 무력, 정신적 압력 등을 사용하지 않는다.

2. 사전 동의

가) 청소년상담사는 상담을 시작할 때 내담자가 충분한 설명을 듣고 선택할 수 있도록 적절한 정보를 제공해야 하고, 상담자와 내담자 모두의 권리와 책임에 대해 알려줄 의무가 있다.

나) 청소년상담사는 내담자에게 상담 과정의 녹음과 녹화 여부, 사례지도 및 교육에 활용할 가능성에 대해 설명하고, 내담자에게 동의 또는 거부할 권리가 있음을 알려야 한다.

다) 청소년상담사는 내담자가 만 14세 미만의 청소년인 경우, 보호자 또는 법정대리인의 상담 활동에 대한 사전 동의를 구해야 한다.

라) 청소년상담사는 내담자에게 상담의 목표와 한계, 상담료 지불 방법 등을 명확히 알려야 한다.

3. 다양성 존중

가) 청소년상담사는 모든 인간의 기본적인 권리, 존엄성, 가치를 존중하며 성별, 장애, 나이, 성적 지향, 사회적 신분, 외모, 인종, 가족형태, 종교 등을 이유로 내담자를 차별하지 않는다.

나) 청소년상담사는 내담자의 다양한 문화적 배경을 이해하고, 청소년상담사 자신의 고유한 문화적 정체성이 상담 과정에 영향을 주지 않도록 노력해야 한다.

다) 청소년상담사는 자신의 개인적 가치, 태도, 신념, 행위를 자각하고 내담자에게 자신의 가치를 강요하지 않는다.

라. 상담 관계

1. 다중관계

가) 청소년상담사는 법적, 도덕적 한계를 벗어난 다중 관계를 맺지 않는다.

나) 청소년상담사는 내담자와 연애 관계 및 기타 사적인 관계를 맺지 않는다.

다) 청소년상담사는 내담자와 상담 비용을 제외한 어떠한 금전적, 물질적 거래 관계도 맺지 않는다.

라) 청소년상담사는 내담자와 상담 이외의 다른 관계가 있거나, 의도하지 않게 다중관계가 시작된 경우에는 적절한 조치를 취해야 한다.

2. 부모/보호자와의 관계

가) 청소년상담사는 부모(보호자)의 권리와 책임을 존중하고, 청소년 내담자의 건강한 성장을 위해 부모(보호자)에게 상담자의 역할에 대해 설명하여 협력적인 관계를 성립하도록 노력한다.

나) 청소년상담사는 내담자의 성장과 복지에 필요하다고 판단되는 경우, 내담자의 동의하에 부모(보호자)에게 내담자에 관한 최소한의 정보를 제공한다.

3. 성적 관계

가) 청소년상담사는 내담자 및 내담자의 가족, 중요한 타인에게 자신의 지위를 이용하여 성적 접촉 및 성적 관계를 가져서는 안 된다.

나) 청소년상담사는 이전에 연애 관계 또는 성적인 관계를 가졌던 사람을 내담자로 받아들이지 않는다.

마. 비밀보장

1. 사생활과 비밀보장의 의무

가) 청소년상담사는 내담자와 부모(보호자)의 사생활과 비밀보장에 대한 권리를 최대한 존중해야 한다.

나) 청소년상담사는 상담기관에 소속된 모든 구성원과 관계자 · 슈퍼바이저 · 주변인들에게도 내담자의 사생활과 비밀이 보호되도록 주지시켜야 한다.

다) 청소년상담사는 청소년 내담자 상담 시 사전에 상담에 대한 내담자의 동의를 받고 상담 과정에 부모나 보호자가 참여할 수 있으며, 비밀보장의 한계에 따라 정보를 제공할 수 있음을 알린다.

라) 청소년상담사는 청소년 내담자 상담 시, 상담 의뢰자(교사, 경찰 등)에게 내담자 및 보호자(만 14세 미만 내담 청소년의 경우)의 동의하에 정보를 제공할 수 있다.

마) 청소년상담사는 비밀보장의 의미와 한계에 대하여 청소년 내담자의 발달단계에 적합한 용어로 알기 쉽게 설명해 주어야 한다.

바) 청소년상담사는 강의, 저술, 동료자문, 대중매체 인터뷰, 사적 대화 등의 상황에서 내담자의 신원확인이 가능한 정보나 비밀 정보를 공개하지 않는다.

2. 기록 및 보관

가) 청소년상담사는 내담자에게 전문적인 서비스를 제공하기 위해 상담 내용을 기록하고 보관한다.

나) 기록의 보관은 공공기관이나 교육기관 등은 각 기관에서 정한 기록 보관 연한을 따르고, 이에 해당하지 아니한 경우에는 3년 이내 보관을 원칙으로 한다.

다) 청소년상담사는 기록 및 녹음에 관해 내담자의 사전 동의를 구한다.

라) 청소년상담사는 면접기록, 심리검사자료, 편지, 녹음 및 동영상 파일, 기타 기록 등 상담과 관련된 기록을 보관하고 처리하는 데 있어서 비밀을 준수해야 한다.

마) 청소년상담사는 원칙적으로 내담자 및 보호자(만 14세 미만 내담 청소년의 경우)의 동의 없이 상담의 기록을 제3자나 기관에 공개하지 않는다.

바) 청소년상담사는 내담자와 보호자가 상담 기록의 삭제를 요청할 경우 법적, 윤리적 문제가 없는 한 삭제하여야 한다. 상담 기록을 삭제하지 못할 경우 타당한 이유를 내담자와 보호자에게 설명해 주어야 한다.

사) 청소년상담사는 퇴직, 이직 등의 이유로 상담을 중단하게 될 경우 기록과 자료를 적절한 절차에 따라 기관이나 전문가에게 양도한다.

아) 전자기기 및 매체를 활용하여 상담관련 정보를 기록·관리하는 경우, 기록의 유출 또는 분실 가능성에 대해 경각심과 주의 의무를 가져야 하며 내담자의 정보보호를 위해 적극적인 노력을 해야 한다.

자) 내담자의 기록이 전산 시스템으로 관리되는 경우, 접근 권한을 명확히 설정하여 내담자의 신상이 공개되지 않도록 조치를 취한다.

3. 상담 외 목적을 위한 내담자 정보의 사용

가) 청소년상담사는 자신의 사례에 대해 보다 나은 전문적 상담을 위해 내담자 및 보호자(만14세 미만 내담 청소년의 경우)의 동의를 구한 후 내담자에 대해 사실적이고 객관적인 정보만을 사용하여 동료나 슈퍼바이저에게 자문을 받을 수 있다.

나) 청소년상담사는 교육이나 연구 또는 출판을 목적으로 상담 관련 자료를 사용할 때에는 내담자 및 보호자(만 14세 미만 내담 청소년의 경우)의 동의를 구해야 하며, 신상 정보 삭제와 같은 적절한 조치를 취하여 내담자에게 피해를 주지 않도록 한다.

4. 비밀보장의 한계

가) 청소년상담사는 상담 시 비밀보장의 1차적 의무를 내담자의 보호에 두지만 비밀보장의 한계가 있는 경우 청소년의 부모(보호자) 및 관계기관에 공개할 수 있다.

나) 비밀보장의 한계가 있는 경우는 다음과 같다.

1) 청소년상담사는 내담자의 생명이나 사회의 안전을 위협하는 경우 비밀을 공개하여 그러한 위험의 목표가 되는 사람을 보호하기 위한 합당한 조치 등 안전을 확보한다.

2) 청소년상담사는 법적으로 정보의 공개가 요구되는 경우 내담자에게 그 사실을 알리고 최소한의 정보만을 제공한다.

3) 청소년상담사는 내담자에게 감염성이 있는 치명적인 질병이 있을 경우 관련기관에 신고하고, 그 질병에 노출되어 있는 제3자에게 정보를 공개할 수 있다.

다) 청소년상담사는 아동학대, 청소년 성범죄, 성매매, 학교폭력, 노동관계 법령 위반 등 관련 법령에 의해 신고의무자로 규정된 경우 해당 기관에 관련 사실을 신고해야 한다.

바. 심리평가

1. 심리검사의 실시

가) 청소년상담사는 심리검사를 실시하고 해석할 수 있는 능력을 배양해야 한다.

나) 청소년상담사는 심리검사 실시 전에 내담자 및 보호자(만 14세 미만 내담 청소년의 경우)에게 사전 동의를 받아야 한다.

다) 청소년상담사는 검사 도구를 선택, 실시, 해석함에 있어서 모든 전문가적 기준을 고려하여 사용한다.

라) 청소년상담사는 내담자에게 적절한 심리검사를 선택해야 하며 검사의 타당도와 신뢰도, 제한점 등을 고려한다.

마) 청소년상담사는 다문화 배경을 가진 내담자를 위한 검사 선택 시 내담자의 사회문화적 맥락을 신중히 고려해야 한다.

2. 심리검사의 해석

가) 청소년상담사는 심리검사 해석에 있어 성별, 나이, 장애, 성적 지향, 인종, 종교, 문화 등의 영향을 고려하여 검사 결과를 해석한다.
나) 청소년상담사는 청소년이 이해할 수 있도록 심리검사의 목적, 성격, 결과에 대한 설명을 제공한다.
다) 청소년상담사는 심리검사 결과를 다른 이들이 오용하거나 외부에 유출하지 않도록 하여야 한다.

사. 슈퍼비전

1. 슈퍼바이저의 역할과 책임

가) 슈퍼바이저는 사례지도 방법과 기법들에 대한 교육과 훈련을 지속적으로 받음으로써 사례 지도 역량을 향상시키기 위해 노력한다.
나) 슈퍼바이저는 전자 매체를 통하여 전송되는 모든 사례지도 자료의 비밀 보장을 위해서 주의하고, 필요한 조치를 취한다.
다) 슈퍼바이저는 사례지도를 시작하기 전에, 진행 과정에 대해 충분히 설명한 후 동의를 받음으로써 슈퍼바이지의 적극적 참여를 독려할 책임이 있다.
라) 슈퍼바이저는 슈퍼바이지에게 전문가적·윤리적 규준과 법적 책임을 숙지시킨다.
마) 슈퍼바이저는 지속적 평가를 통해 슈퍼바이지의 한계를 파악하고, 그가 자신의 한계를 인식하고 보완할 수 있도록 돕는다.

2. 슈퍼바이저와 슈퍼바이지의 관계

가) 슈퍼바이저는 슈퍼바이지와 상호 존중하며 윤리적, 전문적, 개인적 그리고 사회적 관계를 명료하게 정의하고 유지한다.
나) 슈퍼바이저와 슈퍼바이지는 성적 혹은 연애 관계, 그 외에 사적인 이익관계를 갖지 않는다.
다) 슈퍼바이저와 슈퍼바이지는 상호간에 성희롱 또는 성추행을 해서는 안 된다.
라) 슈퍼바이저는 가족, 친구, 동료 등 상대방에 대한 객관성을 유지하기 힘든 사람과 슈퍼비전 관계를 맺지 않는다.

아. 청소년 사이버 상담

1. 사이버 상담에서의 정보 관리

가) 운영 특성 상, 한명의 내담자가 여러 명의 사이버 상담자를 만나게 되는 경우 상담자들 간에 정보를 공유할 수 있음을 내담자에게 알린다.

나) 사이버 상담 운영기관에서는 이용자가 다른 사람의 신분을 도용하지 않도록 절차를 마련해야 한다.

2. 사이버 상담에서의 책임

가) 사이버 상담자는 만약에 있을지 모르는 위기개입 등의 상황을 대비하기 위해서 내담자의 신분을 확인할 방법을 가지고 있어야 한다.

나) 사이버 상담이 내담자에게 부적절하다고 간주될 경우, 상담자는 대면상담 연계 등 이에 적합한 서비스 연계를 하여야 한다.

자. 지역사회 참여 및 제도 개선에 대한 책임

1. 지역사회를 돕는 전문가 역할

가) 청소년상담사는 경제적 이득이 없는 경우에도 청소년의 최선의 유익을 위하여 지역사회의 기관, 조직 및 개인과 협력하고 사회공익을 위해 전문적 활동에 헌신함으로써 사회에 공헌하도록 한다.

나) 청소년상담사는 내담자가 다른 정신건강 전문가와 상담을 받고 있음을 알게 되면, 내담자의 동의하에 그 전문가와 긍정적이고 협력적인 관계를 맺도록 노력한다.

2. 제도 개선 노력

가) 청소년상담사는 청소년 및 복지관련 법령, 정책 등의 적용과 개선을 위해 노력한다.

나) 청소년상담사는 자문을 요청한 내담자나 기관의 문제 혹은 잠재된 사회문제를 규명하고 해결하는데 도움을 준다.

차. 상담기관 설립 및 운영

1. 상담기관 운영자의 역할

가) 청소년상담 기관을 운영하고자 할 경우, 운영자로서의 전문성 및 역량을 갖추도록 노력해야 한다.

나) 상담기관 운영자는 직원이나 학생, 수련생, 동료 등을 교육, 감독하거나 평가 시에 착취하는 관계를 가져서는 안 된다.

다) 상담기관 운영자는 자신과 현재 종사하고 있는 직원의 전문적 역량 향상에 책임이 있다.

라) 상담비용은 내담자의 재정 상태 등을 고려하여 합리적으로 책정한다.

마) 상담기관 운영자는 직원 채용 시 자격 있는 사람을 채용해야 한다.

2. 상담기관 종사자의 역할

가) 청소년상담사는 자신이 종사하는 기관의 목적과 운영방침을 따라야 하며, 기관의 성장 발전을 위해 노력해야 한다.

나) 청소년상담사는 고용기관에 손해를 끼칠 수 있는 상황이나 기관의 효율성에 제한을 줄 수 있는 상황에 대해 미리 알려주어야 한다.

카. 연구 및 출판

1. 연구 활동

가) 청소년상담사는 청소년 문제 해결을 위해 윤리적 기준에 따라 과학적인 방법으로 연구를 계획하고 수행한다.

나) 청소년상담사는 연구 대상자를 심리적, 신체적, 사회적 불편이나 위험으로부터 보호하여야 한다.

다) 청소년상담사는 연구 참여자들에게 연구의 본질, 결과 및 결론에 대한 정보를 제공하는 것이 과학적 가치와 인간적 가치를 손상시키지 않는 한, 연구 참여자들이 이에 대한 정보를 얻을 수 있는 기회를 제공한다.

2. 출판 활동

가) 청소년상담사는 연구 결과를 출판할 경우에 자료를 위조하거나 결과를 왜곡해서는 안 된다.

나) 청소년상담사는 투고논문, 학술발표원고, 연구계획서를 심사할 경우 제출자와 제출내용에 대해 비밀을 유지하고 저자의 저작권을 존중한다.

타. 자격취소

1. 청소년상담사는 청소년기본법 제21조의2(자격의 취소)에 해당하는 경우 자격이 취소된다.

가) 청소년기본법 제21조의 결격사유에 해당하게 된 경우

① 미성년자, 피성년후견인 또는 피한정후견인

② 파산선고를 받고 복권되지 아니한 사람

③ 금고 이상의 형을 선고받고 그 집행이 끝나거나 집행을 받지 아니하기로 확정된 후 3년 이 지나지 아니한 사람

④ 금고 이상의 형을 선고받고 그 집행유예의 기간이 끝나지 아니한 사람

⑤ 3호 및 4호에도 불구하고 다음 각 목의 어느 하나에 해당하는 죄를 저지른 사람으로서 형 또는 치료감호를 선고받고 확정된 후 그 형 또는 치료감호의 전부 또는 일부의 집행이 끝나거나(집행이 끝난 것으로 보는 경우를 포함한다) 집행이 유예·면제된 날부터 10년이 지나지 아니한 사람

㉠ 「아동복지법」 제71조제1항의 죄

㉡ 「성폭력범죄의 처벌 등에 관한 특례법」 제2조의 성폭력범죄

㉢ 「아동·청소년의 성보호에 관한 법률」 제2조제2호의 아동·청소년대상 성범죄

⑥ 법원의 판결 또는 법률에 따라 자격이 상실되거나 정지된 사람

나) 거짓이나 그 밖의 부정한 방법으로 자격을 취득한 경우

다) 자격증을 다른 사람에게 빌려주거나 양도한 경우

파. 청소년상담사 윤리강령 제·개정 및 해석

1. 한국청소년상담복지개발원은 청소년상담사 윤리강령 교육·보급을 위해 노력해야 한다.
2. 한국청소년상담복지개발원은 청소년상담사 대상 의견 수렴 및 전문가 토론회, 자격검정위원회의 보고 등 자문을 통해 청소년상담사 윤리강령 개정안을 수립한 후 청소년상담사 윤리강령을 개정할 수 있다.
3. 윤리강령과 관련하여 의견이 있거나 공문 등을 통해 윤리적 판단을 요청할 경우, 한국청소년상담복지개발원에서 전문적 해석을 제공할 수 있다.

부칙

1. (시행일) 이 강령은 공표한 날부터 시행한다.

출처: 한국청소년상담복지개발원(https://www.youthcounselor.or.kr:446/new/sub01_6.html).

참고사이트

한국청소년상담복지개발원, 청소년상담사 (2020).
https://www.youthcounselor.or.kr:446/new/sub01_5.html에서 2020년 3월 3일 인출.

한국청소년상담복지개발원, 청소년상담사 (2020).
https://www.youthcounselor.or.kr:446/new/sub01_9_1.html에서 2020년 3월 3일 인출.

한국청소년상담복지개발원, 청소년상담사 (2020).
https://www.youthcounselor.or.kr:446/new/sub01_6.html에서 2020년 3월 3일 인출.

큐넷, 청소년상담사 (2020).
http://www.q-net.or.kr/crf004.do?id=crf00401&gSite=L&gId=67에서 2020년 3월 3일 인출.

참고문헌

강문희, 박경, 강해련, 김혜린 (2006). **가족 상담 및 심리치료**. 서울: 신정.

강신덕 (1998). **청소년상담개인 상담실습교재**. 서울: 한국청소년상담원.

강영신, 노안영 (2006). **성격심리학**. 서울: 학지사.

강위영, 공마리아 (1998). 주의력결핍 아동의 교육프로그램. 대구대학교 출판부.

강진령, 강은주 (2009). 부모자녀관계중심 학부모상담모형 구안. **교육과학연구, 40**(1), 117-140.

경기도 학교밖 청소년 지원방안 연구: 정책보고서 2013-06. 서수원도서관 비치자료.

교육부 (2017). 학교폭력예방 및 대책에 관한 법률.

교육부 (2018). 2018년도 학생 건강검사 표본통계 발표.

구광현, 이정윤, 이재규, 이병임, 은혁기 (2005). **학교상담의 이론과 실제**. 서울: 학지사.

구본용 (2002). 청소년상담 모형의 정립과 발전과제. 한국청소년상담원 제9회 청소년상담학세미나, "한국에서의 청소년상담-미래와 전망".

구본용, 이숙영, 송수민, 이상희 (1998). **또래상담자훈련프로그램Ⅴ**. 서울: 청소년 대화의 광장.

구인회 (2003). **경제위기와 청소년 발달: 가족의 경제적 상실이 청소년 교육성취에 미치는 영향**. 서울: 집문당.

권석만 (2008). **젊은이를 위한 인간관계의 심리학**. 서울: 학지사.

권영상, 김양희, 김정옥, 문혜숙, 손홍숙, 신강숙, 오정옥, 옥경희, 유가효, 전귀연, 정민자, (2005). **가정폭력 전문상담**. 서울: (주)시그마프레스.

금명자 (2008). 우리나라 학업중단청소년에 대한 이해. **한국심리학회지: 문화 및 사회문제. 14**(1), 299-317.

기소예 (2001). 상담 전 훈련(Pretherapy Training)이 상담/심리치료에 대한 태도, 지식 및 기대에 미치는 영향. 이화여자대학교 석사학위논문.

김계현 (1995). **상담심리학**. 서울: 학지사.

김계현, 김동일, 김봉환, 김창대, 김혜숙, 남상인, 천성문 (2009). **학교상담과 생활지도**. 서울: 학지사.

김교헌 (2004). 한국청소년의 우울과 자살. **한국심리학회지: 사회문제, 10**, 55-68.

김동일, 신을진, 이명경, 김형수 (2011). **학습상담**. 서울: 학지사.

김봉환, 정철영, 김병석 (2013). **학교진로 상담**. 서울: 학지사.

김승경, 송미경, 김미경 (2014). 가정폭력 피해 아동·청소년 실태 및 대응방안 연구. 한국청소년정책연구원 연구보고서, 1-299.

김예성, 안재진 (2014). 사춘기 성숙시기에 따른 여자 청소년들의 적응에 관한 연구: 공격성과 학교 규칙 준수를 중심으로. **청소년문화포럼, 41**, 40-64.

김옥진, 김형수, 김기민, 장성화 (2011). 상담윤리 결정모델을 통한 상담자 윤리교육의 필요성. **교육실천연구, 10**(1), 141-168.

김유숙 (2000). **가족 상담**. 서울: 학지사.

김윤재, 박남오, 심영진, 염일열, 이경재, 임순길 (2011). **사회복지실천기술론**. 서울: 동문사.

김인규 (2009). 학교상담: 전문상담교사제도 발전 방안 연구. **상담학연구, 10**(1), 517-534.

김인규 (2013). Wee 프로젝트 발전방안 연구. **교육종합연구, 11**(1), 137-156.

김재엽, 성신명, 박하여, 한기주 (2018). 부모로부터의 학대가 가출 청소년의 반복 가출에 미치는 영향. **한국청소년연구, 29**(1), 239-263.

김정규 (1996). **게슈탈트 심리치료**. 서울: 학지사.

김정규 (2015). **게슈탈트 심리치료 창조적 삶과 성장**. 서울: 학지사.

김정민 (1999). 유아들의 연령과 성별에 따른 주의력 결핍 과잉행동연구. 동아대학교 대학원 석사학위논문.

김지혜 (2001). **가출 청소년 사례관리 지침서**. 서울: 나눔의집.

김춘경, 박지헌, 손은희, 송현정, 안은미, 유지영, 이세나, 전은주, 조민규, 한은수 (2015). **청소년 집단 상담프로그램**. 서울: 학지사.

김태희, 신현균 (2011). 인지행동프로그램이 빈곤가정아동의 우울취약성 감소에 미치는 효과:역기능적 태도와 낮은 자존감을 중심으로. **한국심리학회지: 임상, 30**(4), 907-927.

김현정 (2014). 청소년 우울의 영향요인 연구. 국민대학교 행정대학원 석사학위논문.

김형태, 오익수, 김원중, 김동일 (1996). **청소년 학업 상담**. 서울: 청소년대화의광장.

김혜련 (2001). 주의력결핍 과잉행동 유아의 출현율과 가족기능에 대한 연구. 대구대학교 대학원 박사학위논문.

남미애 (2008). 청소년쉼터 및 가출유형에 따른 가출청소년의 이용만족과 삶의 질 차이. **청소년학연구, 15**(6), 89-120.

남미애, 홍봉선, 양혜진 (2007). 가출청소년 및 청소년쉼터 실태조사. 서울: 국가청소년위원회, 한국청소년쉼터협의회.

류문화 (1996). 자기교시훈련이 과잉행동장애 아동의 문제행동 수정에 미치는 효과. 대구대학교 대학원 박사학위논문.

문순혁 (2016). 한국의 청소년 자살문제와 그 예방책 연구. 부산대학교 교육대학원 석사학위논문.

문은식, 김충회 (2003). 부모의 학습지원행동과 초·중학생의 학업동기 및 학업성취도의 관계. **교육심리연구, 17**(2), 271-288.

문재우 (2012). 우리나라 청소년의 가출충동과 가출경험에 영향을 미치는 요인. **대한보건연구, 38**(1), 19-44.

문준혁, 김정민, 김태은, 양성은, 이진숙, 이희선 (2019). **아동상담**. 서울: 창지사.

민병배 (2002). 인지치료의 이론과 실제. 부산학교상담학회 연수 자료집.

박광배, 오경자, 신민섭 (1991). 우울증과 충동성이 청소년들의 자살행위에 미치는 영향. **한국심리학회지: 임상, 10**(2), 292-193.

박성수 (1998). **생활지도**. 파주: 정민사.

박성수, 김혜숙, 이숙영, 김창대, 유성경 (1997). **청소년상담원리**. 서울: 한국청소년상담원.

박승곤, 김수정 (2017). 학교밖청소년지원센터 운영에 관한 종사자의 경험 분석. **청소년학연구, 24**(4), 233-257.

박창호 (2010). Wee스쿨 운영방안. **상담과지도, 45**, 469-476.

박효정 (2012) 노르웨이의 학교폭력 실태와 대책, 그리고 한국교육에의 시사점. 한국교육개발원.

배주미 (2000). 아동및청소년 우울증상과 인지변인의 지속성과 상호예측: 18개월 추적 연구. 연세대학교 대학원 박사학위논문.

배태성 (2018). 가정폭력경험 아동의 학교적응유연성과 관련된 보호요인 탐색: 자기효능감, 부모-자녀 간 개방적 의사소통, 교사의 지지를 중심으로. 부경대학교 대학원 석사학위논문.

백지숙, 김혜원, 김영순, 방은령, 임형택, 주영아 (2009). **청소년상담**. 서울: 도서출판 신정.

백혜정, 방은령 (2009). 청소년 가출 현황과 문제점 및 대책 연구 (연구보고 09-R08). 서울: 한국청소년정책연구원.

백혜정, 송미경, 신정민 (2015). 학교밖청소년 지원 정책 체계화 방안 연구. **한국청소년정책연구원 연구보고서, 12**, 1-310.

법무부 (2017). 가정폭력범죄의 처벌 등에 관한 특례법. 법률 제14962호.

보건복지부 (2020). 아동복지법.

서경희, 윤점룡, 윤치현, 이상복, 이상훈, 이효신 (1999). **발달장애의 진단과 평가**. 대구: 대구대학교 출판부.

서봉연, 유영분, 강길례 (2001). **효과적인 대인관계 노하우 프로그램**. 서울: 한국가이던스.

성지희, 정문자 (2007). 학교폭력 피해아동의 학교적응과 보호요인. **아동학회지, 28**(5), 1-18.

성현모, 이상민 (2017). 학교상담제도의 국제비교연구. **상담학연구, 18**(5), 263-285.

신민섭, 오경자 (1993). 청소년기의 자아정체감혼란과 부적응행동. 한양대학교 학생생활연구소, 대학생활연구, 1171-1184.

신성철 (2018). **청소년심리 및 상담**. 파주: 정민사.

신재은 (1999). 청소년의 우울에 영향을 미치는 심리사회적요인에 관한 연구. 이화여자대학교 대학원 석사학위논문.

신현균 (2010). **아동 심리치료의 실제**(아산재단 연구총서 제275집). 서울: 집문당.

아동권리보장원 (2019). 아동학대 예방 및 보호.

안창규, 문선화, 전윤식 (1995). **가출청소년과 학교관리체계**. 서울: 집문당.

여성가족부 (2018). 가정폭력방지 및 피해자보호 등에 관한 법률. 법률 제15448호.

여성가족부 (2020). 2019년 가정폭력 실태조사 연구.

연미영 (2006). 청소년의 충동성, 가족도박수준 및 거주지역이 청소년의 도박행동, 도박신념 및 미래의 도박동기에 미치는 영향. **한국심리학회지: 문화 및 사회문제, 12**(1), 1-14.

연합뉴스 (2009. 9. 9.).

오규훈 (2003). 가정폭력을 어떻게 볼 것인가. **월간목회, 6월호**(통권 제322호)

오세진, 임영식 (1999). 청소년 자살과 예방. **사회과학연구, 12**(1), 141-158.

우희정, 최정미 (2004). 아동의 우울에 영향을 미치는 어머니 관련변인에 관한 연구. **아동학회지, 25**(4), 191-200.

유은진 (2018). 청소년 약물 및 도박 중독에 관한 연구 동향 분석. 한국교통대학교 교육대학원 석사학위논문.

유형근 (2002). 종합적인 학교상담 체제 구안에 관한 연구. **청소년상담 연구, 10**(1), 55-70.

육성필 (2003). 자살관련변인의 탐색과 치료 프로그램 개발. 고려대학교 대학원 박사학위논문.

윤대원 (2007). 사회복지실천의 윤리적 의사결정에 관한 연구. 동아대학교 교육대학원 석사학위논문.
이경진 (2003). 청소년 자살의 고위험 집단과 저위험 집단의 심리적 특성. 가톨릭대학교 대학원 석사학위논문.
이명숙 (2013). **청소년문제와 보호**. 파주: 교육과학사.
이미리 (2012). 사춘기 진입 시기 일상생활경험의 초경 여부에 따른 차이 및 우울증과의 관계. **청소년복지연구, 14**(3), 121-139.
이미리, 김춘경, 여종일 (2019). **청소년 심리 및 상담**. 서울: 학지사.
이병환 (2007). 대안교육을 통한 청소년 학업중단 예방 방안. **중등교육연구, 55**(1), 69-89.
이상무, 남성희 (2012). 청소년 가출빈도 증가에 영향을 미치는 요인. **청소년학연구, 19**(1), 85-108.
이상복, 이상훈, 이효신 (1996). **주의력결핍 과잉행동 아동의 행동지도방법**. 대구: 대구대학교 출판부.
이성봉, 방명애, 김은경, 박지연 (2010). **정서 및 행동장애**. 서울: 학지사.
이성진 (1996). 청소년상담 발전의 방향과 과제. 제3회 청소년상담학세미나 자료집.
이순형, 이혜승 (2004). 가출청소년보호 전문상담기법 연구. 청소년보호위원회.
이윤주 (2008). **청소년 자살상담**. 서울: 학지사.
이은숙 (2002). 청소년의 소외감, 우울과 자살생각에 관한 구조모형. 경희대학교 대학원 박사학위논문.
이장호 (1989). **상담심리학 입문**. 서울: 박영사.
이장호 (1995). **상담심리학**. 서울: 박영사.
이장희 (1989). 자살기도자에 대한 사회·정신의학적 연구. 연세대학교 대학원 석사학위논문.
이재규, 김종운, 김현지, 박혜숙, 백미숙, 송재홍, 신을진, 유형근, 이명경, 이자영, 전명남 (2013). **학습상담: 한국상담학회 상담학 총서 7**. 서울: 학지사.
이재상 (2004). 우울증과 자아정체감이 청소년의 자살생각에 미치는 영향. 명지대학교 대학원 석사학위논문.
이재창 (2005). **생활지도와 상담**. 용인: 문음사.
이정숙, 고인숙 (2006). **아동 문제행동 및 관찰**. 서울: 교육아카데미
이정숙 (2011). 게슈탈트 심리 상담에서 빈의자 작업에 대한 내담자의 경험. **상담학연구, 12**(6), 2105-2121.
이현림, 김봉환, 김병숙, 최웅용 (2007). **현대의 진로상담**. 서울: 학지사.
이형득 (1997). **집단 상담의 실제**. 서울: 중앙적성출판사.

이황은 (2009). 또래집단 미술치료프로그램이 고등학생의 의사소통기술과 대인관계에 미치는 효과. 영남대학교 대학원 박사학위논문.

이효신 (2000). ADHD아동의 특성과 중재에 관한 고찰. **정서·학습장애아교육, 16**(1), 159-180.

이희춘 (2013). 가출청소년의 부모학대 경험과 우울의 관계: 사회적 지지와 자아존중감의 매개효과. 명지대학교 대학원 박사학위논문.

임안나, 강해자, 곽정국, 김덕주, 김한덕, 배재덕, 신후경, 이순자, 임현진, 장승전 (2011). **사회복지실천기술론**. 공동체.

임영식 (1997). 청소년기우울의 특징과 문제행동, **사회과학연구, 10**, 111-133.

임은미 (2006). **사이버 상담이론과 실제**. 서울: 학지사.

임희진 (2014). 청소년유해환경 접촉 종합실태조사. 여성가족부.

위키백과사전 (2019). https://ko.wikipedia.org/wiki

장덕희 (2010). 부부폭력 목격경험에 따른 폭력가정 자녀의 적응유연성. **청소년학연구, 17**(1), 143-166.

장미경, 이상희, 정민정, 손금옥, 조은혜, 유미성 (2007). **아동상담의 이론과 실제**. 서울: 태영출판사.

장미경, 임은미, 황매향, 김동일 (2010). **청소년 학업 상담**. 서울: 한국청소년상담원.

장수미 (2014). 대학생의 도박행동과 정신건강. **한국사회과학연구, 36**(1), 105-115.

장수한 (2018). **청소년 상담론 이론과 실제** (2판). 서울: 양서원.

장휘숙 (2009). **청년심리학**. 서울: 박영사.

전주 (2001) 우리나라 청소년 사이버 상담에 관한 연구. 경희대학교 행정대학원 석사학위논문.

전종국, 최선남 (1999). 쉼터이용 가출청소년의 KFD 진단사례. **미술치료연구, 6**(1), 19-38.

정봉희 (2016). 청소년상담복지센터 운영의 실제와 발전 방향. **한국지역사회연구소**, 97-101.

정순례, 양미진, 손재환 (2015). **청소년상담: 이론과 실제**. 서울: 학지사.

정옥분 (2013). **아동발달의 이해**. 서울: 학지사.

정우영 (1998). 스트레스 및 가족 응집성이 청소년 가출에 미치는 영향에 관한 연구. 서강대학교 수도자대학원 석사학위논문.

정재민 (2012). 학업중단 청소년의 특성과 예방을 위한 실천전략 개발 질적연구. **청소년문화포럼, 0**(30), 65-81.

정정숙 (2013). 남녀 가출청소년의 가정 복귀 및 반복 가출 관련요인 분석. 목포대학교 대학원 박사학위논문.

정혜경 (2001). 청소년의 가출 충동에 영향을 미치는 예측요인. **아동간호학회지, 7**(4), 483-493.

조남희 (2001). 중학생의 우울성향과 학교생활태도 및 보건실이용과의 관계 연구. 강원대학교 대학원 석사학위논문.

조성희, 박소영 (2010). 가출 경험 청소년의 우울불안에 영향을 미치는 요인에 과한 연구. **청소년학연구, 17**(11), 289-315.

조수철 (1990). ADHD의 개념과 생물학적 연구. **소아청소년정신의학**, 191.

조수철, 김동현, 김자성 (1993). 주의력결핍 과잉 운동 장애의 기질적 특성. **소아청소년정신의학, 4**, 114-123.

조영승, 구본용, 신현숙, 유순덕 (2001). 경기도 지역 중퇴생 선도, 보호 방안 프로그램 개발연구.

조은영 (2004). 부모화된 자녀의 심리적 특성 및 가족 내 영향력 연구. 중앙대학교 대학원 박사학위논문.

조헌하, 강정미, 김원 (2018). 청소년 자살 중재연구 동향. 아동간호학회.

천성문, 이영순, 박명숙, 이동훈, 함경애 (2015). **상담심리학의 이론과 실제**. 서울: 학지사.

천정웅, 이지만, 성윤숙 (2013). **청소년문제와 보호**. 파주: 양서원.

천성문, 함경애, 박명숙, 김미옥 (2017). **집단 상담 이론과 실제**. 서울: 학지사.

청소년보호위원회 (2003). 우리는 왜 가출을 하는가?: 가출청소년의 이해와 보호대책을 중심으로. 국무총리 청소년보호위원회.

청소년폭력예방재단 (2011). 2011「학교폭력 트렌드 발표 및 대책강화 촉구」 기자회견.

최명구, 김누리 (2007). **청소년의 이해**. 서울: 학지사.

최상근, 금명자, 정진 (2011). Wee프로젝트 운영 모델 개발 연구. 한국교육개발원.

최숙영, 백현기 (2003). 상담분석 정보를 지원하는 XML 기반 사이버 상담 시스템의 설계 및 구현. 정보교육학회 논문집.

최영미 (2001). 사이버 상담 이용 실태에 대한 비교연구. 한남대학교 지역개발대학원 석사학위논문.

최은영, 양종국 (2005). **청소년비행 및 약물중독상담**. 서울: 학지사.

통계청, 여성가족부 (2019). 2019 청소년 통계.

하민정, 박소연 (2015). 청소년 도박중독 과정에 대한 연구. **정신보건과사회사업, 43**(3), 220-249.

하은혜, 오경자 (1992). 주의력결핍 과잉활동아의 약물치료에 따른 모-자 상호행동과 인지적·행동적 증상의 변화. **한국심리학회지: 임상, 11**(1), 145-416.

한국교육개발원 (2018). 교육통계분석자료집: 유·초·중등교육통계편.

한국교육개발원 (2020). Wee클래스 운영 가이드북.

한국도박문제관리센터 (2015). 2015 청소년 도박문제 실태조사.

한국정보화진흥원 (2016). 2016년 인터넷 과의존 실태조사.

한국청소년개발원 (2004). **청소년상담론**. 서울: 교육과학사.

한국청소년상담원 (2010). 제4판 위기개입.

한국청소년정책연구원 (2016). 한국 아동·청소년 패널조사Ⅷ: 기초분석보고서Ⅰ- 청소년비행의 실태와 추이분석.

한국형사정책연구원 (1993). 청소년의 가출과 비행의 관계에 관한 연구. 한국형사정책연구원.

한길자, 손진희 (2011). 청소년이 지각한 Wee스쿨 도움 요인. **인간이해, 32**(2), 53-70.

한상철 (2000). 가출청소년의 지각된 사회적 지지와 우울과의 관계. **한국청소년연구**, 29-53.

한상철, 임영식 (2000). **청소년심리의 이해**. 서울: 학문사.

황매향 (2007). **학업 상담**. 서울: 학지사.

황매향 (2009). 학업 문제 유형분류의 탐색. **상담학연구, 10**(1), 561-581

황순길, 김동민, 강태훈, 손재환, 김화연, 김지혜 (2016). 2016년 전국 청소년 위기 실태조사. 연구보고서.

황순길, 전연진, 이상균, 김태성, 허미경, 김남희, 김보람 (2014). 직무 및 지역현황 분석을 통한 청소년상담복지센터 운영모형 개선방안 연구. **청소년상담 연구, 22**(2), 83-112.

황순길, 정현주, 김범구, 양대희, 이은경 (2012). 학업중단 청소년 대상의 기숙형 대안캠프 효과성에 관한 연구. **청소년복지연구, 14**(2), 223-257.

황연경, 홍은영 (2018). 학교 밖 청소년의 생활실태와 행복감 관련 변인. **한국디지털정책학회 16**(2), 57-64.

황준성, 김성기, 이덕난, 안병천 (2011). 학교상담법제화에 대한 요구분석. **교육행정학연구, 29**(1), 347-374.

홍경자 (2001). **상담의 과정**. 서울: 학지사.

Adams, G. R., Gullotta, T. P., & Markstorm-Adams, C. (1994). Adolescent life experiences Brooks/Cole.

Allport, G. W. (1961). *Pattern and growth in personality*. Holt, Reinhart & Winston.

American School Counselor Association. (2012). ASCA National Model: A framework for school counseling programs. American School Counselor

Association.

APA (2015). **DSM-5 정신질환의 진단 및 통계 편람(제5판)**. 권준수 외 역. 서울: 학지사.

Baker, A. J., McKay, M. M., Lynn, C. J., Schlange, H., & Auville, A. (2003). Recidivism at a shelter for adolescents: First-time versus repeat runaways. *Social Work R*esearch, 27(2), 84-93.

Barkley, R. A. (1990). *Attention-Deficit Hyperactivity Disorder : A Handbook for Diagnosis and Treatment.* New York : The Guilford Press.

Barkley, R. A. (1996). Attention-Deficit/Hyperactivity Disorder. In E. J. Mash & A. Barkley(Eds). *Child psychopathology* (pp. 63-112) New York : Guilford Press.

Barkley, R. A. (1998). *Attention-Deficit Hyperactivity Disorder : A Handbook for Diagnosis and Treatmen*t(2nd ed.). New York : The Guilford Press.

Barkley, R. A., Fischer, M., Newby, R., & Breen, M. (1988). Development of a multi-method chinical protocol children. *Journal of Chinial Cbild Psycbology, 17,* 14-24.

Baumeister, R. F., & Leary, M. R. (1995). The need to belong: desire for inter-personal attachments as a fundamental human motivation. *Psychological bulletin, 117*(3), 497.

Beck, A. T. (1976). *Cognitive therapy and the emotional disorders.* New York: International Universities Press.

Beck, A. T., & Weishaar, M. (2011). Cognitive therapy In R. J. Corsini & D. Wedding(Eds), *Curuent psychotherapies*(9th ed., pp. 276-309).

Beck, J. S. (2011). *Cognitive behavior therapy: Basics and beyond.* Guilford Press.

Biestek, F. P. (1957). *Casework Relationship.* Chicago: Loyola University Press.

Blau, G. M., & Gullotta, T. P.(1996). *Adolescent dysfunctional behavior: Cause, interventions, and prevention.* Thousand Oaks, C.A.: Sage Publications.

Brown, S. J. (1985). Cooperative Education as a Predictor of Organizational Socialization and Sense of Power in First Job after College (Doctoral dissertation, Boston College).

Cambell, S. B. (1990). *Behavior problems in preschool children: Clinical and developmental issues.* New York : The Guilford Press.

Coleman, J. (1988). Social Capital in the Creation of Human Capital. *American*

Journal of Sociology. 94(supplement): 95-120.

Collins, R., & Coltrance, S. (1995). *Sociology of marriage and the family.* NY: Harper Collins.

Corey, G., Corey, M. S., & Callanan, P. (1998). *Issues and ethnics in the helping professions*(5th ed.). Pacific Grove, CA:Brooks/Cole.

Corey, G. (2001). **상담 및 심리치료의 통합적 접근.** 현명호, 유제민 공역. 서울: 시그마프레스.

Corey, G., Corey, M. S., & Callanan, P. (2007). *Issues and ethnics in the helping professions*(7th ed.). Pacific Grove, CA:Brooks/Cole.

Corey, G. (2012). **심리상담과 치료의 이론과 실제.** 조현춘 외 공역. 서울: CENGAGE Learning.

Corey, G., Corey, M. S., & Callanan, P. (2014). *Issues and ethnics in the helping professions*(9th ed.). Pacific Grove, CA:Brooks/Cole.

Davidshofer C. H., & Richardson G. G. (1981). Effect of precounseling training. Journal]of College Student Personnel, 22, 522-527.

Dolgoff, R., Lowenberg F. M., & Harrington, D. (2009). *Ethical Desisions for Social Work Practice.* CA: Thompson Hifher Education.

DuPaul, G. J., & Stoner, G. (2007). **ADHD 학교상담.** 김동일 역. 서울: 학지사.

Edelbrock, C., Rende, R., Plomin, R,. & Thompson, L., A. (1995). A twin study of competence and problem behavior in childhood and early adolescence. *Child Psychol. Psychiatry, 36,* 775-785.

Egan, G. (2005). **유능한 상담자.** 제석봉 외 공역. 서울: 시그마프레스.

Ellis, A., & Griger, R. M. (1986). *Handbook of Rational-Emotive Therapy, Vol. 2.* New York: Springer.

Ellis, A. (1994). Reason and Emotion in Psychotherapy: A Comprehensive Method of Treating Human Disturbances, Revised and Updated.

Ellis, A., & Dryden, W. (2007). *The Practice of Rational Emotive Behavior Therapy: Second Edition.* Springer Publishing Company.

Ellis, A. & Dryden, W. (1997). *The Practice of rational-emotive therapy*(rev. ed.). New York: Springer.

Erikson, E. H. (1950). Childhood and Society, New York, NY: Norton.

Erikson, E. H. (1963). Childhood and society. New York, NY: Norton.

Feehan. M., McGee, R & Willams, S. (1993). Mental health disorders from age 15 to age 18 years. Journal of Abnormal Child Psychology, 32, 1118-1126.

Fremouw, W. J., De Perczel, M., & Ellis, T. E. (1990). Suicide risk assess-ment and response guidelines. N.Y: Pergamon Press.

Fromm, E. (1956). The Art of Loving: An Enquiry into the Nature of Love. New York: Harper & Brothers.

Gerrig, R. J. (2015). **심리학과 삶**. 이종한 외 공역. 서울: 시그마프레스.

Glasser, W. (1984). *Take Effective Control of Your Life*. New York: Harper Collins.

Glasser, W. (1989). *Control Theory in the Practice of Reality Therapy: Case Studies*. New York: Harper Perennial.

Glasser, W. (1998). *Choice theory: A new psychology of personal freedom*. HarperPerennial.

Hahn, M. E., & Maclean, M. S. (1955). *Counseling Psychology*. New York: McGraw-Hill Book company, Inc.

Hall, C. S., & Lindzey, G. (1980). 性格의 理論. 이관용, 이상노 공역. 서울: 중앙적성연구소.

Hawton, K. (1986). *Suicide and attempted suicide among children and adolescents*. Newbury Park, CA: Sage.

Heider, F. (1964). *The psychology of interpersonal relations*. New York: John Wiley&Sons.

Hjelle, L. A., & Ziegler, D. J. (1981) *Personality theories : basic assumptions, research, and applications*(2d ed). New York: McGraw-Hill.

Joyce, P., & Sills, C. (2001). **게슈탈트 상담 및 심리 치료 기술**. 서울: SAGE Publications.

Kaplan, H. B., Johnson, R. J., & Bailey, C. A. (1987). Deviant peers and deviant behavior: Further elaboration of a model. *Social Psychology Quarterly, 50,* 277-284.

Keenan, K., & Shaw, D. (1997). The Developmental social influences on houng girls' early problem behavior. Psychological Bulletin, 121, 95-113.

Keinhorst, C. W., De Wide, E. J., & Diekstra, R. F. W. (1995). Suicide and suicidal behavior among adolescent. In M. Rutter, & D. J. Smith(Eds.), pschosocial disorders in young people, time, trends and their causes.

Wiley, London in Press.

Kovacs M, Gastonis C, Paulauskas, S., & Richards, C. (1989). Depressive disorders in childhood: Ⅳ, A longitudinal study of comorbidity with and risk for anxiety disorders. *Arch General Psych, 46*, 776–782.

Lahey, B. B., Applegate, B., Mcburnett, K., Biederman, J., Greenhill, L., Hynd, G. W., Barkley, R. A., Newcorn, J., Jensen, P., Richters, J., Garfinkel, B., Kerdyk, L., Frick, P. J., Ollendick, T., Perez, D., Hart, E. L., Waldman, I., & Shaffer, D. (1994). DSM-IV field trials for attention deficit hyperactivity disorder in children and adolescents. American Journal of Psychiatry, 151, 1673~1685.

Loeber, R., & Stouthamer-Loeber, M. (1998). Juvenile aggression at home and at school. In D. S. Elliott, B. A. Hamburg, & K. R. Williams (Eds.), Violence in American Schools (p. 103). Cambridge, UK: Cambridge University Press.

Marcia, J. E. (1980). Identity in adolescence. In J. Adelson (Ed.), *Handbook of adolescent Psychology* (pp. 159–187). New York, NY:Wiley.

Meichenbaum, D. H. (1985). *Stress-Inoculation training.* New York: Pergamon.

Meichenbaum, D. H., & Turk, D. (1987). *Facilitating treatment adherence: A practitioner's guidebook.* New York: Plenum.

Newcombe, N. (1996). *Child development: Change over time* (8th ed). Haper Collings Publishers.

Niles, S. G., & Harris-Bowlsbey, J. (2005). Evaluation of career planning services. *Career development interventions in the 21st Century.* 2nd ed. New Jersey: Pearson Merrill Prentice Hall, 410–423.

Nye, R. D. (1991). **인간행동의 심리 – 정신분석, 행동주의, 인간주의의 심리학.** 김정규 옮김. 서울: 성원사.

Pelham, W. E., Gnagy, E. M., Greenslaade, K. E., & Milch, R. (1992). Teacher rating of DSM-III-R symptoms for the disruptive behavior disorders. *The American Academy of Child and Adolescent Psychiatry, 31*(2), 210–218.

Perls, F. (1969). *Gestalt therapy verbatim.* Real People Press.

Perls, F. (1975). *Gestalt is: a collection of articles about Gestalt therapy and living.* Real People Press.

Phares, E. J. (1987). **성격심리학**. 홍숙기 옮김. 서울: 박영사.

Piaget, J. (1953). *The Origins of Intelligence in Children*. London: Routledge and Kegan Paul.

Platzman, K., Stoy, M., Brown, R., Coles, C., Smith, I., & Falek, A.(1992). Review of observational methods in Attention Deficit Hyperactivity Disorder (ADHD): Implications for diagnosis. *School Psychology Quarterly, 7*(3), 155–177.

Pledge, D. S. (2009). **아동 및 청소년상담**. 이규미, 이은경, 주영아, 지승희 공역. 서울: 시그마프레스.

Reid, R., Maag, J. W., & Vaca, S. F. (1994). Attention Deficit Hyperactivity Disorder as a disability category : A critique. *Exceptional Children, 60,* 198–214.

Rice, J. K. (2003). *Teacher Quality: Understanding the Effectiveness of Teacher Attributes*. Authoring Institution: Economic Policy Inst., Washington, DC.

Rogers, C. R. (1942). *Counseling and psychotherapy: New concepts in practice*. Boston: Houghton Mifflin.

Rogers, C. R. (1957). Empathy: Ahe necessary and sufficient conditions of therapeutic personality change. *Journal of Consulting Psychology, 21,* 95–103.

Rogers. C. R. (1959). A theory of therapy. personalith and interpersonal relationships as developed in the client centered framework. In S. Koch(Ed.), *Psyghology: A study of a science: Formulation of the person and the social context*(Vol.3).

Rogers. C. R. (1977). Carl Rogers on personal power. New York: Delacorte Press.

Schwean, V., Parkinson, M., Francis, G., & Lee, F. (1993). Educating the ADHD child : Debunking the myths. *Canadian Journal of School Psychology, 9*(1), 37–52.

Selman, R. (1980). *The growth of interpersonal ungerstanding: Developmental and Clinical Analyses*. New York: Academic Press.

Sharf, R. S. (2013). **상담이론 개념 및 사례**. 천성문 외 8명 공역. 서울: CENGAGE Learning.

Sprinthall, N. A., & Collins, A. W. (1995). *Adolescent psychology: A developmental view*. (3rd Edition ed.) Addison-Wesley.

Steinberg, L. (2011). *Adolescence* (9th ed.). McGraw-Hill Education.

Sullivan, H. S. (1953). *The interpersonal theory of psychiatry.* New York (WW Norton).

Sullivan, P. M., & Knutson, J. F. (2000). The prevalence of disabilities and maltreatment among runaway children. *Child Abuse & Neglect, 24*(10), 1275-1288.

Super, D. E. (1955). Dimensions and measurement of vocational maturity. *Teachers College Record, 57*(3), 151-163.

Thompson, C. L., & Henderson, D. A. (2008). **아동상담**. 김택호 외 공역. 서울: 시그마프레스.

Tolbert, E. L. (1980). *Counseling for Career Development*(2nd ed.), MA: Houghton Mifflin.

Welfel, E. R. (2002). *Ethnics in counseling and psychotherapy: standards, research, and emerging issues* (2nd ed.). Thomson, CA: Brooks/Cole.

Welfel, E. R. (2006). *Ethnics in counseling and psychotherapy: standards, research, and emerging issues* (3nd ed.). Thomson, CA:Brooks/Cole.

Williamson, E. G. (1939). *How to counsel students: A manual of techniques for clinical counselors.* McGraw-Hill Book Company.

Wubbolding, R. E. (1986). *Using reality therapy.* NY: Haper & Row.

저/자/약/력

박재연 (문학박사, Ph.D.)

이화여자대학교 문학박사(청소년상담·복지, 정신건강, 가족치료 전공)

현) 대구대학교 청소년상담복지학과/상담학과 교수
대구대학교 청소년정신건강연구소장

전) 포항공과대학교 상담센터 연구실장
여성가족부 산하 한국청소년상담복지개발원 상담연구원
국가청소년위원회 청소년복지지원법 개정 연구위원

이인숙 (철학박사, Ph.D.)

대구대학교 철학박사(상담학 전공)

현) 대구대학교 청소년상담복지학과 겸임교수
대구대학교 청소년정신건강연구소 연구위원
구미상담심리 아그리나 센터장

이정윤 (철학박사, Ph.D.)

대구대학교 철학박사(상담학 전공)

현) 포항 허그맘 허그인 심리상담센터 원장
대구대학교 청소년정신건강연구소 연구위원
대구지방법원 포항지원 이혼상담위원
경상북도 교육청 위기청소년 객원상담사
배움사이버평생교육원 운영교수

김영이

대구대학교 상담학과 박사과정 수료

현) 장애인거주시설 동연요양원 사무국장
대구대학교 청소년정신건강연구소 연구원

이형애
대구대학교 상담학과 박사과정 수료
현) 대구대학교 청소년정신건강연구소 연구원
의왕시청소년육성재단 상담직
전) 여성가족부 산하 청소년상담복지센터 상담사
교육부 산하 Wee센터 전문상담사

송종순
대구대학교 상담학과 박사과정 수료
현) 경북과학기술고등학교 Wee클래스 전문상담사
대구대학교 청소년정신건강연구소 연구원

박경례 (철학박사, Ph.D.)
대구대학교 철학박사(상담학 전공)
현) 대구대학교 청소년상담복지학과 초빙교수
대구대학교 청소년정신건강연구소 연구위원
한국연구재단 학술연구교수

현장의 이야기를 담은
청소년상담 이론과 실제

초판발행 2022년 3월 10일 **1판 1쇄 발행** | 2023년 3월 10일 **1판 2쇄 발행**
2025년 3월 10일 **1판 3쇄 발행**

지은이 박재연 이인숙 이정윤 김영이 이형애 송종순 박경례
펴낸이 최용구 | **펴낸곳** **도서출판 신정**
주소 (04316) 서울시 용산구 원효로 89길 19 (원효로1가)
전화 02)3211-4782, 0266(영업부), 3211-4783(편집부), 3211-4784(팩스)
이메일 shinjeong72@naver.com | **홈페이지** www.sjbook.co.kr
등록 2001년 5월 11일 제13-702호
기획마케팅 최용구 장만동 최충구 송대용 | **책임편집** 석기은 황가연

ISBN 978-89-5912-531-9 93330
정가 20,000원